巴西经济
增长与发展
(第七版)

[美] 维尔纳·贝尔（Werner Baer）◎著
罗飞飞◎译

THE BRAZILIAN ECONOMY
GROWTH AND DEVELOPMENT
7TH EDITION

石油工业出版社

图书在版编目（CIP）数据

巴西经济：增长与发展. 第7版 /[美]贝尔（Baer, W.）著；罗飞飞译.
北京：石油工业出版社，2014.7
书名原文：The Brazilian Economy
ISBN 978-7-5183-0258-1

Ⅰ.巴… Ⅱ.①贝… ②罗… Ⅲ.经济发展-研究-巴西 Ⅳ. F177.74

中国版本图书馆CIP数据核字（2014）第134485号

The Brazilian Economy: Growth and Development, 7th Edition, by Werner Baer
Copyright © 2013 Lynne Rienner Publishers, Inc.
All Rights Reserved.
This edition is published by arrangement with Lynne Rienner Publishers, Inc.
本书经Lynne Rienner Publishers, Inc.授权翻译出版，简体中文版权归石油工业出版社有限公司所有，侵权必究。

著作权合同登记号 图字：01-2014-4093

巴西经济：增长与发展（第7版）

The Brazilian Economy: Growth and Development, 7th Edition

著　　者：	[美]维尔纳·贝尔（Werner Baer）
译　　者：	罗飞飞
出版发行：	石油工业出版社（北京市朝阳区安华里二区1号楼　100011）
承　印　者：	北京中石油彩色印刷有限责任公司
开　　本：	740×1060毫米　1/16　　印　张：33.5　　字　数：604千
版　　次：	2014年7月第1版　　　　印　次：2014年7月第1次印刷
书　　号：	ISBN 978-7-5183-0258-1
定　　价：	98.00元

版权所有，翻印必究
（如出现印装质量问题，我社发行部负责调换）
网址：www.petropub.com.cn

编辑部：010-64523604
发行部：010-64252978
　　　　010-64523623

译审委员会

委　员：（按姓氏笔画排序）

马国书　王　柱　王高峰　刘　园

刘志国　曲　会　吴白乙　张体委

苏　斌　陈笃庆　周伟东　徐　明

徐　腾　柴　瑜　钱　筠　宿景祥

崔守军　黄　欣　彭　龙　韩晓平

关于本书

在这本介绍和分析拉丁美洲最大经济体的书中,维尔纳·贝尔追溯了巴西自殖民时期至迪尔玛·罗塞夫执政初期(2011年至2012年)的经济发展路径及其表现。

除了更新后的信息外,第七版还加入了一些全新章节,介绍了卢拉及罗塞夫执政期间的挑战与成就,还有人力资本的属性以及教育系统在巴西所发挥的作用。鉴于巴西在全球经济舞台上所担当的角色越来越重要,本版无论是被用于课堂教学,还是作为一本权威的参考资料,均具有很高的价值。

本版谨献给

（按先后顺序排列）

玛丽安

彼得

达米安

克里斯托弗

凯伦

谨向以下这些协助我完成了本书最新版的人士致以谢意：卡米拉·蒂耶米·阿尔维斯、埃德蒙·阿曼、肖恩·安格斯特、马修·汶尼昂、劳伦斯·德范、若阿金·吉略托、查尔斯·米勒和詹姆斯·平克斯达夫。

译者致谢

由于工作需要，我找到了维尔纳·贝尔（Werner Baer）教授的《巴西经济：增长与发展》（第七版）一书，在仔细阅读了该书之后，我萌生了将其引进出版的想法，以便为更多从事相关工作或是对巴西感兴趣的个人和机构提供一份了解巴西经济体系的、有价值的资料。

本书引进翻译出版过程中，得到了中国驻巴西大使馆、各中资企业、石油工业出版社的大力支持，在此深表谢意！感谢中国国家开发银行里约热内卢代表处的领导、同事对我的关爱和帮助！感谢我的家人，特别是我的爱人袁娜在这期间的支持，让我安心工作，不断前行！薄锦、余倩、唐昕昕、赵浩参与了部分章节的翻译，在此表示感谢！

由于时间和译者自身学识的原因，译文中难免会有需要进一步商榷推敲之处，请读者原谅并指正。

读石油版书，获亲情馈赠

亲爱的读者朋友，首先感谢您阅读我社图书，请您在阅读完本书后填写以下信息。我社将长期开展"读石油版书，获亲情馈赠"活动，凡是关注我社图书并认真填写读者信息反馈卡的朋友都有机会获得亲情馈赠，我们将定期从信息反馈卡中评选出有价值的意见和建议，并为填写这些信息的读者朋友**免费**赠送一本好书。

巴西经济：增长与发展（第七版）

1. 您购买本书的动因（可多选）
   - □ 书名　　　□ 封面　　　□ 内容　　　□ 价格
   - □ 装帧　　　□ 纸张　　　□ 双色印刷
   - □ 书店推荐　□ 朋友推荐　□ 报刊文章推荐
   - □ 作者　　　□ 出版社　　□ 其他 _____

2. 您在哪里购买了本书（若是书店请写明书店地址和名称）？
   _____ 购书时间 _____

3. 您是怎样知道本书的（可多选）？
   - □ 报刊介绍 _____ （报刊名称）　□ 朋友推荐 _____
   - □ 网站 _____ （网站名称）　　　□ 书店广告 _____
   - □ 书店随便翻阅　　　　　　　　　　□ 其他 _____

4. 您对本书的印象如何（可多选）？
   - 封面：□ 新颖　　□ 吸引眼球　□ 一般，没创意　□ 不适合本书内容
   - 内容：□ 丰富　　□ 有新意　　□ 一般　　　　　□ 较差
   - 排版：□ 新颖　　□ 一般　　　□ 太花哨　　　　□ 较差
   - 纸张：□ 很好　　□ 一般　　　□ 较差
   - 定价：□ 太高　　□ 有点高　　□ 合适　　　　　□ 便宜

5. 您对本书的综合评价和建议（可另附纸）。
   _____

● 您的资料：

您的姓名 _____　性别 _____　年龄 _____　职业 _____
学历 _____　电话（写明区号）_____　手机 _____
电子邮件 _____ 邮编 _____
通信地址 _____

● 我们的联系方式：

地　　　址：北京市朝阳区安华西里三区18号楼1103室　刘辉
邮　　　编：100011　　　　　　网址：www.petropub.com.cn
销售部电话：010-64252978　　　编辑部电话：010-64523604

《巴西经济：增长与发展》（第七版）中文版序一

进入21世纪，新兴经济体以群体崛起的姿态，成为拉动世界经济增长的重要力量，改变了200年来世界经济主要依靠发达经济体驱动的历史。在全球经济格局"东升西降"的同时，新兴经济体之间的合作也日渐深化，走出了一条独特的互利共赢之路。

作为东西半球最大的发展中国家、金砖国家的重要成员和新兴经济体的典型代表，近年来中国和巴西之间政治互信不断加强，各领域务实合作成果丰硕，人文交流不断拓展，战略协调日益深化。目前中巴关系正处于历史最好时期，两国关系已提升为全面战略伙伴关系，合作的广度和深度前所未有，全局性、战略性影响日益凸显。

在这一过程中，国家开发银行等中国金融机构，发挥中长期投融资优势，与众多中国企业一道，谋划推动了一批有影响力的中巴合作项目，为促进中巴经贸合作作出了重要贡献。这些机构中的一批年轻人也集思广益，为在中巴之间架起友谊与交流的桥梁进行积极探索。

维尔纳·贝尔（Werner Baer）教授所著的《巴西经济：增长与发展》（第七版）中文译本便是由国家开发银行里约热内卢代表处的年轻同志协调引进翻译出版的。本书探讨了巴西经济的历史演进过程，分析了巴西在20世纪末采用的新自由主义政策产生的影响，检视了巴西的经济政策与制度。该书被奉为研究巴西经济的"必修课"，是了解巴西经济体系的一本极有价值的著作。

本书的翻译出版正值中巴建交40周年。40年间，中巴贸易额从建交时的1740万美元，增至2013年的903亿美元，增长逾5000倍，令人倍感自豪。展望下一个40年以至更长远的未来，我们更加充满信心。中巴深化各领域务实合作既是两国领导人的战略共识，也是两国业界的共同心愿；既是时代发展的大势所趋，也是两国人民心之所往。

开卷必有益，合作路更长。我相信，本书的出版将为希望了解巴西的朋友打开一扇新的窗口，帮助大家加深对巴西经济社会发展的了解。我也坚信，只要中巴双方共同努力，进一步挖掘合作潜力，中巴关系一定能更上一层楼，成为新时期新兴经济体平等互利、合作共赢的典范，东方腾飞的巨龙与南美"未来之国"交相辉映，共同造福两国和世界各国人民。

是为序。

中华人民共和国驻巴西联邦共和国大使

李金章

《巴西经济：增长与发展》（第七版）中文版序二

非常高兴拙作被译成了中文，这将让中国政府、企业和学术界的人士了解这个拉丁美洲的主要经济体在过去及现在的成就和遭遇的难题。

回顾巴西在上个世纪的发展经验，可以让大家学到些什么？巴西的工业化经验建立在进口替代工业化的基础上。其经济属于内向型，具有很高的贸易保护壁垒，无论是跨国企业还是民族企业，无论私营企业还是国有部门，均被卷入其中。这为巴西经济带来了高增长率和重大的结构变化，但却最终形成了一个高成本、低效率的工业体。这在长期而言是不可持续的，巴西也被迫在临近20世纪末开始削弱自己的贸易保护壁垒。

巴西经历了人口分布的重大变化。在第二次世界大战之前，约有80%的人口居住在农村；如今则有80%的人口居住在城市。从农村到城市的大规模人口迁移带来了严重的社会经济问题，例如城市贫民窟的出现和增加，还有新兴产业在创造工作岗位上的能力匮乏。我在书中说明了这一情形如何加剧了巴西早在工业化时期以前就已存在的收入分配集中问题。该经济体在收入分配的问题上，直到21世纪才开始有所改善。

本书还论述了巴西国有企业和跨国企业各自所存在的积极因素和消极因素，以及近年来同时针对巴西国有工业企业和基础设施项目展开的私有化进程中的经验和教训。书中也探讨了高通胀率的成因及效应，以及试图控制通胀的诸多徒劳计划，直到一项新型的稳定化计划（雷亚尔计划）取得了成功。

我希望本书的中国读者和各界人士也能从巴西所经历的问题与取得的成就中有所感悟，有所收获。

维尔纳·贝尔
美国伊利诺伊大学厄巴纳—香槟分校

目录 Contents

第 1 章 引言 1
    概况 / 4
    地理环境与人口背景 / 6
    自然资源 / 8
    人口 / 9

第一部分　历史的轨迹

第 2 章 殖民时期和 19 世纪 15
    早期社会经济组织 / 17
    蔗糖周期 / 18
    黄金周期和重商主义管制的兴起 / 20
    殖民地的最后岁月 / 22
    独立后的一个世纪 / 23
    咖啡时期 / 23
    其他出口产品 / 25
    19世纪的公共政策 / 26

第 3 章 早期工业增长 31
    第一次世界大战 / 39
    20世纪20年代 / 40

大萧条　/ 44
大萧条期间的工业增长　/ 45
第二次世界大战　/ 47
对巴西早期工业增长的评价　/ 48
巴西早期的计划尝试　/ 51

第 4 章　第二次世界大战后的工业化：1946—1961　　57

巴西的对外贸易及其在经济中的作用　/ 59
巴西传统出口产品在20世纪50年代的全球市场　/ 62
战后初期　/ 64
外汇管制：1946—1953　/ 65
多种汇率并行：1953—1957　/ 67
外汇管制的变化：1957—1961　/ 69
汇率改革：1961—1963　/ 71
同类产品法　/ 72
特殊的计划和方案　/ 73
特殊激励项目　/ 76
工业化政策的影响　/ 77
失衡与瓶颈　/ 82

第 5 章　从停滞、繁荣到债务危机：1961—1985　　87

20世纪60年代晚期至70年代早期的经济政策　/ 89
1964年后巴西政府的成就　/ 91
贫富差距问题　/ 92
石油危机的冲击：影响与反应　/ 92
政治背景　/ 93
盖泽尔的政策　/ 93
不断增长的外债　/ 94
滑向债务危机　/ 97
债务危机　/ 99
调整时期的影响　/ 102
公共部门在调整危机中的作用　/ 107

第 6 章　通货膨胀与经济动荡：1985—1994　　113

　　巴西通胀的两种解释　/ 116
　　巴西通货膨胀的大背景　/ 121
　　控制通货膨胀的非正统尝试：克鲁扎多计划　/ 127
　　逐渐显露的困难与矛盾　/ 130
　　价格冻结对分配造成的影响　/ 130
　　过度增长　/ 132
　　公共部门赤字　/ 132
　　对外账户　/ 133
　　克鲁扎多计划的破产　/ 134
　　经济停滞和通胀回归　/ 135
　　萨内尔任期后几年的稳定尝试　/ 136
　　从渐进主义到冲击循环　/ 137
　　1988年宪法的财政影响　/ 138
　　科洛尔时期：第一阶段　/ 138
　　科洛尔时期：第二阶段　/ 140

第 7 章　雷亚尔计划与通胀终结：1994—2002　　147

　　雷亚尔计划　/ 149
　　雷亚尔的早期影响　/ 151
　　汇率成为关键的政策手段　/ 155
　　未解的财政困境　/ 158
　　资本流动　/ 163
　　经济表现　/ 164
　　银行危机　/ 166
　　1998—1999年的危机　/ 168
　　小结　/ 169

第 8 章　正统经济与社会发展：2002—2007　　173

　　卢拉及工党在竞选期间的社会经济政策纲领　/ 176
　　2003—2005年间卢拉政府的政策　/ 177

宏观经济表现 / 180
卢拉宏观经济政策的社会影响 / 185
卢拉的社会政策 / 188
卢拉的改革 / 189
卢拉政府的核心困局 / 191
正统经济政策与再分配体系可以并行不悖吗？——短期而言 / 192
正统经济政策与再分配体系可以并行不悖吗？——长期而言 / 196
小结 / 197

第9章 新兴经济体巴西：2007年至今　　203

增长 / 206
基础设施 / 208
通胀目标、银行利率和货币汇率 / 209
信贷繁荣 / 211
经济增长与贫富差距 / 212
市场与国家化发展 / 214
持续存在的体制弱点 / 215
小结 / 218

第二部分　核心问题展开

第10章 对外部门：对外贸易和外国投资　　223

进口替代工业化时期的国际经济政策 / 225
1964年至1974年的外向型政策 / 227
从"债务拉动增长"到"债务危机" / 228
20世纪90年代及21世纪初的经济开放 / 228
巴西国际地位的统计摘要 / 229
巴西经济与全球的关联 / 231
贸易政策 / 234
寻找能源供应 / 235
外债 / 236

Contents 目录

　　在巴西的外国投资　　/ 238
　　历史角度　　/ 238
　　1950年至1986年期间　　/ 239
　　跨国企业的得失：宏观视角　　/ 245
　　收益　　/ 245
　　成本　　/ 246
　　经验证据的简要回顾　　/ 248
　　新自由主义时期　　/ 253
　　外国直接投资在巴西，1990—2011　　/ 255
　　小结　　/ 255

第11章　渐变的公共部门以及私有化的影响　　261

　　国家日益加强经济干预的阶段　　/ 264
　　国家对经济的控制程度　　/ 272
　　政府对储蓄及其分配的控制　　/ 274
　　作为生产者的政府　　/ 275
　　国有企业的衰落　　/ 277
　　私有化：应对国家破产的解决方案　　/ 279
　　科洛尔执政时期的私有化进程　　/ 280
　　20世纪90年代的私有化　　/ 282
　　私有化成果，1991—2005　　/ 284
　　小结　　/ 288

第12章　区域不平等　　297

　　区域不平等的程度　　/ 299
　　区域不平等的动态分析　　/ 305
　　国内人口迁移　　/ 307
　　东北部和中南部的经济联系　　/ 308
　　财政机制造成的资源转移　　/ 313
　　区域政策　　/ 314
　　从区域角度看行业问题　　/ 317
　　20世纪80年代的区域趋势：东北部与全国的比较　　/ 317

日益开放的经济　/320

负面的区域影响　/321

可能的正面趋势　/324

东北部经济的结构缺陷　/325

市场、国家和区域公平　/326

小结　/328

第13章 农业部门　333

第二次世界大战以来农业生产的增长　/336

生产方式的变化　/340

地区模式　/344

农业增长的来源　/345

土地分配　/350

农村贫困　/351

农业政策　/352

90年代以来的巴西农业　/356

80年代末和90年代的政策改革　/358

90年代的农业　/358

农业就业　/360

21世纪初的巴西农业　/360

农业在巴西GDP中的比重　/362

巴西农业面临的问题　/363

土地改革　/364

第14章 经济发展的环境影响　373

从历史角度看待经济扩张及其环境影响　/376

工业化、城市增长和环境　/378

工业污染　/380

城市污染　/386

城市贫困和环境　/387

城市贫困导致的环境退化　/389

农业增长和环境　/ 392
亚马孙战略和环境　/ 396
亚马孙森林被砍伐的程度　/ 399
巴西的环境政策　/ 401
小结　/ 408
本章附录：关于《森林法》的争论　/ 408

第15章 医疗保健　419

健康状况　/ 422
20世纪80年代中期之前的健康和医疗服务　/ 426
1988年宪法及其对巴西医疗服务体系的影响　/ 429
私人医疗服务机构和公立医院对巴西医疗服务体系的贡献　/ 431
医疗健康服务的分布　/ 432
巴西的国民健康状况　/ 433
医疗健康服务的需求　/ 434
医疗服务开支　/ 434
医疗服务的资金来源　/ 435
2012年的健康状况　/ 436
小结　/ 437

第16章 新自由主义和市场集中化：矛盾的出现？　441

进口替代工业化的逐渐废除　/ 445
经济的结构变化　/ 447
并购与反托拉斯政策　/ 450
市场集中对收入分配的影响　/ 454
小结　/ 456

第17章 人力资本　459

近二十年的进展　/ 462
金融改革　/ 463

衡量学习成绩　　/463

现金发放计划　　/463

初等教育增长　　/464

大学教育　　/465

人力资本与技术进步　　/466

第三部分　结语

第18章　过去、现在与未来　　473

整体结构上的变化　　/476

第二次世界大战后的工业化历程　　/477

1959年至2009年结构变迁　　/482

生产结构　　/482

最终需求结构　　/483

生产技术　　/488

后向关联和前向关联　　/493

总结　　/496

21世纪的巴西经济　　/497

成就　　/497

质疑与挑战　　/498

第19章　附录　　501

第1章
引 言

The Brazilian Economy
Growth and Development

21世纪的头十年结束时，巴西已经成为世界主要的新兴经济体之一。它是金砖国家（BRICS）中唯一的一个拉美国家（另外四国分别为俄罗斯、印度、中国和南非）。它是全球位居前列的矿产、食品、钢铁和支线飞机出口国之一。它在国内建成了大型工业基地，生产轿车、卡车以及其他众多耐用消费品和资本货物。它是深受全球资本青睐的投资目的地，吸引的外国投资总量占到全球跨境投资总量的5%。这还不是全部，巴西的经济复兴历程还伴随着收入差距减小、赤贫率下降。换言之，这期间的巴西被经济学家视为公平与增长协调发展的典范。

所有这些令人欣喜的发展势头均是在保持财政稳健的环境下实现的。经历了多年恶性通货膨胀以及多次失败的稳定化政策之后，巴西已经找出一种独一无二的模式，成功地实现了国家的财政稳定。

最后，除了这些社会经济方面的成就外，巴西人还在21世纪的第二个十年中期创造了另一项无与伦比的成就——成功申办2014年世界杯足球赛和2016年里约热内卢夏季奥运会。

巴西是如何取得这些成就的？这些成就的成色几何？能持续多久？

希望本书第一部分关于历史与制度分析以及第二部分各章节的分析能对上述问题提供相应的解释。

概　　况

从20世纪30年代的大萧条，尤其是第二次世界大战之后，巴西经历了一系列深刻的社会经济变革。曾经在几个世纪里依赖于为数不多的初级产品出口的巴西经济，在一个相对较短的时间内发展成一个庞大且多元的产业部门占主导地位的经济体系。与此同时，原本以农村人口为主的巴西人口的城镇化水平也在不断上升。

这种快速的社会经济转型可以用几个数字来说明。巴西的总人口从1900年的1740万人增长至2013年的近2亿人，并且有望在2015年超过2亿人。在1940年，巴西全国仅有30%的人口是城镇人口，这一比例到2011年已上升至87%。[1]农业在国内生产总值（GDP，按当前货币价格计算）中所占比重由1947年的28%下降到2011年的5.8%，而工业所占比重则由1947年的不足20%上升至2011年的26.9%。

经过六十多年的工业化，在2011年，巴西生产了近300万辆汽车、3500万吨钢铁、6000万吨水泥、590万台电视机、6620万部手机和480万台电冰箱。全国的柏油公路总里程，从1960年的13357千米增长至2012年的220000千米。巴西已建成的发电装机容量，在2007年达到了96294兆瓦。巴西航空工业公司（Embraer）已发展成全球第三大飞机制造商，专事生产支线飞机。从1996年到2011年总共向全球交付了近1000架支线飞机。

尽管这些年来，农业已不再是巴西的主导产业，但其增长依然十分可观。巴西全国已种植的耕地面积从1920年的660万公顷，扩大至2006年的7670万公顷。被开发利用的牧场面积从1970年的1.54亿公顷，扩大至2006年的1.72亿公顷。巴西成为了全球最大的蔗糖和浓缩橙汁生产国，以及全球最大的大豆、牛肉和烟草出口国。

然而，这些成果却并没有令巴西转型为一个发达的工业社会。就其众多国民的福利而言，巴西仍然是一个欠发达国家。尽管2011年的人均GDP达到了11800美元，但该数字并不是一个能够体现大众福利的合理指标，因为巴西不同地区、不同收入群体之间存在着严重的收入分配不均。以2011年为例，收入居前10%的家庭平均收入比收入最低的10%家庭高出了39倍。[2]用以衡量收入分配状况的基尼系数，在巴西接近0.54。2001年，人均收入的地区分化达到了这样一种地步：巴西东北部的许多州人均收入还不到全国平均水平的一半，而东南部的人均收入却比全国平均水平高出了

34%。[3]

2010年，巴西有98%的住户接通了供水系统，55.5%的住户接入了污水处理系统，[4] 98%的住户已经通电，88.6%的住户享有定期的垃圾回收服务，93.7%的住户拥有电冰箱，95.1%的住户拥有电视机，38.4%的住户拥有洗衣机，57.8%的住户拥有固定电话[5]，17.5%的住户拥有电脑（29.7%的住户能够通过某种方式接入互联网，有的是在家里，有的是去网吧）。2010年，平均每1万名巴西居民中有17.6名医生，美国同期为27.9名医生，瑞典为33.7名医生。同年，平均每1万名巴西居民中有5.2名护士，美国同期为97.2名护士，瑞典为108.7名护士。2005年，每1000名婴儿中的夭折人数为29.6人，美国同期为6.5人，瑞典为2.8人。

这些社会指标仅仅描述了巴西全国的平均状况。在该国许多地区的人口居住条件要比全国平均水平恶劣得多。以2003年为例，巴西北部的城市住户中有83.3%接通了供水系统，全体住户中有57.5%接通了供水系统，相较之下，南部地区这一比率为95.5%；[6] 东北地区的住户中仅有34.7%接入了污水处理系统，相较之下，东南地区的接入率则为80.8%。2003年，东北地区有45.3%的家庭，收入未达到最低工资的半数，东南地区的数据则为15.6%。[7] 2004年，联邦区的预期寿命为74.6岁，而最低的东北部阿拉戈斯州（Alagoas）却只有65.5岁。2004年的婴儿死亡率，从南里奥格兰德州（Rio Grande do Sul）的14.7（按每1000名婴儿统计）和圣保罗（São Paulo）的17，到阿拉戈斯州的55.7和马拉尼昂州（Maranhão）的43.5不等。

政策制定者原本希望在促进巴西的整体增长和发展的同时，工业化能从根本上降低本国对全球传统工业中心的依赖。起源于19世纪的全球劳动分工，赋予巴西和大多数第三世界国家初级产品供应国的角色。使巴西的经济发展速度在很大程度上要依赖于全球工业中心的表现。政策制定者们原本希望，进口替代工业化（ISI）能够加强本国的经济独立性。然而，工业化仅仅改变了这种依赖关系的属性。进口系数（进口总额占GDP之比重）并没有出现很大的下降，尽管进口商品结构发生了变化。如此一来，巴西对外贸的依赖性至少还是一如既往。此外，由于巴西的工业化是通过外国资本在本国最有活力的产业部门的大规模投资实现的，外来资本对产品开发和生产方式的影响也显著增强。

巴西工业化模型是建立在市场经济的意识形态上的。也就是说，推行工业化政策的历届政府多数均强调对私有产权的尊重以及对国内外私有企业的依赖。但是，从长期以来的实际情况看，国家在经济事务上的参与程度，远远超出了最初的计划。其原因出在本国私人部门财力有限且技术落后，外资不愿进入某些领域且政府又不愿让外资进入其他某些行业等问题上。

本书将会探讨巴西经济的历史演进过程，尤其会侧重于该国用以实现工业化的各种路径，及其对社会经济环境造成的影响，以及伴随经济结构性变化所进行的社会经济制度调整。这将引导我们去了解在这一进程中形成的经济体系的形态：一种私人资本主义与国家资本主义共存的混合体，具有自身特点，明显不同于西欧混合经济形态。我们还将探讨巴西在20世纪末采用的新自由主义政策所产生的影响。最后，我们将检视导致巴西在多项经济现代化指标上表现出多种欠发达特征的经济政策与经济制度的方方面面。

地理环境与人口背景

巴西的领土面积总计327万平方英里，居世界第五位，仅次于俄罗斯、加拿大、中国和美国，占南美洲面积的47%。境内面积最大的组成部分为地质历史悠久的高地。巴西国土约有57%是海拔高度自650英尺至3000英尺不等的高原；40%是海拔不到650英尺的低地；还有3%海拔在3000英尺以上。萨尔瓦多市（Salvador）的北部有一处从海岸延伸至内陆处的隆起。然而，如果有人从大西洋出发，经其中部及南部沿海一带前往巴西，却会对它产生一种"山国"的印象，因为巴西中部及南部的高原形成了一座陡峭的山崖，直入大西洋底。这道绝壁被人们叫做"大峭壁"（Great Escarpment）。这道天然的屏障总是令窥伺巴西内陆的外来者不得其门，并且常常被视为巴西中南部高原在20世纪以前发展缓慢的一个主要原因。

除了亚马孙河，巴西的主要水系多发源于巴西的中部和东南部地区，有很多都靠近海洋。由于这些水系均流向内陆，巴西最繁华地区内的水路自然也就没有引起过当地人的注意；因此，水路运输没有在巴西的发展历程中发挥重要作用。巴拉那河（The Paraná River）水系由数条自东向西流往内陆的支流汇成干流之后，向南流往阿根廷境内。圣弗朗西斯科河（São Francisco River）发源于南部。它向北而流，与海岸线并行1000多英里，然后转向东行。大部分的水系都直泻而下流经大峭壁，使得来自海洋的船舶无法向巴西内陆航行。以圣弗朗西斯科河为例，船舶仅能向内陆航行190英里左右，再往前不远就是保罗阿方索瀑布（Paulo Afonso Falls）了。只有亚马孙河（Amazon River）是可通航的，能由此通向内陆纵深，将巴西那些人烟稀少、经济欠发达、未开发地区连接起来。

> 总体而言，巴西是一个热带国家，极端气候事件偶发，但绝非终年气候始终单调如一，亦或过于闷热难耐和潮湿到令人萎靡不振。如果某些地区的巴西人看上去缺乏活力，在未评估过当地的饮食、疾病等其他因素之前，尚不能武断判定这是生活在如此气候条件下的必然结果。[8]

位于亚马孙河沿岸的圣塔伦（Santarem），偏离赤道几度，平均气温为78.1华氏度；在干旱的东北部地区，气温最高纪录可达106.7华氏度，但在沿该处往南的沿海一带，最高气温则要低得多。里约热内卢（Rio de Janeiro）在最热的月份里，平均气温为79华氏度。内陆高原的气温均低于同纬度的沿海地区。毗邻圣保罗以南的几个州曾遭遇过霜冻天气。

巴西大部分地区降水充沛，仅东北部的部分地区会面临降水不足的问题，当地部分地域年均降水量少于10英寸。东北部大部分地区年均降水量在20到25英寸之间。该地区的主要问题在于降水不规则——其降水量常常会在过量与干旱之间变化不均。[9]最潮湿的地区一年内的降水量可超过80英寸，主要可分为四大地段——亚马孙河低地上游，贝伦（Belem）以北的沿海地区，大峭壁上的零星地区，以及巴拉那州（Paraná）西部的小部分地区。

巴西各州通常被划分为五个区域——北部、东北部、中西部、东南部、南部。有时人们也会用到"中南部"这个地理概念，这一概念包涵但又未全部囊括后三个区域的数州。

自然资源

巴西矿产资源丰富多样。拥有储量庞大的铁矿（估约480亿吨）、锰矿（估约2.08亿吨）以及其他的工业金属矿藏。巴西还拥有储量可观的铝土、铜、铅、锌、镍、钨、锡、铀、石英、工业钻石和宝石资源。

直到20世纪60年代以前，对巴西境内各种矿产储量的了解还很有限。由于现代测绘勘探技术与设备（例如人造卫星）的运用，陆续带来了一系列新的发现。[10]例如，就在几十年前，人们还认为巴西大部分的矿床都位于贯穿巴西中部（尤其是米纳斯吉拉斯州）的山脉之中。直到1967年，才在位于亚马孙河流域的卡拉加斯（Serra dos Carajás）发现了储量极为丰富的铁矿（估约180亿吨）。在60年代后期，亚马孙地区还发现了大型铝土矿。巴西与玻利维亚接壤处附近的锡矿储量，预计超过玻利维亚境内的锡矿储量；而在70年代，巴伊亚州（Bahia）也发现了大量的铜矿。

第二次世界大战结束后的数十年里，巴西能源消费的来源结构发生了巨大变化。1946年，该国有70%的能源供应都来自木柴和木炭。而到2011年，78%的能源供应来自石油和水电。不幸的是，巴西的燃料资源与其他矿产资源储量并不匹配。就在不久前，圣卡塔琳娜州（Santa Catarina）南部仍是仅知的一处煤矿所在地。那里的煤矿质量低劣，含灰量和含硫量都很高，所以无法充分用于钢铁行业的焦煤生产。巴西约有65%的焦煤需依赖进口。20世纪70年代，亚马孙地区地下深处发现了一些新的煤炭矿床，但至今尚未得到充分的开采。

在过去相当长的一个时期，巴西已探明的石油储量不足以满足本国需求。20世纪70年代早期，巴西已发现的资源大多分布于巴伊亚州和塞尔希培州（Sergipe）境内，但是这些资源所能提供的产量仅能满足巴西全国20%的需求。国有的巴西国家石油公司（Petrobras）通过海上勘探，陆续在里约热内卢州的坎波斯（Campos）附近、塞尔希培州和亚马孙河口附近发现了石油。这些新发现的资源规模相当可观。到2005年，巴西的已探明石油储量估计达110亿桶。2003年，巴西的国内石油产量达到了国内石油消费量的88%；至2007年，巴西已经实现了石油供应的自给自足。

巴西是全球水电开发潜力最大的国家之一，可开发水电资源预计达150000兆瓦。20世纪50年代，人们普遍认为，巴西适合于修建水电站的地方均远离人口聚集区，不利于发展。但在此后，东北部的保罗阿方索城（Paulo Afonso）和博阿埃斯佩兰萨（Boa Esperança）、东南部的富拉（Furras）和索尔泰拉岛（IlhaSolteira）以及米纳斯吉拉斯州的特雷斯亚斯（Tres Marias），均随着水电站的建设迎来了高速发展。20世纪70年代中期，当时全球最大的水电站工程在巴拉圭边境上的伊泰普（Itaipu）开始修建，1983年首台机组并网发电。在2011年，水电已占巴西能源消耗总量的75%。

人　口

巴西人口在2013年达到近2亿人，在人口规模上位列世界第五。鉴于该国幅员辽阔，其人口密度相对较低。2005年，巴西每平方千米的平均人口为21人（相较之下，阿根廷为14人，墨西哥为53人，哥伦比亚为37人）。不过，巴西各地人口密度分布相当不均，从亚马孙地区的每平方千米3.3人到圣保罗的每平方千米149.0人不等。2001年，巴西人口的7.6%生活在亚马孙地区，28.1%生活在东北地区，42.6%在东南地区，6.8%在中西部地区。

巴西人口区域分布的一大显著特点是沿海岸线的几百英里集中了大量人口。人口向内陆迁移在20世纪才开始形成规模，这在南部地区更为显著。内陆首都巴西利亚（Brasília，1960年建都）的建成，联结首都的道路设施，以及20世纪60年代和70年代期间道路的快速建设，均极大地促进了巴西人口的内迁。[11]

巴西的人口增长率在20世纪中叶开始处于较高水平，但增速逐渐下滑：从50年代的3%，降至60年代的2.9%，70年代的2.5%，80年代的2%，及至2000年至2004年间的1.2%。20世纪中叶的人口增长率较高，是因为当时巴西人口出生率一直居高不下，而死亡率却迅速下降。这导致巴西人口中，14岁及以下的人群占据了很高的比例；在1995年，有39.5%的人口属于这一群体，尽管该数字到2005年时便迅速下滑至37.7%（同时期的美国为21.6%，德国为15.2%）。巴西15岁以上的人群中，识字人口所占比例从1950年的49%，上升至1970年的61%，及至2004年的88%。但是，若将功能性读写能力考虑在内，识字人口的比例便会下降至75%[12]。识字人口的增加，与近年来巴西入学率的高速增长有密切联系。截至2004年，7岁至13岁人群的小学入学率达99.5%；14岁至19岁人群的中学入学率达74.9%，20岁至24岁人群的高等教育入学率达到了20.1%。

巴西人口中高比例的年轻人群，在某种程度上导致了该国劳动参与率偏低。该数字在1950年时为32.9%，1970年时下降至31.8%，继而在1995年回升至45.9%，2005年时进一步升至49.1%。巴西的种族构成相当复杂多样。有位研究巴西人口的专家曾说：世界上没有几个地方的人口种族构成会比巴西更加复杂多样。所有的主要人种，人类所能划分出的所有基本血统——红种人、白种人、黑种人和黄种人——全都融入了这半块大陆上的人口构成中。[13]

在19世纪后半叶之前，巴西人口主要由葡萄牙人、非洲人、美洲印第安人的后裔组成。殖民时期及19世纪后，巴西出现了大量的种族通婚，导致今天的巴西人口中，混血人种占据了相当大的比例。19世纪后半叶和20世纪的头十年里，来自意大利、葡萄牙、西班牙、德国、波兰和中东的大批移民涌入巴西。这些移民人口主要定居于巴西的东南部和南部地区。20世纪头10年，巴西又迎来了大批日本移民，他们主要定居在圣保罗和巴拉那州。如今，巴西的日裔人口估计超过80万人。

这种多元化的人口背景并未阻止巴西发展成一个文化高度统一的国家。除了居于亚马孙地区深处的少数印第安人外，所有的巴西人都说葡萄牙语，不同地区之间只有很小口音差异（恐怕比美国的地方口音差异还要不明显）。据一位精于解读巴西社会的专家描述：在巴西各族裔的人民心中，均存在着一种强烈而深刻的情感，认为正是他们所有这些族裔，才构成了这里的民族和这个国家。他们有着共同的理想，共同的趣味，共同的困境，共同的英雄，共同的历史，以及共同的幽默感。[14]

注　释

[1] 人口数据摘自巴西地理暨统计局（IBGE）的《CensoDemográfico (Rio de Janeiro: 1940, 1950, 1970, 1980, 2010)》以及多期《Anuario Estatistico do Brasil》。这些数据略微夸大了当地都市化的程度，因为巴西对"都市"的统计定义涵盖了居住在各地行政中心的所有人口。这些中心地区可能由一些人口在500人至1000人的小镇以及非常大的城市组成。由于小镇的经济活动在特性上往往要比都市原始得多，巴西在2006年时达到的都市化程度，可能要低于官方数据所反映的结果。举例来说，如果都市人口被定义为人口在50000人或以上的城市中所居住的人群，那么巴西在2000年的都市人口比例将从78%下降至63.3%。

[2] Carlos Herrán, Reducing Poverty and Inequality in Brazil (Washington, DC: Inter-American Development Bank, April 2005), p. 3.

[3] 据巴西地理暨统计局的数据计算显示，圣保罗州的人均收入要比全国平均水平高出53%，而马拉尼昂州的人均收入仅达全国平均水平的26%。

[4] 污水处理系统的接入情况视不同地区差异显著：北部地区仅有4.5%的家庭接入；东北地区有34.7%的家庭接入；圣保罗州则有89.8%的家庭接入。

[5] 座机电话的使用量自20世纪90年代后期以来一直在迅速下滑，因为手机的使用已经在巴西人口中迅速普及。

[6] 事实上，供水系统的接入情况自20世纪90年代早期以来已经显著提高，当时东北地区仅有48%的家庭接入了公共供水系统，东南地区则有85%以上的家庭接入。

[7] 以上数据来自巴西地理暨统计局的《Diretoria de Pesquisas, Pesquisa Nacionalpor Amostra de Domicilios, 1993—2003》。

[8] Preston E. James, Latin America (New York: Odyssey Press, 1969), p. 389。关于巴西地理的更多具体信息可参阅：FIBGE, Sinopse Estatistica do Brasil, 1975; Donald R. Dyer, "Brazil's Half-Continent," in Modern Brazil: New Patterns and Development, John Saunders, ed. (Gainesville: University of Florida Press, 1979), pp. 29–50.

[9] 论及巴西东北部的旱灾问题时，戴尔（Dyer）表示："干季十分常见，但旱灾并非如此。然而，旱灾的发生频率还是远远超出了人们的预期，有时持续时间可长达一年到四年不等。" Dyer, "Brazil's Half-Continent," pp. 41–42。

[10] "Pesquisas de Recursos Minerais no Brasil," Conjuntura Econômica, January 1974, pp. 66–70。另可参阅FIBGE, Anuario Estatistico, 1981。

[11] T. Lynn Smith, "The People of Brazil and Their Characteristics," in Saunders, Modern Brazil, pp. 52–53.

[12]　巴西地理暨统计局预计2004年的巴西文盲人口已达11.6%；功能性文盲预计达24.8%。

[13]　Smith, "The People," pp. 53–54.

[14]　Charles Wagley, An Introduction to Brazil, rev. ed. (New York: Columbia University Press, 1971), p. 5.

第一部分

历史的轨迹

The Brazilian Economy
Growth and Development

第 2 章

殖民时期和 19 世纪

The Brazilian Economy
Growth and Development

16世纪殖民时期早期,葡萄牙并未将巴西视为富饶之地。尽管葡萄牙王室获得的领土面积很大,却未能像西班牙人从秘鲁和墨西哥殖民地那样获得丰厚的经济利益。巴西不但缺少贵金属矿藏,还缺少可投入采矿及农业生产的大量聚居、高度组织化的人口。[1] 恰恰相反,巴西零散居住的印第安游牧部落,不但因感染葡萄牙早期殖民者带来的疾病而人口锐减,而且很难被管束或通过训练以从事种植工作。[2]

巴西得名于该地的第一种出口产品——巴西木。这种树的树干在欧洲被用来制作染料。采集巴西红木是一项十分初级的工作,并不会创造太多的永久聚居机会或相关行业。[3]

巴西最早的大宗出口产品是蔗糖。1520年,榨糖技工和蔗糖商人将甘蔗从葡萄牙控制的大西洋海岛引种到巴西。甘蔗种植迅速扩展,蔗糖出口迅速成为巴西一系列大宗商品出口周期的第一波,在20世纪以前一直主导着巴西经济发展。[4]

早期社会经济组织

巴西早期的人口稀少,以及在经济上为葡萄牙带来的回报偏低,让巴西走上了一条去集权化的政治经济组织之路。贸易主要控制在私人手中,早期的定居地均由受赠人自行管辖,他们被赋予政治自主权和特许权,可在当地定居和自主开发特定的自治区（capitanías）。他们将土地卖给殖民者并从事各类商业活动。因此，在巴西的早期殖民活动时期"本质上就是一间商业公司，兼有若干私营的亚政府特点"。[5] 16世纪中叶，巴西总督被授权在萨尔瓦多管理所有殖民地，但在18世纪后半叶以前，地方政府掌握着更多的实权。因此，"政策的整体框架在欧洲制定，政策的落实和解读则在总督和地方议会手中"。[6]

这些地方政府通常由大农庄和蔗糖作坊的所有者把持，经济和社会生活的中心是沿海的大型甘蔗种植园。[7]

蔗糖周期

巴西的第一种大量出口的产品——蔗糖，主要产自巴西东北部潮湿的沿海地区，当地人称之为"丛林地区"。除了优越的种植条件外，该地区还拥有便利的海运条件，便于将货物运往欧洲，从非洲运来奴隶。由于当地印第安劳动力短缺，葡萄牙殖民者依赖从非洲（主要是安哥拉）运来奴隶在甘蔗种植园劳动。

甘蔗种植的迅速扩张将丛林地区变成了一处单作物地区。蔗糖出口量在一个世纪里稳步上升。产量的增长主要来自于土地的开垦和奴隶人数的增加，而与生产工艺的改进或生产效率的提升无关。甘蔗主要种植在大种植园里（一座中等规模的种植园大约拥有80名到100名奴隶[8]）。

当时巴西唯一的国内经济纽带就存在于甘蔗种植区与东北内陆地区之间，这两者分别属于荒地和内陆地区，其中内陆地区的过剩农产品销往甘蔗种植区，供给当地的人口。内陆地区的人口由葡萄牙移民及其奴隶、逃亡奴隶还有混血儿组成。他们从事十分原始的农牧业生产，但能生产出足够的粮食以满足出口部门（扩大生产）的需求。

蔗糖出口给不同的人群带来了丰厚的利润，包括农场主，还有那些从事销售、融资、运输和贩奴的人群。由于殖民地所需的工业品，甚至部分食品，几乎完全依赖外国进口，贸易商也同样从这些进口贸易中赚取了丰厚的利润。

塞尔索·富尔塔多（Celso Furtado）在对巴西殖民史的分析中，特别关注了巴西和北美英属殖民地在生产结构上的根本差异。后者大多由小农场构成，而巴西的出口农业则由大型的单个庄园构成。因此，北美殖民地的收入分配要比巴西更为均衡。这也解释了为何北美会比巴西更早出现大规模的国内市场，从而为当地独立工商业的早期发展打下了基础。财产和收入过度集中使得巴西国内市场狭小，维持了停滞不前的巴西殖民经济结构的稳定。[9]

尽管听起来有道理，但这一论断并不完全适用于整个殖民时期。工商业的规模经济在当时所发挥的作用，远不及19世纪及20世纪期间重要。也可以认为，由于巴西经济在蔗糖业和棉花业拥有天然的竞争优势，当时发展工业不利于有效配置资源。

富尔塔多还就早期蔗糖出口经济的崩溃对巴西经济造成的严重影响给出了令人信服的分析。他表示，绝大部分的贸易盈余，要么流向了将投资海外的商业阶层，要么流向了在海外进口消费品与投资货物（包括奴隶）上支出不菲的庄园主。[10]他指出，在这种出口导向的奴隶经济中，投资与收入之间的联系很低，因为大部分的开销都被用于进口劳动力，其中奴隶的生活费用通常以实物偿付的形式供给。以奴隶劳动为代表的投资与资金的流动并不匹配。

由于巴西的货币经济具有很大的局限性，从而导致出口的停滞对巴西经济的总体影响不大，仅仅体现在进口货物和奴隶数量减少、货币经济重要性进一步降低等方面。[11]唯一感受到蔗糖经济带来的内部影响的是内陆地区的牲畜业。出口下降会造成内陆畜牧业的萎缩，会让该行业加速转型为自给自足的经济模式（即与货币经济脱钩的自给自足行业）。劳动力退出衰退的蔗糖业向内陆地区迁移，经济活动从出口导向的畜牧业转型为自给自足，引发了富尔塔多所谓的"经济复归"现象，即经济增长与发展的背离。[12]这种现象曾在巴西历史上反复出现。实际上，这恰恰说明，巴西特有的社会经济组织形态一直在阻碍出口繁荣对社会产生持久的继发效应。实现出口拉动发展的很多先决条件，在巴西都不存在。

截至17世纪上半叶，巴西已经成为世界最大的蔗糖供应国。葛雷德（Glade）认为，巴西的蔗糖"已经超越亚洲香料，成为英葡贸易的主角，而巴西出口的商品也已经在欧洲大陆家喻户晓"。[13]

随着17世纪的结束，出口繁荣开始消退。蔗糖出口的下滑，并非因为技术改进不足而造成。巴西的蔗糖生产成本依然要比英属加勒比地区低30%。出口下滑的真正原因在于，英、荷、法等国殖民地的蔗糖供应不断增加，而这些殖民地能为各自的本国市场提供更优惠的贸易价格。

甘蔗种植倒并未因此而绝迹。庄园主们通过"庄内奴隶的直系后代至少部分替代了进口奴隶的购买"，实现了成本的削减，从而部分抵消了收入的下降。[14] 如前所述，部分土地转为了自给自足的农业用途，或被用于种植粮食，以供给不断增长的沿海人口。萨尔瓦多周边的一些土地便被转用于种植烟草，后来又在18世纪中叶改种可可。巴西的东北地区历来为棉花种植之地，后来在18世纪（美国独立战争期间）和19世纪（譬如美国内战期间）迎来了短暂的出口繁荣。[15]

总而言之，蔗糖出口时期的后果是消极的。东北内陆地区的农业组织形式仍然十分落后，沿海种植园的农业技术早已过时。奴隶制导致人力资源未被开发[16]，财产和资金收入分配过度集中。蔗糖周期带来的巨大利润，大部分都被葡萄牙和外国中间商瓜分，其中大农庄庄主和蔗糖作坊所有者分得的利润，大部分被用于进口货物的消费，而非技术改进和基础设施改善。

黄金周期和重商主义管制的兴起

17世纪90年代，人们在如今的米纳斯吉拉斯州一带发现了金矿，一波新的经济增长随之启动。尽管当年的通信系统十分落后，发现金矿的消息依然十分迅速地传播了出去，原本人迹罕至的地方顷刻聚满了前来淘金的移民。1690年至1760年期间，当地的黄金产量稳步增长（同时伴有钻石的出产，尽管产量不高）。18世纪的全球黄金产量有半数来自巴西。[17]

黄金出口时期将巴西的经济活动中心转移到了中南部地区。来自巴西各地的移民齐聚此地。东北部很多人离开经济衰退的家乡，来到中南部的黄金矿区。这些移民中甚至还有带着奴隶一起来的农场主。此外也有来自落后的南部地区的农牧民，和来自葡萄牙的新移民。各大矿区内涌现出了许多新城镇，这些城镇扮演着采矿服务中心的角色，并且拥有比以往任何时候的巴西城镇都复杂的职业结构。这里首次出现了工匠这个新行业；为了满足采矿和贸易领域的需求，这里还出现了私人银行集团。

这里的矿藏大多属于冲积矿，适合小规模运营。此类采矿活动对资本和劳动力的要求较低，有越来越多的采矿企业参与其中，结果当地的收入分配也就没有东北地区那么集中。[18]

米纳斯吉拉斯州的采矿业拥有很强的拉动效应。城镇和采矿中心对食物的需求刺激了农业生产，受到影响的地区不光是米纳斯吉拉斯州，还有深入南部的今日圣保罗州所在地，甚至还有东北地区。由于黄金要靠畜力运输至港口，因此对骡子等牲畜的需求也对南部的养殖业造成了影响。黄金和钻石的出口，也带动了消费品和采矿设备的进口。

采矿业的蓬勃发展带动了里约热内卢的发展，使之成为了一个主要港口。该地成为矿产品出口和工业制品进口的流通中心。不久之后，巴西的主要商品交易所、金融机构和其他各类服务行当均云集于此。1763年，葡属殖民地的行政中心从萨尔瓦多迁到了里约热内卢。

随着巴西殖民地的价值大幅提升，葡萄牙政府开始实施严格的行政管制。严格督管采矿区，确保葡萄牙王室能够从巴西全国的黄金产量中收缴五分之一的税额。严禁个人从事航运，所有船舶都必须登记在官方监管的护航队下。建立特殊贸易垄断权。严格限制本地加工业，能由大城市提供的商品绝不允许在巴西生产。[19]

与新兴制造业之间内部联动的最小化，使得这块殖民地的生产要素始终处于原始状态。这种欠发达的状态，在某种程度上也是忽视教育的结果。在1776年前，巴西基本不存在什么教育（耶稣会在1759年被驱逐出巴西之前，曾在当地零星办过一些教育）。即便在1776年以后，为数不多的在办学校，对巴西人口整体文化水平的影响也十分有限。[20]当地的交通设施有意保持着落后状态，以便更好地控制走私。这使得巴西的国内市场在很长一段时间里的规模都十分有限。[21]

18世纪后期，随着大部分具备开采价值的矿山开采殆尽，黄金周期也步入了尾声。部分采矿人口开始迁往巴西中部高原，转行放牧；另外一部分移居巴西南部，从事农业生产。也有不少人留在米纳斯吉拉斯州务农，其中多为自给自足的形态。

18世纪后半叶，巴西东北地区的农业出口开始复苏，尤其是棉花出口。其中最值得关注的是马拉尼昂州（Maranhão）、伯南布哥州（Pernambuco）和巴伊亚州的棉花种植和出口的崛起。[22] 从未完全消失的蔗糖出口，也在18世纪晚期迎来了重生，产地不光有东北地区，还有圣保罗。葛雷德总结了巴西在18世纪末的情况。他描述道：幕布于巴西两个完全不同的州内落下。在北方，沿海—荒地—内陆一线已经衰败，一个传统体制脱离对外贸易联系，便在内部体制架构钳制下几近止动的社会……而在南方，围绕着黄金与钻石上演的第一幕大戏，也已经接近尾声。但在那里，留下了一个更为多元开放的社会，为下一轮发展埋下了伏笔。舞台正在准备就绪，第二幕即将上演——主题是咖啡，演出时间更长。[23]

殖民地的最后岁月

1807年，拿破仑占领葡萄牙，王室在英国的保护下逃亡巴西。1808年，流亡王室将里约热内卢定为葡萄牙帝国的首都。新出现的政府工作岗位，以及政府对服务业和制造业的消费需求，带动了这座城市的发展。葡萄牙王室还大兴土木，改善基础设施建设，使之适应新政府的需要。

商业禁令的废除，促进了贸易发展。在第一家巴西银行（Banco do Brasil）于1808年开始对外营业后，来自葡萄牙本地还有海外的商人和金融机构，都开始活跃起来。直到1829年，这间银行一直肩负着发钞行与商业银行两大职责。

这一时期，第一家纸质媒体在巴西出现。葡萄牙王室还设立了一系列的高等教育机构，大量聘请欧洲的科学家和技术人员到巴西担当顾问。当时的君主制政府试图激励各行业的发展。然而这一举措并未取得成效，这要归咎于大量涌入巴西的海外商品，其中大多进口来自英国。作为为巴西提供海上防御的回报，英国被特许进入巴西市场。

1821年，葡萄牙国王返回葡萄牙，留下王子作为摄政王。不久之后，随着葡萄牙欲将巴西重新变成从属殖民地的企图再次彰显时，整个巴西大地上的不满情绪不断蓄积，最终促使摄政王于1822年宣布巴西独立。从那时一直到1889年，巴西是一个独立的君主制国家，国家元首为皇帝。第一任皇帝是佩德罗一世（Dom Pedro I），自1831年起至1840年为止，总共统治了九年的时间；继任者是他的儿子佩德罗二世（Dom Pedro II）。

独立后的一个世纪

巴西独立时，确切说应该是1822年宣布独立后的第一年，全国人口估计为390万人，其中120万人是奴隶。[24] 以巴西的辽阔面积、稀少人口以及19世纪长时间存在的通信技术瓶颈来看，这个国家没有像西班牙美洲帝国那样分裂成数个独立的小国，简直是个历史奇迹。

19世纪，巴西轻松地融入由大不列颠主导的世界经济秩序中，后者当时用工业制品从外围国家换取食品和原材料。外围经济完全依靠此类产品的出口。巴西成为典型此类国家。该国经济依赖于一种主要的初级出口产品（咖啡）和少数几种次要的初级出口产品（蔗糖、棉花和可可）；在19世纪的大部分时间里，巴西经济都对外国（主要是英国）的工业制品和资本开放，寄望这些物资的流入能够建设出帮助巴西更快融入19世纪世界经济秩序的金融、商业和运输环境。

咖啡时期

尽管咖啡早在18世纪早期便被引种至巴西，但在最初，它是被作为一种特产开展种植的。咖啡的购买者主要来自本国和欧洲主要城市的咖啡屋。随着工业革命的进步，欧洲和北美地区的生活水平提高，咖啡消费量也迅速上涨。截至19世纪30年代，咖啡已经成为巴西首要的出口产品。[25]

表2.1显示了19世纪咖啡出口的快速增长。[26] 在1821年到1830年的十年里，咖啡占据了巴西出口总额的19%。到1891年时，这一比例则上涨至63%。

1880年以前，巴西的咖啡主要产自里约热内卢的北部和西部地区（主要集中在帕拉伊巴河谷），以及巴西的东北地区（坎塔加洛地区）。当时的生产方式十分原始，全靠不依赖货币交易的黑人奴隶和黑白混血奴隶从事这些生产活动。种植园由其所有者——种植园主经营，他们"除了控制种植园自身的经济活动外，还主导着毗邻地区的社会与政治生活"。[27] 在铁路尚未建成的时代，这些咖啡全靠骡车运往里约热内卢的港口。种植园主与出口公司之间的咖啡贸易，则通过收费的中介机构来完成。[28]

表2.1　19世纪的咖啡出口量（60千克袋装）

年份	出口量（60千克袋装/千袋）
1821—1830年	3178
1831—1840年	10430
1841—1850年	18367
1851—1860年	27339
1861—1870年	29103
1871—1880年	32509
1881—1890年	51631

资料来源：Prado Junior (1970)。

由于帕拉伊巴河谷的肥沃土地在19世纪80年代前后日渐贫瘠，咖啡种植开始向南迁往圣保罗州，其后又转往该州西部。19世纪60年代，来自英国的资本和工程师修建了一条铁路，横跨将圣保罗中部高原和桑托斯（Santos）港口隔开的沿海断崖；接在以后的十多年里，铁路一直修到了圣保罗的咖啡种植区。圣保罗的咖啡产量在19世纪的80年代和90年代里迅速增长。截至1890年，由桑托斯港出口的咖啡数量已然与里约热内卢的港口的出口量持平；到1894年，桑托斯港成为了世界上最重要的咖啡出口中心。[29]

对圣保罗西部的开发带动了大型咖啡种植园的建设，因为仅有一小部分人拥有必需的经济及政治实力来树立并捍卫自身地位，开辟新的种植用地。种植园主雇佣的自由劳动力越来越多，甚至连1888年奴隶制被废除前夕也不例外，从而促进了欧洲移民的增加。奴隶制废除后，巴西出现了劳工移民潮，主要来自东南欧地区（尤以意大利居多）。[30]

毋庸置疑，在19世纪的大部分时间里，咖啡出口业都是巴西经济增长的推手。19世纪下半叶，咖啡经济已经移至圣保罗，国家经济中心也随之渐渐转移到这一地区，并持续至今。圣保罗咖啡经济的拉动效应——雇佣自由移民劳动力、外资投资基础设施、咖啡种植者积累资本以及后面章节将会涉及的衍生行业发展——开始加深了巴西中南部与其余地区（尤其是东北地区）之间的地区分化。

一些巴西经济史研究者，特别是塞尔索·富尔塔多提出，巴西经济较之欧洲、美国相对落后的原因，要归咎于英国身为工业制品供应国的特殊地位，以及巴西商人阶层的缺失。因此，巴西的政治权力掌握在地主阶级的手中，该阶级的利益与19世纪的全球劳动分工相吻合。富尔塔多通过比较巴美两国独立后的国情来强调自己的观点。在他看来，小农产业、商人阶层和针对工业制品供应国的独立战争，都是美国在19世纪蓬勃发展，与社会经济停滞的巴西形成鲜明对比的重要制度因素。[31]

在有关咖啡经济崛起的讨论中，富尔塔多对一些非经济现象也十分敏感。他指出了早先处于主导地位的甘蔗种植园主与新近崛起的咖啡种植园主之间的差别。蔗糖经济于鼎盛时期，商业完全由葡萄牙人垄断。因此，甘蔗种植园主与商业活动是割裂的，也没有发展成外向型的企业家。而咖啡种植园主从一开始就与其所在行业的商业层面紧密关联。他们还比甘蔗种植园主更加接近国家的政治中心。因此，他们也要比其他阶层更加了解国家这一角色可能对自身经济利益的潜在影响。这一点对于理解巴西在20世纪对咖啡产业给予的国家支持十分重要。[32]

其他出口产品

尽管19世纪的大部分时间里，咖啡都是巴西经济的主角，但该国同时也在长期提供着其他类别的初级出口产品。蔗糖生产规模有所扩大，主要靠的是巴西不断增长的国内市场，出口年增长率不足1%。导致巴西蔗糖出口缓慢增长的原因，主要是美国的蔗糖生产业，欧洲市场上被保护的甜菜糖和低成本的古巴糖的有力竞争。[33]

棉花出口的表现并不比蔗糖强，从1850年到1900年只增长了43%。从内陆地区到港口之间的高昂的运输成本，成为了阻碍棉花和蔗糖出口增长的主要因素。[34]

19世纪的最后十年里，巴伊亚州开始对外出口烟草。然而由于生产技术落后，巴西烟草在国际市场上缺乏竞争力，相关的贸易始终难成气候。19世纪末，巴伊亚州南部的可可出口开始崭露头角。1907年从锡兰引入了高产可可品种后，当地的可可种植园开始迅猛增长，巴西继而跻身世界最大的可可出口国之列。

随着亚马孙地区成为全球最大的橡胶原产地，当地的出口业在19世纪的最后十年里欣欣向荣。橡胶的需求迅速增长，价格一路高涨，促使巴西国内外的商业集团火速行动，纷纷进入亚马孙地区圈地。在野生橡胶树上割胶的工人，大部分来自巴西东北地区，尤其是塞阿拉州（Ceará）。19世纪70年代，巴西东北地区遭遇了灾难性的大干旱，带来了大量可供移民亚马孙地区的劳动力。橡胶出口量从19世纪70年代的年均6000吨，增长至90年代的21000吨，及至20世纪头十年的35000吨。这十年里，巴西供应了全球90%的橡胶；到1910年时，橡胶已经占到了巴西出口总额的40%。[35]

19世纪70年代，橡胶树种子被人从巴西偷带至伦敦的基尤皇家植物园（Kew Gardens）进行试种。1895年时，亚洲已有橡胶种植园建成。1899年，第一批亚洲橡胶进入国际市场。全球橡胶供应量的增长导致20世纪头十年的橡胶价格狂跌。1921年时的橡胶价格，还不到1910年的六分之一。巴西无法与廉价的亚洲橡胶竞争，其国际市场份额一跌再跌。

橡胶繁荣消解之后，对巴西经济的整体影响便变得微乎其微起来。盈利年份赚得的收入，大多花在了进口商品和奢靡消费上，丛林城市玛瑙斯（Manaus）那座大名鼎鼎的歌剧院便是明证。

19世纪的公共政策

巴西独立前的15年间，流亡中的葡萄牙王室曾努力丰富巴西的社会、文化和经济生活，尤其是里约及邻近地区。这些努力包括：1808年，第一间巴西银行挂牌，这是拉丁美洲的第一家现代银行；在里约成立股票交易所；引入第一家纸质媒体；引进技术人才；扶持各类工业化事业（譬如在米纳斯吉拉斯和圣保罗两地设立冶金厂）。[36] 正如本章所讨论过的，上述这些早期的工业化努力，有很多都在巴西独立后，因针对工业制品进口业的开放政策而化为乌有。尽管整个19世纪期间都设有进口关税，但进口关税和出口关税，属于政府收入的主要来源，基本没有涉及任何出于保护主义的意图或效果。

19世纪下半叶，巴西政府项目开发的重点之一是兴建铁路。主要的政策支持手段有补贴以及有担保的投资回报率。[37] 不幸的是，铁路网的建设在很多方面存在缺陷。多家独立公司参与了铁路的建设与运营，导致不同路段的轨距也不尽相同。铁路从种植园铺设到了港口，但是运输效率并不高，很多线路的设计都很随意。最后建成的交通运输系统，未能将整个国家团结成一个更为统一的市场。巴西的铁路总里程在1854年时为14千米，1864年为474千米，1884年为3302千米，1904年为16306千米，在1934年则是33106千米。[38]

大部分的铁路均由英国公司承建。1870年，四家英国公司拥有巴西铁路72%的股份。1901年取消了有担保的投资回报率后，巴西政府控制了大部分新建铁路路段的修建权，还开始逐渐接管越来越多的外资私营铁路路段。[39]

整个19世纪，巴西的中央政府断断续续地支持移民和殖民政策。独立之前，葡萄牙王室通过支付旅费、提供定居支持的办法，吸引了一批瑞士殖民者。[40] 尽管巴西南部地区在19世纪20年代和30年代期间，也曾实施过类似的政策吸引德国移民，但是奴隶制的存在使得此类计划难以推广。直到巴西南部废奴后，当地才开始有大规模的移民涌入。在1888年奴隶制废除、1889年共和国成立后，巴西的移民人数在全国人口中占到了很大的比例。[41]

移民活动对巴西的经济发展起到了积极作用，尤其是在南部地区，为当地带来了大批渴望发家致富的人群。另外，"为移民提供的公开补贴，在短期内是教育投资以外的一种合理有效的替代手段，可以迅速提升本国经济中的人力资源质量"。[42]

到19世纪末，巴西政府开始积极地保护本国主要的出口产业。政府担保的收益和设备进口免税政策，都是用来激励投资者投资高度资本化的蔗糖加工厂的手段。[43] 20世纪的头十年里，由于巴西的咖啡产量超出了国际市场上的需求，导致价格下滑，于是圣保罗州政府颁布了一份五年禁令，禁止栽种咖啡新树；1907年，圣保罗州（在米纳斯吉拉斯和里约热内卢两州的某种配合下）启动了第一个物价稳定计划，尽管这是一份名为《陶巴特公约》（Convênio de Taubaté）的多方协议，但它在实施过程中基本全由圣保罗州一手主导。它在最初是使用出口税，后来又通过（中央政府担保的）外国贷款融资，大批收购市场内积压的咖啡，以期稳定价格。[44]

注　释

[1]　William P. Glade, The Latin American Economies: A Study of Their Institutional Evolution (New York: American Book/Van Nostrand, 1969), chs.3 and 4.

[2]　Caio Prado Junior, HistoriaEconômica do Brasil, 12th ed. (São Paulo: Editora Brasiliense, 1970), pp. 35–36; H. B. Johnson, "The Portuguese Settlement of Brazil, 1500–1580," in The Cambridge History of Latin America, vol. 1, Colonial Latin America, Leslie Bethell, ed. (Cambridge: Cambridge University Press, 1984), pp. 253–286.

[3]　Prado Junior, Historia, pp. 24–27; MirceaBuescu and Vicente Tapajos, Historia do Desenvolvimento Econômico do Brasil (Rio de Janeiro: A Casa do Livro, 1969), pp. 29–31.

[4]　1548年以前，每年平均仅需2艘轮船就可满足巴西殖民地的贸易需求。四十年后，这一均值增长至45艘，到1620年时，该数字达到200艘。Ronald Dennis Hussey, "Colonial Economic Life," in Colonial Hispanic America, vol. 4, Studies in Hispanic American Affairs, A. Curtis Wilgus, ed. (Washington, DC: George Washington University Press, 1936), p. 334.

[5]　Glade, The Latin American Economies, p. 156.

[6]　Glade, The Latin American Economies；还可参阅：Buescu and Tapajos, Historia, pp. 100–104.

[7]　描述该社会的著作中，知名度最高的就是吉尔贝托·弗雷雷（Gilberto Freyre）的《主人与奴隶》（*The Masters and the Slaves*, New York: Alfred A. Knopf, 1946）。不过，弗雷雷的描述不够全面。比如说，他忽略了地位介乎于"主人"与"奴隶"两者之间的自由甘蔗种植者。弗雷雷描述得最精确的，是19世纪的东北地区（尤其是伯南布哥州）。还可参阅：Stuart B. Schwartz, "Colonial Brazil, 1580—1730: Plantations and Peripheries," in The Cambridge History of Latin America, vol. 2, Colonial Latin America, Leslie Bethell, ed. (Cambridge: Cambridge University Press, 1984), pp. 423–500.

[8]　Prado Junior, Historia, pp. 34–38; Buescu and Tapajos, Historia, pp. 33–34.

[9]　Celso Furtado, Formação Econômicado Brasil, 11th ed. (São Paulo: Companhia Editora Nacional, 1972), pp. 30–31.

[10]　Celso Furtado, Formação Econômicado Brasil, 11th ed. (São Paulo: Companhia Editora Nacional, 1972), pp. 45–46。

[11]　Celso Furtado, Formação Econômicado Brasil, 11th ed. (São Paulo: Companhia Editora Nacional, 1972), pp. 50–52。

[12]　Celso Furtado, Formação Econômicado Brasil, 11th ed. (São Paulo: Companhia Editora Nacional, 1972), p. 64。Buescu and Tapajos present some estimates of Brazil's cattle herd in the sixteenth and seventeenth centuries, Historia, pp. 36–37.

[13] Glade, The Latin American Economies, p. 162.

[14] Glade, The Latin American Economies, pp. 163–171。关于殖民时期个别年份中的蔗糖出口量化估测数据，可参阅：Buescu and Tapajos, Historia, pp. 24–23, 128.

[15] Prado Junior, Historia, pp. 81–82.

[16] 在另一本著作里，小普拉多对奴隶制给经济和社会发展造成的影响，给出了十分负面的评价："奴隶在经济及社会生活的不同行业和岗位上的普遍使用，最终影响了人们对劳动的态度，视其为粗鄙的和下等的。"参阅他的著作：The Colonial Background of Modem Brazil (Berkeley and Los Angeles: University of California Press, 1967), p. 325.

[17] Glade, The Latin American Economies, p. 166; Buescu and Tapajos, Historia, pp. 38–40. 还可参阅：Estudos Econômicos 13, spec. no. (1983), 该书汇集了一系列论述17世纪和18世纪殖民经济的文章；A. J. R. Russell-Wood, "Colonial Brazil: The Gold Cycle," in The Cambridge History of Latin America, vol. 2, Colonial Latin America, Leslie Bethell, ed. (Cambridge: Cambridge University Press, 1984), pp. 547–600.

[18] Furtado, Formação, p. 76; Glade, The Latin American Economies, p. 167.

[19] Prado Junior, Historia, pp. 50–59.

[20] 小普拉多就殖民地的教育水平给出了十分简洁的描述：当地甚至没有最基本的教育体系，努力弥补殖民地被迫处于与世隔绝的状态。部分殖民地一级中心地区仅存的少数几间正规学校，所提供的微薄指导并没有超出教授阅读、书写和四则运算的范围……这些学校创办于1776年后，普遍遭到忽视，并且师资力量不足，教师薪资极低，学生顽劣，班级组织混乱。殖民地的文化水平低到极点，最为粗鲁的无知占据上风。寥寥无几的学者犹如身处另一个世界，被一个完全无法理解他们的国度所无视。（The Colonial Background, pp. 160–161）

[21] Buescu and Tapajos, Historia, pp. 110–111.

[22] Prado Junior, Historia, pp. 82–83.

[23] Glade, The Latin American Economies, p. 171.

[24] Prado Junior, Historia, p. 346. 对巴西人口的更早预测如下：

1550年	15000
1600年	100000
1660年	184000
1690年	300000
1776年	1900000

[25] Thomas H. Holloway, The Brazilian Coffee Valorization of 1906: Regional Politics and Economic Dependence (Madison: State Historical Society of Wisconsin for the Department of History, University of Wisconsin, 1975), p. 5.

[26] Prado Junior, Historia, p. 160.

[27] Holloway, The Brazilian Coffee, p. 5; 还可参阅: Stanley Stein, Vassouras, A Brazilian Coffee County, 1850–1900 (Cambridge, Mass.: Harvard University Press, 1957).

[28] Holloway, The Brazilian Coffee, p. 6.

[29] Holloway, The Brazilian Coffee, pp. 7–9.

[30] Holloway, The Brazilian Coffee, pp. 15–17.从1887年至1906年, 共有约120万名移民涌入圣保罗, 其中有超过80万人来自意大利。

[31] Furtado, Formação, pp. 111–113.

[32] Furtado, Formação, pp. 114–116.

[33] David Denslow, "Exports and the Origins of Brazil's Regional Pattern of Industrialization," in Dimensões do DesenvolvimentoBrasileiro, Werner Baer, Pedro Geiger, and Paulo Haddad, eds. (Rio de Janeiro: Editora Campus, 1978); "As Origens da Desigualdade Regional no Brasil," in Formação Econômica do Brazil: A Experiencia da Industrialização, Flavio R. Versiani and José Roberto Mendonça de Barros, eds., Serie ANPEC Leituras de Economia (São Paulo: Editora Saraiva, 1977).

[34] Denslow, "As Origens," pp. 59–60.

[35] Prado Junior, Historia, pp. 236–241; Glade, The Latin American Economies, p. 297.

[36] Glade, The Latin American Economies, p. 299; Werner Baer, The Development of the Brazilian Steel Industry (Nashville, Tenn.: Vanderbilt University Press, 1969), ch. 4.

[37] Annibal V. Villela and Wilson Suzigan, Política do Governo e Crescimento da EconomiaBrasileira, 1889–1945, Serie Monográfica, no. 10, 2nd ed. (Rio de Janeiro: IPEA, 1973), pp. 378–383. 魏耶拉和苏兹甘指出, 铁路特许权体系在当时有遭到滥用的可能: 特许权通常以嘉奖权势人物的形式赋予, 这些权势人物则会将获得的特许权作为一种垄断特权售出。并且, 面向投资资本的回报率保障并没有带来最为合理的路线规划。实际路线常常超出必要长度, 并且在技术上并不完善。(p. 381)

[38] FIBGE, AnuarioEstatístico do Brasil, 1939, p. 139.

[39] FIBGE, AnuarioEstatístico do Brasil, 1939, pp. 383–384.

[40] Glade, The Latin American Economies, p. 303.

[41] Glade, The Latin American Economies, p. 306; Douglas H. Graham, "Migração Estrangeira e a Questão da Oferta da Mão-de-Obra no Crescimento Econômico Brasileiro, 1880–1930," Estudos Econômicos 3, no. 1 (1973), pp.10–13.

[42] Glade, The Latin American Economies, p. 306.

[43] Glade, The Latin American Economies, p. 303.

[44] Holloway, The Brazilian Coffee.

第 3 章

早期工业增长

The Brazilian Economy
Growth and Development

在殖民时期的最后几年，巴西为促进工业生产进行的为数不多的尝试所取得的成果被独立后的开放政策抵消了。英国商品的出现最为明显，它们已经多年享有了进入巴西市场的特权。19世纪20年代通过谈判确立贸易条约后，欧洲其他国家及美国的商品也开始进入巴西市场。[1] 1828年的关税条款将进口关税的税率定为15%，开启了巴西最自由的贸易时期。

巴西在19世纪40年代上调了关税。到1844年时，进口关税的税率平均达到了商品价格的30%以上。尽管提高进口关税的主要目的是为了增加政府收入，但此举也达到了保护主义的效果，催生了一些纺织企业的设立。巴西政府也向民族企业所使用的原材料及机器进口提供关税减免。民族企业进口机器还无需支付地方消费税。[2] 到了1852年，巴西国内有64家工厂和作坊都受益于这些优惠政策。这些企业涉足诸多制造领域，如纺织品、服装、肥皂、啤酒、铸造业、玻璃器皿和皮革制品。

由于咖啡市场青睐更便宜的进口产品，在咖啡利益的驱动下，部分关税政策于1857年遭到废止，关税有所下调。19世纪60年代，巴西关税再次因财政原因上调，税率平均水平达到50%。而在以后的20年里，巴西政府间或推出了更多的贸易保护措施。

19世纪中叶，巴西为数不多的生产作坊主要都集中在纺织业。得益于1844年的关税政策以及进口机器的特殊税收优惠，巴西在19世纪40年代中期涌现了大批的纺织企业。19世纪70年代，里约热内卢和圣保罗两地的纺织企业数量进一步增长。虽然到1885年，巴西共有48家纺织企业，但它们对巴西经济的总体影响微不足道，这一点从所有纺织企业雇佣的工人人数加起来才3000人出头便可看出。[3]

现有的统计证据表明，巴西的工业增长在19世纪80年代开始走势强劲，并在其后的30年里维持着这一良好势头。例如，表3.1显示出，棉纺织品生产在1885年至1905年间增长了10多倍，且在之后的10年内产出翻番。在1914年，纺织品的产出已经达到了全国表观消费量的85%。服装、鞋类、饮料和烟草等产品在1912年的产出大约是1929年产量的40%，见表3.2和表3.3。考虑到20世纪20年代后期，巴西的纺织工厂生产供应了国内消费总量的90%，1914年前的高产出表明，当时纺织品消费的很大一部分都由巴西国内的生产商提供。[4]

表3.1　1853—1948年棉纺织品生产情况

年份	工厂数量	工人数量	产量：千米
1853年	8	424	1210
1866年	9	795	3586
1885年	48	3172	20595
1905年	110	39159	242087
1915年	240	82257	470783
1921年	242	108960	552446
1925年	257	114561	535909
1929年	359	123470	477995
1932年	355	115550	630738
1948年	409	224252	1119738

资料来源：Stein, The Brazilian Cotton Manufacture (1957), p. 191.

表3.2　1911—1919年实际产值指标（1929年水平=100）

年份	纺织品	服装、鞋类及其他纺织制品	饮料	烟草	总计
1911年	75.4	41.7	37.2	38.2	60.9
1912年	79.2	47.3	47.0	42.5	65.8
1913年	76.5	46.8	53.8	46.6	65.3
1914年	62.0	35.4	48.4	42.2	53.5
1915年	91.9	38.9	38.6	40.9	70.8
1916年	86.4	47.2	40.8	53.3	70.6
1917年	100.9	52.2	38.6	41.3	78.5
1918年	91.0	52.1	40.2	46.4	73.4
1919年	105.6	54.0	48.8	65.0	85.4

资料来源：Villela and Suzigan (1973), p. 432.
注：本表中的指数基于1919年的权数计算得出。

第3章 早期工业增长

表3.3 1920—1939年工业生产指数（1929年水平=100）

行业	1920年	1921年	1922年	1923年	1924年	1925年	1926年	1927年	1928年	1929年	1930年	1931年	1932年	1933年	1934年	1935年	1936年	1937年	1938年	1939年
总计	78.0	77.1	89.1	106.4	88.9	89.6	88.8	95.9	103.5	100.0	95.2	103.1	103.4	118.6	133.9	152.9	174.9	187.1	199.4	224.6
矿业	126.8	99.8	108.4	94.2	81.3	93.6	95.8	85.7	104.7	100.0	91.1	85.8	82.3	86.2	85.0	96.3	104.5	128.3	140.1	137.7
制造业总指数	76.9	88.7	106.7	89.1	89.5	88.6	96.1	103.4	100.0	95.3	103.5	103.9	119.3	135.1	154.2	176.5	188.4	200.7	226.6
非金属矿	93.0	101.6	104.9	132.0	125.9	87.9	70.8		97.8	100.0	87.8	151.2	145.4	208.9	282.5	332.0	426.5	498.6	558.3	619.5
金属制品	43.7	46.2	47.5	59.7	51.7	62.7	56.1	53.1	78.0	100.0	81.9	71.9	90.2	130.5	155.3	172.2	202.0	225.3	274.1	397.7
纸制品	无	无	无	无	无	无	67.7	51.2	84.1	100.0	80.3	120.7	102.2	238.8	290.8	424.1	459.7	564.9	566.6	781.9
皮革制品	无	无	无	无	无	无	无	无	106.8	100.0	121.0	118.7	107.8	137.2	146.1	172.8	152.8	175.3	160.1	161.0
化工品	55.5	52.1	58.7	79.4	82.8	87.8	96.8	105.1	108.8	100.0	100.3	66.4	73.4	82.7	79.2	105.0	113.2	133.6	138.3	151.2
香水、肥皂	47.5	46.5	62.6	72.6	84.0	73.0	73.1	97.1	112.9	100.0	77.9	77.0	95.6	107.8	153.7	157.0	285.9	221.0	255.5	259.2
纺织品	106.6	104.1	116.7	116.5	110.2	105.8	105.6	122.1	123.9	100.0	97.2	125.6	127.4	131.0	145.7	165.4	195.8	207.5	219.8	247.0
服装、鞋类	61.7	55.0	63.6	65.6	77.8	76.2	72.9	86.6	95.5	100.0	70.8	75.0	67.3	71.2	74.6	94.7	110.9	121.0	113.8	124.8
食品	63.2	66.7	86.2	77.8	79.2	86.7	88.3	90.2	93.4	100.0	107.9	102.3	99.3	111.6	116.9	128.6	132.4	120.9	125.5	124.9
饮料	64.2	63.2	73.2	76.1	70.0	75.5	81.0	92.6	96.4	100.0	83.5	70.3	76.3	79.8	81.7	97.3	107.7	110.4	110.5	129.6
烟草	67.6	61.5	72.4	70.2	67.0	85.8	69.5	81.6	91.7	100.0	86.7	87.7	85.5	88.5	135.5	102.0	121.2	143.4	148.4	120.3

资料来源：Villela et al. (1971)；估值基于FIBGE《巴西统计年鉴（1939—1940年）》（Anuário Estatístico do Brasil, 1939/1940）；巴西农业部产量统计办公室（Ministério da Agricultura, Serviço de Estatística da Produção）。（IBGE）1920年和1940年进行的巴西全面普查；各行业指数均根据其在1919年和1939年为制造业增加的产值比例平均值进行了加权。

注：1939年为制造业增加的产值比例平均值进行了加权。

资本形成的指标，如表3.4所示，从1901年才开始有数据可循，并在1914年以前持续上行。这些指标在第一次世界大战前的五年里达到了非常高的水平。例如，水泥的表观消费量增加了12倍（从1901年的37300吨增长至1913年的465300吨）；钢铁消费量增加了8倍多（从69300吨增至589000吨）；资本货物的进口量在这一时期近乎翻了将近4倍。后期的工业增长幅度在1920年的普查中也很明显，这次普查的数据反映的是1919年的情况。在1919年的13336个工业实体中，有55.4%成立于1914年以前；以员工人数或企业人均动力装备水平作来衡量，这些企业的平均规模要大于第一次世界大战期间设立的企业。

表3.4 资本形成指标

年份	水泥表观消费量（千吨）	钢铁表观消费量（千吨）	资本货物进口物量指数（1939年水平=100）
1902年	58.8	107.0	31.7
1903年	63.8	111.2	38.0
1904年	94.0	127.3	41.3
1905年	129.6	170.6	62.3
1906年	180.3	220.3	66.1
1907年	179.9	295.0	93.0
1908年	197.9	267.6	96.4
1909年	201.8	304.5	102.9
1910年	264.2	362.3	118.7
1911年	268.7	369.2	153.6
1912年	367.0	506.6	205.3
1913年	465.3	589.3	152.5
1914年	180.8	200.5	63.4
1915年	144.9	95.2	25.2
1916年	169.8	96.9	32.2
1917年	98.6	87.0	32.0
1918年	51.7	50.0	36.9
1919年	198.4	155.1	64.6
1920年	173.0	279.7	108.1
1921年	156.9	200.7	125.8

续表

年份	水泥表观消费量（千吨）	钢铁表观消费量（千吨）	资本货物进口物量指数（1939年水平=100）
1922年	319.6	201.6	91.5
1923年	223.4	219.4	119.4
1924年	317.2	349.6	151.0
1925年	336.5	373.5	209.2
1926年	409.7	399.4	154.7
1927年	496.6	435.8	124.3
1928年	544.2	483.1	133.2
1929年	631.5	514.3	184.7
1930年	471.7	259.2	99.7
1931年	281.4	143.9	33.6
1932年	310.0	165.7	28.9
1933年	339.4	277.0	47.4
1934年	449.6	343.6	82.9
1935年	480.4	345.4	123.7
1936年	563.3	386.7	114.5
1937年	646.3	505.4	143.2
1938年	667.5	355.7	122.5
1939年	732.6	429.8	100.0
1940年	759.2	414.5	56.4
1941年	776.8	368.3	86.5
1942年	818.8	262.8	67.1
1943年	753.4	325.5	176.1
1944年	907.4	492.6	166.7
1945年	1025.5	465.6	82.7

资料来源：Villela and Suzigan (1973), p. 437；钢铁产业数据来自巴西农业部（Ministério da Agricultura）、水泥行业工会统计局（Serviço de Estatística do Sindicato Nacional da Indústria do Cimento）；进口数据来自巴西财政部（Ministério da Fazenda）、经济和金融统计局（Serviço de Estatística Econômica e Financeira）。

这一阶段发展起来的工业结构以轻工业为主导的。纺织品、服装、鞋类以及食品工业，在1907年占工业总产出的57%以上，这一比例在1919年超过了64%。

早期工业增长背后的基本力量是建立在自由劳工移民基础上的咖啡繁荣。在种植园主和外国资本支持下,旨在支持咖啡业发展的基础设施投资(铁路、电站等)大量涌现,[5]为本地工业生产的增加创造了条件,并且逐渐为本地生产的零部件创造了需求。咖啡及咖啡相关行业雇佣了大量移民,这也为廉价的消费品提供了巨大的市场。因此,在描述圣保罗的工业活动时,沃伦·迪恩(Warren Dean)记录道:最早生产出来的产品……是那些质量成本比率极高的产品,高到就算用最初级的技术在本地制造也要比从欧洲进口划算……最重要的生产活动利用当地的农业物资,尤其是棉花、皮革、糖、谷物和木材,和当地的非金属矿物类,尤其是黏土、沙、石灰和石材。[6]

早期的巴西工业企业主大多是进口商,他们在贸易活动进行到某一阶段发现,在国内生产比从国外进口更划算。纺织品行业尤为如此。例如,在19世纪创立且到1917年仍在经营的13家纺织企业,都是由进口商控股的。[7]这些企业均由进口商和咖啡种植园主共同投资。进口商还能通过特殊渠道接触到欧洲债权人,为进口设备融资。

有些分析人士认为,19世纪90年代的通货膨胀性信贷扩张,是这十年间促进巴西新工业企业建立的一个因素。[8]但其他人认为,现有的证据无法支持这一假说。[9]

19世纪40年代以来偶尔为之的关税保护措施,似乎并非巴西工业增长的重要推动力量。[10]政府对某些行业的直接援助也是如此,这种直接援助往往很难得到批准。但对特定行业(向铁路、钢铁公司等提供特殊优惠和/或补贴)来说,直接的政府援助确实非常重要。最后,巴西货币相对英镑时有贬值造成的进口商品价格的提高,加速了巴西的工业增长。[11]

再回到我们的量化分析。需要注意的是,在第一次世界大战爆发前的八年里,巴西的产能出现了大幅增长。如表3.4所示,所有资本形成指标在那一时期都出现了前所未有的快速增长。这一大幅激增部分要归功于这些年里巴西进口能力的提升,同时也得益于1905年至1913年间巴西货币相对英镑的升值。外国商品的价格降低,使得机器进口大大增加。据企业人均装备动力的马力数据显示见表3.5,在1905年至1914年间成立的公司,资本密集度要比1905年以前或第一次世界大战期间成立的企业(除了1885年到1889年间成立的少数企业)更高。此外,这些企业在1920年创造的产出占比，也要高于1885年以前或1904年以后成立的企业。[12]

表3.5 1920年根据成立时间统计的工业企业数量

成立时间	成立 数量	成立 （%）	每家企业的员工数量	企业人均装备动力水平	产出价值占比（%）
1884年以前	388	2.91	76	1.01	8.7
1885—1889年	248	1.86	98	1.48	8.3
1890—1894年	452	3.39	68	1.08	9.3
1895—1899年	472	3.54	29	1.05	4.7
1900—1904年	1080	8.10	18	1.01	7.5
1905—1909年	1358	10.18	25	1.17	12.3
1910—1914年	3135	23.51	17	1.15	21.3
1915—1919年	5936	44.51	11	1.02	26.3
未知时期	267	2.00	16	1.77	1.6
总计	13336	100.0	20[a]	1.13[a]	100.0

资料来源：Recenseamento do Brasil, vol. 5, Indústria, for 1919, p. 69.

注：a. 加权后均值。

第一次世界大战

就在不久之前，大部分巴西经济的研究者还都认为，第一次世界大战对巴西的工业产出及工业产能未造成影响。[13]但仔细查看现有的所有数据就会发现，第一次世界大战并不是巴西工业增长的催化剂，主要是因为运输中断致使巴西难以进口到提高产能所必需的资本品，而在当时巴西国内没有资本品生产行业存在。

表3.4中的三个投资指标也证明，巴西的工业在战争时期出现了大幅下滑趋势。水泥的表观消费量从1913年的465000吨降至1918年的51700吨；同一时期内的钢铁表观消费量从589000吨下降至50000吨；资本货物进口指数从1912年的205.3跌至1917年的32.0。表3.6中对1911年至1913年和1914年至1918年进口量的变化进行比较分析也揭示出，资本品的进口规模较之其他类型的产品，出现了更为显著的下降。

表3.6 巴西进口物量变化指数

年份	消费品	原材料	燃料	资本货物	总计
1911—1913年	100.0	100.0	100.0	100.0	100.0
1914—1918年	45.1	47.8	65.0	22.2	44.6

资料来源：Villela et al. (1971), p. 174.
注：指数值基于年度平均进口量计算得出。

再回看现有的证据，从表3.2中可以发现，纺织品、服装和鞋类的产出出现了大幅增长。而饮料和烟草的产出几乎没变。这些产业占据了1919年增量的50%左右。表中没有列出食品工业的数据，因为缺少相应的年度数据。但食品工业在当时仅次于纺织品业，是巴西的工业活动中最重要的一个产业。巴西的食品工业在1907年贡献了工业增加值的19%，在1919年贡献了20.5%。该产业在战前的五年里，产能实现了大幅提升，尤其是蔗糖精制厂和肉类加工厂。1910年至1914年发电量几近翻番刺激了后者的产能扩张。

第一次世界大战并没有影响到巴西工业产能扩大或改变，只是促进了战前建成的食品和纺织品产能利用率的提高。增加的产出主要被用来供应缺乏进口收入的国内市场，但也有部分纺织品被出口至阿根廷和南非，还有蔗糖和冻肉被出口至诸多拉美国家。不过，这些出口量都很小，尤其是与后来第二次世界大战期间达到的出口规模相比。

20世纪20年代

巴西经济在20世纪20年代的活力，植根于蓬勃发展的咖啡出口业。咖啡在巴西出口业中的份额，从1919年的56%增长至1924年的75%以上。同时期的咖啡出口额在国民生产总值（GNP）中所占比重，从5.7%增长至12.5%。巴西在20世纪20年代处于国际收支平衡，这一利好因素带来了巴西货币汇率的轻微升值，再加上国内商品的价格上涨，减弱了巴西国内工业免受外国产品竞争的保护。[14]

总体而言，20世纪20年代是巴西工业增长相对缓慢的时期。工业产出的年增长率从1911年至1920年间的4.6%，跌至1920年至1929年间的3%。尤其值得一提的是纺织品生产增长极其缓慢，见表3.3。由于纺织品业是当时巴西工业的主要产业，该产业的停滞也解释了巴西工业在当时整体疲软的表现。但仔细检视一下就会发现，巴西的其他产业均出现了迅速增长，并在整体上呈现出了产业多元化的趋势。一些传统行业，如食品、帽子和鞋类，在1924年至1925年间的产出出现了下滑，但是在1926年后便开始回升。另一方面，新型产业，如化工、冶金和烟草出现了大幅增长。在1925年至1929年间，非纺织品企业的增长率高于所有产业的平均增长率。[15]

金属制品的快速增长源于新的小型钢铁厂及资本品生产企业的出现。当然，巴西的冶金业是从20世纪20年代初才兴起的，基数小也是高增长率的一个原因。20世纪20年代的后五年，是巴西国内水泥生产的开端。一家于1924年成立的企业，在两年后开始投入生产，其产出从1926年的30000吨出头，增长至1929年的约96000吨。[16]

巴西在20世纪20年代的产业多元化，是由多种原因造成的。首先，第一次世界大战前就已存在的许多维修厂，都在战争期间扩大了经营活动，并在战后将利润再投资于扩张产能提高。其次，外资进入了水泥、钢铁和一些耐用消费品行业，这些行业大部分从事产品组装。再次，政府向新兴产业的企业提供了特别支持，如进口设备免税、保障利率贷款，诸如此类。[17]

将表3.3中的工业生产增长与表3.4中的资本形成指标两相比较，会发现一些有意思的经济关系。20世纪20年代，虽然生产增长较为缓慢，但资本品的进口量剧增，年均水平高于第一次世界大战前水平。同样值得注意的是，水泥和钢铁的表观消费量出现了巨大增长，这些数据是相当可靠的投资活动指标。显然，巴西在实现了工业生产逐年温和增长的同时，投资活动经历了一次小小的高潮。这一点在20世纪20年代的纺织品业产量和纺织机器进口量的对比之中体现得尤为明显，见表3.1和表3.7（a）。虽然在1921年至1929年间，纺织品业的产出持续下滑了数年，纺织机器的进口额却回升到了战前水平。表3.7（b）分别统计了纺织机器的进口额及其他机器的进口额，其结果表明，在20世纪20年代的后五年里，其他机器的进口额一直保持着增长，而纺织机器的进口额却在下滑。进口额上的这一变化反映出了当时新兴工业部门的投资活动情况。

表3.7　机器进口

(a) 纺织机器进口量　　　　　　　　　　　　　　　　　　　　　　　　　　　（公吨）

年份	进口量	年份	进口量	年份	进口量
1913年	13345	1921年	6295	1928年	6244
1915年	2194	1922年	6635	1929年	4647
1916年	2450	1923年	8838	1930年	1986
1917年	2002	1924年	10192	1933年	2051
1918年	2932	1925年	17859	1934年	4112
1919年	2753	1926年	10430	1935年	3875
1920年	4262	1927年	6744		

资料来源：Stein, The Brazilian Cotton Manufacture (1957), p. 124.

(b) 工业机器进口额　　　　　　　　　　　　　　　　　　　　　　　　　（1000英镑）

	纺织机器	其他机器
1918年	314	760
1919年	416	1189
1920年	752	3587
1921年	954	3137
1922年	839	1443
1923年	934	1537
1924年	1128	2744
1925年	1778	3433
1926年	1050	3306
1927年	740	2985
1928年	755	3415
1929年	562	4095
1930年	283	2220

资料来源：Flavio R. Versiani, "Before the Depression," paper for Workshop on the Effects of the 1929 Depression on Latin America, St. Antony's College, Oxford, September 21–23, 1981, p. 169；韦尔夏尼的数据采自多期Comercio Exterior do Brasil。

据韦尔夏尼（Versiani）所述，工业增长受到了汇率发展及政府政策的影响。第一次世界大战后，由于全球咖啡价格下跌和巴西货币供应剧增导致巴西货币的汇率急剧下跌。1924年至1926年间，由于货币政策紧缩，巴西货币的汇率再次回升；1926年后，随着政策松动，巴西货币的汇率又开始下降。韦尔夏尼发现：

> 鉴于咖啡出口收入的重要性，咖啡价格稳定方案的成功肯定对这十年工业活动的整体水平产生了积极的影响。另一方面，货币政策在1924年至1926年间及1929年至1930年间高度紧缩。汇率方面，巴西货币在20世纪20年代初出现了大幅贬值，然后在1926年至1929年间再次贬值，这肯定提高了本地生产商的竞争力；另一方面，米尔雷斯（1942年前的巴西货币单位——译者注）在1923年至1926年间的升值又起到了相反的作用。最后，关税政策不利于巴西本地产业的发展，也确实导致了进口税收的相对水平不断下降。[18]

韦尔夏尼还向大家说明，汇率的变动并不总会带来预期的影响。例如：从1910年到1923年，英镑的价格走低，而米尔雷斯也出现了贬值；这种相对变动导致进口商品在巴西国内的价格出现了大幅震荡。而另一方面，在接下来的三年里，这两种货币的汇率力量都倾向于拉低进口商品在巴西国内的价格，使其从1923年到1926年间下跌了一半。[19]

工业产出增长缓慢的部分原因在于，有更物美价廉的外国商品涌入巴西市场。表3.8中的进口结构变化表明，食品和饮料的进口额在第一次世界大战期间大幅下滑，且这种下滑势头一直持续到了20世纪20年代。而另一方面，纺织品业出现了部分回升，这反映了当时巴西市场上的进口纺织品与国内纺织品之间的竞争局面。进口份额增长最明显的是与资本形成相关的产品。

巴西工业的缓慢增长还可以归因于第一次世界大战期间的产量激增，尤其是纺织品，产量的激增在某种意义上意味着当时的市场预期巴西国产商品市场将出现增长。换句话说，战时消耗了更多的商品供应能力，而如果没有战争，那么这些供应能力可能将需要很长的时间才能消化。因此，战后的增长之所以比较缓慢，部分原因在于"正常"的国内产出增长因为战争的发生而集中于1914年至1919年间发生了井喷，尽管这些增长即便没有战争的发生最终也将出现。

表3.8 1901—1929年巴西进口结构的年均变化　　　　　　　　（%）

进口类别	1901—1910年	1911—1920年	1921—1929年
矿类产品	6.2	8.8	5.5
制造业	83.6	78.7	80.8
金属制品	12.3	13.0	13.8
机器	4.8	4.7	7.4
电子设备	1.0	1.8	3.0
运输设备	2.6	4.0	8.0
化工品	5.6	9.0	11.9
纺织品	15.1	10.9	12.1
食品	19.4	12.8	8.9
饮料	6.0	4.1	2.1
非工业产品（主要是小麦）	10.2	12.5	13.7
总计	100.0	100.0	100.0

资料来源：Villela et al. (1971), p. 115.

20世纪20年代的产能大幅增长，同样受到了第一次世界大战的影响。首先，由于战时对产能的利用不断提高，在没有重置投资的情况下实现了产量增长，20世纪20年代的部分投资可被视作用于对既有设备的重置和维修。其次，相关数据显示出当时的加速关系有所滞后。产出的增长，尤其是在纺织品业，让生产者产生了国内产品市场将进一步增长的预期，并因而订购了一些直到20世纪20年代才完成交付的设备。[20]

大 萧 条

20世纪30年代的经济大萧条对巴西的出口产生了严重的负面影响，巴西的出口值从1929年的4.459亿美元降至1932年的1.806亿美元。

1931年的咖啡价格是1925年至1929年平均价格的三分之一，且巴西的进出口比率下跌了50%。除了出口收入减少，到1932年，外国资本的进入也几近完全停止。出口收入减少，以及巴西偿还外债（1931年时达13亿美元）需要的大量外汇（不包括私营企业的利润汇出），迫使巴西政府采取激烈行动。1931年8月，巴西暂停偿付部分外债，并开始谈判，希求达成债务重组协议。巴西也是第一个引入汇率及其他直接管制措施的拉美国家。加上货币贬值抬高了进口商品的价格，这些管控措施使巴西的进口值从1929年的4.166亿美元下降至1932年的1.081亿美元。[21]

由于咖啡占巴西出口总额的71%，而出口总额又占巴西国民生产总值的10%左右，因此巴西政府的主要关注点就是支持咖啡产业。大萧条使全球的咖啡需求急剧下跌，而同时，巴西国内的咖啡产量又十分巨大——这是20世纪20年代增种新树的结果。[22]为了保护咖啡产业和巴西经济不受全球咖啡市场衰退、价格下跌的全面冲击，联邦政府从各州（主要是圣保罗）手上接管了咖啡支持计划。1931年5月，巴西咖啡协会（Conselho National do Café）成立。该协会买下所有咖啡，并销毁了其中大量卖不出去也无法存放的部分。巴西政府对咖啡产业的保护还包括采取措施援助债务缠身的农业生产者，尤其是圣保罗州的生产者。政府允许债务人延迟还款，并帮助他们清偿债务，从而创造了新的资金。这项名为"经济调整"（Reajustamento Econômico）的援助计划，让农民的债务减少了50%。[23]

另一项对大萧条期间的巴西农业起到了一定减震作用的因素，就是棉花生产的快速增长，尤其是在圣保罗州。20世纪20年代，圣保罗州政府就已开始推动对棉花种植的研究，提高了纤维的质量，并在30年代间派发了大量棉花种子。巴西政府在30年代出资提升国内价格，大大提高了棉花的产出。1933年以前，巴西每年的棉花产量不足10000吨。而到了1934年，单圣保罗一州就生产了90000吨棉花。1929年至1949年间，巴西在全球棉花种植面积中所占份额从2%增至8.7%，且在全球棉花出口中所占份额从20年代后期的年均2.1%，增长至1935年至1939年间的年均18.6%。[24]

大萧条期间的工业增长

进口的缩减，加上咖啡支持计划所创造的收入导致的国内需求，使工业制品出现短缺和相对价格的上涨。这对巴西国内工业生产的发展起到了催化作用。

再从表3.3可发现，巴西的工业生产在1931年时已经从1928年的下滑局面中全面恢复，并在其后的8年增长了1倍多。尤为值得注意的是，部分行业的快速增长一直持续到了1939年，如纺织品（较1929年增长147%）、金属制品（较1929年产出增长近3倍）和造纸（较1929年产出增长近7倍）。

再来看资本形成指标，见表3.4，还会发现20世纪30年代后半期之前，投资一直未达到或超过20年代的水平。到了1932年，巴西的资本品进口量已经降至第一次世界大战时期的最低水平，之后也仅是缓慢回升，从未完全恢复到20世纪20年代的巅峰水平。水泥及钢铁消费在1931年均滑至谷底（水泥消费量下跌至1929年水平的50%以下），但两者都在1937年时回到了之前的巅峰水平。

由此可见，像第一次世界大战时期一样，巴西20世纪30年代前五年的工业产出增长是通过充分地利用既有产能来实现的，这些产能在相当长的时间里没有得到充分利用，这其中有很大一部分都是在20年代形成的。到了20世纪30年代后五年，工业生产的增长伴随着产能扩张。钢铁产能随着众多新的小型企业涌现，特别是贝尔戈矿业公司（Belgo-Mineira）在巴西孟勒维德（Monlevade）的新厂的落成，而实现了增长。[25]同样，新的水泥企业不断涌现，造纸产能也以非常快的速度不断增长。

塞尔索·富尔塔多是第一位视咖啡支持政策为一种凯恩斯主义反周期计划的经济学家。他指出，咖啡支持计划的资金来自于信贷扩张。[26]保障咖啡的最低价格可以维持咖啡业的就业水平，并间接支持相关的内部产业。随着咖啡产出的持续上升，咖啡业的收入降幅可能会低于咖啡价格的下降。[27]因此，用富尔塔多的话说就是：

> 必须注意的是，被销毁的产品价值要远远低于该计划所带来的收入。我们其实正在建造凯恩斯后来所说的那些为我们所熟知的金字塔。在这种情况下，大萧条时期的咖啡支持政策成为了巴西国民收入增长的主要推动力。巴西在无意中施行了一种反周期政策，且其相对力度比各工业化国家所实施的政策都要大。[28]

注入经济系统的用于收购及销毁部分过剩咖啡的资金，以及由此产生的收入，抵消了投资支出的减少。[29]

富尔塔多认为，对巴西国内收入及购买力的维持、进口量的下滑，以及随之上涨的工业品相对价格，激活了巴西的国内市场。由于工业领域产能过剩，而资本品产出规模尚小，不断增长的国内需求刺激了更多的国内工业生产，更多的国内工业生产又反过来在初期维持并进而提高了巴西的国内收入。

富尔塔多最严厉的批评者卡洛斯·裴拉兹（Carlos M. Peláez），试图通过多种方式反驳富尔塔多的论点。[30] 他认为，收购咖啡存货的大部分资金都来自咖啡的出口税收。因此，咖啡支持计划不能被看做是凯恩斯主义的反周期机制。

而且，由于当时的巴西政府遵循的是正统的货币政策，巴西银行（Banco do Brasil）为支持该计划而发放的相应信贷，显然意味着该行发放给其他行业的信贷缩水；因此，这并没有带来新增信贷。最后，裴拉兹称，咖啡支持计划损害了巴西的工业化进程，因为该计划人为地扭曲了相对利润率。[31]

西芒·西尔伯（Simão Silber）的一项旨在检验这一争论的实证研究澄清了许多问题，表明了富尔塔多的分析基本正确，虽然他也充分表明了富尔塔多的阐述还十分不完整。[32] 西尔伯对裴拉兹的许多论断都提出了质疑。例如，以1931年5月至1933年2月这一时期为例，他发现65%的咖啡收购都是由出口税支付的。但若算上1933年至1934年的咖啡收购情况，西尔伯发现，只有48%的咖啡收购是由出口税支付的。[33] 此外，由于出口税并非完全由咖啡业者承担，同样有部分来自咖啡消费者（由于咖啡的需求弹性低的缘故），进口税对咖啡业产生的整体效应比裴拉兹所声称的要小。[34]

裴拉兹还无视汇率贬值对增加出口收入的重要促进作用，以及咖啡支持计划的存在使得贸易条件比如果没有该计划的降幅要小的事实。此外，西尔伯还表明，巴西在20世纪30年代奉行绝非正统的货币政策，因为这十年里的货币扩张超过了100%，而政府预算常常处于赤字状态。[35]

最后，我们很难搞清楚，政府对咖啡业的保护对20世纪30年代的巴西工业造成了怎样的伤害。保护咖啡业所带来的总需求增加为各工业领域带来的投资，可能要多于咖啡业自身靠利好因素吸引到的投资。

第二次世界大战

与第一次世界大战以及大萧条时期的前半段一样，第二次世界大战也是巴西工业产出的增长期，但产能几无扩张。在1939年至1945年间，巴西的工业生产每年以5.4%的速度递增。这一时期，年均增长率尤其令人瞩目的行业有金属制品（9.1%）、纺织品（6.2%）、鞋类（7.8%）和饮料与烟草（7.6%），这些行业的进口量都出现了大幅缩水。运输设备行业（-11%）出现下滑，是因为在没有进口的情况下，国内产能无法充分发挥效能。投资活动先是下滑，继而又在1945年开始回升（见表3.4）。这主要是因为在第二次世界大战期间，巴西被允许进口资本设备，用来在沃尔塔雷东达（Volta Redonda）兴建该国的首座大型综合钢铁厂。[36]

除去钢铁业和水泥业外，第二次世界大战期间的资本形成极低，产出的增长完全是依靠提高既有设备的利用率来实现的。因此，到战争结束时，巴西的产能有很大一部分都处于磨损和破旧状态。[37]

战争期间，巴西的制造业产品出口迅速增长；纺织品曾一度贡献了出口收入总额的20%。但由于传统供应来源在战后重新进入市场，加上巴西出口的糟糕表现（常常出现交付延误和质量控制不足），巴西的制造业产品在战争结束时基本从出口清单中消失了。

对巴西早期工业增长的评价

我们已经看到，巴西在第一次世界大战前的三十年间工业大幅增长；第一次世界大战刺激了生产，因为时局阻碍了投资活动的进行；20世纪20年代，巴西的工业增长相对缓慢，但由于第一次世界大战对厂商期望的影响使得投资高企；20世纪30年代，由于进口能力的急剧下降，工业生产呈现井喷之势，最初主要是基于对已有产能的更多利用，之后则是基于新产能的增加。

但是，如果由此认为巴西从19世纪90年代起就展开了持续的工业化进程是不准确的。工业增长和工业化时期这两个概念存在着显著差异。前者以20世纪20年代末以前的事件为特征，在此期间，经济增长主要依赖于农产品出口，这是当时的主导性经济领域。而且，尽管一些产业出现了快速增长，这一工业增长时期并没有伴随着经济结构的剧烈变化。而工业化的特点则是工业成为经济增长的主导力量，并且引发了明显的经济结构变化。

下面有关巴西实物产品的分布数据能够给予这一分类一定的支持。尽管在第一次世界大战之前和战争期间发生了一些事件，促进了工业增长，但在1907年和1919年，巴西的工业产值在实际生产总值中仅占到了21%，相较之下，农业则占到了79%。但到了1939年，工业的份额就占到了43%。[38]虽然巴西并没有在1930年进行普查，据此计算出工业所占份额，但20世纪20年代较慢的工业增长可以让我们得出一个结论：工业所占份额在20世纪30年代出现了飙升。其份额之所以惊人的高，部分要归因于当时农产品的价格偏低，特别是咖啡，其价格还未从大萧条的低位中完全回升，只有1930年巅峰期价格的29%。此外，30年代的工业制成品的相对价格很可能要高于20年代初。即便所有的价格变化信息都齐全，数据调整也不会令1939年制造业的份额调低至足以忽视经济结构发生的重大变化。

巴西农业和工业自20世纪20年代以来的年增长率估值表明，只有在20世纪30年代期间，巴西的工业才成为主导产业，并且显著地影响到巴西的整体经济增长。1920年至1929年、1933年至1939年、1939年至1945年这三个时期的年均增长率分别是：农业为4.1%、1.7%、1.7%；工业为2.8%、11.3%、5.4%；总年均增长率为3.9%、4.9%、3.2%[39]。

1907年的工业品进口系数（44.6%）表明，巴西对进口的依赖程度很高。与1919年（28.0%）和1939年（20.0%）相比，这个比例有些过高，这是因为1907年的普查只涵盖了大型企业的产出。[40]1907年至1919年和1919年至1939年的进口系数的下降，反映了进口替代的发生，尤其是在第一次世界大战和20世纪30年代期间。[41]在第一次世界大战之前，工业增长似乎只表现出了轻微的进口替代性。工业产出的增长是为了满足移民和新基础设施的新增需求，而不是替代原有的进口供应。在第一次世界大战前和进行期间，这一情况发生了改变。但正如上文界定的那样，最初的进口替代并没有引发工业化。这一现象直到20世纪30年代才逐渐演变成工业化进程。

比较一下1919年和1939年的工业结构见表3.9，应该有助于我们厘清工业增长和工业化的区别。1919年，巴西的工业结构主要由轻工业主导。纺织品、服装、食品、饮料和烟草，占工业产出的70%。到了1939年，这些产业的比重缩减至58%，而金属产品、机器以及电子产品的比重出现了显著增长。工业领域变得更加平衡，这对工业成为巴西经济的主导力量起到了促进作用，而这又是判别工业化进程的另一种方法。

表3.9　1919年和1939年巴西的工业结构（总产值的比例） （%）

行业类型	1919年	1939年
非金属矿物	5.7	5.2
金属制品	4.4	7.6
机械产品	0.1	3.8
电气设备	—	1.2
运输设备	2.1	0.6
木制品	4.8	3.2
家具	2.1	2.1
纸制品	1.3	1.5
橡胶制品	0.1	0.7
皮革制品	1.9	1.7
化工品	1.7[a]	b
药品	1.2[a]	b
香水、肥皂和蜡烛	0.7[a]	b
纺织品	29.6	22.2
服装鞋类	8.7	4.9
食品	20.6	24.2
饮料	5.6	4.4
烟草	5.5	2.3
印刷出版	0.4	3.6
其他	3.5	1.0
总计	100.0	100.0

资料来源：1920年和1940年的普查结果。
注：a. 这些类别在1919年加起来的总比例为3.6%。
　　b. 这些类别在1939年加起来的总比例为9.8%。

哈德尔（Huddle）的分析显示出，巴西在20世纪30年代末已经出现了强烈的工业化特征。从国产供应占总供应之比可以看出，巴西消费品已接近自给自足，并且供应了自身所需中间产品的80%，投资品的50%。[42]

巴西的工业部门有一个显著特点，即自20世纪初以来只吸收了少量劳动力，如表3.10所示。[43]

表3.10　1920年和1940年经济活动人口分布情况　　　　　　　　（%）

产业部门	1920年	1940年
第一产业	70	67
第二产业	14	10
第三产业	16	23
总计	100	100

资料来源：Villela and Suzigan, Politica do Governo, p. 94.

工业部门雇佣的经济活动人口的比例实际上出现了下降。不过，由于20世纪20年代普查时使用的是不同的分类，因此将其与之后的普查进行比较具有误导性。例如，20世纪20年代的普查将裁缝和缝工都归入了第二产业，而后来的普查将他们归入了第三产业。因此，如果按照1940年的分类标准来算，1920年的工业就业比重会小得多。可惜我们没有足够的信息来进行调整。[44]但就算数据齐全，且1920年的就业比重也调低了，巴西工业在1920年至1940年间的劳动力增长恐怕依然很低。

巴西早期的计划尝试

在20世纪30年代以前，巴西政府极少尝试规划国家的经济发展，尤其是工业发展。但这并不表示巴西政府没有出台针对性的政策来扶持某些经济领域。例如，在本章前面的部分提及的咖啡支持政策，就有几分"规划"的意味。此外，巴西在19世纪的自由贸易政策也是有意识的计划，旨在维持当时主流的经济结构。

19世纪后期和20世纪时，偶尔会有一些政府内外的个人，尝试着对巴西的经济进行系统性的评估，想要推行一些政策来解决国际收支平衡和其他的问题。其中之一是若阿金·穆尔蒂纽（Joaquim Murtinho）的稳定计划，此人曾在1888年至1902年间担任巴西的财政部长。[45]

在20世纪30年代和40年代，出于影响巴西发展方向的目的而对巴西经济结构进行的系统分析和评估，变得更加频繁。进行分析和评估的既有外国人也有巴西人。20世纪30年代最早出现的一份报告《尼迈耶报告》（NiemeyerReport），发表于1931

年。该报告以奥托·尼迈耶爵士（Sir Otto Niemeyer）之名命名，此人当时受巴西政府之邀，研究巴西应对大萧条引发的经济危机的对策。他第一次公开指出了许多巴西人都已意识到的问题：巴西经济的主要弱点是严重依赖于某一两种作物的出口。这就解释了为什么这场全球经济危机最初对巴西经济的打击要比对其他工业化国家的打击更为猛烈。但在当时，批评巴西对咖啡的过度依赖就如同亵渎神灵。因此，这份报告并未收到多少热烈的反响。

尼迈耶主张加强巴西经济结构的多元化。但他的意思其实是农业多元化。他并没有给出工业化建设的相关提议。他认为，农业多元化会提高农业部门的收入。农业的多元化再加上外汇储备，最终能为新的产业投资积累资本。[46]

《尼迈耶报告》的其余内容中，大部分都在批评巴西的公共财政，以及探讨重组公共财政的方法。虽然这份报告没有造成什么影响，也没有引发任何有针对性地影响巴西经济发展的尝试；但是，这是巴西当局在对其经济进行整体把脉上迈出的第一步，有望对巴西经济增长的发展方向产生影响。

接下来的一项对巴西经济的评估，则建议巴西改变经济结构并提出了实现的方法。该评估由库克特派团（Cooke Mission）完成，这是一支由美国技术人员组成、巴西与美国政府联合发起的团队。库克特派团在1942年和1943年访问了巴西，当时美国和巴西都已陷入了第二次世界大战的战火之中，特派团的目的就是为了让巴西能够建立起有助于战时发展的经济结构。

库克特派团的工作，是有史以来第一次抱着制定行动方案的目的，对巴西经济进行系统性分析研究的活动。这是第一次从区域的角度对巴西经济进行分析，将巴西分成了三个不同的区域（东北部与东部、北部与中部、南部）。这些区域的经济特征差异巨大，完全可以实施截然不同的发展计划。[47]库克特派团的一个重要结论是，应该采取重大举措来发展巴西的南部地区，因为这一区域拥有快速经济发展的最佳条件。他们的设想是在南部形成发展核心，经济增长将会扩展到其他地区。

库克特派团指出了制约巴西经济发展，尤其是制约工业增长的多项因素（如今的发展经济学家对这些因素已非常熟悉）：运输系统不完善，燃料分配制度落后，工业投资资金缺乏，对外资的限制，对移民限制，技术培训设施不足，供电能力欠发达，等等。

库克特派团建议：扩大钢铁业规模——该行业可为资本品行业的发展提供基础；发展木材和造纸业；进一步为国内消费和出口市场而扩张纺织品生产能力。

根据库克特派团的报告，工业化的任务应该留给私营企业去完成，政府则应专注于整体的工业规划、工业信贷服务的发展以及技术教育的提供。

库克特派团在整体上厘清了巴西当时所面临的一些发展问题，但它对当时的政策几乎没有产生多少直接影响。

注　释

[1] William P. Glade, The Latin American Economies: A Study of Their Institu-tional Evolution (New York: American Book/Van Nostrand, 1969), p. 300; NiciaVilela Luz, A Luta PelaIndustrializaçãodo Brasil, 1808a1930 (São Paulo: Difusão Europeia do Livro, 1961), p. 18.

[2] Glade, The Latin American Economies, p. 301; Luz, A Luta Pela, pp. 19-29; FlavioRabeloVersiani and Maria Teresa R. O. Versiani, "A Industrialização Brasileira antes de 1930: Uma Contribuição," in Formação Econômica do Brasil: A Experiencia da Industrialização, Flavio R. Versiani and José Roberto Mendonça de Barros, eds., Serie ANPEC Leituras de Economia (São Paulo: Editora Saraiva, 1977), p. 133.

[3] Stanley Stein, The Brazilian Cotton Manufacture: Textile Enterpriseinan Underdeveloped Area, 1850-1950 (Cambridge, Mass.: Harvard University Press, 1957), p. 61.

[4] Stanley Stein, The Brazilian Cotton Manufacture: Textile Enterpriseinan Underdeveloped Area, 1850-1950 (Cambridge, Mass.: Harvard University Press, 1957), p. 127.

[5] 并不是只有种植园主和外国资本出资支持基础设施建设；巴西本土的商业资本也参与其中（尤其是在里约热内卢）。参阅：Joseph Sweigert, "The Middlemen in Rio: A Collective Analysis of Credit and Investment in the Brazilian Coffee Economy, 1840-1910," Ph.D. dissertation, University of Texas at Austin, 1979.

[6] Warren Dean, The Industrialization of São Paulo, 1880-1945 (Austin: University of Texas Press, 1969), pp. 9-10.

[7] Versiani and Versiani, "AIndustrialização," p. 126.

[8] Albert Fishlow, "Origens e Consequencias da Substituição de Importações noBrasil," in Versiani and Mendonça de Barros, Serie ANPEC, p. 15.

[9] Versiani and Versiani, "AIndustrialização," pp. 136-137. 关于这一时期设立工业企业的各种推动

力，还有一种出色的分析，可参阅：Wilson Suzigan, Indústria Brasileira: OrigemeDesenvolvimento (São Paulo: EditoraBrasiliense, 1986), pp. 78–84；另可参阅：Warren Dean, "The Brazilian Economy, 1870–1930," in The Cambridge History of Latin America, vol. 5, c. 1870–1930, Leslie Bethell, ed. (Cambridge: Cambridge University Press, 1986), pp. 685–724. André Villela, "A Bird's Eye View of Brazilian Industrialization," in The Economies of Argentina and Brazil: A Comparative Perspective, Werner Baer and David Fleischer, eds. (Cheltenham, UK: Edward Elgar, 2011), ch. 2.

[10] Stein, The Brazilian Cotton, p. 15. 在更为近期的研究工作中，弗拉维奥·韦尔夏尼发现，关税在1914年以前对巴西的工业有一定的保护作用，虽然在当时，关税的设立并不是特意用来作为发展政策的工具，而主要是出于公共收入的需要。可参阅：FlavioRabeloVersiani, "Industrial Investment in an 'Export' Economy: The Brazilian Experience Before 1914," Journal of DevelopmentEconomics 7 (1980), pp. 307–329；还可参阅Suzigan, Ind ú striaBrasileira, p. 81.

[11] Annibal V. Villela, Sergio Ramos da Silva, Wilson Suzigan, and Mario José Santos, Aspectos do Crescimento da Economia Brasileira, 1889–1969 (Rio de Janeiro: Fundação Getúlio Vargas, 1971), vol. 1, pp. 287–289.

[12] FlavioRabeloVersiani和Maria Teresa R. O. Versiani在合著的《A Industrialização》一书中（p. 132），也支持汇率升值会影响到投资的观点。虽然汇率升值降低了进口机器的实际成本，但也削弱了对市场的保护。另一方面，汇率贬值在推高了进口投资货物价格的同时，也加强了对国内市场的保护。根据现有了解，就后一种情况而言，在汇率贬值期间，国内市场增长相较于进口机器成本上涨，似乎是一种更为有力的推动因素。

[13] 譬如可参阅：Roberto C. Simonsen, AEvoluçãoIndustrialdo Brasil (São Paulo: Empresa Gráficada Revistados Tribunaís, 1939); Caio Prado Junior, HistoriaEconômica do Brasil, 12thed. (São Paulo: Editora Brasiliense, 1970), ch.24; Luz, A LutaPela, p.45; Werner Baer, Industrializationand Economic DevelopmentinBrazil (Homewood, Ill.: Richard D. Irwin, 1965), p. 16.

[14] Simão Silber, "Analiseda Política Econômicaedo Comportamentoda Economia Brasileira Duranteo Periodo1929/1939," in Versianiand Mendonçade Barros, SerieANPEC, p. 187.

[15] FlavioRabeloVersiani, "Before the Depression: Brazilian Industry in the 1920s," in Latin America in the 1930s: The Role of the Periphery in World Crisis, Rosemary Thorp, ed. (New York: Macmillan, 1984), pp. 166–168.

[16] Villela et al., "Aspectos," vol. 1, pp. 243–246. 另可参阅：Suzigan, Indústria Brasileira, pp. 87, 249–256.

[17] Versiani, "Before the Depression," pp. 177–179.

[18] Versiani, "Before the Depression," p. 171。另可参阅：Winston Fritsch, "Macroeconomic Policy in an Export Economy: Brazil 1889–1930," mimeo (Rio de Janeiro, 1986), ch. 6; and "Sobre as

Interpretações Tradicionais de Lógica da Política EcônomicanaPrimeiraRepublica," Estudos Econômicos 15, no. 2 (1985), pp. 339–346.

[19] Versiani, "Before the Depression," pp. 171–172.

[20] Stein, The Brazilian Cotton, pp. 108–113.

[21] Baer, Industrialization, pp. 20–22; Villela and Suzigan, Política do Governo, ch. 6; Silber, "Analise da Política," pp. 199–201; Reynold E. Carlson, "Brazil's Role in International Trade," in Brazil: Portrait of Half a Continent, T. Lynn Smith and Alexander Marchant, eds. (New York: The Dryden Press, 1951), pp. 274–281. 咖啡的价格从1929年的每磅15.75美分，下跌至1932年的8.06美分，继而又跌至1938年的5.25美分；与此同时，咖啡出口从1929年的859000长吨，下滑至1932年的718000长吨，又在1938年回升至1033000长吨。巴西货币米尔雷斯从1929年的0.118美元，贬值至1932年的0.071美元，后在1937年升值至0.087美元。

[22] Villela and Suzigan, Política do Governo, pp. 173–177.

[23] Villela and Suzigan, Política do Governo, pp. 79–82.

[24] Carlos M. Peláez, "A Balança Comercial, a Grande Depressão, e a Industrialização Brasileira," Revista Brasileira de Economia, March 1968, p. 47; Villela and Suzigan, Política do Governo, pp. 184–187.

[25] 详情可参阅：Werner Baer, The Development of the Brazilian Steel Industry (Nashville, Tenn.: Vanderbilt University Press, 1969).

[26] Celso Furtado, Formação Econômica do Brasil (São Paulo: CompanhiaEditora Nacional, 1972), p. 188.

[27] Celso Furtado, Formação Econômica do Brasil (São Paulo: CompanhiaEditora Nacional, 1972), p. 190.

[28] Celso Furtado, Formação Econômica do Brasil (São Paulo: CompanhiaEditora Nacional, 1972), p. 192.

[29] Celso Furtado, Formação Econômica do Brasil (São Paulo: CompanhiaEditora Nacional, 1972), pp. 193–194.

[30] Carlos M. Peláez, Historia da Industrialização Brasileira (Rio de Janeiro: APEC Editora, 1972).

[31] Carlos M. Peláez, Historia da Industrialização Brasileira (Rio de Janeiro: APEC Editora, 1972), pp. 50, 213.

[32] Silber, "Analise da Política."

[33] Silber, "Analise da Política." pp. 192–195.

[34] Fishlow, "Origens e Consequencias," pp. 26–28.

[35] Silber, "Analise da Política," pp. 197–200.

[36] 详情参阅：Baer, The Development of the Brazilian Steel Industry, ch. 4.

[37] Villela et al., "Aspectos," vol. 1, p. 193.

[38] Villela et al., "Aspectos," vol. 2, pp. 195–196；推算所用原始数据来自基于1920年和1940年经济普查结果以及1907年的有效对比数据得出的增长预期。

[39] Villela et al., "Aspectos," vol. 1, p. 128。增长率没有受到农业和工业实际产出指数的影响，

该指数经过1919年和1939年这些产业实际产出（农业连同工业的增值）所占份额均值的加权计算。

[40] Villela et al., "Aspectos," vol. 1, p. 268。工业品进口系数等于工业品进口价值除以工业品总供应量；根据工业品当下的成本、保险及运费（即到岸价格，CIF）的进口数据，以及工业产出总值的数据计算而得。

[41] 对进口系数的测算方式导致其下降情况多少遭到了夸大。在进口替代工业化时期，出于对国内市场的保护，新工业制品的价格远高于进口商品的到岸价格。我们所给出的比值，其分子根据进口商品到岸价格测算而得，分母则由高价的国内商品和低价的进口商品组成。因此该比值很可能会夸大进口替代化的程度。第二次世界大战后的进口系数分析也有同样倾向。这些数据可能夸大了进口替代化程度的另一个原因在于，这些数据是基于总价值而非增值进行计算的，而最早的替代更可能出现在总增值较低的行业。

[42] Donald Huddle, "Postwar Brazilian Industrialization: Growth Patterns, Inflation and Sources of Stagnation," in The Shaping of Modern Brazil, Eric N. Baklanoff, ed. (Baton Rouge: Louisiana State University Press, 1969), p. 96.

[43] Villela and Suzigan, Política do Governo, p. 94.

[44] 具体讨论可参阅：Villela et al., "Aspectos," vol. 2, pp. 71–72.

[45] Villela and Suzigan, Política do Governo, pp. 87–88; Furtado, Formação Econômica, p. 195.

[46] 这些段落所用材料有很多来自Dorival Teixeira Vieira的著作，尤其是《O Desenvolvimento Econômico do Brasil e a Inflação》（São Paulo: Faculdade de Ciencias Econômicas e Administrativas, Universidade de São Paulo, 1962）一书，还有他于20世纪60年代早期在巴西圣保罗瓦加斯基金会工商管理学院开设的讲座"巴西经济发展"（Desenvolvimento Econômico do Brasil）所用的一套油印版讲义。

[47] 详情参阅：Fundação Getúlio Vargas, A Missão Cooke (Rio de Janeiro,1949).

第4章

第二次世界大战后的工业化：1946—1961

The Brazilian Economy
Growth and Development

尽管第二次世界大战结束后不久的巴西工业化进程得以继续的原因与大萧条时期类似，即国际收支困难，但随着时间的推移最终显现出与萧条年代截然不同的特征。到20世纪50年代，工业化已不再是政府面对外部冲击的防御性反应，而逐渐成为政府实现现代化和加快经济发展的基本策略。政策制定者们逐渐意识到，巴西无法仅靠出口初级产品实现国家发展目标。第二次世界大战结束后的十五年里，巴西政府的决策依据主要是全球贸易发展趋势以及巴西在其间所能发挥的作用，因此，本章一开始将简要回顾巴西对外贸易走势及其在巴西经济发展中的作用。

巴西的对外贸易及其在经济中的作用

从表4.1可以看出，第二次世界大战前后，巴西出口商品的结构非常单一，只集中在为数不多的几种产品上，如咖啡、可可、蔗糖、棉花和烟草。这些产品的主要市场是美国和西欧。与此形成对比的是，巴西进口产品的结构品类多样，且每个商品类别在进口产品总量中都占有相当大的比重。第二次世界大战后，由于进口替代化政策的施行，工业消费品在进口总量中显著下降而资本商品和燃油的进口大幅增长，本章稍后将会对此进行探讨。

这些数据清晰地表明，第二次世界大战结束时，巴西经济的增长严重依赖进口。20世纪40年代后期，农业在巴西国民生产总值中占有相当大的份额（接近

28%)。1950年，巴西国内超过60%的经济活动人口从事农业生产。表4.2显示了农业出口在国民收入和农业总产值中所占的比重。战后初期，农业出口在巴西经济中的地位举足轻重，主要的农产品出口收入的变化会对整个国民经济有很大的积极或消极影响。而随后几年里，农产品在国民收入中所占比重有显著下降，一方面是由于主要农产品出口收入的下降，另一方面也是由于进口替代工业化带来的内生经济增长，我们将会在接下来的部分着重讨论进口替代工业化政策。[1]

表4.1 出口与进口分布表

(a) 出口商品种类（以美元价格计算） (%)

产品	1925—1929年	1935—1939年	1945—1949年	1957—1959年	1962年
咖啡	71.7	47.1	41.8	57.9	53.0
棉花	2.1	18.6	13.3	2.7	9.2
可可	3.5	4.5	4.3	5.6	2.0
铁矿石	—	—	—	3.3	5.7
蔗糖	0.4	—	1.2	3.7	3.2
烟草	1.9	1.6	1.8	3.7	2.0
剑麻	—	—	—	1.1	1.9
锰矿石	—	—	—	2.5	2.2
橡胶	2.9	1.1	1.0	—	—
松木	0.4	1.0	3.5	3.9	3.2
其他	17.1	26.1	33.1	18.1	17.6
总计	100.0	100.0	100.0	100.0	100.0

(b) 出口市场分布 (%)

国家	1925—1929年	1935—1939年	1945—1949年	1957—1959年	1962年
美国	45.3	36.9	44.3	41.3	40.0
法国	10.3	6.9	2.3	3.4	3.4
德国	9.1	15.1	—	6.8	9.1
英国	4.4	9.7	9.1	6.7	4.4
荷兰	5.7	3.7	2.7	4.2	6.1
意大利	5.2	2.5	2.7	2.7	2.9
日本	—	4.1	—	3.0	2.4

续表

国家	1925—1929年	1935—1939年	1945—1949年	1957—1959年	1962年
瑞典	2.3	2.2	2.4	2.5	3.5
阿根廷	6.0	4.8	9.0	6.6	4.0
乌拉圭	2.7	—	1.7	2.1	—
比利时—卢森堡	2.7	3.2	4.1	—	2.5
其他	6.3	10.9	21.7	20.7	21.7
总计	100.0	100.0	100.0	100.0	100.0

（c）进口商品种类 （%）

商品种类	1938—1939年	1948—1950年	1961年
食品、饮料和烟草	14.9	17.9	13.5
燃料	13.1	12.8	18.8
原料（燃料除外）	30.0	23.8	26.3
资本货物	29.9	35.2	39.8
工业消费品	10.9	9.7	1.5
其他	1.2	0.6	0.1
总计	100.0	100.0	100.0

资料来源：Helio Schlittler Silva, "Comercio Exterior do Brasil e Desenvolvimento Econômico," Revista Brasileira de Ciencias Sociais (March 1962); Conselho Nacional de Economia, Exposição Geral da Situação Econômica do Brasil, 1961 (Rio de Janeiro, 1962); Banco do Brasil, Relatorio, 1962.

表4.2　1947—1960年农业出口占国内收入和农业总产值的比重（按1953年价格水平统计） （%）

（a）农业出口占国内总收入的比重

年份	比重	年份	比重
1947年	14.9	1954年	8.2
1948年	14.1	1955年	6.7
1949年	11.8	1956年	7.2
1950年	9.3	1957年	6.2
1951年	9.4	1958年	5.5
1952年	7.5	1959年	6.3
1953年	7.9	1960年	6.1

续表

(b) 农业出口占农业总产值的比重（按1953年价格水平统计）　（%）

年份	比重	年份	比重
1947年	43.0	1954年	21.6
1948年	41.3	1955年	23.4
1949年	35.6	1956年	25.9
1950年	30.4	1957年	21.8
1951年	32.5	1958年	20.6
1952年	24.4	1959年	23.8
1953年	27.1	1960年	23.2

资料来源：原始数据出自Revista Brasileira de Economia, 1962; IBGE, O Brasilem Numeros (Rio de Janeiro, 1960).

巴西传统出口产品在20世纪50年代的全球市场

战后，巴西的政策制定者对巴西传统出口产品的未来市场前景并不看好。从20世纪40年代末到60年代早期，在全球出口商品中，巴西的传统优势出口商品年增幅最高的是蔗糖（3.8%），最低的是咖啡（2.2%），而全球工业制成品的年出口增长率高达6.6%。[2] 不难想象，巴西如果仅靠初级产品的出口，是无法实现经济高速增长的。而巴西主要出口商品全球市场份额的下降更令其前景渺茫，其中主要原因是，当时巴西垄断了全球咖啡市场，但战后初期，高企的咖啡价格刺激其他咖啡生产国竞相增加产量，导致巴西咖啡的市场份额下跌。[3]

在全球范围内，初级产品，特别是食品和原材料的出口也遭遇寒冬，巴西自然无法独善其身。表4.3清楚地表明，全球初级产品出口下滑是一个长期趋势。表格中的（b）部分显示，全球的出口额，特别是非工业国家对工业国家的出口正在大幅下降，而这种衰退主要是由于拉丁美洲出口额的下降所带动的。值得注意的是，如果将石油及石油衍生品排除的话，降幅会进一步加大。当时的一系列调查进一步揭示了初级产品出口国的黯淡前景。比如，联合国的调查显示，发达国家对发展中国家初级产品的需求收入弹性如下：食品（国际贸易标准分类0至1）为0.76，原材料（国际贸易标准分类2至4）为0.60，燃料（国际贸易标准分类3）为1.40，工业制品（国际贸易标准分类5至8）为1.24。[4]

另一项统计分析研究了美国对于咖啡的需求收入和价格弹性，这项研究更符合巴西的实际情况。研究者发现，咖啡的价格每上涨10%，消费者的需求就会下降2.5%，而人均可支配实际收入每增加10%，咖啡的消费也会相应增长2.5%。[5]

表4.3　1913—1961年全球贸易结构的变化

(a) 全球商品出口种类（按当年价格水平计算）　　　　　　　　　　　　　　（%）

商品种类	全球			除社会主义国家之外的全球贸易额	
	1913年	1929年	1937年	1913年	1953年
食品	29.0	26.1	24.8	27.0	22.6
农业原材料	21.1	20	19.5	20.7	13.9
矿产	14.0	15.8	19.5	14.7	19.8
工业制品	35.9	38.1	36.2	37.6	43.7
总计	100	100	100.0	100.0	100.0
商品种类	1948年	1953年	1958年		
初级产品	55.5	51.0	48.2		
工业制品	44.5	49.0	51.8		
总计	100.0	100.0	100.0		

资料来源：L. P. Yates, Forty Years of Foreign Trade (London: George Allen & Unwin, 1959); Joseph D. Coppock, International Economic Instability: The Experience after World War II (New York: McGraw-Hill, 1962).

(b) 全球进口地区分布　　　　　　　　　　　　　　　　　　　　　　　　（%）

出口地	非工业化国家和地区			拉丁美洲		
进口地	1953年	1960年	1961年	1953年	1960年	1961年
工业化国家和地区[a]	37.4	28.3	27.1	12.9	8.7	8.0
全球	31.5	24.8	24.3	9.8	6.8	6.5

资料来源：GATT, International Trade, 1961.
注：a 不包括东欧地区，但包括日本。

最后，由于发达国家采用了可以提高生产效率的技术，单位产出所需的原材料随之下降，因此，发达国家对工业原材料的需求增幅远小于产能的增幅。例如，在美国，原材料消耗占国民生产总值的比重从1904年至1913年的22.6%下降至1944年至1950年的12.5%。[6]

对于巴西的政策制定者来说，这种趋势意味着巴西正在逐步丧失自己在全球贸易中的份额，而且出口也难以再现昔日辉煌。研究巴西经济最有效的方式，就是要意识到如下背景：巴西政府通过大力推动出口替代工业化，以循序渐进的政策措施，改变了整个国家的经济结构。

战后初期

在第二次世界大战期间进口急剧下降以及出口繁荣的带动下，巴西的外汇储备大幅增长，从战前的7100万美元增长至1945年的7.08亿美元。1945年2月，巴西政府出台了无限制的外汇制度，除了对利润汇出有所规定外，该制度并没有对进口数量加以限制，大部分资本交易都可以自由地使用外汇。克鲁塞罗兑美元的汇率也一直维持在战前的水平，即1美元兑换18.50克鲁塞罗，并一直保持到1953年，而从1945年至1953年，巴西国内的物价水平上涨了285%。[7] 即使在1945年，克鲁塞罗兑美元的汇率也被严重高估，因为在1937年至1945年间，巴西国内的物价上涨水平要比美国高出80%。[8]

克鲁塞罗的汇率持续高估与政府的一系列政策目标有关。首先，巴西的政策制定者迫切地希望用战时所积累起来的外汇储备满足被抑制的进口需求；其次，抑制通货膨胀是政府的首要关切，通过外汇储备来弥补国际贸易收支逆差，被认为是抑制物价上涨的合理手段；另外，政府也担心货币贬值会带来额外的通货膨胀风险。显然，这些政策所代表的是"传统的土地所有者的利益而非新兴城市工业部门发展的利益"。[9]

然而，不到一年，大幅增长的进口便将战时所积累的外汇储备消耗殆尽。表4.4显示，巴西的进口总量增长了40%，以美元计算的进口总额增长了80%，而同期的出口总量却出现了下降，出口总额仅增长了17%。目前还无法确定巴西国内生产总值实际增长率的大幅下降是否因进口剧增而造成，但即使剔除这一因素，巴西国内生产总值实际增长率在外汇储备枯竭之后的1948年，依然再次出现了攀升，并在此后的十年保持在较高水平。

表4.4　1944—1950年进口、出口及实际国内生产总值（年度增长率）　　（%）

年度	出口		进口		实际国内生产总值
	总量	总额	总量	总额	
1944—1945年	6	16	5	6	1
1945—1946年	21	49	−17	50	8
1946—1947年	−5	17	40	80	2
1947—1948年	3	3	−10	−8	7
1948—1949年	−11	−8	16	−1	5
1949—1950年	−13	24	22	−2	6

资料来源：Comissão Mista Brasil-Estados Unidos para Desenvolvimento Econômico, Relatoria Geral, vol. 1 (Rio de Janeiro, 1954); and Conjuntura Econômica.

截至1947年，巴西所持有的大部分外汇储备都已耗尽，但附录表A.1中所示的国际收支平衡表似乎与此相矛盾。1946年，经常账户收支依然为顺差，直到第二年才转为逆差，而这也不足以消耗大部分外汇储备。不过巴西战时的经常账户收支盈余主要来自于对欧洲国家的贸易顺差，而同期巴西对美国却是贸易逆差，考虑到这一点，上述的矛盾就说得通了。由于欧洲国家的货币在战争早期是不可兑换的，导致巴西政府便无法动用手中的绝大部分欧洲货币储备来弥补对美国不断增长的贸易逆差。[10]

外汇管制：1946—1953

第二次世界大战之后，巴西政府为解决国际收支平衡困难所采取的种种措施，成为工业化浪潮最初的驱动力。随后，主要是在20世纪50年代，这些措施开始变成政府为推动建立工业联合企业而有意识采取的工具。外汇管制就是推动巴西工业化进程的主要工具之一。

1947年6月，巴西政府重新实施外汇管制，这些管制措施一直持续到1953年1月。在这七年间，克鲁塞罗的汇率逐步走高，刺激了进口的增长，而1950年爆发的朝鲜战争也同样推动了进口，巴西政府随后施行了进口许可证制度，以控制进口需求。[11]只有符合巴西银行进出口局（CEXIM）——该部门负责整个进口许可证体系的运行——规定的五类优先进口类别的商品才可在交易中使用外汇。药品、杀虫剂和化肥等必需品可以自由进口,而燃料、重要食品、水泥、纸张、打印设备及机械设备则属于进口许可制度中的优先进口商品类别;另一方面,消费品被认为属于过剩商品,漫长的审批许可流程抑制了这类商品的进口。[12] 另外,企业每年资本汇出的额度被限定在注册资本的20%以内,利润汇出额度被限定在注册资本的8%以内。

1945年至1950年间,政府实施了足够多的管制措施以平衡国际收支。有些人或许会认为,这些措施给经济发展上造成的牺牲是没有必要的。比如,如果对维持固定和高估汇率的态度更具灵活性的话,管制的成本会更合理的分担,也许还能在更大程度上刺激出口。进口许可证的分配标准就是传统。政府会根据每个进口商在实施进口许可证制度之前的交易总额,按比例给予他们一定的外汇额度。这是一种静态的政策,并没有考虑到新兴产业的发展和需求,而这些新兴产业在发展初期通常都会依赖于从海外进口的原料。

对于外汇的超额需求给政府带来了巨大压力,许可证制度一直为(审批过程中)漫长的拖延所困扰,现实操作中,违规行为也逐渐增多。拥有许可证的进口商攫取了丰厚的利润,"不出意外,进口许可证管理部门中的腐败现象日益增多;另一方面,走私者们对这种制度则不屑一顾"。[13]

1951年,巴西银行进出口局认为朝鲜战争会加剧世界的冲突,进而造成外部供给的普遍短缺,于是放松了进口管制。1948年至1950年间巴西的年均进口额为9.5亿美元,而到了1951年至1952年度,年均进口总额则增至17亿美元。资本货物的进口额增长超过55%,其他生产资料的进口额上涨了28%。这反映出经过审慎考虑的工业化政策已逐渐成为巴西政府在20世纪50年代的主要考量。咖啡价格的飙升带动巴西出口额的增长,这也在一定程度上弥补了进口额的飙升。然而,不断增长的进口主要还是依赖商业赊欠和政府财政补贴维系,后者在1951年达到了2.91亿美元,1952年更是增长至6.15亿美元。

尽管巴西在这一时期实行高估的固定汇率,但补偿贸易却可以绕过这种僵硬的体系。特定产品的出口商可以直接高价出售外汇收入,这就"相当于克鲁塞罗出现了某种'特定'的贬值,而这种做法在进口许可证制度实施的最后几年里占到了很大的比重"。[14] 起初,进口许可证制度运行得非常顺利,巴西银行进出口局牢牢控制着这些操作，以保持出口的本质（即推高价值）和进口的基本属性。然而，到了后期，进口许可证制度的弊端逐渐显现，导致其最终逐渐衰落。

进口许可证制度刺激了利润汇出和资本外流，阻碍新的资本流入。1949年至1952年间，共计1.73亿美元的利润被汇至国外，而直接投资净流入总额仅有1300万美元。尽管巴西政府采取了种种限制资本流动的措施，但资本流出与流入的差额还是逐步扩大。

多种汇率并行：1953—1957

1953年1月，巴西政府施行了一项新的政策，建立起一种更为灵活的汇率制度。第1807号法令创建了一个有限的自由外汇交易市场，允许外国资本及其收益的流入流出，以及旅游所需的外汇买卖。进口和大部分出口的外汇交易都被限制在由巴西银行进出口局控制的官方交易市场中（1美元兑18.72克鲁塞罗），关系国计民生的重要资本交易也同属此列。另一方面，对于那些政府力图推动的出口贸易，则全部或部分允许在自由市场内交易。对资本收入的控制则保持在一定范围之内，即利息流出每年不得超过（投资额的）8%，利润汇出每年不得超过（投资额的）10%。

由于自由市场中美元的价格高于官方价格，政府便利用第1807号法令为某些特定的出口贸易提供激励。1953年2月，巴西货币信贷总监署（SUMOC）第48号令将出口商品划分为三个类别，其中第一类别的外汇收入中有15%可以进入自由市场交易，第二类可以有30%自由交易，而第三类则可以将外汇收入的50%投入自由市场出售。之后，随着更多法令的出台，重要出口商品的名录也不断加长，不久之后，所有这些重要出口商品都被归入了第三类别。

传统出口商品（咖啡、可可和棉花）的外汇收入理应按照官方的汇率结汇。然而，这些商品却可以通过"最低价格名单"来形成例外：只有在汇率对应着特定的最低价格时，出口商品才需要在官方市场内交易，任何高于这个最低价格的商品都可以在自由市场内交易。这些操作手段都被用来刺激出口以及推动出口商品结构的多元化。但由于政府试图将自由的售汇汇率纳入官方市场，这种操作手段的效果便大打折扣。虽然这项政策的出台是出于政治和市场心理的考量，但它的确削弱了对出口和资本流入的刺激，同时刺激了旅游业和利润汇出的不平衡增长。

1953年10月，巴西的汇率制度经历了一项基本的变革。货币信贷总监署第70号令和第2145号法令确立了多种汇率制度。其中，第2145号法令取消了对进口商品数量的直接控制，并建立了外汇交易拍卖系统。进口商品按照必需程度被分为五类。货币信贷总监署在不同的类别中分配外汇，而每一类别中的进口汇率则通过拍卖确定。[15]

部分进口商品由于其重要性而没有被纳入外汇交易拍卖系统。这些商品包括石油及其衍生品、印刷纸、小麦以及关系着国民经济发展的设备等。这些产品的汇率是由出口汇率均价加上货币管理部门（即巴西货币信贷总监署）所定的附加税来确定。这些产品占据了全部出口产品总额的近三分之一。

出口方面，巴西银行重新获得了购买外汇，以官方汇率（18.72）确定的每1美元加上5克鲁塞罗支付咖啡价格、每1美元加上10克鲁塞罗支付其他商品价格方面的垄断地位。利润汇入、利息以及分期付款这些被认为是对国家发展十分重要的方面，都会以官方利率外加货币管理当局制定的附加税进行交易。

经过多年的实践，多种汇率制度也经历了一系列变革。许多进口商品被重新分类；汇率拍卖也引入最低价格，这些最低价格会随着通货膨胀而提高。出口方面，在经过一系列的变革之后，终于在1955年1月建立起四个出口商品类别。整个系统是如此的复杂，以至于同时有十二种以上的官方汇率存在。正如戈登（Gordon）和格鲁姆斯（Grommers）所指出的那样：

> 在持续通货膨胀的局面下，多种汇率制度在货币贬值方面取得了一些进步，而且它也建立起了一种市场机制来平衡外汇的供需。而且，它还削弱了政府从进口贸易中获取的暴利，也减轻了在发放进口许可证过程中行政腐败的压力。[16]

相较于出口，这个体系在进口贸易方面似乎更加灵活。这种灵活性相较于关税制度来说有着较大的优势，因为关税只能通过立法机构来调整，而交易的分类可以通过政府的规定来调节。

在多种汇率制度下，大多数资本货物、农业的货币投入以及某些特定的行业受益颇多，接下来是中间产品，最后才是消费品。对于出口来说，这样的制度却是一大阻碍。政府拉低出口率的背后，有着一系列的原因：他们只对如何从这个体系中获取更多的收入感兴趣；他们倾向于认为较低的出口率可以抵消贸易条件的下降趋势；最后，政策制定者们认为，较低的出口率还可以被用作保持出口商品在国内的价格不会大幅上涨的手段。[17]

外汇管制的变化：1957—1961

1957年8月，随着第3244号法令的实施，巴西汇率体系再度经历了一次根本性的变革：引入从价税并且很快提高至150%；将汇率类别从五种减少为两种。"一般类别"中包含了原材料、资本货物和某些必需消费品，"特定类别"中则涵括了所有政府认定的非必需商品。而对于小麦、石油、印刷纸、化肥、高优先级的机械设备，以及被认为是关系到经济发展的利息及分期付款，还是维持着极低的汇率。这种汇率被称作"费用交换"，而且不能低于付给进口商的平均汇率。出口和资金转移支付的汇率则还是按照原有规定确定。

到20世纪50年代中期，汇率体系的本质特征发生了变化。它不再被认为是监管者应对国际收支平衡困境的手段，而更多地成为政府推行工业化的工具。当时，巴西的政策制定者们相信，如果不进行经济结构性的调整，就无法实现经济的高速发展和国家的现代化，而这种结构性的改变只能依靠工业化来实现。随后十年中，巴西出台的一系列配套政策就是这种新观念的最好佐证。

其中，最重要的创新便是前文提到的1957年《关税法》，这部法律为新兴产业提供了足够的保护。[18]另一项措施是1955年早期实行的货币信贷总监署第113号法令，这个指令的主要目标是吸引外商直接投资，为新兴产业进口资本设备，而无需动用外汇储备。指令规定，外国投资者只要同意"不以现金或延期债务方式支付，而用克鲁塞罗货币资本投资进口该机械设备的企业"，[19]就可以进口机械设备。只有被判定为对国家经济发展有益的投资，才能使用这种方式，审批机构也从巴西银行进出口局（CEXIM）变成了巴西银行的外贸委员会（CACEX）。

如果某类商品属于1957年之前实行的进口管制体系的前三个类别的话，便会被判定为国家发展所需商品。然而，大多数商品都并不属于这三个类别。为了确定某种商品是否为国家经济发展所必需，巴西外贸委员会在给予第113号法令的优惠待遇之前，需要同财政部门、其他利益相关部门以及某些非政府机构（比如巴西全国商业联合会）协商。这种优惠待遇主要是为了进口完整的成套生产设备和一些现成的工业体来完成工厂的现代化改造。获得第113号法令优惠待遇的公司在正常生产期间不允许出售其所进口的机械设备，也不允许直接向海外汇出与所进口设备价值相当的款项。[20]

对外国投资者来说，第113号法令带来的益处相当明显。如果没有这项指令，他们必须要先以自由市场的汇率将款项汇至巴西，然后再用所购买的克鲁塞罗在拍卖市场上以更高的价格购买美元。因此，外国投资者的受益程度可以通过相关拍卖市场类别汇率成本与自由市场汇率之间的差价来衡量。如果是以美元来进口，这一差价就会很大，而如果以非美元进口的话，差价会较小。然而，到1958年底时，大多数出口国家的货币都已经实现了自由兑换，这类差价便逐渐消失了。

1957年《关税法》扩大并强化了对国内产业的保护力度。在许多情况下，关税可以高达60%、80%甚至150%。那些国内产业可以充足供应的商品只能通过"特殊类别"进口，在这个类别中，汇率价格是其他类别商品的两倍或三倍。但是，重要行业或重要原材料却可以按费用交换的汇率水平进口，并获得汇率补贴。

接下来的几年，外汇交易体系的管理出现了一系列的难题。在很长一段时期内，面对持续的通货膨胀，优先进口的货物都维持着较低的费用交换水平（之前为1美元兑换53克鲁赛罗，1958年10月时变为80克鲁赛罗，1959年1月时又变为100克鲁赛罗）。当局对于这种僵硬的调整措施是否能够有效地对抗通货膨胀尚存疑虑。不过，这项政策却促使进口商品结构和一般资源配置模式出现扭曲。20世纪50年代后五年里，政府开始应对咖啡产能过剩的问题。政府购买了大量过剩的咖啡，并给予咖啡出口商50%的进口汇率补贴。付给出口商的汇率与出售给进口商的汇率之间的差价为政府创造了额外的收入，可以用来支持国内的咖啡补贴项目和其他的政府项目。

1959年1月，货币管理当局将工业制品的出口汇率纳入自由市场交易，同年12

月，除了咖啡、石油、蓖麻和可可之外所有出口商品的汇率都被转入自由市场。1959年4月，进口海运费也同样采用自由汇率交易。

1958年至1961年3月，自由市场的美元汇率持续低于"一般类别"的汇率水平。这意味着，若是外资企业汇出利润或是巴西人到海外旅游，就可以获得比进口必需品更优惠的汇率。在该体系施行的最后几年，政府从出口商和进口商那里收回强制性贷款，进口商还要在汇率拍卖市场上支付差价，但随后的半年之内不得再接受任何外汇。出口商仅能收到一小部分以克鲁塞罗结算的外汇收入，其余的部分则用来投资巴西银行发行的半年期票据。

汇率改革：1961—1963

1961年早期，随着巴西货币信贷总监署第204号令的公布，一项新的外汇政策开始实施。费用交换的汇率水平从1美元兑换100克鲁塞罗上涨至1美元兑换200克鲁塞罗。"一般类别"项下的进口商品都被转入自由汇率市场交易，除了咖啡之外的所有出口商品也被纳入自由市场，另外，对进口商的强制贷款也被"进口证书"所取代，即要求进口商存入与所购买外汇等值的克鲁塞罗，购买巴西银行发行的150天票据。

随后，巴西货币信贷总监署的其他指令相继公布：将咖啡出口的外汇收入纳入自由汇率市场交易；要求进口商对每袋咖啡支付22美元，而政府用等值的克鲁塞罗补贴国内过剩的咖啡产能；等等。另一项指令则废除了费用交换制度，将所有的进口商品都转入自由交易市场。总体上来说，这些措施在很大程度上整合了外汇交易体系。

1962年和1963年充斥着政治危机以及民族主义者的压力，这导致了1962年底严格的利润汇出法案的出台，[21]出口外汇收入持续下滑，通胀却在不断攀升。这段时期的大部分时间里，官方的"自由汇率"都严重地滞后于国内通胀率，故而对激励新型出口商品毫无助益。

同类产品法

本章如此长篇累牍地回顾外汇政策变化的原因在于,外汇政策是巴西在20世纪50年代推行进口替代工业化的主要政策工具。此外,政府还运用了严格的"同类产品法"来对前文回顾的政策进行补充。

19世纪的最后十年里,人们普遍认为"同类产品法"就是关税保护的代名词。1911年,巴西设立同类产品登记制度。寻求保护的巴西制造商可以将他们正在生产或准备生产的产品进行同类商品登记。在第二次世界大战后期,特别是20世纪50年代,登记同类产品已经成为实施关税保护和将某一类产品划分至高税率类别的依据所在。而对于实施保护令"数量与质量"的标准则是灵活的,可以借由法律和政府的意志进行调节。

随着工业化进程的持续,这样的法律带来了大量的垂直整合,这种垂直整合既发生在企业范畴内也出现在国家范畴内(随着供应商的出现)。一项研究在巴西运营的美国公司的报告指出:

> 对外国投资来说,同类产品法的最大的作用就在于对以组装取代进口、甚或进一步代之以自主生产的激励。这种激励手段的最大特点在于,外国投资者们对于被彻底地排除出市场的担忧要远大于希望获得与竞争对手同样优惠的期待。在许多情况下,仅仅是某些巴西或外资竞争对手商讨生产某种同类商品的新闻报道,或是禁止进口某些同类商品的传闻都会成为促使美国公司通过在当地建厂的方式来维持市场份额的关键因素。[22]

不过,这部法律也刺激了巴西本土的企业创办提供上下游产品和服务的公司。这样一来,即使政府最初的保护措施刺激了"非重点"产业(轻工业产品最初是无法进口到巴西国内的),但一系列辅助性政策却推动了行业的垂直整合,最终也推动了重工业产业的发展。

特殊的计划和方案

前文中为大家介绍了20世纪30年代和第二次世界大战期间，巴西是如何努力地评估自身的资源，以期有效地进行规划和利用的。战后，这些措施继续施行，间或还产生了一些公共投资计划，以作为各种促进私人部门发展举措的政策补充。

随着SALTE计划（葡萄牙语中"健康"、"视频"、"交通"和"能源"四词的首字母缩写）的展开，战后首个公共规划项目也浮出水面。这个项目并非是全面的经济计划，而是一个五年期的公共支出项目，项目涵盖健康、视频、交通、能源四大方面，[23]从1950年开始至1954年结束。这段时期的公共总开支应为199亿克鲁塞罗，其中有26亿克鲁塞罗被用于改善医疗服务，27亿克鲁塞罗用于食品和生产供给的现代化、114亿克鲁塞罗用于交通系统的现代化，还有32亿克鲁塞罗用于提升能源产出。

遗憾的是，由于一系列执行方面的问题，特别是财政上的困难，导致这项计划只施行了一年就被叫停。由于该计划不仅包括特殊发展项目，而且还涵盖了政府常规预算中的项目，因此它"具有筛选出常规预算中能够带动国民经济发展的开支的效果，因而是朝向'功能预算'迈出的一步"。[24]

这项计划并没有为其所囊括的所有项目带来与其价值等同的额外开支，因为这些开支中有30%都可以被常规的预算项目所支付。但余下的70%却很难获得资金。部分项目所需的资金按计划部分应通过计划本身所带来的额外收入税提供，还有部分通过巴西银行出售外汇获得，其他的收入则应该通过将关税调整为从价税获得，这就导致经营预算中出现了70亿克鲁塞罗的缺口。政策制定者决定，只能通过负债经营来获取这部分资金。

由于政府对于收入和借债的可能性的估计过于乐观，这项计划实行一年后便被终止。决策者们并没有考虑到国际收支平衡困难的可能性，而这却会造成政府无法依靠出售外汇来补贴计划，而日益严重的通货膨胀和预算赤字却导致借债变得更为困难。在计划于1951年终止之后，部分规划中的公共工程项目被转移至不同的政府部门，以待重新获得资金后继续推进。

本质上来说，SALTE并不是一个全局性的计划。它并没有将私人部门纳入其中，也并没有实施影响私人部门的项目。它基本就是一个五年期的公共开支项目。然而，这个计划也的确促使人们注意到了那些落后于工业发展、进而可能阻碍其进一步增长的经济部门。

1951年至1953年间，巴西—美国联合经济委员会的主要工作，就是制定一项更具野心且全面的经济计划。委员会旗下拥有数量庞大的巴西和美国技术人员，对巴西经济展开了当时最全面最彻底的调查，并且列出了一系列基础设施工程项目。整个项目的计划支出高达140亿克鲁塞罗（按当时的汇率计算约合3.873亿美元），其中各个类别所占到的比重如表4.5所示。

表4.5　1951—1953年巴西—美国联合经济委员会提案的投资项目

投资项目	外汇投资比例（%）	国内货币投资比例（%）
铁路	38	55
公路修建	2	—
港口修建	9	5
沿海航运	7	3
电能	34	33
其他	10	4
总计	100	100

资料来源：XI Exposiçõosôbre o Programa de BNDE Reaparelhamento Econômico (Rio deJaneiro, 1962).

具体而言，这些类别的项目包括对不同的铁路线、港口、沿海航运以及扩展装机发电容量等现代化工程，而"其他"类别则包括进口农业设备、建造粮仓以及建设和扩张工厂的规模。委员会还就科技培训、出口多元化、克服显著的地区收入差距（见第12章）以及实现金融稳定等方面提出了建议。

巴西政府期望从国际组织以及外国政府的直接贷款获得外汇，而通过作为所得税补充征收的"强制性贷款"以及保险公司、社保机构等贷款获得国内资金。

尽管联合委员会的计划从未被正式实施，但也产生了一系列的积极效果。它推动了国家发展银行（BNDE）的成立，该行的作用就是规划、分析并资助基础设施建设和一系列的工业项目。许多委员会的研究成果最终都被用于由国家发展银行和国际信贷机构所融资的项目。委员会还提议推动未来有可能成为国家发展瓶颈的落后经济部门的发展，从这一点上说，委员会的工作要比SALTE计划更为成功。

1953年至1955年间，来自国家发展银行和联合国拉美经济委员会（Economic Commission for Latin America of the United Nations）的技术人员，携手致力于系统性的全面经济计划的制定。[25]他们的工作主要包括研究1939年至1953年间国民经济中的整体联系，在有关储蓄率、贸易条件等备择假设下做出七年期的经济预测。这个小组的主要作用就是引起巴西的政策制定者对事关经济发展速度的关键变量（比如储蓄率、资本产出比以及外资流入等）的关注，这些变量均会随着政策的不同而变化。20世纪50年代，巴西人口增长率居高不下（每年的人口增长率都超过3%），这也促使政府将经济快速增长置于了首要地位。[26]

战后一系列的经济发展计划，以及相关的热烈讨论，"在巴西公众和政客之中散播出了一种后来被称作为发展主义的政治神秘色彩"。[27]这种对发展——或曰在相对较短时间内取得较高经济增长速度——的关注，以及政府在产业发展中所扮演的角色，逐渐成为儒塞利诺·库比契克（Juscelino Kubitschek）政府（1956年—1961年）的施政特色。在库比契克宣誓就职总统的第二天，巴西就成立了国家发展委员会，并提出了"目标项目"（Programa de Metas）。

这不是一个全面的经济发展计划，并没有涵盖所有公共的投资和基础工业，它也并未将五年期内计划涵盖的三十个基本部门所需资金与未纳入计划的部门所需资金协调起来。这些目标是为政府和私营产业共同设定的，囊括了五大领域——能源、交通、食物供给、基础产业以及教育（特别是技术人才的培养）。基础设施投资主要是为了解决经济发展的瓶颈问题，而联合委员会的工作已经为此打下了基础。许多情况下，这些项目都有着具体的目标，包括许多独立的工程，而有些目标就仅仅是些空泛的条款。

基础产业的目标主要着眼于提升钢铁、铝、水泥、纤维素、汽车、重型机械以及化工业品的产量。这些被视作"经济增长点"的产业，会为进一步的快速工业化打下基础。库比契克的计划还包括一个特殊的项目，即将巴西利亚建造成为新的首都。由于这个项目不会对提升经济产量带来立竿见影的效果，考虑到其他项目的有限资金，一时之间，关于建设巴西利亚是利是弊的争议四起。许多人在后来认为，建造巴西利亚的长期效益要大于初期投入的资金成本，新城的建造释放了大量的新增农业用地，从而在20世纪70年代带来了大量的外汇储备。

1957—1961年五年规划的资金需求为2367亿克鲁塞罗（合23亿美元）。这些资金将会被用于表4.6中所列的主要产业。[28]

表4.6　1957—1961年投资项目

投资类型	巴西本土生产的货物和服务（%）	进口的货物和服务（%）
能源	48	37
交通	30	25
食品生产	2	6
基础产业	15	32
教育	5	—
总计	100	100

巴西政府希望通过政府预算（39.7%来自联邦政府，10.4%来自州政府）、私有企业或合资企业（35.4%）以及公共服务部门（14.5%）来获得本国货币融资，外汇融资则来自于国际组织（大多数处于国家发展银行的管理之下）提供的贷款，以及前文讨论过的受大量优惠政策吸引的外国资本。

库比契克执政期间，许多项目，特别是工业和部分规划的基础设施建设，都得以顺利地实现了目标。

特殊激励项目

若是调查分析巴西政府在20世纪50年代施行的对工业化进程有影响的政策，那么库比契克政府实施的一系列具有针对性的项目不容忽视，这些项目旨在推动包括汽车及多用途运输车辆制造、造船以及重型机械制造在内的产业发展，通过国家发展银行统一组织实施。在特定的一段时期内，这些优先产业在进口制造设备、原材料、零部件等方面都享受着特殊的待遇。

其中，最成功的便是由汽车产业执行小组（GEIA）负责执行的一个旨在推动汽车产业的项目。短短几年里,这个项目为进口制造设备和汽车零部件提供了重大支持,作为回报,汽车公司则致力于循序渐进地用巴西制造的零部件替代进口部件。汽车产业执行小组还说服巴西的企业涉足汽车零部件产业,并安排它们与外资企业洽谈技术援助协议。总体来看,"政府鼓励向外围的巴西供应商和转包商投入大量资金,帮助它们仿制零部件。这些措施的目标是建立起一个庞大的非受制性的零部件生产产业"。[29] 最终,汽车公司被划归为"基础产业",并因此获得了国家发展银行的资金援助。

汽车产业执行小组的指导,不仅为巴西的汽车制造业带来了快速的垂直整合,也带来了合适的车型。在库比契克执政后期,汽车产量中只有一半是乘用车,而余下的都是多功能运输车和卡车。其他的执行小组也在同样地为巴西打造造船、重型机械、拖拉机以及自动电话设备产业。

工业化政策的影响

第二次世界大战后,巴西的工业化带来了经济的高速增长。1947年至1962年间,巴西年均实际增长率超过6%,在工业化发展最快的1956年至1962年间,年均实际产值增长率更是达到了7.8%。尽管在1947年至1961年间,实际产出增长了128%,但农业实际产值的增幅仅有87%,工业产值的增幅则达到了262%。1947年至1961年间,农业仅占巴西国内生产总值绝对增长数的18%,非农产业则贡献了82%。其中最为关键的因素在于,工业部门的规模扩张超过三倍,并给国民经济发展带来了或直接或间接的影响。值得注意的是,在整个回顾期内,见附录表A2,固定投资的比重很低,平均只有15%,这反映出当时偏低的增量资本产出率。

由于投资中进口的比重较高,因此,总体投资比重与国际收支平衡赤字息息相关。在这一阶段期末这一现象更加明显,由于大量私人资本的涌入维持了高投资系数。

经济结构变化的一个表征,就是国内生产总值在不同经济部门的分布状况,见表4.7。工业再次成为国民经济中最活跃的部门,工业所占份额稳步上升,并在20世纪50年代后五年里超过了农业。

表4.7 1939—1966年各经济部门占GDP比例的变化 （%）

经济部门	1939年	1947年	1953年	1957年	1960年	1966年
按当年价格计算						
农业	25.8	27.6	26.1	22.8	22.6	19.1
工业	19.4	19.8	23.7	24.4	25.2	27.2
其他部门	54.8	52.6	50.2	52.8	52.2	53.7
总计	100.0	100.0	100.0	100.0	100.0	100.0
按1953年价格计算						
农业		30.0	26.1	24.6	22.2	21.9
工业		20.6	23.7	24.5	28.0	28.8
其他部门		49.4	50.2	50.9	49.8	49.3
总计		100.0	100.0	100.0	100.0	100.0

资料来源：原始数据出自瓦格斯基金会（Fundação Getúlio Vargas）、国家会计中心（Centro de Contas Nacionais）和《经济事务》（Conjuntura Econômica）。

要了解制造业的结构变化，首先要简要回顾一下进口结构的变化，而要做到这一点，就不能忽视进口占GDP之比的逐步下降。表4.8反映了进口商品结构的变化，从中可以看出，在1949年至1962年间，制成品的进口份额从81%下降到了68%。而在进口商品中，原材料所占比例逐步提升，并占据了很大的份额，这表明巴西国内有许多货物（比如石油和煤炭）都处于短缺状态，而这些原材料对新兴工业的发展十分重要。

这些新兴工业的活动不仅仅出现在生产的最后阶段，也体现在生产过程的早期。无论是从纵向来看还是横向来看，新兴产业结构都十分平衡且合理。表4.8中显示的是各个经济部门中所出现的进口替代化现象，可以看到，这些出现了进口替代化现象的部门不仅在进口总量中的份额持续下降，而且在1949年至1950年（第三列）间扣除物价因素后的平均进口总额中也呈现出了下降趋势。在那些份额没有变化甚至还有所上升，以及实际进口额也有所上升的经济部门中，也都出现了进口替代现象。这是因为，这些产业的增长速度都远低于工业产值所取得的三倍增长率。在这一时期内，实际GDP翻了两番，但仅有三个类别的进口增幅超过了这一增长速度。

表4.8 进口商品结构的变化 （%）

商品类别	1949年	1962年	进口份额的变化 1949年至1962年 （按1949年美元价格计算）
食品、饮料、烟草	4.58	3.13	+245；+25[a]
纺织品	3.99	0.13	−89
服装、鞋类	0.05	0.00	无
木制品	0.18	0.04	无
纸张和纸制品	2.36	2.58	+55
打印和印刷设备	0.31	0.47	+320
皮革制品	0.27	0.01	无
橡胶制品	0.12	0.07	无
化学品、石油、煤炭产品	19.55	18.01	+5；−43；−42；−14[b]
非金属矿产品	2.04	1.33	−1
碱金属和金属制品	11.48	11.62	
铁和钢	3.71	3.43	+27
有色金属	3.02	3.97	+108
其他	4.75	4.22	无
机械	14.21	12.99	
金属加工机械	7.06	7.64	+63
其他	7.15	5.35	−29
电器设备	6.61	6.27	+46
运输设备	14.30	10.17	
机动车辆	9.58	2.44	−60
其他	4.72	7.73	+112
其他制成品	1.92	1.95	
制成品总计	81.97	68.78	+45
非加工原材料	18.03	31.22	
总计	100.00	100.00	
工业产品变化			+213
实际国民生产总值变化			+105

资料来源：经济和金融统计局（Serviço de Estatística Econômica e Financeira）、巴西对外贸易部（Comercio Exterior do Brasil），多年统计数据。相关原始数据依据工业普查分类经过了重新统计。

注：原始数据根据当年的美元价格计算。

无：暂无数据。

a 食品为+245，饮料为+25。

b 化工品为+5，石油产品和煤炭为−43，化肥为−14，医药和药品为−42。

要衡量进口替代化水平,更加精确的标准是进口在国内总供给中所占的比重。[30]如表4.9所示。值得注意的是,1949年,在消费品和中间产品中,进口替代化已经占到了相当大的比重,而资本货物中尚有59%的部分依然依赖海外进口。那些将产业垂直关联——特别是后向关联——最大化的政策是导致后者比例剧减的原因之一。尽管从总体上来看,进口替代化是当时最重要的发展动力,但它的影响却到20世纪50年代中后期,资本和消费品的进口与总供给之比大幅下降的时候才显现出来。自20世纪40年代起,中间产品的比率就出现了大幅下降。[31]

表4.9 1949—1966年进口占总供给之比 (%)

	1949年	1955年	1960年	1962年	1965年	1966年
资本货物	59.0	43.2	23.4	12.9	8.2	13.7
中间产品	25.9	17.9	11.9	8.9	6.3	6.8
消费品	10.0	12.2	4.5	1.1	1.2	1.6

资料来源:"AIndustrialização Brasileira: Diagnostico e Perspectivas," in Programa Estrategico de Desenvolvimento, 1968-70, Estudo Especial (Rio de Janeiro: Ministério do Planejamento e Coordenação Geral, January 1969).

另一种观察巴西经济结构变化的方式,就是研究制造业中总增加值和就业的分布情况,正如表4.10所反映的,传统工业(纺织、食品、服装)相对出现下降,而运输设备、机械、电气设备、化工品等重要的进口替代化产业则出现了显著增长。有意思的是,在传统工业内,总增加值的下降要快于就业的下滑,而许多新兴工业中,总增加值的增长都要高于就业的增长。

表4.10 产业结构的变化:总增加值和就业

(a)1939—1963年巴西工业结构的变化 (%)

商品类别	总增加值			
	1939年	1949年	1953年	1963年
非金属矿产	5.2	7.4	7.4	5.2
金属制品	7.6	9.4	9.6	12.0
机械	3.8	2.2	2.4	3.2
电气设备	1.2	1.7	3.0	6.1
运输设备	0.6	2.3	2.0	10.5

续表

商品类别	总增加值			
	1939年	1949年	1953年	1963年
木制品	5.3	6.1	6.6	4.0
纸制品	1.5	2.1	2.7	2.9
橡胶制品	0.7	2.0	2.2	1.9
皮革制品	1.7	1.3	1.3	0.7
化工品、药品、塑料、香水等	9.8	9.4	11.0	15.5
纺织品	22.2	20.1	17.6	11.6
服装和鞋类	4.9	4.3	4.9	3.6
食品	24.2	19.7	17.6	14.1
饮料	4.4	4.3	3.5	3.2
烟草	2.3	1.6	2.3	1.6
印刷出版	3.6	4.2	3.5	2.5
其他	1.0	1.9	2.4	1.4
总计	100.0	100.0	100.0	100.0

(b) 1950—1960年巴西工业就业结构的变化　　　　　　　　　　　　　(%)

商品类别	1950年	1960年
非金属矿产	9.7	9.7
金属制品	7.9	10.2
机械	1.9	3.3
电气设备	1.1	3.0
运输设备	1.3	4.3
木制品	4.9	5.0
家具	2.8	3.6
纸制品	1.9	2.4
橡胶制品	0.8	1.0
皮革制品	1.5	1.5
化工品	3.7	4.1
药品	1.1	0.9
香水、肥皂、蜡烛	0.8	0.7

续表

商品类别	1950年	1960年
塑料制品	0.2	0.5
纺织品	27.4	20.6
服装、鞋类	5.6	5.8
食品	18.5	15.3
饮料	2.9	2.1
烟草	1.3	0.9
印刷出版	3.0	3.0
其他	1.7	2.1
总计	100.0	100.0

资料来源：IBGE, Recenseamento Geral do Brasil, 1960, Censo Industrial.

失衡与瓶颈

20世纪50年代的进口替代工业化也遗留下了一系列的问题，以至于60年代的政策制定者不得不努力维持经济的增长和发展。本书的第二部分会详细讨论这些问题，在此先简要地对这些问题进行总结。

尽管在战后大部分时期内，农业部门都受到了忽视，[32]但其4.5%的年均增长速度相较于年均3.1%的人口增长速度来说还算令人满意。然而，更为细致的研究却揭示出这段时期存在的问题。

尽管人口的增长缓于食品供给的增长，但是另一因素却为这幅乐观的景象蒙上了阴影。大规模的城乡人口流动，导致20世纪50年代的城市人口年均增长速度达到了5.4%左右。粮食供应的增长主要来自于新开垦的耕地，而不是原有耕地上粮食产量的提高。为了满足城市人口快速增长的粮食需求，人们不得不从更加遥远的地区向城市运送粮食，这对本就已十分落后的国内交通以及农产品市场均造成了极大压力。（据估计，由于当时落后的市场体系而导致的农业产品损失高达20%。）到了60年代，人们普遍意识到，如果农业生产率没有提升，工业的进一步发展就会受到阻碍。

食品相对价格的提高并不会增加通货膨胀的压力,却会导致社会紧张。

第二个主要问题就是不断攀升的通胀率。虽然我们将在第6章讨论到,通货膨胀可以在通过重新分配资源来支持工业化上起到短暂的积极作用,然而,20世纪60年代早期高企的通胀率对经济所造成的扭曲影响,却抵消了强制储蓄机制所带来的经济增长。

第三个问题就是工业增长也加剧了社会不公,即地区、部门以及收入群体之间利益的分配不均,这带来日益增长的社会政治压力。另外,如何发展长期被忽视的落后的教育体系,为现代工业部门提供训练有素的人力资源、提升社会流动性以令更广泛的人口享受工业化的成果,也成为政府所要面对的压力之一。

最后,20世纪50年代(特别是后五年)的经济增长,在很大程度上都是靠大量外资即外国直接投资或国外贷款支撑的,因此,政府还要面对由此导致的严重的国际收支平衡压力。截至60年代初,巴西的外债已经高达20亿美元。这些债务中有很大一部分都是短期债务,既有付息负债也有分期贷款,再加上外资企业汇出利润,从而进一步加重了巴西的国际收支平衡困难。事实在于,进口替代化的政策是单方面的,也就是说,政府完全忽视了推动出口的增长以及出口商品的多元化,而如今,这已成为了一个严重的问题。

注　释

[1] 从数量上看,1950年各主要商品的理论出口量占总产出的份额为别为:咖啡95%,可可豆88%,棉花12%,橡胶 14%,烟草27%,铁矿石46%。参阅:Werner Baer, Industrialization and Economic Development in Brazil (Homewood, Ill.; Richard D. Irwin, 1965), p. 38.

[2] Werner Baer, Industrialization and Economic Development in Brazil (Homewood, Ill.; Richard D. Irwin, 1965), p. 40。

[3] 有人可能会提出,如果战后早期巴西能够制定出更为合理的价格政策,应该就更有机会保持住自身在全球市场所占份额。然而,由于当时难以维持国际收支平衡,政策制定者承受着要在短期之内将出口收入最大化的压力。另外也必须考虑到,巴西是第一个主导了全球咖啡市场的国家。不能期望先来者能够永远维持最初的市场份额。对于许多拥有良好的自

然条件生产咖啡,并在第二次世界大战后宣布独立的国家来说,进入全球咖啡市场是顺理成章的事情。有关巴西咖啡政策更详尽的论述可参阅:A. DelfimNetto, O Problema do Café no Brazil (São Paulo: Universidade de São Paulo, 1959); A. DelfimNetto and Carlos Alberto de Andrade, "Uma Tentativa de Avaliação da PolíticaCafeeira," in Flavio R. Versiani and José Mendonça de Barros, eds., Formação Econômica do Brasil (São Paulo: Editora Saraiva, 1977), pp. 223–238.

[4] United Nations, World Economic Survey, 1962, part 1, "The Developing Countries in World Trade," p. 6: "这些预测是根据工业发达国家从发展中国家进口的各类商品种类在GDP所占份额的下降情况得出的。数据样本的覆盖范围为1953年至1960年间。"

[5] Rex F. Daly, "Coffee Consumption and Prices in the United States," Agricultural Economics Research, July 1958, pp. 61–71.

[6] T. Schultz, "Economic Prospectus of Primary Products," in Economic Development for Latin America, H. Ellis and H. Wallich, eds. (New York: St. Martin's Press, 1961), p. 313.

[7] Joel Bergsman, Brazil: Industrialization and Trade Policies (London: Oxford University Press, 1970), pp. 27–28.

[8] Donald Huddle, "Balança de Pagamentos e Controle de Câmbio no Brasil," Revista Brasileira de Economia, March 1964, p. 8, and June 1964.

[9] Bergsman, Brazil, p. 28.

[10] Baer, Industrialization, p. 48; Joseph A. Kershaw, "Postwar Brazilian Economic Problems," American Economic Review, June 1948, pp. 333–334.

[11] 本节所用材料多来自两本专著:Mario H. Simonsen, OsControles de Preçosna Economia Brasileira (Rio de Janeiro: Consultec, 1961); Lincoln Gordon and Engelbert L. Grommers, United States Manufacturing Investment in Brazil: The Impact of Brazilian Government Policies, 1946–1960 (Boston: Division of Research, Graduate School of Business Administration, Harvard University, 1962)。汇率高估不仅会打击出口,鼓励进口,还会成为资本流入的障碍和利润汇出的推动力。同时也催生了外汇交易黑市,交易汇率要远高于官方汇率。

[12] 详情可参阅:Bergsman, Brazil; Huddle, "Balança de Pagamentos."

[13] Gordon and Grommers, United States, p. 16.

[14] Gordon and Grommers, United States.

[15] 对于该体系更为具体的描述和分析,可参阅:A. Kafka, "The Brazilian Exchange Auction System," Review of Economics and Statistics, August 1956, pp. 308–322.

[16] Gordon and Grommers, United States, p. 17.

[17] 更多量化细节可参阅:Bergsman, Brazil, pp. 31–32.

[18] 对于关税体系更为透彻的讨论,可参阅:同前, pp. 32–54.

[19] Gordon and Grommers, United States, p. 19.

[20] Gordon and Grommers, United States, p. 20。

[21] 对于当时政治事件的详细描述，可参阅：Thomas E. Skidmore, Politics in Brazil, 1930–64: An Experiment in Democracy (New York: Oxford University Press, 1967).

[22] Gordon and Grommers, United States, pp. 23–24.

[23] SALTE计划相关段落的资料来源为：BNDE, XI Exposiçãosôbre o Programa de Reaparelhamento Econômico (Rio de Janeiro, 1962), pp. 3–6; Hans W. Singer, "The Brazilian SALTE Plan," Economic Development and Cultural Change, February 1953; Dorival Teixeira Vieira, O Desenvolvimento Econômico do Brasil e a Inflação (São Paulo: Faculdade de Ciencias Econômicas e Administrativas, Universidade de São Paulo, 1962).

[24] Singer, "The Brazilian SALTE Plan," p. 342.

[25] 参阅：United Nations, "Analyses and Projection of Economic Development," inThe Economic Development of Brazil, part 2 (New York, 1956).

[26] 当然，20世纪50年代的人口增长率直到60年代早期才确定。1940年至1950年间的人口增长率约为2.5%。

[27] Gordon and Grommers, United States, p. 123.

[28] BNDE, XI Exposição, p. 14.

[29] Gordon and Grommers, United States, p. 51.

[30] 关于进口替代化更为深入全面的衡量，可参阅：S. Morley and G. W. Smith, "On the Measurement of Import Substitution," American Economic Review, September 1970.

[31] 赫德尔仔细调查了第二次世界大战后期的多个样本区间，发现进口替代工业化主要集中在20世纪50年代的中期和后期。参阅：Donald Huddle, "Postwar Brazilian Industrialization: Growth Patterns, Inflation and Sources of Stagnation," in The Shaping of Modern Brazil, Eric N. Baklanoff, ed. (Baton Rouge: Louisiana State University Press, 1969), pp. 91–97.

[32] 农业并未完全被忽视。但是也没有广泛开展对销售设施和推广服务的投资。参阅：Julian Chacel, "The Principal Characteristics of the Agrarian Structure and Agricultural Production in Brazil," and Gordon W. Smith, "Brazilian Agricultural Policy, 1950–1967," both in The Economy of Brazil, Howard Ellis, ed. (Berkeley and Los Angeles: University of California Press, 1969).

第 5 章

从停滞、繁荣到债务危机：1961—1985

20世纪60年代，巴西经济失去了成长动力，实际GDP增长率从1961年的10.3%，陆续下滑至1962年的5.3%，1963年的1.5%，直至1964年的2.4%。巴西经济在1961年后陷入停滞的直接原因，似乎是巴西政坛继1961年8月雅尼奥·奎德罗斯（Jânio Quadros）辞去总统职务后便持续出现的政治危机。[1] 自1961年8月下旬奎德罗斯辞职，直到1964年4月古拉特（Goulart）政府被推翻的几年里，巴西没有任何稳定持续的经济政策出台。

20世纪60年代晚期至70年代早期的经济政策

1964年政变后，新上台的军政府做出的论断是，经济复苏的要旨在于控制通胀，消除日渐累积的价格扭曲，推动资本市场现代化，对政府选定的优先产业的直接投资建立相应的激励机制，吸引外资扩大本国生产力，以及加大在基础设施和重工业领域的公共投资。

1964年政权更迭后的头几年里，政策制定者重点推动金融市场的稳定及结构改革。前者包括经典的稳定措施（如缩减政府开支，改进税收征管制度增加税收，紧缩信贷，减薪等）。[2] 稳定计划还包括一些旨在消除前十年的通货膨胀背景下愈演愈烈的价格扭曲问题的措施。例如大幅提高公用事业费率。尽管此举会带来短期通胀影响（即矫正性通胀），但会逐步消除一些行业的赤字，从而降低行业对政府补贴的需求。

上述政策消除了政府预算赤字——1963年的预算赤字占到了GDP的4.3%，而到了1971年时，这一比例已经下降到0.3%。通胀率逐渐下降至20%，并在1968年至1974年间大体保持在这一水平。

资本市场的现代化和深化，对于巴西经济的持续增长同样必不可少。推行金融工具的指数化，即建立一种根据通胀率重新调整债务工具的本金和利率的系统。这一手段最初被用于政府债券，使政府更多地依靠非通胀融资成为可能。数年后，被推广至存款保证金、存贷关联和公司债领域，并且发展出一种根据价格变化定期评估公司资本价值的机制。

1965年颁布的资本市场法，为加强和促进对股市的利用奠定制度基础，对承销新股发行的投资银行的兴起起到了积极作用。开发多种新的信贷机制以鼓励使用本国不断增长的工业产能。创立众多特殊目的基金与政府开发银行（即国家发展银行）配套为中小型企业的销售和资本货物采购等提供资金支持。[3] 1964年至1974年这十年间，政府加大税收激励政策对地区和行业之间的资源配置的引导和调节方，尤其是为了刺激资源向巴西东北部和亚马孙地区流动。

在1964年后坚决推动稳定化的时期，政府投资支出从未削减过。为了指导巴西在发电配电、交通运输系统、城市基础设施建设和重工业领域的发展，政府与美国国际开发总署（USAID）、世界银行（World Bank）和美洲开发银行（Inter-American Development Bank）合作，分产业部门开展了一些研究。由此确定的项目用了差不多三到四年的时间实施完毕，直到20世纪60年代后期才显现出了积极效果。

最后，1964年后的政府认为贸易政策至关重要。出口的高速增长和多元化被认为对经济的长期健康不可或缺。[4] 为了实现这一多元性，政府取消了出口税，简化了出口相关的行政手续，出台了出口税收激励和信贷补贴政策。1968年，为避免货币高估出台了爬行钉住汇率政策。对克鲁塞罗进行频繁（但不定期）的小幅贬值。该政策确保只要还有通货膨胀存在，货币就不会升值，同时将货币投机控制在最低限度，并且避免货币汇率演变为政治议题。

1964年后巴西政府的成就

1962年至1967年间,巴西经济陷入停滞,GDP的实际年度增长率仅有3.7%。1968年起巴西经济开始高速增长,1968年至1973年的年均GDP增速达到了11.3%,许多观察人士将此归功于军政府实行的上述改革。正如附录表A.3所示,工业独领风骚,每年增速达12.6%。制造业中,交通工具、机械和电气设备实现的增长率最高,纺织、制衣、食品等传统行业的增长率要低得多,见附录表A.4。

20世纪50年代和60年代期间,巴西经济增长的一个显著特征是偏低的资本系数。资本形成总额占GDP的比例从1949年的14%增长至1959年的20%,而在20世纪70年代早期则达到了22%的均值。[5] 无论是经济停滞期间,还是繁荣期间,巴西的资本系数均保持相对稳定,这归因于在整个60年代里始终存在着可观的过剩产能,使得许多产业无需增加太多净投资便可扩大产出。[6] 70年代的头五年里,资本系数的均值上升至27%,这在很大程度上是由于产能充分利用,很多公司开始进行新的投资。这也是政府同时在基础建设和重工业领域内大规模投资的结果。

军政府加大税收征收力度的举措,带来了直接税与间接税的显著增长。直接税占GDP比从1959年的5.2%,升至70年代中期的年均11%;间接税占GDP比则从12.8%升至14.5%。要不是前述的那些税收激励计划,当时的直接税占GDP比还会升得更高。

如附录表A.3所示,1959年至1970年间,农业在GDP中所占比重加速下滑,而这部分的份额差不多正好被工业和服务业平分。

附录表A.1概括了巴西的对外贸易水平。贸增长速度远高于经济增长速度。1970年至1973年间,出口年均增长率为14.7%,进口年均增长率为21%。由此导致的贸易逆差,还同时伴随着服务贸易逆差的不断增长。只不过在1974年以前,这些逆差都被大量流入巴西的政府资本和私人资本抵消掉了。这些年间,巴西成功地实现了出口商品结构多样化,进口方面则实现了资本货物的显著增长。[7] 1964年后的政策显然打开了对外贸易的大门。尽管50年代的进口替代政策令进口系数(进口占GDP比)从16%(1947年至1949年)降到了1964年的5.4%,但在1974年又回升到了14%。

贫富差距问题

巴西经济发展成果分配上极为不均。如表5.1所示，最底层的40%人口的收入在国民收入中所占比例从1960年的11.2%下滑至1970年的9%；中层的40%人口的收入在国民收入中所占比例则从34.4%下滑至27.8%；而最上层的5%人口，其收入在国民收入中所占比例则从27.4%上升至36.3%。[8]

表5.1 1960—1970年收入分配的变化

阶层	收入分配（%）		人均收入（单位：美元）	
	1960年	1970年	1960年	1970年
最底层的40%	11.2	9.0	84	90
中下层的40%	34.3	27.8	257	278
中上层的15%	27.0	27.0	540	720
最上层的5%	27.4	36.3	1,645	1,940
总计	100.0	100.0		

资料来源：原始数据出自IBGE, Censo Demográfico, 1970。

收入分配如此集中在当时引出的一个问题是，这一情形最终会否造成经济停滞，毕竟比例如此之小的高收入人口创造不出足以支撑经济高速增长的市场空间。这一假说似乎并不适用于巴西的国情，因为巴西拥有足够大的人口基数。即便在当时，掌握着巴西全国收入63%的人口比例也占到了20%，而这意味着2200万的人口，其市场规模相当可观。但是这又引出了另外一个问题。这是否催生了新的二元社会，并可确保其中的贫富两大阶层相安无事？部分学者称此为"比利印度"（Belindia）问题（取"身在印度的比利时人"之意），即有2200万人口拥有相对较高的人均收入，而另外8500万人口却在贫困线上挣扎。[9]

石油危机的冲击：影响与反应

1973年11月的石油危机让石油价格翻了两番。当时巴西的石油消费需求有80%依赖进口，巴西的进口开支总额从1973年的62亿美元，增加至1974年的126亿美元，经常账户的赤字则从17亿美元增加至71亿美元，见附录表A.1。

此时，在巴西有两条应对石油危机的路可走：要么大幅放缓经济发展，以便减少石油进口量；要么维持较高的经济增长率。其中后一条路将导致国家外汇储备大幅减少或外债大幅增加。巴西政府选择了后者。让我们先来看看这一决策的原因何在。

政治背景

就在欧佩克组织（OPEC）于1973年底引发石油价格革命后不久，巴西政府在1974年3月进行了更迭。离任的梅迪西（Médici）总统在位时，经历了巴西的"经济奇迹"年代。但是，奇迹的另一面是上面提到的居民收入分配的进一步集中和恶化，当世界银行总裁罗伯特·麦克纳马拉（Robert McNamara）指出巴西是很少致力于让经济增长果实为更多民众分享的发展中国家之一时，这一问题开始引起国际社会的关注。另一个阴暗面则是政治镇压，并且在此时的几年里达到了顶峰。[10]

在这种背景下，继任总统埃内斯托·盖泽尔（Ernesto Geisel）意识到，巴西无法承受经济增长的迅速下滑，其中一个原因是他认为逐步实现政治和解的目标在经济增长的大环境下更容易完成。[11]

盖泽尔的政策

尽管盖泽尔在一上台的头几个月里曾一度推行温和的货币与财政紧缩政策用以控制市场需求，1975年，当政府决定通过"第二个国家发展计划"（PND II，1975年至1979年）拉动经济发展的时候，真正的政策落地了。该计划由一个大型投资计划构成，目标包括以下两个方面：（1）基础工业品（如钢、铝、铜、化肥、石化产品）和资本货物的进口替代；（2）加速发展基础设施（水电站和核电站、酒精生产、交通、通信）。这些领域的投资有很多都由国有企业承办，其他领域（尤其是资本货物）则在巴西国家开发银行的大力支持下，由私营机构完成。[12] 这些计划的目标包括：（1）作为一项用于有力应对石油危机冲击的反周期政策发挥作用，保持合理的经济增长速度；（2）通过进口替代化、出口多元化和扩大出口政策调整经济结构；（3）据马尔托内（Martone）表示，"该计划是一种鼓励国际贷款机构出资解决巴西的经常账户赤字问题、推迟外部调整的手段"。[13]

研究这一时期的另一学者发现，第二个国家发展计划的主旨在于提升巴西在能源等领域的自给能力，以及培养新的竞争优势。[14] 时任巴西计划部长的维络索（J. P. Velloso），曾为巴西在第二个国家发展计划中注入的大笔国家资源辩称，基础设施和重工业投资的短期回报率过低，对私人资本缺乏吸引力。然而，这些行业在巴西即将进入的进口替代化阶段里不可或缺，私营机构最后也会受益于此。维络索表示："如果你只想靠市场机制解决问题，那么以巴西当下的情况，是没有哪家私营机构会进入钢铁、化肥、石化、有色金属等领域的。"[15]

这一经济增长政策的影响，可从附录表A.3、A.4和A.5中看出。尽管巴西的实际GDP增长率没有延续"奇迹年代"的水平，但在70年代的其余几年里保持了7%左右的年均水平，其中工业的年均增长率为7.5%左右。从附录表A.4中可以看出，在70年代经历了高速成长的行业有金属制品、机械、电动机械、造纸和化工。表5.2列举了不同行业内的进口替代率（进口对国内生产比），揭示出1977年以后的进口替代率十分可观。估计这应归功于巴西在1975年和1976年间启动的一系列投资计划均进行了充足的前期准备。

不断增长的外债

经济增长政策的选择导致巴西的外债大幅增长。要不是靠对外举债，巴西是没可能一边支付高昂的油价，一边继续进口工业必需品的，尤其是第二个国家发展计划投资项目所需的那些产品。鉴于这些投资计划将在未来为巴西省下大笔外汇——得益于进口替代化和新出口产能的开发，从而可最终创造出相应条件，帮助巴西实现足够的贸易盈余来支付债务利息和偿还外债,这种借由举债推行经济发展的做法在当时的时代背景下倒也是种合情合理的选择。[16]

表5.2　1973—1981年进出口产出比率　　　　　　　　　　（%）

产品名称	1973年	1974年	1975年	1976年	1977年	1978年	1979年	1980年	1981年
中间产品									
纸制品	0.22	0.25	0.12	0.13	0.13	0.10	0.11	0.08	0.08
纤维素	0.16	0.20	0.10	0.05	0.05	0.04	0.03	0.02	0.01
聚乙烯	0.76	0.99	0.34	0.72	0.38	0.45	0.15	0.03	0.02
塑料软管	0.13	0.63	0.21	0.45	0.33	0.35	0.47	0.08	0.03
钢铁	0.25	0.63	0.33	0.15	0.09	0.06	0.03	0.03	0.05
化肥（氮磷钾复合肥）a	2.68	1.98	1.86	1.34	1.48	1.30	0.34	1.17	0.85
铝	0.58	1.05	0.68	0.58	0.62	0.45	0.37	0.26	0.14
资本货物	0.66	0.64	0.65	0.64	0.46	0.55	0.37	0.49	0.40

资料来源：Fishlow（1986），Exame, May 1983和Conjuntura Econômica数据计算。
注：a. 不包括用于国内生产的进口物资。

在1973年的石油危机发生以前，巴西就已广泛介入国际金融市场。随着巴西开始进入国际市场融资，该国外债在1969年开始激增，从1969年的33亿美元增加到1973年的126亿美元，年均增长率为25.1%，见附录表A.1。[17] 在此期间，从私营机构的贷款在公共债务总额中的占比从27%增长至64%。与此同时，该国的高利率投资却大多由国内出资。小诺盖拉·巴蒂斯塔（Nogueira Batista Jr.）发现："外债大幅增长与海外资源吸收率有限之间的明显矛盾，主要是因为一直到1973年，巴西外债的增长始终与国际储备的不断累积息息相关。"[18]

从1968年到1973年，巴西外债增长的三分之二都体现为外汇储备增长。因此巴西净外债（外债总额扣除外汇储备）的增长速度相对温和——从1967年的31亿美元增长至1973年的62亿美元，年均增长率12.2%。

由于巨额的贸易赤字和高额贷款利息和费用偿付，导致经常账户赤字在1973年后大幅增长，见附录表A.1，从而造成巴西外债激增（外国直接投资的影响则较为有限）。净债务从1973年的62亿美元增至1978年的316亿美元，年均增长38.7%，债务总量从126亿美元增长到435亿美元。[19] 1973年至1978年之间激增的债务，大多是为了抵消经常账户赤字而造成的，而非用于增加国家储备。

显然，吸收外国资本是支撑经济持续较高速增长的重要贡献因素。有趣的是，1970年至1973年间的实物外资吸收金额仅占GDP的1.4%，这一数字在1974年至1978年间升至2.4%，而外国融资占资本形成总额的比例，则从1970年至1973年间的5.3%升至1974年至1978年间的7.9%。[20] 考虑到当时的投资占GDP比平均超过25%，后面这项数据十分值得注意。

绝大部分的外债都投向公共部门——国有企业、州政府以及各类公共部门。这导致公共债务和公开担保债务在中长期债务中所占比例出现了显著增长，从1973年的51.7%增至1978年的63.3%。

巴西对外举债来维持国内经济增长的政策适逢其时。第一次石油危机过后，国际金融市场的流动性极强。手握大量石油美元的国际银行急于放贷；由于当时的国际利率相对较低，巴西在那几年里增加外债的做法很容易理解。尽管私人银行的贷款利率要高于国际公共金融机构——前者没有内部的补贴因素，利率要比伦敦同业拆借利率（LIBOR）高出1到2个百分点——巴西的债务成本仍从一开始就有所下降。平均实际债务成本从1974年的13.4%降至1975年的5.9%，又在1976年小幅回升至6.9%。当外部债务不断增加时，这种一开始十分有利的局面发生了逆转，并随着国际利率开始上涨而形成了一种恶性循环。到1979年，巴西的债务偿债额已经占到了出口总额的63%。

很多靠着大举外债资助的项目，对提高巴西的出口产能、在新产业内实现进口替代大有裨益。然而，这当中也存在着严重的浪费现象。例如，巴西拥有丰富的水电资源众人皆知，这让人怀疑盖泽尔执政期开始投入巨资兴建核电站的意义何在？在20世纪70年代后期到80年代早期全球钢铁需求低迷时，大兴土木兴建炼钢厂是否合乎情理？鉴于此类项目需要大规模进口相关设备，若在不上马这些项目（或者减小这些项目的实施规模）的情况下实现经济的温和增长，或许也能放缓负债增长的速度。

滑向债务危机

1979年3月，巴西的最后一位军人总统——若昂·菲格雷多将军（General João Figueiredo）上台。他的施政目标是完全恢复民主政治，将政府交还给民选总统。这一目标遭到持续经济危机的严峻考验。菲格雷多政府上台就面临着种种挑战：控制不断攀升的通胀（见第6章），解决此时偿债额（利息加本金）已占到巴西出口收入总额三分之二的外债问题，防止GDP增长率发生衰退甚至陷入停滞。

令问题更加复杂的是，1979年又发生了第二次石油危机，导致贸易条件严重恶化。由于其他的出口初级产品价格疲软，巴西的贸易条件从1978年开始恶化。[21] 另外，由于美国国内货币政策收紧，国际利率大幅上涨。巴西的外债大多采用了浮动利率，国际利率上涨不但会自动增加新增借款的成本，还会增加存量债务的偿还成本。附录表A.1显示了巴西进口额在1978年至1979年间的显著增长，以及利息偿付的大幅上涨。

困扰巴西政府的另一问题是，国际上对其逐步取消对出口的财政和信贷补贴政策的压力。但是，出于维持出口高增长率的需要，政府必须提高利率和/或增加先前一直施行高估的克鲁赛罗小幅贬值的频率——也就是说，当时克鲁赛罗的贬值速度要落后于通胀率（巴西与其主要贸易伙伴国的通胀率之差）。由于出口刺激计划的存在，本币高估在以前并没有危及巴西的出口表现。但是，若要取消对出口商的税收激励和信贷补贴，就要用加速本币贬值的方法来弥补。但问题在于进一步的本币贬值将加剧通胀压力，显著增加企业的外债负担。[22]

菲格雷多政府在上台后的头几个月里（1979年的3月至8月）推行的经济政策，包括克鲁赛罗加速贬值并逐步取消出口刺激计划，放缓经济发展速度以解决国际收支和通胀问题。计划部长马里奥·西蒙森（Mario Simonsen）希望减少一般信贷补贴，此类补贴由于通胀的不断加速拉大了固定利率和实际应支付的融资成本之间的差距而不断上涨。他还提出让财政转移支付在政府货币预算中公开化（这会造成信贷紧缩）；加强对国有企业开支的控制，这些企业经常在一定程度上借助海外资金逃避政府监管；以及让进口自由化。

菲仕乐（Fishlow）对这套政策的负面影响描述得十分精辟：[23]

私人部门的批评人士对经济衰退的真实性有所质疑,他们的利润已经开始下降;工人们的实际工资开始减少,因为通胀不断加剧,而且薪水随生活指数进行的调整每年只有一次;私人银行对巴西银行与他们竞争优质客户资源,而非承担央行职责,对重点领域进行信贷补贴意见很大。其他部长只关心支出,而不愿意自己的预算和职权遭到削减……国有企业在运营上想方设法对抗监管。

鉴于紧缩性政策面临的以上压力,经济增速放缓也被视为政治开放进程的阻力,巴西政府不得不在1979年8月改弦更张,计划部长西蒙森辞职,由在1968年至1973年的"奇迹年代"期间掌管巴西经济的安东尼奥·德尔菲姆·内托(Antônio Delfim Netto)接任。内托上任后,分析认为经济的高速增长能从供应端促进稳定,也就是说,(产能过剩的)农业和工业可生产出更多产品来满足过高的总需求。

1979年12月,政府公开承认需要采取强力措施应对上述各方面的压力,于是出台了"一揽子经济政策",内容包括货币贬值、取消出口补贴及税收激励、提高公用服务价格、临时征收农业出口暴利税(稍后取消),废除相似法案和外资流入保证金要求。这些政策意在一劳永逸地解决克鲁塞罗的高估问题,同时缓解要求巴西政府取消出口补贴的外部政治压力。尽管本币贬值和公用服务涨价会带来短期通胀影响,但政府希望这仅是一种短期现象,并且希望在取消多项税收激励政策后,政府收入能够有所增加,从而对货币扩张起到缓冲作用。

接下来的几个月里,政府采取了几项补充措施。1980年上半年,政府宣布克鲁塞罗的年内贬值将控制在40%,同期的指数调整则限制在45%。此外,政府也通过多种举措加强了对价格的控制。这样做是为了防止厂商将货币贬值引起的成本上涨大部分转嫁给消费者。另外,对工业品价格的控制力度增大将抑制公用事业和农产品的价格上涨。

将货币纠正指数限制在45%的水平,旨在降低通胀预期,从源头上给通胀压力施加一个缓冲阀。将本币贬值控制在40%的原因,是为了在通胀率高于货币贬值幅度的情况下,可以购买因货币高估而多少降低了价格的进口产品,在给通胀降温的同时,促使国内行业在直面国际竞争。事先宣布贬值水平的另外一个理由是,官方保证货币贬值不会超出指定水平能够降低风险——货币超预期贬值的风险会促使企业机构更多地向国际资本市场借贷。另外，鉴于政府自1979年8月开始控制利率水平，这为国内储蓄带来了消极影响，（会导致本币高估的）预先确定的固定汇率所引发的海外举债将成为一项平衡因素。然而，在接下来的几个月里，通胀率显然将会突破100%，还有一点越来越明确的是，40%的计划贬值水平将导致克罗赛罗快速高估，严重影响到巴西的出口竞争力。[24] 1980年上半年，政府试图限制信贷扩张，大幅削减公共开支，减少国有企业投资，然而由于各个经济部门均设法避免遭受此类紧缩政策波及，且取得了部分的成功，因此上述政策效果有限。

根据1979年10月30日通过的6708号法令，1980年至1982年间的薪资政策进行了相应调整。工资每年调整两次，其中低水平工资（最低工资的三倍以内）按照新增生活成本的110%上调，中等水平工资（收入在最低工资的三倍以上、十倍以内）按照新增生活成本的100%上调；高水平工资（收入在最低工资的十倍以上、二十倍以内），按照新增生活成本的80%上调；工资水平在最低工资二十倍以上的，按照新增生活成本的50%上调。劳资双方每年根据生产率的变化协商一次额外调整。这一方法按说可以带来收入再分配的效果。然而，由于价格控制部门有意纵容能源和劳动力的上涨成本被转嫁到产品价格上，由此引发的通胀状况在很大程度上抵消了低收入阶层享受到的实际工资上调幅度。[25]

债务危机

对外举债的难度越来越大以后，1980年下半年，巴西政府不得不开始大幅调整宏观经济政策。其策略是通过降低国内消费来控制进口。当局还希望新政策能降低面向国内（市场）的经济活动空间，而增加出口部门的竞争优势。货币政策更加严苛，还公布了一系列的其他保守政策；废止之前的通胀率及汇率变化的预设制度；限制金融中介机构新增贷款的发放；重新调整公用事业的税率（从而降低了补贴力度）；放开早先由政府管制价格的产业市场；大量削减国有企业的投资。在计划部内设立国有企业管理秘书处（Secretariat for the Control of State Enterprises），用于加强对国有企业经济活动的监管力度。

总而言之，菲格雷多政府希望避免不得不受制于国际货币基金组织的紧缩方案，选择主动施行类似措施。上述政策措施的出发点就是为了减少总需求，同时将资源配置到农业、出口业等这类重点行业中。这些政策的效果有限，GDP下滑了1.6%，工业产值下滑了5.5%。经济衰退主要影响耐用品和资本货物，1980年至1981年间的投资水平也下降了11%。

这一主动调整计划并没有解决巴西的外债问题，而在1982年，巴西又经历了另一场冲击——1982年8月，墨西哥政府提出延期偿还该国债务，导致国际市场在实质上中止了对拉美的债务融资。于是巴西被迫面对毫无弹性余地的国际银行贷款。拉莫尼耶（Lamounier）和莫拉（Moura）强调：

> 墨西哥延期清偿债务仅仅是一次潜伏已久的外汇危机最明显的征兆，此次危机在货币当局看来自1982年第一季度开始出现短期债务无序增长时便已彻底显现。同年3月底……巴西央行的外汇储备已是负数，这意味着……该国已彻底无力应对这场将于1982年下半年爆发的流动性危机。[26]

债务清偿（本金加利息）在1974年占到出口收入的30%，到1982年时则攀升至83%（其中仅利息偿付一项就已占到52%）。[27] 小诺盖拉·巴蒂斯塔指出：

> 截至1980年，外债问题已经陷入了一种无可挽回的恶性循环。事实上，1980年至1982年间的利息净支出已经占到了经常账户赤字的70%之多。1980年至1981年的金融资本流入额，即资本流净额与直接投资净额之差，基本完全被利息净支出抵消掉了。到1982年，利息支出已经超出金融资本净流入达60亿美元之多。[28]

此外，在1980年以后，国际金融资本流动和经常账户的巨额赤字，已经与巴西国内高于GDP的过剩需求没有关系了。总的消费和投资开始低于GDP且差距不断扩大，对外转移资源总额（货物和非要素服务的出口额与进口额之差）占GDP的比例，从1980年的0.4%攀升至1981年至1982年间的3%左右，及至1983年的5%。[29]

巴西政府期望避开国际货币基金组织监管的这番努力，主要出于政治的考虑，

第5章 从停滞、繁荣到债务危机：1961—1985

因为1982年11月大选在即。但是，由于国际金融界对于巴西的这一主动紧缩计划并不感冒，随着外汇储备耗尽，巴西被挡在了短期金融市场门外，政府最后还是不得不在1982年12月求助于国际货币基金组织。其后的两年时间里，巴西被迫听从国际货币基金组织的调遣，因为国际银行是否给巴西的旧债展期以及发放新贷款供巴西用于利息偿付，都取决于国际货币基金组织对巴西的调整计划满意与否。这套紧缩计划从1983年到1984年执行了整整两年。[30]

国际货币基金组织针对巴西制定的计划主要包括：提高实际汇率，通过削减私人消费、投资和公共开支来降低国内需求，以及提高税率。即便在施行紧缩计划后，巴西政府与国际货币基金组织之间的关系也并不轻松。这一点从以下事实中便可看出：1983年至1984年这两年里，巴西政府被迫向国际货币基金组织提交了七封"意向书"，表示支持该组织提议的政策。[31]

巴西在1983年发出的第一份意向书，将经常账户的赤字目标设定在69亿美元，这意味着需要实现60亿美元的贸易盈余。在国产石油开采量加大和能源替代计划（例如巴西的酒精计划[32]）的共同作用下，巴西的原油进口额减少了9.7%。此外，经济衰退带来的收入减少和进口替代行业的高额国内产出，促使消费品进口额减少了20%。1983年2月，经历了市场对克鲁赛罗的一波投机潮之后，巴西货币再次贬值30%。这使巴西政府不得不赶在第一份意向书获得国际货币基金组织董事会批准之前，再重新提交一份。新制订的一揽子政策中，巴西当局加入了向出口和进口替代部门投放特殊信贷的措施，并宣布未来十二个月的货币修正幅度将与汇率贬值幅度等同，这反过来也将直接影响到价格总指数的变化。

无论是这些措施，还是后续的数份意向书中提到的其他内容，都没有达成国际货币基金组织所设定的目标。尤其是在公共部门的借款要求、货币当局的国内资产、收支平衡和通胀率等方面的目标。国际货币基金组织还要求对工资立法做出改动，降低自1979年便开始实行的半年调整幅度，即便此时实际工资已经开始下降。[33] 巴西政府尽管在此期间始终与国际货币基金组织就政策目标的制订争论不休，却依然采取了一系列的措施，聚合成了一套严苛的正统调整计划：1980年至1983年间的实际汇率下调了40%，货币供应量以显著低于通胀率的幅度增长，通过加税和削减开支降低了公共赤字，实际工资继续维持下滑态势。

这些政策在整体上带来了巴西实际GDP的下滑，见附录表A.3，尤其是工业生产领域，还带来了自1983年开始出现的巨额贸易盈余。这主要归功于进口量的锐减——最初在很大程度上是因GDP的下滑造成，但在后来也得益于20世纪70年代出口替代计划的延迟效应。

与国际货币基金组织的争执不下，为巴西渐入佳境的贸易平衡蒙上阴影，而且外国债权人也不愿延长债务的清偿期，或者降低高于LIBOR的利率。菲仕乐精辟地总结出了多位经济学家针对国际货币基金组织调整计划的主要批评意见：

> 巴西是国际货币基金组织制定的解决方案成效有限的典型案例：外部账户改善明显……但是应该实现的内部稳定和平衡增长，却没有出现。通胀没有下降，反而翻了一番，紧缩性货币政策和大量发行的政府证券拉高了利率水平，挤压了投资，再加上对公共投资的控制，使得资本形成率在1984年时下滑到仅占GDP的14%，是战后最低水平之一。公共赤字经常超过设定上线，不仅因为难以控制支出或减税，还因为国内债务的利息增长过快。在对国际货币基金组织稳定计划持批评态度的人看来，这种结果的高度不对称性并不奇怪。与这些计划中联结内外平衡的货币主义模型相反的是，巴西经验给出了另一种政策解读；对外部账户的优先处理，成为了内部失衡的重要根源。[34]

换言之，带来大量贸易盈余并能持续清偿外债利息的政策，也同时造成了国内通胀压力和投资萎缩。这要归因于汇率加速贬值带来的通胀反应（见第六章），还有公共部门从私人部门吸收大量资源以继续清偿外债的需要。调整计划带来的最终影响，就是1983年至1984年间的资源对外转移占到了GDP的5%。

调整时期的影响

纵观本章所涉及的整个历史时期，让我们检视一下调整与增长时期和债务危机时期给巴西经济带来的最令人瞩目的影响。

宏观经济指标

1974年至1980年的负债增长期间，实际GDP增长了48%，人均GDP增长了28%，见附录表A.3。1981年至1983年的经济衰退期间，GDP下滑了5.1%，人均GDP下滑了11.7%。1984年至1986年的经济复苏期间，GDP在1984年小幅超出1980年的水平，到1986年时则较1980年高出了17.7%；不过人均GDP直到1986年才超过了1980年的水平，比那时高出了1.7%。

这一时期也发生了显著的结构调整。考虑到货物和服务出口所带来的影响会发现巴西经济显著开放。货物和服务出口额占GDP比，从1972年的6.8%上升至1984年的12.8%。进口方面，70年代的进口替代化政策和80年代的衰退政策，将货物和服务进口额占GDP比从1980年的9.6%拉低到1986年的4.9%。这反映出巴西进口额从1980年的230亿美元到1985年的132亿美元的大幅下滑，这是由GDP下滑造成的，还有部分原因是70年代巴西在进口替代行业的大规模投资。后一因素在化工、资本货物、钢铁、非金属矿、能源等部门中表现得尤为明显。

附录表A.2中，还有一点值得注意的就是资本形成率的迅速下滑，在20世纪70年代中期达到峰值后（1975年占到了GDP的26.8%）几年里便下滑至22%，在80年代的危机期间进一步跌至16%，由此反映出巴西的国内储蓄和国外储蓄均出现了缩水。

附录表A.3涵盖了GDP中各大行业所占的份额，揭示出20世纪70年代到80年代，巴西的产业结构相当稳定，但是1980年以后，工业（主要是制造业）份额出现了下滑，服务业的份额则有所上升。最为瞩目的增长出现在金融业，这反映了在推行多种指数化金融工具的高通胀背景下，银行和金融中介发挥的作用越来越重要。

经济调整计划对贫富差距的影响

盖泽尔政府的施政目标之一，就是改善收入分配，继而提高大众的福利水平——20世纪70年代后期至80年代早期的经济发展"奇迹年代"所实现的经济增长并没有在这方面做出贡献。部分数据显示，当时的实际工资有所上涨。例如，表5.3（a）显示，最低实际工资从1972年至1982年间几乎是持续上涨，尽管里约热内卢的经济增长既不稳定也不强劲。表5.3（b）显示，蓝领和白领的平均实际工资水平在1979年之前稳定增长。

表5.3（c）显示的是不同工资水平所占百分比，从中可以看出有很大一部分劳动人口的收入都要低于最低月工资。这部分比例在1977年至1981年间有小幅下降，但是随后又再次上扬。

表5.3 部分工资数据

（a）1970—1985年实际最低工资（按1970年价格水平计算，1970年水平=100）

年份	圣保罗	里约热内卢	年份	圣保罗	里约热内卢
1970年	100.0	100.0	1978年	113.2	108.9
1971年	99.5	100.2	1979年	108.8	102.9
1972年	100.7	102.7	1980年	114.2	105.2
1973年	102.1	106.6	1981年	118.7	104.1
1974年	102.1	104.6	1982年	124.4	104.5
1975年	106.4	110.1	1983年	114.9	93.9
1976年	107.6	106.3	1984年	116.6	87.5
1977年	110.4	106.5	1985年	131.2	90.0

资料来源：Wells (1974); Conjuntura Econômica, several issues.

（b）制造业不同职位的平均实际薪资指数（1961年水平=100）

年份	管理层	技术人员和办公室文员	蓝领工人	加权平均值
1970年（下半年）	194	127	115	130
1971年	210	129	117	130
1972年	210	134	118	134
1973年	221	140	124	141
1974年	223	139	123	141
1975年	233	147	137	153
1976年	255	156	142	161
1977年	244	160	146	164
1978年	256	168	164	177
1979年（上半年）	275	174	175	188
1979年（下半年）	254	162	161	173
1980年（上半年）	236	164	162	172
1980年（下半年）	231	167	166	174
1981年（上半年）	230	170	180	183

续表

年份	管理层	技术人员和办公室文员	蓝领工人	加权平均值
1981年（下半年）	230	197	200	206
1982年（上半年）	232	185	194	196
1982年（下半年）	226	189	184	189
1983年（上半年）	206	172	180	181
1983年（下半年）	171	152	164	161
1984年（上半年）	157	137	150	147

资料来源：D.Z. Ocio, "Salarios e Política Salarial," in Revista de Economia Política 6, no. 2 (April–June 1986): pp. 5–26.

(c) 劳动人口的月收入区间分布（部分年份，占劳动人口总数之比）　　　　　（%）

日收入区间	1977年	1979年	1981年	1983年
最低工资的半数以内	13.4	10.9	12.1	12.7
最低工资的半数以上一倍以内	20.9	18.5	15.8	18.3
最低工资的一倍以上两倍以内	24.7	25.2	24.7	22.8
最低工资的两倍以上三倍以内	10.2	10.7	12.6	11.8
最低工资的三倍以上五倍以内	8.6	9.8	10.2	8.9
最低工资的五倍以上十倍以内	5.8	7.0	7.0	7.5
最低工资的十倍以上二十倍以内	2.6	3.0	2.9	3.3
最低工资的二十倍以上	1.3	1.3	1.3	1.3
无收入[a]	12.5	13.6	13.4	13.4
总计	100.0	100.0	100.0	100.0

资料来源：IBGE, Tabelas Selecionadas, II (1984).
注：a.涵盖仅靠社保补助金生活的人群，任何社保补助都不享有的人群不计在内。

需要指出的是，随着巴西的通胀与国际收支危机进一步恶化，政府在20世纪70年代末推出了若干工资政策，旨在缩小贫富差距。由此引发了一场关于工资政策影响的激烈争论：这一措施能否有效地对收入进行了再分配，是否是导致通胀加速的主要原因之一。罗伯特·马赛多（Roberto Macedo）对巴西的工资政策带来的影响做出的分析最为精辟。他指出：

推行新工资政策的压力始于1974年，当时的年均通胀率翻了一番，从20%左右上升到40%左右（这一势头一直维持到了1979年）。因此，必须每半年调整一次工资的原因在于,如果名义工资每年只调整一次,在通胀率翻番的情况下,前后两次调整之间的实际工资的下降,将在这段时间里拉低年均实际工资的水平。简单的直觉告诉我们……通胀率的增长(将)导致实际工资以同比例出现进一步的下降。[35]

工资政策的影响还要结合1980年的人口统计结果来看,见表5.4。这些数据显示出,尽管平均实际工资有所上涨,在1960年至1970年间出现的收入分配进一步集中,到了70年代期间依然持续未变。

表5.4　1979—1980年收入分配情况(占总收入)　　　(%)

收入阶层	1970年	1980年
最贫穷的20%人口	3.83	3.39
最贫穷的50%人口	15.62	14.56
最富裕的10%人口	46.36	47.67
最富裕的5%人口	33.85	34.85
最富裕的1%人口	13.79	14.93

资料来源:IBGE, Division of DESPO/SUEGE.

一些研究显示,20世纪80年代早期的经济调整计划所带来的负担,更多地由低收入群体承担。表5.5(a)揭示,1981年至1983年间的个人收入分配呈现出集中化趋势。表5.5(b)则显示,同期的劳动人口收入占比有所下降。最后,表5.5(c)显示,产量的萎缩幅度要小于就业萎缩幅度,1984年的工资支出大约相当于1980年的66.2%。玛娅·戈梅斯(Maia Gomes)认为:

> 由于产量并没有萎缩得特别厉害,因此其他生产成本和利润的下降程度要远低于……制造业的……工资开支的下降程度……现有的大量证据显示,财务成本……在这一阶段中直线上升,这意味着无论就相对还是绝对而言,金融中介机构都在此次危机中实现了盈利。[36]

表5.5　1980—1984年收入分配和生产统计数据

(a) 规模收入分配指标

统计数据	1981年	1983年
基尼系数	0.579	0.597
最贫穷的40%人口总收入占比	9.30%	8.10%
最富裕的10%人口总收入占比	45.30%	46.20%

资料来源：原始数据出自IBGE, Pesquisa Nacionalpor Amostragem de Domicílios, 1981 and 1983.

(b) 职能收入分配

收入分配	1980年	1981年	1982年	1983年	1984年
国民收入	100.0	100.0	100.0	100.0	100.0
劳动人口收入占比	50.0	51.8	51.2	48.7	46.7
非劳动人口占比	50.0	48.2	48.8	51.3	53.3

资料来源：Ministry of Labor, MTb/SES. "Politícasalarial e emprego: Situaçâorecente e perspectivas," Projeto PNUDE-OIT, Bra/82/026, November 1984.

(c) 制造业的产量、雇佣人数、生产率和工资开支（1980年水平=100）

年份	产量	雇佣人数	劳动生产率	工资开支[a]	工资开支[b]
1981年	88.7	92.7	95.7	95.5	97.8
1982年	88.4	86.2	102.5	95.1	99.9
1983年	83.2	79.8	104.3	79.2	85.5
1984年	88.1[c]	77.1[d]	113.5[d]	66.2[d]	79.9[d]

资料来源：Gustavo Maia Gomes，IBGE和FGV数据估算。
注：a.基于工业制品整体价格指数折算后结果。
　　b.基于全国消费者价格指数折算后结果。
　　c.1984年1月至11月数据与1983年1月至11月数据相较之结果。
　　d.1984年1月至9月数据与1983年1月至9月数据相较之结果。

公共部门在调整危机中的作用

罗格里奥·温奈克（RogerioWerneck）对巴西公共部门的研究，对大型公共部门难以贯彻执行应对外部冲击的经济调整政策这一传统观念提出了质疑。他的研究表明，真相恰恰相反，公共部门担负了经济调整过程中的最大重担。[37] 在这里简要介绍一下他的研究成果。

巴西经济在20世纪70年代的显著特征，便是政府可支配收入占GDP比出现了明显下降，从1970年至1973年的年均17%，下降到1980年的10%。这是政府补贴持续增加（例如小麦、国内市场消费的咖啡和糖、城市轨道交通）和转移支付所造成的结果。值得注意的是，政府消费支出占GDP比下降了1.9个百分点，原因有二：一是政府的货物和服务采购额要比总产出增长得要慢；二是政府工资支出占GDP比从1970年至1973年间的年均7.9%，下降至1980年的6.2%。温奈克注解道，后者是因为"政府支付的实际薪资有所下降，但没有……削减单位GDP对应的公务员雇佣人数"。[38] 政府储蓄缩水得更是厉害，占GDP比从1970年至1973年间的5.8%，下降到了1980年的1.1%。

整个70年代里，国有企业在巴西经济中的地位越来越重要。这一点可由以下事实看出：第二次国家发展计划（PND II）下的投资计划所侧重的领域中，有许多都是国有企业主导的。联邦公有企业固定投资占GDP的比例，从1970年的2.8%上升至1980年的8.2%。1970年至1980年间，联邦公有企业的销售额大幅超出了运营开支，据温奈克描述：

> 由此创造的运营盈余……足以让那些企业在这一时期将近结束时，依然拥有相当可观的经常项目盈余……这意味着这些企业的资本开支中，有相当一部分都来自于自身的内生资金。[39]

然而在这段时间，联邦公有企业的盈利却出现了下降，直至完全消失。尽管销售额占GDP比在1970年至1980年间上升了114%，同期的运营成本却增长了180%，其他经常性支出也增长了190%。深入了解过运营开支的构成后，温奈克发现，就占GDP比而言，货物和服务支出增长了213%，薪资支出增长了37%，生产相关税务支出增长了近1000%。薪资支出的增长原因并非就业出现了快速增长。事实上，到1980年，公有企业雇佣人数在整个制造业雇佣人数中所占百分比，已经从1970年的14%下降到了10.2%。运营开支的增长中，有很大部分与能源价格的上涨有关。

财务开支的显著增长——超过了1000%——与国有企业债务的大幅增长息息相

关。在这十年里，国有企业的内源融资能力不断下滑，靠国际借贷支撑的投资比例不断扩大。此外，到70年代末，随着利率上涨和1979年货币严重贬值，公有企业的财务负担显著加重。雪上加霜的是，在通胀率不断攀升的情况下，政府将许多公有企业的限价用作对抗通胀的武器，导致这类公司所能收取的实际价格和实际收费稳步下跌。1975年至1980年间，电信的实际费率下降了42%，电力的实际费率下降了24%，板材的实际价格下降了30%，邮政服务的实际费率下降了16%，天然气的实际费率下降了39%。结果，联邦企业对政府和举债支撑投资项目的依赖性越来越大，到1979年，就连日常开支都要靠政府转移支付承担一部分。纵览这一时期，联邦公有企业的总体资本需求占GDP的比例，从1970年的0.67%上升到了1980年的10.8%。

1970年到1980年间有一个值得注意的现象，那就是公有企业投资的重要性相对增加，而一般性政府投资的重要性相对下降。温奈克发现：20世纪70年代的公共部门投资，主要集中在扩大公有企业自身的产能上。公共社会投资无疑被置于次要地位。高速增长战略的维持，需要政府推迟巴西亟须的力度更大的社会投资。[40]

注　释

[1] 有关当时政治局面的详情，可参阅：Thomas E. Skidmore, Politics in Brazil, 1930–64: An Experiment in Democracy (New York: OxfordUniversity Press, 1967), ch. 6; Riordan Roett, Brazil: Politics in a Patrimonial Society, 3rd ed. (New York: Praeger, 1984).

[2] 有关这些政策更为详尽的探讨可参阅以下文章：Albert Fishlow, "Some Reflections on Post–1964 Brazilian Economic Policy," in Authoritarian Brazil: Origin, Policy and Future, Alfred Stepan, ed. (New Haven, Conn.: Yale University Press, 1973); Harley H. Hinrichs and Dennis J. Mahar, "Fiscal Change as National Policy: Anatomy of a Tax Reform," in Contemporary Brazil: Issues in Economic and Political Development, H. J. Rosenbaum and W. G. Tyler, eds. (New York: Praeger, 1972); Werner Baer and Isaac Kerstenetzky, "The Economy of Brazil," in Brazil in the Sixties, Riordan Roett, ed. (Nashville, Tenn.: Vanderbilt University Press, 1972).

[3] Celso L. Martone, Macroeconomic Policies, Debt Accumulation and Adjustments in Brazil,

1965–84,World Bank Discussion Paper, no. 8 (Washington, DC: World Bank, March 1987), p. 5.

[4] Paulo Nogueira Batista Jr., International Financial Flows to Brazil Since theLate 1960's, World Bank Discussion Paper, no. 7 (Washington, DC: World Bank, March 1987), p. 4.

[5] 关于资本形成的更多具体信息，参阅：Conjuntura Econômica, July 1977 and February 1978.

[6] 有研究发现，在1962年至1967年的经济停滞期间，巴西工业的闲置产能几乎达到了25%；其后的繁荣时期期间，资本存量以8.3%的速率增长，而制造业的增速则为每年14.5%。后者"完全是多亏了大量闲置产能的存在……结果，产能利用率从1967年的75%上升到了1972年的100%。"Pedro S. Malan and Regis Bonelli, "The Brazilian Economy in the Seventies: Old and New Developments," World Development, January–February 1977, p. 28.

[7] 关于对外部门的更多详情，请参阅第12章。

[8] John Wells, "Distribution of Earnings, Growth and the Structure of Demand in Brazil During the Sixties," World Development, January 1974, p. 10; Edmar L. Bacha, "Issues and Evidence on Recent Brazilian Economic Growth," World Development, January–February 1977, pp. 53–56.

[9] Lance Taylor and EdmarBacha, "The Unequalizing Spiral: A First Growth Model for Belindia," Quarterly Journal of Economics, May 1976, pp. 197–218. 政权的维护者提出，巴西经济增长的巨大成功曾导致对熟练劳动力的需求上涨，而这在当时十分短缺。市场力量于是大大推高了熟练工人、技师和管理人员的相对收入水平，这意味着实际GDP的增量中有很大一部分都流向了拥有大量稀缺人力资本的群体。参阅：Carlos G. Langoni, Distribução da Renda e Desenvolvimento EconômicodoBrasil (Rio de Janeiro: EditoraExpressão e Cultura, 1973), ch. 5; and Mario H. Simonsen and Roberto de Oliveira Campos, A Nova EconomiaBrasileira (Rio de Janeiro: Livraria Jose OlympioEditora, 1974), pp. 185–186. 对于当时的收入集中趋势还存在着其他说法。一段时间之后，巴西各行业的资本密集度越来越高。因此，公有制工业作为巴西的主导部门——该行业的资本劳力比率要比那些传统行业高得多——在其他所有条件都不变的情况下，收入分配必然会变得更加集中。另一项加剧了收入分配集中的因素，则是出于资源配置考量，对税收激励措施的广泛运用，这势必会有利于高收入群体。

[10] Roett, Brazil, ch. 6.

[11] Bolívar Lamounier and Alkimar R. Moura, "Economic Policy and Political Opening in Brazil," in Latin American Political Economy: Financial Crisis and Political Change, Jonathan Hartlyn and Samuel A. Morley, eds. (Boulder, Colo.: Westview Press, 1986), pp. 180–181.

[12] 详情参阅：Annibal V. Villela and Werner Baer, O SetorPrivadoNacional: Problemas e Políticas para SeuFortalecimento, Coleção Relatorios de Pesquisa, no. 46 (Rio de Janeiro: IPEA, 1980), ch. 3. 后来开发银行的名字中又被加入了"社会"二字，缩写就此变为BNDES。

[13] Martone, Macroeconomic Policies, p. 5.

[14] Antonio Barros de Castro and Francisco Eduardo Pires de Souza, A Economia Brasileiraem Marcha Forçada (Rio de Janeiro: Paz e Terra, 1985), p. 31.

[15] J. P. Velloso, quoted in ibid., p. 32.

[16] J. P. Velloso, quoted in ibid., p. 37。

[17] Nogueira Batista Jr., International Financial Flows, p. 4.

[18] Nogueira Batista Jr., International Financial Flows, p. 6。

[19] Nogueira Batista Jr., International Financial Flows, p. 18。

[20] Nogueira Batista Jr., International Financial Flows, p. 20。

[21] 巴西的贸易条件持续恶化，假定1977年的水平为100，到1985年时已经下降到了58（数据来源：Banco Central do Brasil, Boletin）。

[22] Raul Gouvea, "Export Diversification, External and Internal Effects: The Brazilian Case," Ph.D. dissertation, University of Illinois at Urbana-Champaign, June 1987, pp. 43–62; Martone, Macroeconomic Policies, pp. 14–17.

[23] Albert Fishlow, "A Economia Política do Ajustamento Brasileiroaos Cheques do Petróleo: Uma Nota Sobre o Periodo 1974/1984." Pesquisa e Planejamento Econômico16, no. 3 (December 1986), p. 529.

[24] Edmar L. Bacha, "Vicissitudes of Recent Stabilization Attempts in Brazil and the IMF Alternative," in IMF Conditionality, John Williamson, ed. (Washington, DC: Institute for International Economics, 1983), p. 328.

[25] Roberto Macedo, "Wage Indexation and Inflation: The Recent Brazilian Experience," in Inflation, Debt and Indexation, RudigerDornbusch and Mario H. Simonsen, eds. (Cambridge, Mass.: MIT Press, 1983).

[26] Lamounier and Moura, "Economic Policy," p. 176. Nogueira Batista Jr., International Financial Flows, p. 39, 指向巴西债务中日益膨大的1981年—1982年短期债务部分：外债情况的恶化其实要比从巴西居民短期外债相关的官方数据乃至非官方预计数据中所看到的更为显著。截至1982年12月，巴西的短期债务已经达到了……相当于巴西外债总额的27.8%的水平。如果我们除了巴西居民的短期债务外，再算上巴西各银行旗下附属机构的短期债务，巴西截至1982年年底的总债务将近900亿美元。

[27] Martone, Macroeconomic Policies, p. 10.

[28] Nogueira Batista Jr., International Financial Flows, p. 39.

[29] Nogueira Batista Jr., International Financial Flows, p. 40。

[30] 莫尼耶（Lamounier）和莫拉（Moura）的《经济政策》（Economic Policy）指出：国际货币基金组织提出的计划在贷款方面作用寥寥，但它面向国际金融界，为"道德危机"和债务国遇困时的其他典型风险提供了一定的担保。国际货币基金组织对巴西调整计划进

行的担保，意味着私人银行也会在资金上对该计划予以支持。（pp. 176–177）

[31] Winston Fritsch, "A Crise Cambial de 1982–3 no Brasil: Origens e Respostas," in A América Latina e a Crise Internacional, C. Plastino and R. Bouzas, eds. (Rio de Janeiro: IRI/PUC, 1985); Maria Silvia Bastos Marques, "FMI: A Experiencia Brasileira Recente," in Recessaoou Crescimento: O FMI e o Banco Mundial na America, E. L. Bacha and W. R. Mendoza, eds. (Rio de Janeiro: Paz e Terra, 1987), pp. 123–127. Dionlosio Dias Carneiro, "Long-Run Adjustment, Debt Crisis and the Changing Role of Stabilization Policies in the Recent Brazilian Experience," mimeo (Rio de Janeiro: PUC, 1985) 评述道：巴西政府与国际货币基金组织之间（就意向书的拟订）进行的这些痛苦的协商，反映出对一个高度指数化的发展中经济体而言，要采用基金组织开出的这份经典药方，都存在着怎样的困难，政府要负责解决总投资额的三分之一到二分之一，还要负责通过监管强制性储蓄基金，担当很大一部分私人投资的中间人。

[32] Michael Barzelay, The Politicized Market Economy: Alcohol in Brazil's EnergyStrategy (Berkeley: University of California Press, 1986).

[33] Gustavo Maia Gomes, "The Impact of the IMF and Other Stabilization Arrangements: The Case of Brazil," in Brazil and the Ivory Coast: The Impact of International Lending, Investment and Aid, Werner Baer and John F. Due, eds. (Greenwich, Conn.: JAI Press, 1987), pp. 159–161; Maria Silvia Bastos Marques, "FMI: A ExperienciaBrasileiraRecente," in Bacha and Mendoza, RecessaoouCrescimento, pp. 123–127.

[34] Fishlow, "AEconomiaPolítica," pp. 537–538.

[35] Macedo, "Wage Indexation," p. 135.

[36] Maia Gomes, "The Impact of the IMF," p. 158.

[37] Rogerio F. Werneck, Empresas Estatais e Politíca Macroeconômica (Rio de Janeiro: Editora Campus, 1987); 另可参阅：RogerioWerneck, "Poupança Estatal, Divida External e Crise Financeiro do Setor Público," Pesquisa e Planejamento Econômico 16, no. 3 (December 1986).

[38] Werneck, EmpresasEstatais, pp. 12–14.

[39] Werneck, EmpresasEstatais, p. 22。

[40] Werneck, EmpresasEstatais, p. 31。

第6章

通货膨胀与经济动荡：1985—1994

巴西政府1964年掌权时的一大经济目标是消除通胀及其导致的扭曲。到1973年，几届军政府在这方面做得相当成功：通胀率从1964年的92%（并曾在1964年4月超过100%的年通胀率）降至1973年的15.5%。自1968年以来，不断下降的通胀率伴随着爆发式的经济增长。这些成就的取得来自于以下一系列标准的财政与货币稳定措施：抑制性的薪资政策；允许对被管制价格进行调整，这些价格此前相对滞后；采用爬行汇率体系；引入一整套的指数化金融工具，其目的包括让政府能以非通货膨胀的方式融资，鼓励储蓄，以及避免通胀压力带来的多种扭曲现象。

1973年后，通货膨胀的下行趋势出现逆转。如附录表A.5所示，巴西的通胀率在1973年之后大幅攀升，1978年急剧上升，到80年代增长得更高，并在1984年达到了224%。另外值得一提的是，巴西的实际增长率在1980年之前表现强劲，但由于通胀率持续保持在高位，巴西经济在1981年至1983年间停滞不前。

是什么导致巴西经济价格水平在同样的军政府领导的政治体系下出现如此惊人的反弹，并一直持续到了1985年？这在多大程度上要归因于军政府时代后期混杂的政策目标？多大程度上归因于不断变化的国际经济环境？又在多大程度上归因于巴西国内的制度变迁？

随着巴西的通胀率在20世纪70年代加速增长，对其起源、影响以及相应控制手段的辩论也不断升温。对70年代和80年代期间的通货膨胀进行解释的文献，毫不意外地分化成了两大传统阵营——因围绕20世纪50年代、60年代通胀问题的辩论而为世人所知的货币学派和结构学派。[1] 当然，其中的许多具体论点和理论阐述已经时过境迁，但从各派用于解释通胀现象的学术方法中还能看到一定的思想传承。我们来简要概括一下对巴西在20世纪70年代和80年代通胀现象的两种解读。其后则是对被视为认同或反对相应理论之基础的实证研究证据的整体回顾。

巴西通胀的两种解释

一派经济学家（既有巴西学者也有外国学者，尤其是与国际货币基金组织有关联的人）遵循古典正统的传统观念来看待通货膨胀的死灰复燃。另一派则被称为"新结构主义学派"，在精神上继承了旧结构学派，但又有一些在制度上和理论上的新洞见。这两大学派采用的都是同样的经验证据。

正统分析

正统派的机构阵地是瓦加斯基金会（Vargas Foundation）的出版物《经济事务》（*Conjuntura Econômica*）。这本刊物虽然是巴西经济实证信息的顶级来源，但对巴西通货膨胀的社论却有着明显的正统派取向。比如，在回顾巴西1984年的经济表现时，《经济事务》抨击称，是"政府预算缺乏控制和外汇储备不断积累共同导致的流动性过剩"催生了高通胀率，而"如果没有宽松的货币政策，经济增速虽然会略微放缓，但为可持续增长——生产力增长、通胀率下降——打下的基础将会确保1985年及以后的经济发展更加稳健"。[2]

巴西正统派经济学家中最著名的有安东尼奥·卡洛斯·莱格鲁伯（Antonio Carlos Lemgruber）和克劳迪奥·康塔（Claudio R. Contador）。莱格鲁伯的实证研究让他得出了一项结论："要遏制通货膨胀，应避免政策的时断时续，同时致力于实现一个平缓且恒定的货币增长率。"[3]

康塔也对这一学派的思想做出了巨大贡献。对20世纪70年代中期的研究让他得出的结论是，通货膨胀与经济中的产能过剩之间存在着显著的替代关系（即菲利普斯曲线关系）。如果预期调整十分迅猛，菲利普斯曲线将接近于垂直。但是，正如康塔所确信的，如果预期调整十分平缓，"有意识地引发通货膨胀，会是一项具有吸引力的政策,可在短期内降低失业率、提高经济增长率。但只有通胀率持续上升和/或政府成功地持续抑制通胀预期,坚持追求更低的失业率才能见效"。[4]

在随后的一篇文章中,康塔的观点变得更加灵活。结合20世纪80年代的数据进行的分析让他发现:

> 要在通货膨胀与产能过剩的替代中取得倾向于稳定的结果根本不可能……然而,这并不意味着这种替代关系并不存在。在不存在供给冲击的情况下,大力打压通货膨胀将导致实际产值的增长下降,正如需求压力带来的产值增长率攀升将推高通胀率一样。[5]

另一位长期研究巴西通货膨胀的学者费尔南多·侯兰达·巴博萨(Fernando de Holanda Barbosa)在研究了巴西的经验后,得出结论称:

> 巴西战后通货膨胀的根源,在于货币与财政政策和农业冲击。没有充分的实证证据证明,欧佩克是导致巴西近期通货膨胀加速的主要原因之一。由此推知,巴西对通货膨胀进程的控制完全依赖于集中在联邦政府手中的经济政策工具。[6]

新结构主义学派

对新结构主义学派思想阐述最为全面的,是路易斯·布雷泽·佩雷拉(Luiz C. Bresser Pereira)和中野良昭合著的一本著作,以及弗朗西斯科·洛佩斯(Francisco L. Lopes)的一篇文章。[7] 让我们来概括一下他们的观点,辅以数位同属于这一理论学派的学者的实证研究。

之所以要寻求巴西通货膨胀过程的另一种解释,是因为1974年至1985年间的通货膨胀既经历了高增长年份、增长停滞年份,也经历了负增长年份。和认为通胀是由货币供应过度增长所导致的货币学派不同,新结构主义学派视货币为一个随着总体物价上涨而增长的变量。[8]

一般认为通货膨胀的产生根源在于企业、工会和国家的垄断权力。与新古典主义学派的经济学家们在其模型中假设的竞争体系不同,像巴西这样的国家拥有一套计划体制,大型企业(无论国有还是私营)和工会"试图取代市场的地位来管理价格,而由于市场体系瘫痪,国家也被迫通过多种控制手段来替代市场"。[9]因此,学界认为"技术—官僚资本主义"这一体制的出现,为20世纪70年代的通货膨胀提供了解释依据,而"寡头企业和工会试图通过操纵价格、利率和工资来增加自身在国民收入中的份额,从而引发了一场因行政干预引起的通货膨胀"。[10]

寡头企业拥有实施"加成定价"的权力,典型做法就是以成本为基础设定固定的利润空间。然而在衰退时期,由于销量下滑,这些企业会提高加成,以便维持原有的利润率(假定生产力保持不变),从而导致价格上涨。因此,"如果衰退是紧缩性的货币及财政政策所引发的,那么企业提高价格和利润的反应甚至会更加激烈。宏观经济政策也会因此出现适得其反的效果。"[11]

其结果就是一次非正规的指数化过程,将价格与成本的上涨自动挂钩。这样的"惯性通货膨胀"会通过总需求的下降来阻止价格下跌。[12]最终呈现出来的就是"不同企业之间、不同行业之间、企业与工会之间、不同阶层之间、公共部门与私人部门之间"相互争夺通货膨胀份额的一种过程,"并且成了一种会将收入转移给在经济或政治上占据优势的部门的机制"。[13]

但布雷泽·佩雷拉和中野良昭强调,这一过程并不会加速通货膨胀,仅仅是帮助维持了当时的通胀水平,而"(只有)在价格、薪资、汇率或利率的调整大于或小于当时的通胀率时,或者调整出现周期性的增长或下降时,才会导致通胀加速或减速"。[14]

通常政府会试图抑制其势力范围内(例如公用事业和钢铁业)的价格上涨。但由于相对价格迟早会日益扭曲,政府只好发行更多货币以消除赤字,和/或最终提高国有企业的费率和价格。这两种措施均会引发所谓的"补偿性"或"矫正性"通胀,助推正在发生的通胀过程。[15]

在这种情况下,货币供应将被视作验证价格上涨的被动指标。随着价格上涨,实际货币供应会倾向于减少。这会引发流动性危机和经济衰退。假定政府当局的目标是维持经济增长,除了增加名义货币供给外别无选择……(因此)货币供给无非是伴随着上涨的价格,成为系统内的一个内生变量。(说到底，）货币供应量就是由该国经济的实际产出所决定的。[16]

布雷泽·佩雷拉和中野良昭还指向了这一通胀过程的政治诱因。在弱势政权下，政府很难抵抗支出增长和维持公用事业低费率的压力，从而导致公有企业亏损。在巴西，库比契克政府、古拉特政府和盖泽尔政府都出现了这种情况。

> 从这一角度来看通胀过程得出的政策结论是：所有基于通过市场影响经济理论的正统派经济政策都丧失了大部分的影响力。对市场进行全局调整的货币和财政政策都无法生效，因为他们假定一旦从总体上进行纠正……市场就会再度发挥作用控制经济。[17]

事实上，这些经济学家觉得，传统的宏观经济政策会带来适得其反的结果。因此，在经济下行期间，企业想要增加利润幅度，这意味着它们必须提高价格（除非生产力有所提高）。此外，采用引发经济衰退的正统派经济政策会让政府收入减少，预算赤字增加。

布雷泽·佩雷拉和中野良昭认为，正统派经济政策的最佳替代手段在于物价控制。他们也注意到了物价控制将会引发的扭曲现象，这也是他们建议政府把精力集中在垄断行业的原因所在，这会提高这些行业的利润率，将其人为保持在高位上。运用物价控制手段会使得国家代行市场职责，进而"通过与积蓄、收入或平衡对外账户相关的政策激励特定行业，贬抑其他行业。然而，物价控制的局限性很大"。这是由包括监管困难在内的多项因素导致的。

> 一方面，必须有一套复杂的信息收集系统。另一方面，负责控制价格的公务员通常会受到企业施加的各种压力，往往会提高已经决定的官方价格……一套有效的价格控制系统不仅能够防止企业提高利润率，还能迫使它们降低利润率，从而防止它们将上涨的成本转嫁出去。[18]

不过，布雷泽·佩雷拉和中野良昭强调，任何有效的稳定政策都必须利用好所有可用的政策工具，从古典的财政与货币政策，到价格、利率和工资管制。尽管正统派稳定政策的捍卫者们宣称，他们的抗衰退对策一视同仁地影响所有行业，但"在实际中,它们最后影响到的基本就是薪资而已"。

因此施政方针应该选择那些能够并且应该接受最多贬抑的行业。原则上应该是食利阶层和非重点部门的业务……这有可能……通过控制该经济体的战略性价格——利率、汇率、工资以及垄断行业的产品价格——来实现。[19]

弗朗西斯科·洛佩斯的研究重点放在了巴西通货膨胀的"惯性"方面。[20] 尽管从统计数据上有可能呈现出巴西经济的菲利普斯曲线,但与实际的通胀率相比,需求冲击的相对重要性很小。洛佩斯呼吁大家注意,大多数分析人士要么把重心放在了各类通胀冲击上(不管是需求冲击还是供给冲击),要么放在了通胀预期所扮演的角色上。而他认为,惯性通胀能更好地解释巴西的通货膨胀,因为它源于经济主体僵化的行为模式。惯性通胀的基本观点是,在长期通货膨胀的情况下,经济主体会在定价上习得一种防御式的行为模式。他们会周期性地尝试重回此前的实际收入高点。如果所有经济主体都表现出这一倾向,现有的通胀率就会倾向于自我延续。

就像工人的名义工资会在一定的时间间隔内重新调整至之前的工资高点一样,所有的经济主体也均会表现出类似的倾向。[21] 时间t所对应的实际工资W_t会受到三个因素的影响:此前的实际工资高点w^*,重新调整的时间间隔T,以及通胀率q_t。因此,

$$W_t = w(q_t, T, w^*)$$

W_t将随着q_t或T的增加而下降,随着w^*的提高而上涨。

如果所有经济主体都表现出这一倾向,就可以将通货膨胀看成是一个函数,自变量为不同经济主体期望的实际收入高点、每个经济主体的实际收入重新调整频度以及平均相对价格的构成。由此可知,如果所有经济主体都遵从稳定的定期调整规则来保持同样的实际收入高点,并且相对价格不变,那么通胀率也会保持不变。[22]

洛佩斯总结道,为了在不造成通缩冲击的情况下降低通胀率,有必要让所有经济主体接受自己的实际收入相对于此前高点有所下降。

洛佩斯所建议的政策与布雷泽·佩雷拉和中野良昭的建议相近。洛佩斯提倡"非正统休克",包括价格和工资的完全冻结,以及被动型的货币与财政政策。这种冻结是暂时的,并且会在其后通过价格控制逐渐减压。在以后的阶段里将允许价格适度上涨,以纠正随价格冻结而产生的价格扭曲现象。[23]

让我们来检视一下巴西在20世纪70年代和80年代间的通胀经历,看看上述两个学派的思想各有多少证据支持。

巴西通货膨胀的大背景

研究20世纪70年代和80年代巴西经济的分析人士大多认为,一系列的冲击才是通货膨胀死灰复燃的根源。这些冲击包括诸多外部事件,像是石油价格在1973年至1974年间翻了两番,又在1979年翻了一番;20世纪80年代早期,全球利率飙升;1979年和1983年的大贬值;还有一些自然灾害(例如影响到食品等重点物价的旱灾和洪灾)。当然,如果受到直接影响的部门愿意消化吸收这些价格冲击的话,它们也不会带来如此大的通胀效应。但如果这种分析成立,受影响的部门能将这些价格冲击以涨价的形式转嫁给消费者,并且如果消费者也有条件继续转嫁上涨后的价格,那么这些冲击就会引发连锁的涨价行为,进而影响总体价格水平。1973年后的政治和经济形势有利于价格冲击的传导,从而导致通胀率不断上升。上一章总结了一些始于盖泽尔执政时期的政局变化,这些变化解释了巴西政府为何会做出靠债务拉动增长的决策。同样的背景也解释了通货膨胀的死灰复燃。

外部冲击引起的通胀影响

1973年后,受到石油价格冲击影响的行业急于以涨价的形式转嫁增加的生产成本,而政府尽管拥有精心设计的价格控制机制,却也不大愿意严格控制这一过程,因为这么做在政治上很不明智。换言之,考虑到政治发展,政府宁愿容忍各行业借由通胀过程争夺份额,也不想针对外部冲击实施明确的分配对策。[24]

如表6.1所示,1973年至1974年间的进口石油价格变化率要远大于巴西国内的价格涨幅，因为政府试图减轻价格冲击，将其分摊到数年时间里。该表的价格指数变化还显示出，总的通胀率在1973年至1974年间翻了一番，其后便在30%至48%之间上下波动，直到1979年遭遇下一次冲击。除了1978年外，其余年份的石油产品价格涨幅均超过了物价涨幅。检视1979年前的其他价格可以看出，有的领先于物价的上涨，有的则相对滞后，但很明显的一点是，各个行业竞相涨价的情况从未停止过。尽管第一次石油冲击时的汇率或许多少有些高估，但其相对滞后于通胀率出现的贬值恐怕代表了巴西与其贸易伙伴在通胀率上的平均差距。食品价格要么跟随物价水平浮动，要么领先于物价水平；平均名义行业工资也是如此，直到1979年前都领先于通货膨胀。[25]

表6.1　1970—1985年关键价格指标变化　　　　　　　　（%）

年代	物价指数	汇率	ORTN[a]	INPC[b]	原材料	食品	名义工资
1970年	19.8	13.8	19.6		22.8	18.6	
1971年	18.7	13.8	22.7		12.4	30.1	
1972年	16.8	9.9	15.3		14.9	16.0	
1973年	16.2	0.0	12.8		20.3	12.5	23.8
1974年	33.8	18.9	33.3		44.2	37.4	35.8
1975年	30.1	22.0	24.2		25.4	33.0	48.8
1976年	48.2	35.2	37.2		38.0	50.1	51.8
1977年	38.6	30.4	30.1		28.4	37.5	44.5
1978年	40.5	29.7	36.2		35.2	51.9	47.4
1979年	76.8	92.7	47.2		76.3	84.8	64.0
1980年	110.2	61.7	50.8		110.7	130.8	114.3
1981年	95.2	95.3	95.6	91.5	86.1	85.9	132.6
1982年	99.7	95.8	97.8	97.9	85.1	98.9	122.9
1983年	211.0	286.2	156.6	172.9	214.4	270.5	132.6
1984年	223.8	218.5	215.3	203.3	234.4	242.4	190.3
1985年	235.1	231.2	219.4	228.0	205.7	221.2	259.6

资料来源：Conjuntura Econômica.
注：a. 指数化国库券（Obrigações Reajustaveis do Tesouro Nacional）
　　b. 居民消费价格指数（Indice Nacional de Preçosao Consumidor）

本书的上一版中对这一时期巴西经济中不同行业的价格行为进行了细致分析，

采用了行业年度价格变化率与平均通胀率之比作为参考指数。[26] 我们发现，农业和制造业的价格涨幅从不会长期落后于物价涨幅，而且落后的幅度也相对较小。制造业的不同部门之间的差异巨大，化学品和润滑油多年来与平均通胀率之间保持着良性的比率，纺织、电子产品、机械、鞋类以及服装则都落后了许多年。然而，大部分行业的物价都保持与总的物价涨幅同步。

在1979年和20世纪80年代的前五年里，额外冲击频发，大幅加速了巴西的通货膨胀。除了第二次石油危机冲击和国际利率急剧攀升（结果极大地加重了巴西的债务负担）外，巴西还在1979年下半年经历了一次大贬值，[27] 并且实行了旨在大幅提高低收入群体的实际工资的新工资法。[28] 第二次大贬值则发生在1983年，再加上两年糟糕的农作物收成，导致食品价格出现了更大的涨幅，并进一步推高了1983年以来的通胀水平。[29]

表6.1的数据以及前面提及的上一版数据表明，1979年至1984年间，鲜有行业的价格涨幅大幅持续地落后于总体价格涨幅。少数几个特例包括政府采取严厉的价格控制的反通胀的行业，例如金属制品，以及一些在份额争抢中落于下风的传统行业，例如纺织和木制品。而且在20世纪70年代末、80年代初增长的实际工资在1983年时也开始下滑。

通货膨胀的传导机制

巴西经济中有两种通货膨胀传导机制在起作用。第一种是各行业将（因更高的能源价格、工资或利率所致的）上涨成本迅速转嫁至产品价格的能力。第二种是借由指数化和货币当局的信贷扩张意愿从国家获得补偿以弥补通货膨胀带来的收入损失的能力。

对于前者，巴西许多行业的寡头结构，还有巴西价格控制部门的纵容态度，使得供应冲击的成本上涨很容易被转嫁给消费者。[30] 表6.2（a）中估算了巴西各个行业的集中度。将这一信息与行业相对价格的变化加以比较，可以揭示出市场集中度与相对价格变化之间可能存在的某种关系。比如说，纺织业是集中度最低的行业之一，相对价格变化滞后于物价变化；另一方面，塑料、化工、交通运输材料等高度集中的行业，平均而言就很好地与物价上涨保持着同步。表6.2（b）显示了十七个行业在八个不同年份里集中度与行业相对价格变动的相关系数。其中有四项的结果高于5%的临界值。

表6.2 行业集中率

(a) 各行业前八大企业销售额所占份额 (%)

行业	1973年	1977年	1980年	1983年
非金属矿	62.6	56.0	28.5	29.1
金属制品	47.5	50.4	36.0	42.4
机械	37.1	39.0	32.3	31.6
电子产品	53.2	52.2	37.1	37.7
运输设备	82.4	82.5	58.3	61.8
木制品	35.0	41.8	44.3	48.5
家具	70.3	56.4	47.5	54.7
造纸	36.7	39.5	35.1	45.2
橡胶	79.0	78.6	83.3	80.6
皮革制品	57.2	72.5	51.7	44.5
化工	74.2	73.2	71.6	72.4
制药	52.0	47.0	49.9	64.0
香水/肥皂/蜡烛	68.9	83.3	86.0	84.6
塑料制品	31.3	50.6	45.6	43.1
纺织	22.7	25.3	15.8	19.1
服装鞋类	49.0	47.2	47.3	46.6
食品	57.9	53.5	26.5	30.4
酒类	69.7	57.8	58.6	53.6
香烟	100.0	100.0	100.0	100.0
印刷与出版	70.1	67.3	47.3	55.9
其他	63.3	59.8	40.4	45.2
平均值	58.0	59.1	49.7	52.0

(b) 集中率与相对价格变化的相关系数

1974年C与1974年P	0.0723
1974年C与1975年P	0.4901
1977年C与1977年P	0.5522

续表

1977年C与1978年P	0.4388
1980年C与1980年P	−0.1251
1980年C与1981年P	0.4987
1983年C与1983年P	0.0368
1983年C与1984年P	−0.2684

资料来源：计算所用数据出自多期Visão发行的Quem é Quemna Economia Brasileira。
注：C=集中率；P=相对价格涨幅；单侧检验临界值=0.05。

第二种传播机制由政府提供的各种通货膨胀损失担保组成。最突出的包括：金融工具指数化，针对农业的信贷补贴，以及官方金融机构用于支持特殊补贴项目或援助特定企业及银行的特设预算外资金。不过需要强调的是，尽管此类机制并没有对特定价格产生直接影响，但它通过发行新的货币影响了价格水平。

随着1979年工资指数化的出台，巴西经济又引入了一种潜在的通胀自动传导工具。不过，对这一工具的出现的评价褒贬不一。在1979年以前，工资每年仅调整一次，使用的公式会系统性地低估预期通胀率，从而压低工资水平，进而缩小劳动力成本的通胀影响。而且，通胀率上涨而定期的工资调整期限却没有变化，也会降低工资水平。[31] 1979年末，新的工资法要求每半年自动调整一次工资，并且采用了旨在促进收入分配公平性的工资调整公式。收入在法定最低工资三倍以内的低收入工人，按照通胀率的110%进行调整；收入在最低工资的三倍以上、七倍以内的工人，按照通胀率的100%进行调整；收入水平更高的则按照低于物价涨幅的水平进行调整。其后一系列的工资法变化逐渐降低了半年期调整的指数化程度。[32]

附录表A.5中的信息显示，实际最低工资在1973年后出现下滑，直到20世纪70年代末才回升。另一方面，重工业的实际平均工资在除了1979年外的所有年份中都领先于通货膨胀，但在1982年后却大幅滞后。此外，圣保罗州的工业实际工资在1983年以前似乎也一直保持着正增长，仅有1979年例外。然而，这些对平均工资的衡量只涉及非常专业的劳动力群体。对比一下实际最低工资的数据，甚至是其他的那些工资指标，似乎在整个20世纪70年代里，工资都不是通胀过程中的领先变化的部分，特别是将年度调整也考虑在内后，通胀率迅速上涨的那几年里，年度调整令大部分工人的实际工资都出现了缩水。

货币角度下的通胀过程

只有当货币供应和/或货币流动速度出现明显增长，通货膨胀才会发生。巴西实际货币供应量（M1）的增长率在1976年转为负值。也就是说，名义货币供应增长幅度小于通胀率。[33] M2（M1再加上货币需求和储蓄银行里的定期存款）的增长率仅在1973年至1984年间就有四年出现了负值，M3（M2再加上所有其他存款）也有三年为负值。基础货币的实际增长率在1974年为负值，但在70年代的其他年份里均为正值，只在1980年至1983年才转为了负值。最后，信贷的实际增长率自1979年起，随着通胀率突破了三位数而转为负值。

M1的实际负增长是因为货币需求随着通货膨胀继续加速而出现下降所致。人们开始转向准货币，其中有一部分，如存款、定期存款和政府债券，通过指数化与通货膨胀挂钩。准货币的流动性变得越来越大。这就解释了M2和M3的表现。同样值得一提的是，巴西财政系统的货币资产（现金和活期存款）从1972年的43%下滑至1984年的10%。所以"货币当局的通胀税收益（等于通胀率乘以基础货币的实际值，亦即货币当局的零成本负债）在任意通胀水平下相应地减少了"。[34] 随着通货膨胀在20世纪80年代加速增长，M1的流通速度也加快了，基础货币占GDP的比例从1979年的7%跌至1984年的3.9%充分反映了这一点。

基础货币在20世纪70年代和80年代的持续增长，很大程度上是政府的预算外活动造成的。国会通过的财政预算经常结余，但这并不包括国有企业的整合预算和所谓的货币预算——后者反映的是巴西央行和国有商业银行巴西银行的活动。这些机构的存在使得政府能绕过传统的财政预算。巴西的前财政和计划部长马里奥·西蒙森（Mario H. Simonsen）在回忆这一时期时称：

> 巴西的货币系统非常特殊，对货币供应扩张有着与生俱来的偏好。很久以来大家就知道，只要联邦政府还有权靠印钞票来填补赤字，就很难防止通货膨胀，特别是在当局可以无需国会批准就独立执行的情况下……如果政府不仅靠印钞票来填补赤字，还用来向私人部门发放贴息贷款，那就更难防止通货膨胀。巴西的通货膨胀基本上就是这么回事。[35]

第6章 通货膨胀与经济动荡：1985—1994

控制通货膨胀的非正统尝试：克鲁扎多计划

第一任军政府以来的通胀下行趋势在1973年发生了逆转。扣除通货膨胀因素的价格指数在1974年和1975年上涨了近34%，然后又在1976年和1977年上涨了47%。通胀率在1978年跌破40%后，又在1979年和1980年回升至55%和90%。随后，通胀率从1981年和1982年的100%左右攀升至1983年的150%，并在1984年突破了200%；到1986年2月时，年通胀率已然达到了300%左右。

受弗朗西斯科·洛佩斯及其一些同僚的学说的影响，[36]萨尔内总统（President Sarney）于1986年2月28日发表电视演讲，颁布了第2283号法令（Decree Law 2283），旨在一劳永逸地消除巴西的通货膨胀。这项法令（以及对其进行些许修订后的版本第2284号法令）的细则如下：

1. 对最终产品价格实行全面的价格冻结；

2. 调整实际工资然后实行冻结，新的实际工资水平取此前六个月的工资平均值并上调8%，最低工资水平上调15%；

3. 在租金和抵押贷款的支付上采用原有计算方式，无需上调8%；

4. 推行工资上浮体系，每当消费者价格指数相比上次调整或各类别的年度"基准日"上涨了20%时，工资便会自动上调；

5. 禁止期限少于一年的合同引入指数化条款；

6. 推出新币种克鲁扎多，取代原本的克鲁赛罗（1克鲁扎多相当于1000克鲁赛罗）。法令中没有指定具体汇率，但巴西政府明确表示计划保持13.84克鲁扎多兑1美元的固定汇率。[37]

从克鲁扎多计划（Cruzado Plan）上可以清楚地看出那些判定巴西的通货膨胀类型主要属于"惯性"的分析人士的影响。[38]他们在萨尔内总统的过渡民选政府（1985年3月执政）中赢得了左右经济政策的权力，以更为正统的方式理解巴西通货膨胀问题、提出更为传统的策略的一方处于下风。[39]随着政权交接的进行，以及直选官员们比以前体制下更有影响力，衰退式政策越来越难以施行。

克鲁扎多计划能否成功，取决于巴西的通胀中"惯性"因素的程度。如果巴西的通胀很大程度上是总需求过量或总供应不足的结果，那么该计划并不足以在长远上控制通货膨胀。玛娅·戈梅斯如此阐述道：

> 截至1985年第四季度的数项指标已然表明，正式和非正式的指数化并不能充分地解释巴西的通货膨胀。首先，通胀正在加速，从惯性的属性角度来看，这是无法解决的。另外……部分工业部门的产能利用率正在接近100%……也有充足的证据表明，公共部门赤字在1984年至1985年底期间出现了增长。[40]

事实上，在1986年2月28日之前，政府已经采取了若干措施，以期从根源上解决财政和货币失衡。国库预算和"货币预算"（主要是货币当局实施的补贴项目）在1985年8月进行了部分合并，以便更好地控制开支；1986年2月，巴西银行的"转移账户"遭到冻结，该账户可以让这家国有商业银行通过一种公开的央行"贴现"工具来创造基础货币；同月，财政部内新设国库局，对所有的公共开支进行中央管控；而在1985年12月，巴西国会批准了一项大幅提高金融交易税率的新法律，要求企业一年申报两次所得税，并且加重了个人所得税的税赋。最后，就在克鲁扎多计划出台的几天前，巴西国家货币政策理事会（National Monetary Council）将消费信贷的最高清偿期从12个月减为4个月，并且收紧了此类信贷的其他条款。

无论是从经济还是从政治的角度看，克鲁扎多计划都带来了令人瞩目的直接成效。以物价指数衡量的月通胀率，从1986年2月份的22%下降至同年3月份的-1%，继而在4月份回升至-0.6%，5月份升至0.3%，6月份升至0.5%，见表6.3。与此同时，经济活动加速，在1985年增长了8.3%，到1986年的1月份和2月份时仍在继续增长。第一季度的工业产量较之1985年同期增长了8.6%，第二季度和第三季度则分别同比增长了10.6%和11.7%。耐用消费品的产量增速惊人，在5月至8月期间的年化增长率超过了30%。至少在克鲁扎多计划出台后的头几个月里，巴西的对外账户表现强劲，每月的商品贸易顺差在10亿美元左右。从表面上看，巴西似乎在提高实际工资水平、降低失业率、弱化通货膨胀的同时，成功地实现了对外账户的稳健和惊人的经济增长。

表6.3　1986年和1987年月度价格变化　　　　　　　　　　　（%）

月份	月度物价	年度物价	月度批发价	月度零售价
1986年				
1月份	17.8	250.4	19.0	15.7
2月份	22.4	289.4	22.2	21.8
3月份	−1.0	242.5	−1.0	−0.3
4月份	−0.58	217.5	−1.46	1.1
5月份	0.32	195.6	0.09	0.79
6月份	0.53	175.5	0.37	0.62
7月份	0.63	154.6	0.58	0.58
8月份	1.33	126.3	1.34	0.88
9月份	1.09	109.6	0.67	0.95
10月份	1.4	94.8	1.15	1.01
11月份	2.5	73.7	2.1	2.1
12月份	7.6	65.0	7.7	7.5
1987年				
1月份	12.0	57.0	10.5	14.3
2月份	14.1	55.8	10.4	14.5
3月份	15.0	69.8	14.1	13.5
4月份	20.1	105.1	21.0	21.5
5月份	27.7	160.8	30.7	25.1
6月份	25.9	226.5	26.3	27.2
7月份	9.3	254.7	9.9	8.6
8月份	4.5	265.8	3.7	6.6
9月份	8.0	290.9	7.6	9.0
10月份	11.2	328.5	11.7	10.6
11月份	14.5	378.8	15.0	13.9
12月份	15.9	415.8	16.1	16.3

资料来源：Conjuntura Econômica.

逐渐显露的困难与矛盾

克鲁扎多计划实行价格冻结和工资冻结的目的，是为了控制惯性通货膨胀。工资上调和价格冻结的措施，共同构成了有利于劳动人口的收入政策，虽然巴西的公共舆论一开始并未意识到这一点，这也许是因为过多的政策动作让大家应接不暇。继通货膨胀日益失控的背景下出台的克鲁扎多计划，将支持萨尔内总统的人团结在了一起，有数百万名市民志愿担任"萨尔内的价格监察员"，举报违反冻结政策的行为。如此高涨的热情使得收入政策在短期内可行。实际工资大幅上涨。圣保罗州3月份的实际行业平均工资要比2月份的高出9.1%，并在11月份时进一步增长了1.5%，达到最高点。3月份的相关实际工资开支比2月份的高出了9.8%，并在11月份时进一步增长了8.7%，达到最高点。然而，就在数周时间之后，问题就开始出现，并快速恶化。

价格冻结对分配造成的影响

冻结措施的一项直接后果，就是消除了价格机制在对资源分配的作用，制定克鲁扎多计划的经济学家们充分预测到了这一点，他们呼吁暂时牺牲分配体系，将通货膨胀从巴西经济中排除出去。冻结的时间越长，市场扭曲得越厉害。巴西的通货膨胀在冻结时尚未达到"超级"水平，各经济主体仍在按自己的步调频繁地调整价格（或已将价格调整完毕）。因此，到了1986年2月28日，那些价格已经赶在冻结之前上涨完毕的行业，价格水平与近期实际平均价格走势相符，而其他那些原本计划在不久的将来进行调整的行业则价格偏低。一项针对311种产品进行的调查研究发现，其中有84种产品的价格偏高，35种产品实施的价格调整令其在冻结当时保持了平价水平，还有192种产品的价格偏低，其中包括牛奶、汽车、肉类以及多种耐用消费品。[41]

公用事业收费，尤其是电费，因价格冻结而水平偏低。举个例子，在1985年2月至1986年2月期间，里约热内卢的公用事业收费上涨了201%，物价涨幅则接近

270%。这增加了国有公用事业单位的赤字，为政府带来了同时补贴经常开支和非经常开支的压力。若要在保持经济快速增长的同时避免出现瓶颈，是不能延迟非经常开支支付的。

尽管赞同克鲁扎多计划的经济学家们认同价格冻结只能暂时施行，但他们并未就该措施应该施行多久达成共识，因为他们并不清楚需要多久才能逆转通胀预期。他们似乎认为应该有两到三个月的时间。但是，他们确实害怕过早解冻会重新引发通胀预期，以及带来新的惯性通胀因素。随着时间推移，政治标准开始主导经济考量：作为克鲁扎多计划一部分的价格冻结政策已经成为了政府赢得民心的基础。也就是说，零通胀越来越被总统及其政治顾问们视作政府取得经济成功的要素所在，对实现零通胀的执着也因1986年11月国会和地方选举临近变得十分重要。由于巴西国会同时也是制宪会议，拥有决定总统任期的权力，总统急需将零通胀（即价格冻结）保持得越久越好。政府内的经济学家们早在1986年5月就呼吁对价格进行重新调整，财政部长在6月也加入了这一阵营。但出于政治立场的原因，他们的建议都遭到了否决。

如此一来，就免不了出现越来越多企图绕过冻结政策的尝试。巴西对所有能用以避开价格控制的手段均提供了相应的研究案例，包括通过提供"新产品"来提高价格，在套装产品的内容上做手脚，提出"单方支付"或"加价"（回扣）要求，其中尤以汽车和其他消费耐用品行业为甚。购买新汽车的候补名单排到了六个月甚或更久以后，但是等待时间可以通过支付适当回扣而有所缩短。所有的产品都出现了短缺，购物者需排队等待变得越来越常见。食品——尤其是牛奶和肉类——开始稀缺，因为低收入群体的需求增加，而厂商的供应减少。政府在回应对于短缺问题的抱怨时指出，肉类已经破天荒地成为了低收入群体的饮食标配，即便他们需要排队等待购买。同年晚些时候，政府终于在与肉类生产商的公开争斗中没收了部分牲畜。它还授权扩大食品进口，其效果更为显著。通过削减特定税项和增加补贴，政府设法在没有真正提高价格的情况下加大了供应——故而为公共部门的财务增加了压力。然而，随着时间推移，价格冻结引发的这些不可避免的问题出现了恶化，政府和公众执行价格冻结的努力变得愈发民心涣散、有心无力了。

过度增长

克鲁扎多计划使得经济增长得以继续（甚至加速），而这大部分建立在消费支出增长的基础上。后者受到的刺激因素有：实际工资的大幅增长；储蓄存款的去指数化，这导致了大批储蓄账户资金抽出，主要流入到了消费品中；许多相对价格在冻结期间偏低的商品在价格上的竞争优势；还有通胀预期突然改变引发的"财富效应"，这释放了用于消费的资金。[42]

随着繁荣继续，许多行业开始着手改进产能，但令其在短期内实现增长的希望有限。这些行业中的企业家们由于均对扩大投资犹豫不决。产能利用率在克鲁扎多计划推出当时为72%，1986年下半年时达到82%。到1987年1月，据称有近60%的制造行业产能利用率超过了90%。[43]

很难确定克鲁扎多计划期间的产能增长了多少。20世纪80年代中期巴西经济的总体投资低迷与储蓄率走低有关。70年代中期的投资占GDP的比例曾达到了25%，到80年代中期时却降至16%。对这一趋势的宏观解释是1981—1983年间出现了严重衰退，之后在80年代中期由于消费支出增长的拉动实现了经济的高速增长。还有一项事实与此有关：因为背负巨额外债，巴西成为净资本输出国。鉴于80年代中期流入巴西的外国资本很少，偿还外债的支出占到了GDP的4%~5%。此前的种种稳定措施已经削减了公共投资，而价格冻结又使得许多公用事业部门的企业很难产生用以投资的内生资源。对克鲁扎多计划最终能否成功的疑虑挥之不去，还有因价格冻结导致价格偏低的企业面对的形势不明朗，均对大规模的私人投资产生了阻碍作用。另外，政策经常出现剧烈变动，"游戏规则"的频繁改变，也阻碍了私人资本形成。

公共部门赤字

公共部门赤字在克鲁扎多计划的瓦解中所扮演的角色引发了很大的争议。有一种广泛流传的观点认为，克鲁扎多计划的根本缺陷在于缺少一套财政控制计划。那些从未认同过惯性通货膨胀这一诊断结果的分析人士均持这一观点,他们认为只有财政失衡才会导致通胀压力。事实上,公共部门赤字十分复杂。克鲁扎多计划既没有增加特定税收,也没有削减预算拨款。不过,巴西政府的确在1985年12月进行了一次大的税制改革,期望大幅提高1986年的实际税收收入。此外,政府还采取了一系列措施来统一预算和改善预算监管。

再有,克鲁扎多计划为巴西财政带来了可喜的局面。价格控制消除了"税收滞后"问题——基于数周或数月前的价格和收入流征收的税收,其实际价值相对于当期支出会有所折扣。名义利率以及固定汇率的降低,大幅降低了公共部门庞大的"非经营性"借款准备金。不过,该计划原本还可取得更多成果,可惜当时的中央政府仍在继续维持大型补贴计划;所有级别的公共部门依旧严重超编。因此,公共部门总赤字在实行克鲁扎多计划后问题依旧,占到了1986年GDP的3.7%(中央政府占0.9%,州市政府占0.5%,国有企业占2.3%)。

当然,对于公共部门赤字是否具有通胀性质的判断,必然取决于对预算应有作用的看法。如果认为预算应该有10%的盈余,那么该预算就具有很大的通胀性。预算赤字总是可以得到改善;但巴西的预算赤字并不是导致1986年通货膨胀的根本原因。

对外账户

巴西的固定汇率保持过久,这一点没有太多疑问;国内需求激增以及1986年3月中旬之后的实质性通货膨胀(假使衡量并不充分的话)意味着,对克鲁扎多计划的高估愈演愈烈。一旦这一情况变得显而易见,就会形成针对克鲁扎多的单向投机。结果就是平行市场溢价出现了惊人的增长,从1986年3月的25%上涨至1986年11月的100%以上。贸易平衡状况在同年8月后发生恶化,原因不仅是因为出口商发现国内市场更具吸引力,还因为他们清楚地意识到,政府很快就会被迫实施克鲁扎多贬值。

克鲁扎多计划的破产

克鲁扎多计划的真正危机是借由对外账户显现出来的。到1986年中期，巴西的资本账户出现了戏剧性的逆转。外国直接投资净额在1985年总计8亿美元，这一表现已被视作不佳，而1986年前六个月的外国直接投资净额则仅有1500万美元。利润汇款和资本外流不断增多，其中一个明显标志就是日益上涨的"平行"外汇市场溢价。

政府拒绝考虑任何价格调整，有可能出于两大考虑。首先，由于价格冻结政策变成了克鲁扎多计划在政治上成功的标志，萨尔内总统不愿意轻易改弦更张，至少在至关重要的11月新制宪会议选举结束前不会；其次，由于克鲁扎多计划允许工资在所属工种自年度"基准日"起算的累计通胀率达到20%时便自动上涨，政策制定者们担心允许价格上涨可能会扣动"扳机"。

不过，就在赢得了11月15日的大选后不久，巴西政府宣布了另一项重大的调整计划，该计划很快得名为"第二次克鲁扎多计划"（Cruzado II）。该计划注重的是针对"中等"消费品的价格调整和加税。汽车价格提高80%；公用事业收费提高35%；燃料价格提高60%；香烟和酒类价格提高100%；蔗糖价格提高60%；牛奶和奶制品价格提高100%。重新施行采用爬行钉住汇率的贬值措施，面向储户推出新的税收激励。这些措施旨在降低消费开支。遗憾的是，正如当时许多经济学家所预警的，价格增长更容易转移消费开支，而非激励储蓄。

这些措施立刻引发了通货膨胀。自动触发机制开始生效，工资随之上涨。消费品价格在1986年12月上涨了7.7%，1987年1月上涨了17.8%。接下来的几个月里，通胀继续爆炸式增长，3月的通胀率达14%，4月达19%，5月达26%。结果，到1987年中，年通胀率已大大超过了1000%。通胀预期——以及不确定性——出现报复性反弹；年化短期利率在1987年6月上旬达到了2000%。终于，央行的国际储备水平大幅滑坡，以至于政府不得不在1987年2月20日宣布单方面延期清偿外债。

克鲁扎多计划的失败或许要归因于几个方面。一是计划启动时对提高工资的保证。这使得总需求在经济本已紧迫时一度出现了激增，外部账户和公共部门的入不敷出则恶化了这一局势。货币供应一开始也增加得太快。一旦计划失败，政府就会在极长的时间里紧紧抱住价格冻结和固定汇率不放。冻结政策阻断了价格机制的运行，使得经济体内很大一块处于极为不利的相对价格水平。根本性的错误在于对零通胀理念的冥顽不灵。很难指望那些处于不利地位的经济部门接受三到四个月以上的牺牲。注重低通胀率而非零通胀的选择性价格调整，或许能将回扣和短缺现象的逐渐扩散保持在一个低得多的水平。此外，许多与公有企业价格水平堪忧相关的问题，也可以通过在实施价格冻结之前先行提高价格，或者像私人部门那样在价格冻结后逐渐重新调整这些费率来避免。

经济停滞和通胀回归

　　萨内尔总统的任期一直持续到1990年3月。在经历过克鲁扎多计划之后，萨内尔政府的基本问题在于对巴西经济没有一个长远的规划和愿景。他担任总统的任期没有明确的规定。他的任期由1986年11月选举出的国会决定，因为这届国会在1988年还承担着制宪会议的角色。萨内尔极度渴望任期能从四年延长到五年。但由于克鲁扎多计划的失败，他失去了相当一部分的民众支持，这削弱了他的政治影响力。他的任期取决于与国会的良好关系。因此，萨内尔在经济政策上会屈从于国会的喜好。

　　萨内尔政府的政策制定者在1987年至1989年间的立场，较克鲁扎多计划时期有所改变，似乎认识到了控制政府预算赤字对于实现长期稳定的重要性。然而，这并未导致猛烈的紧缩措施。政府做出了制定重大财政控制措施的承诺，并切实地兑现了一些较小的承诺。出于前文提到的政治原因，政府并没有切实执行真正的财政调整。到国会批准萨内尔第五年连任时，政府对国会已没有什么声望可言。这意味着相较于配合政府削减开支，议员们对为地方项目争取资金更感兴趣。

　　政府预算的连续赤字，导致政府内债快速增长，通货膨胀加速。债务的增加也降低了政府债券的信用评级，迫使利率迅速上扬。恶化的通货膨胀也缩短了政府债券的期限。从而导致实际货币供应量对货币供应量比（M1∶M4）在20世纪80年代的后五年里持续下滑，从1986年12月的31.7%跌至1989年的8.4%。随着利率上升和债券偿还期限缩短（大部分被投到了隔夜市场里），出现了一种赤字的不断扩大主要归咎于政府财政状况的局面。[44]

这些债务除了对预算造成负面影响外，由于政府融资的特性使然，还另外对货币控制造成了负面影响。在政府债券的高回报率和短偿还期以外，政府承诺（借由央行）从金融中介机构手中"回购"那些未找到买家的债券。这样一来，政府债务工具的自动回购导致货币政策失控，因为从隔夜市场抽出资金将导致货币供应自动增加，而通胀预期又导致这类资金抽出的动作越来越多。换言之，这种背景下的公共债务日益成为财政与货币控制不足的主要原因。

巨额的财政赤字和高企的利率也对资源配置产生了重大影响。信贷被越来越多地分配给政府，金融系统为私人部门充当资源提供的中介作用越来越小，而在促进向公共部门转移储蓄的作用越来越大。[45] 资金被越来越多地投入金融业，而非生产板块，由此带来了经济活动的减少。[46] 1981年至1990年间，金融业的年均增长率为5%，相当于GDP增长率的两倍。结果，金融业在GDP中所占份额从1980年的8.56%增长至1989年的19%以上。

萨内尔任期后几年的稳定尝试

路易斯·卡洛斯·布雷塞尔·佩雷拉（Luiz Carlos Bresser Pereira）于1987年5月出任巴西财政部长，并于6月推出了一项"经济稳定计划"（Plan for Economic Stabilization），即人们常说的"布雷塞尔计划"（Bresser Plan）。尽管该计划同样包含价格与工资冻结政策，但却不同于克鲁扎多计划——布雷塞尔计划的冻结政策在实施方式上更为灵活，持续期为90天，期间允许对价格与工资进行定期的重新调整。这种灵活性也被运用在公共部门费率和汇率上，以便避免克鲁扎多计划的两大问题——公有企业赤字和货币高估，这些问题对巴西的出口造成了损害。更重要的是，布雷塞尔尤其注重并将控制公共赤字作为主要的抗通胀工具。他的目标是让公共赤字到年底时减少到只占GDP的2%。最后，布雷塞尔计划的另一个目标则是将利率水平保持在通胀率之上，以预防曾促使克鲁扎多计划走向失败的那种消费过剩出现。

布雷塞尔计划在短期内显现出了一些成效，月通胀率从5月的27.7%下降到了8月的4.5%。然而，在那之后，月通胀率却又在10月时再度上升至两位数水平。除了由工资重构需求和公用事业及其他政府管控行业在布雷塞尔计划颁布前的价格上涨所导致的分配冲突加剧外,布雷塞尔计划的根本问题在于未能成功控制预算赤字。政府开销增长的原因繁多,其中包括政府雇员工资增幅实际高达26%,总赤字增幅达41%的州市政府亟须资源支持,对国有企业的补贴也日益增加。财政控制上的欠缺反映出了萨内尔在政治上的优先级考量。结果,布雷塞尔计划失败了,布雷塞尔本人也于1987年12月下台。

从渐进主义到冲击循环

萨内尔政府的其余成员当中,梅尔森·诺布瑞加(Mailson da Nobrega)的身份是财政部长兼首席政策制定者。他将自己的工作限定在严格管理国库的现金流上。诺布瑞加施行的主要措施包括禁止聘用新的公务员,冻结金融业向公共部门发放新的贷款,以及临时中止一项用以重新调整公共部门员工工资的指数化机制。此外,他还放缓了公共事业费率及其他国有企业价格的上涨速度(这有悖于他降低公共赤字的本意),汇率的贬值速度也是如此。事实上,这意味着此次对通货膨胀的对抗是以公共服务业和出口业为代价的。

事实表明,这一策略无力控制通货膨胀,月均通胀率从1988年第一季度的18%上涨至第四季度的28%。市场对新冲击计划出台的预期引发的预防性价格调整恶化了这一局势,政府因此觉得有必要再次求助于价格控制。于是,萨内尔政府在1989年初试图再次通过一个名为"夏季计划"(Plano Verão)的特别计划来解决通货膨胀。该计划的主要措施有:

1. 新一轮的价格和工资冻结;

2. 取消指数化,除了储蓄存款账户;

3. 推出新币种——新克鲁扎多,1新克鲁扎多等价于1000克鲁扎多;

4. 努力限制货币及信贷扩张(存款准备金率上调至80%;消费贷款的偿还期限从36个月缩短至12个月;暂停债转股操作);

5. 汇率贬值17.73%。

这项夏季计划的影响有效期，甚至比此前的数项非正统计划还要短。物价指数月率从1989年1月的36.6%跌至3月的4.2%，其后则稳步增长，7月时达37.9%，12月达49.4%，1990年3月时达81%。夏季计划早夭的原因并不难看出。此前数项非正统抗通胀政策的早夭让政府的冻结及去指数化价格法令失去了效力。这些政策工具的低信用度以及经济主体的消极预期，导致市场中出现了用法律规定之外的手段提高价格的情况。

这场经济危机在萨内尔任内的最后四个月里出现了恶化。在缺乏有效的财政调整并因此面临着预算赤字居高不下的情况下，政府被迫将利率维持在高位，导致公债成本显著增加。结果，1989年的财政开支增加了158%，成了当年政府赤字的主要原因。公共财政状况的恶化在当时不仅体现在新的政府债券的发行困难上，也体现在政府债务的货币化倾向上。当局担心隔夜市场资源逃向不动产，而且有很多人都视此为开放性恶性通胀过程的直接导火索。

1988年宪法的财政影响

1988年宪法对巴西的公共财政产生了消极影响。它加强了本来就很明显的从联邦向州市政府转移财政资源的趋势。自20世纪70年代中期起，州市政府便扩大了税收收入分成份额；1975年分得的收入税和产成品税收份额各为5%，到1980年时则分别增长至14%和17%。1988年的宪法规定，到1993年时，联邦政府必须将收入税和产成品税收的21.5%拨给州市政府。由于联邦政府的资源缩减与职责缩减不对称，1988年宪法加剧了联邦预算的结构性失调。

科洛尔时期：第一阶段

费尔南多·科洛尔·德梅洛（Fernando Collor de Mello）于1990年3月就任总统时，月通胀率已经冲到了81%。面对快速增长的恶性通胀，科洛尔立即推出了一项引

第6章 通货膨胀与经济动荡：1985—1994

人注目的新反通胀计划，该计划包含的措施如下：

1. 隔夜市场、交易账户及储蓄账户中，凡存款总额超过50000克鲁赛罗（按当时汇率相当于1300美元）的，将总额的80%冻结十八个月，冻结期间的回报率为当期通胀率再加上每年6%；

2. 推出新币种克鲁赛罗取代新克鲁扎多（1克鲁赛罗=1新克鲁扎多）；

3. 对存量金融资产、黄金与股票交易、储蓄账户取现进行一次性征税；

4. 启动价格和工资冻结，随后基于通胀预期进行调整；

5. 取消种类繁多的财政刺激政策；

6. 即时实施税收指数化；

7. 推出多项降低避税行为的措施；

8. 提高公共服务收费；

9. 实行汇率自由化；

10. 关闭各类联邦政府机构，宣布政府将会遣散360000名公共部门员工；

11. 推行启动私有化进程的初步措施。

这些措施的直接影响，就是大幅降低了巴西的流动性，货币供应量（M_4）占GDP的比例从30%左右降到了9%。[47] 就在一个月内，月通胀率降到了个位数。流动性骤减导致经济活动大幅减少，这一点从1990年第二季度的GDP负增长7.8%中便可看出。[48] 对衰退的恐惧和来自各类群体的压力，促使政府提前释放了许多停用的金融资产，但都是以特批的方式进行，并没有任何明确的规定。政府做出的诸多让步，还有国际收支平衡盈余和公共部门预算过程（税费可使用停用的旧币种支付，但开支则使用新币种支付）的影响，引发了迅速的再货币化过程。四十五天后，货币供应扩张了62.5%，占GDP的比例上升到了14%。[49]

科洛尔计划的主要目标之一，是要将占GDP的比例达8%的基本赤字扭转为2%的盈余，而1990年实现的实际盈余率则是1.2%。不过，这一结果主要是靠人为干预或临时措施达成的，比如对金融资产一次性征税，借由冻结资产暂停债务偿还，以及延迟对政府供应商的付款。一项更为恒久的成果则是降低了债务占GDP的比例，从1990年的16.5%降至1991年的12.2%。

与融资相关的赤字减少带来的局面是，个人和相关社会项目上的政府支出占到了总支出的37%,而向州市政府的转移支付(1988年宪法征收项目)占到23%。政府的裁员意向受到宪法限制——宪法规定所有受聘五年以上的政府雇员都无法解雇。因此,若要实施永久性改善政府财政状况的深化改革,就只能修宪。修改宪法则需要议会三分之二席位的同意,而科洛尔没法指望这种支持。

科洛尔政府将所有价格冻结了四十五天。之后,政府每个月都会根据当时的(官方)预期通胀率,规定价格调整的最大幅度。政府还在每月15日指定工资的最低涨幅。允许雇主和雇员双方协商确定在此涨幅之上的工资调整,但公司不能因此再进一步提高价格。这套工资调整规则在4月份之后废止,此后全由雇主和雇员两方间自行协商决定。

由于流动资产存量急剧下降,该计划对巴西经济产生了强烈的衰退影响。截至1990年第二季度时,实际GDP下滑了7.8%。随着接下来的几个月里大量冻结资产得到释放,经济活动有所复苏,使得第三季度的GDP增长了7.3%,但在第四季度又再度下滑了3.4%。[50] 1990年全年GDP下滑了4.4%,并不能完全归咎于科洛尔计划。早在计划推出前的第一季度时,GDP就已经下滑了2.4%,而在6月后采用的紧缩性渐进主义政策(导致了第四季度的GDP下滑)也对最终结果有贡献。

对外方面,科洛尔政府开始推行自由化进程,并在整个20世纪90年代早期期间贯彻执行。政府开始逐渐降低关税,也允许汇率浮动。

科洛尔时期:第二阶段

在最初的下滑后,由于价格和工资控制放松以及不稳定的再货币化过程,通胀率又开始上升。这使得巴西政府又采取了一项策略,专注于有限的财政改革(控制体制的流动性),以及借由冻结价格和工资、取消各类指数化机制再次抗击惯性通胀。[51]

在第二次科洛尔计划(Collor II)下,对财政紧缩的反复探索性尝试包括优化现金流管理和收紧国有企业开支。其中,主要的尝试动作包括驳回了教育部、卫生部、劳动部和社会发展部的全部预算,以及95%最初计划用于投资的资金。另外,政府还组建了一个隶属于经济部的委员会来控制国有企业,要求国有企业必须在1991年底前减少10%的实际开支。这些措施对价格冻结之前的公共收费上涨形成了补充。最后，政府减少了对州市政府的转移支付，但依然保持着最低的法定水平。

尽管第二次科洛尔计划的措施对价格产生了短期影响（月涨幅从2月的21%下降至5月的6%），但负责该计划的经济团队却于1991年5月遭到替换。新任财政部长马西利奥·马奎斯·莫雷拉（Marcilio Marques Moreira）宣称，自己反对任何类型的休克疗法。他的团队专注于对现金流和货币供应的控制，同时解冻价格，并为剩余冻结资产（占GDP的6%）的释放做准备。继续保持私有化进程和经济开放。[52] 事实上，私有化进程开始于1991年10月，至年底时已经出售了五家国有企业，带来的总收入相当于GDP的0.5%。[53]

现金流控制方面，主要依靠使公务员工资涨幅滞后于通胀率（从而使实际工资支出下降了43%）取得了满意的成果。公共投资也有所下降，仅为该年编制预算的30%。国内公债的清偿支出下降了80%，因为政府通过去指数化过程将内债占GDP的比例缩减了1.5%。

尽管开支大幅降低（实际降低了63.8%），但由于政府实际收入下滑了65%，基本盈余仅占到GDP的1%，1991年全年的经营赤字占到了GDP的1.75%。这是因为税收的去指数化、对其他税项的诸多争论以及旨在弥补此前税款溢缴的企业税率下调措施所致。

这些财政措施上的努力成果，不仅仅是被货币扩张抵消了。8月和9月出现了流动性过剩，原因是冻结资产开始释放，进而导致利率转负。第二季度的货币供应月均增长率为8.5%，并在第三季度增至13.5%，而M2则从8.6%增长至16.3%。[54] 这一情况，以及政府缺乏强有力的反通胀措施，使得通胀预期爆炸式增长。月通胀率从16%增长至10月的26%。外汇市场也爆发了一场危机，出现了针对克鲁赛罗的大投机。

科洛尔受到弹劾并于1992年10月辞职，他在剩余的执政期间里，尝试了多种控制通胀的临时性措施，但都没有取得太大成功。他曾试图大幅提高利率，从而引发了资本的大量流入，推高了货币供应；他还尝试过加强公共财政，但却未能成功。

到副总统伊塔马尔·佛朗哥（Itamar Franco）以临时总统的名义接任时，巴西的经济表现显然没有出现明显改善。1992年的最后三个月里，通胀依然存在，月通胀率达25%，到1993年下半年时，更是超过了30%。

伊塔马尔·佛朗哥最初在政治及经济上的种种努力未果，这种情况在他正式担任总统后也没有改善。他花了四个多月的时间来重新推行私有化进程，花了更长时间才从民族主义立场转变为欢迎外国资本的态度。此外，佛朗哥经济团队的不稳定性也拖了后腿；他在六个月的时间里先后撤换了三位财政部长。终于，佛朗哥在1993年5月任命了第四位财政部长费尔南多·恩里克·卡多佐（Fernando Henrique Cardoso），他开始让巴西政府为走出一条独创且成功的通货膨胀控制之路做起了准备。[55]

注　释

[1]　Werner Baer, "The Inflation Controversy in Latin America," Latin American Research Review (Spring 1967).

[2]　Conjuntura Econômica, March 1985, p. 13.

[3]　Antonio Carlos Lemgruber, "Real Output—Inflation Trade-offs, Monetary Growth and Rational Expectations in Brazil, 1950/1979," in Brazilian Economic Studies, no. 8 (Rio de Janeiro: IPEA/INPES, 1984), p. 70.

[4]　Claudio R. Contador, "Crescimento Econômico e o CombateaInflação," Revista Brasileira de Economia (January/March 1977), p. 163.

[5]　Claudio R. Contador, "Reflexões Sobre o Dilema entre Inflação e Crescimento Econômicona Década de 80," Pesquisa e Planejamento Econômico (April 1985), pp.40–41.

[6]　Fernando de Holanda Barbosa, A Inflação Brasileira no Pós-Guerra (Rio de Janeiro: IPEA/INPES, 1983), p. 222.

[7]　Luiz C. Bresser Pereira and Yoshiaki Nakano, Inflação e Recessão (São Paulo: Editora Brasiliense, 1984); Francisco L. Lopes, "Inflação Inercial, Hiperinflação e Disinflação: Notas e Conjeturas," Revista da ANPEC 7, no. 8 (November 1984).

[8]　Bresser Pereira and Nakano, Inflação, pp. 19–20; Luiz Aranha Correa do Lago, Margaret H. Costa, Paulo Nogueira Batista Jr., and Tito Bruno B. Ryff, O Combate a Inflação no Brasil: Uma Politíca Alternativa (Rio de Janeiro: Paz e Terra, 1984), pp.32–33.

[9]　Bresser Pereira and Nakano, Inflação, p. 25.

[10]　Bresser Pereira and Nakano, Inflação, p. 25.

[11]　Bresser Pereira and Nakano, Inflação, pp. 27–28.

[12] Correa do Lago et al., O Combate, p. 29.

[13] Bresser Pereira and Nakano, Inflação, p. 30.

[14] Bresser Pereira and Nakano, Inflação, p. 32.

[15] Bresser Pereira and Nakano, Inflação, p. 37.

[16] Bresser Pereira and Nakano, Inflação, pp. 66–67.

[17] Bresser Pereira and Nakano, Inflação, p. 27.

[18] Bresser Pereira and Nakano, Inflação, p. 51.

[19] Bresser Pereira and Nakano, Inflação, p. 52.

[20] Lopes, "Inflação Inercial"; see also Andre Lara Resende and Francisco L. Lopes, "Sobre as Causas da Recente Aceleração Inflacionaria," Pesquisa e Planejamento Econômico (April 1983); Francisco L. Lopes and Eduardo Modiano, "Indexação, Choque Externo e Nivel de Atividade: Notas Sobre o Caso Brasileiro," Pesquisa e Planejamento Econômico (April 1983).

[21] Lopes, "Inflação Inercial," p. 58.

[22] Lopes, "Inflação Inercial," p. 58.

[23] Lopes, "Inflação Inercial," pp. 64–65.

[24] 布雷塞尔·佩雷拉和中野良昭的《Inflação》对1974年至1979年间的通胀复苏做出了争夺份额的解释。另可参阅：Werner Baer, "Social Aspects of Latin American Inflation," Quarterly Review of Economics and Finance 31, no. 3 (Autumn 1991).

[25] 20世纪70年代的工资全景非常清晰。许多行业的工资水平和工资衡量方式都存在着差异，实际工资一直呈下滑趋势，直至1976年。参阅：Russell E. Smith, "Wage Indexation and Money Wages in Brazilian Manufacturing: 1964–1978," Ph.D. dissertation, University of Illinois at Urbana–Champaign, 1985; Roberto Macedo, "Wage Indexation and Inflation: The Recent Brazilian Experience," in Inflation, Debt and Indexation, Rudiger Dornbusch and Mario H. Simonsen, eds. (Cambridge, Mass.: MIT Press, 1983).

[26] Werner Baer, The Brazilian Economy, 5th ed. (Westport, Conn.: Praeger, 2001), pp. 123–128.

[27] 尽管在20世纪70年代，爬行汇率制令巴西基本紧跟住了与贸易伙伴的汇率变化，但可以说，在第一次石油危机时，巴西的汇率已经高估。而且，自从20世纪70年代后期以来，美国一直对巴西施加压力，要求巴西取消出口补贴计划，从而进一步导致巴西以更高的贬值速率进行弥补。

[28] Maria Silvia Bastos Marques, "FMI: A Experiêcia Brasileiza Recente," in Recessãoou Crescimento: O FMI e o Banco Mundial na America, E. L. Bacha and W. R. Mendoza, eds. (Rio de Janeiro: Paz e Terra, 1987), pp. 343–384.

[29] 在1983年至1984年间，巴西取消了对农业信贷的利率补贴。这极大地提高了农业成本，进而导致农产品价格升高。

[30] 关于巴西工业的寡头结构及其对加成定价的使用的讨论，参阅：Bresser Pereira and Nakano, Inflação, pp. 26–27.

[31] Macedo, "Wage Indexation," p. 135.

[32] Marques, "FMI," pp. 83–84.

[33] 本书第五版对货币供应进行了更细致的探讨。

[34] Peter T. Knight, "Brazil, Deindexation, Economic Stabilization, and Structural Adjustments," mimeo (Washington, DC: World Bank, July 5, 1984), p. 34.

[35] Mario H. Simonsen, "Inflation and Anti-Inflation Policies in Brazil," Brazilian Economic Studies, no. 8 (Rio de Janeiro: IPEA, 1984), pp. 8–9.

[36] 洛佩斯对非正统休克的呼吁获得了PersioArida和Andre Lara Resende的支持，后两位学者在《通货膨胀及指数化：阿根廷、巴西和以色列》（约翰·威廉姆森等著，华盛顿特区：国际经济研究所，1985年）一书中撰文Inertial Inflation and Monetary Reform予以支持；它们所基于的前提是：在一次严重通货膨胀的过程中，经济主体将以购买力而非货币单位来衡量自己当前和未来的收入。这对通货膨胀造成了强大的惯性影响，因为整个社会已经自然而然地广泛接受了这一点，每一个经济主体都对价格和收入进行了这样的设定，以便维持购买力。他们基于自己的洞见提出了一种巧妙的稳定方案：对实际价格而非名义价格进行暂时冻结——换言之，即用一种恒定的购买力单位来替代克鲁赛罗的购买力单位……到冻结终止时，该购买力单位将转化为新货币单位。这一提议得到了广泛讨论，尽管变更货币单位的企图未遂，但他们对进行一次普遍价格冻结的建议却被整合到克鲁扎多计划中。

[37] 对克鲁扎多法令的完整描述请参阅《经济事务》1986年3月刊；《经济事务》1986年4月刊中有一篇专家会议讨论长文，众多巴西顶尖经济学家就克鲁扎多计划的多个方面进行了探讨。

[38] Besides Lopes, "InflaçãoInercial," see PersioArida, ed., Inflação Zero (Rio de Janeiro: Paz e Terra, 1986); Eduardo Modiano, Da Inflaçãoao Cruzado (Rio de Janeiro: Editora Campus, 1986); Celso L. Martone, "Plano Cruzado: Erros e Acertos no Programa," in O Plano Cruzado naVisão de Economistas de USP (São Paulo: Livraria Pioneira Editora, 1986).

[39] 以财政部长多内莱斯和央行行长莱格鲁伯为代表，后者于1985年8月末辞职。

[40] Gustavo Maia Gomes, "Monetary Reform in Brazil," mimeo (Recife, May 1986), pp. 13–14.

[41] Angelo Jorge De Souza, "Inflação de Preços Relatives," Conjuntura Econômica (April 1986), pp. 29–30.

[42] Dionisio Dias Carneiro, "Capital Rows and Brazilian Economic Performance," PUC/Rio, Texto para Discussão, no. 369 (April 1997), p. 15.

[43] Conjuntura Econômica, February 1987, p. 83.

[44] 国内债务的利息支出猛增。1982年,利息支出占到巴西GDP的0.67%,这一比例到1985年升至2.83%,到1989年接近6%。参阅: Renato Villea, "Crise e Ajuste Fiscal nosAnos 80: Um Problema de Política Econômica on de Economia Política?," in Perspectivas da Economia Brasílieria (Brasília: IPEA, 1992), pp. 27–29, 36–37.

[45] 这可以通过投资占GDP的比例由1980年的22.9%降至1989年的16.7%(见附录表A.2),而公共部门的净国内债务从占GDP的5%升至22.2%进行解释。更进一步的证据是巴西国内信贷分配组成的变化:1980年时,私人部门获得了总信贷的74%,其余流入了公共部门;到1990年时,这一组成发生了重大变化,私人部门只获得了总信贷的47%,而公共部门获得了53%,参阅Perspectivas da EconomiaBrasileira 1992 (Bras í lia: IPEA, 1991).

[46] 金融部门(尤其是隔夜市场)的高实际利率诱使众多企业将越来越多的资源投入金融市场。这些企业的盈利途经靠的是金融交易,而非基本的生产活动。

[47] Clovis de Faro, ed., Plano Collor: Avaliações e Perspectivas (Rio de Janeiro: Livros Tecnicos e Cientificos Editora Ltd., 1990).

[48] 工业产值降低15.4%。制造业指数(1981年为100)从3月的106.8降至4月的92.2。

[49] Yashiaki Nakano, "As Fragilidades do Plano Collor de Estabilização," in Plano Collor: Avaliações e Perspectivas, Clovis de Faro, ed. (São Paulo: LivrosTecnicos e Cientificos, 1990), p. 146.

[50] IPEA, BoletimConjuntural.

[51] 详情请见 Elba C. L. Rego, "Política Monet á riaem 90," in A Economia BrasilieriaemPreto e Branco, F. A. de Oliveira, ed. (São Paulo: Husitec, 1991).

[52] 平均关税从1987年的51%降至1990年的32.2%,并在20世纪90年代前五年继续下降,到1994年时降至14.2%。见Perspectivas da EconomiaBrasileira 1992 (Bras í lia: IPEA, 1992), pp. 67 and 76.

[53] Werner Baer and AnnibalVillela, "Privatization and the Changing Role of the State in Brazil," in Essays on Privatization in Latin America, Werner Baer and Melissa Birch, eds. (Westport, Conn.: Praeger, 1994).

[54] 根据《经济事务》中的数据计算。

[55] 如欲了解之后科洛尔和伊塔马尔·佛朗哥政府的经济政策细节,请参阅本书第五版第九章,该章为与Claudio Paiva合著。

第 7 章

雷亚尔计划与通胀终结：1994—2002

除了最初由军政府执政的那几年外，巴西政权治理上一个特有的难题，在于难以确定究竟由哪个社会或经济阶层承担为政府项目融资和确保国家和财政稳定的责任。传统的出路是实施通胀主义财政。[1]然而，一旦正式部门的经济主体成功实现了通过指数化来反通胀，这一措施就难以为继，最后的结果就是不可持续的恶性通胀。另一条路径是举债，债权方既可以来自国内也可以来自国外。雷亚尔计划的出台令这类措施变得可行。最初的成功为巴西政府在这方面走得更远赢得了足够的公信力。然而，这种公信力却建立在投资者认可政府可以在相对较短的时间内完成财政调整这一假设基础上。当这被证明是事与愿违时，解决责任落实困境的这第二条路径也变得难以为继，雷亚尔计划也就此告终。本章的主题是分析讨论第二条路径。

雷亚尔计划

我们已经了解过，在巴西于1985年开始再民主化进程，并由民选政府接掌总统职位后，政府曾多次尝试控制通胀未果。这些努力全部失败的原因在于没有加入有力的财政调整要素，且赤字最终还是由央行负担，导致通胀持续存在，到1994年时达到了四位数的水平。

伊塔马尔·佛朗哥总统在撤换了数任财政部长后，于1993年5月任命参议员费尔南多·恩里克·卡多佐为财政部长。在多名才智过人的经济学家辅佐下，卡多佐着手制定一项全新的稳定计划。他在6月颁布了一项财政紧缩计划，名为"即刻行动方案"。计划主旨是削减60亿美元的政府支出（占到联邦支出的9%、各级政府总开支的2.5%）。计划还要求收紧税务征缴，和解决与各州政府之间的财务关系问题——各州政府在1993年欠联邦政府360亿美元，还有20亿美元的拖欠账款。卡多佐宣布，在这些拖欠账款清偿完毕之前，联邦政府将不再保证为州政府提供贷款，且州政府必须从收入中划拨9%用于清偿联邦政府的债务。1993年年中还开展了打击逃税的运动，并在其后的十年里不断强化。据称，由于逃税问题，巴西政府每年的损失介于400亿美元至600亿美元之间。

12月，卡多佐提出一套新的稳定计划，该计划避免了以前诸多尝试的一些缺点。具体而言，早前诸多方案的主要缺点之一，便是借由价格冻结突然终止通胀，但这种手段的效果十分短暂。与之前的计划不同，新计划一开始是以"提案"的形式颁布，准备先在议会讨论，再逐步执行。计划共有两大基本支柱：一是财政调整；二是将会逐步向新币种过渡的新指数化系统。[2]

财政调整的主要措施包括：（1）全面加税5%；（2）新设一项社会应急基金，这一基金会将总体税收的15%用于辅助临时性的财政调整措施；（3）削减政府投资、人事、国有企业的相关支出约70亿美元。上述基金仅是一项临时性的措施，政府还颁布了长期性的修宪计划，准备将医疗、教育、社会服务、住房、基本卫生、灌溉等责任统统移交给州市政府。修宪计划还会削减1988年宪法中规定要自动划拨给州政府及地方政府的联邦税收份额。

新的指数化体系于1994年2月底颁布。其中包含一项名为"实际价值单位"（Unidade Real de Valor，简称URV）的指数，与美元按1∶1的汇率挂钩。[3] 基于当时日益高涨的通胀局面，URV按克鲁赛罗雷亚尔结算的报价与汇率一道，每天都在上涨。官方的报价、合同和税率均按URV结算，政府也鼓励私有经济主体自愿采用这一单位。渐渐地，虽然交易中采用的货币是克鲁赛罗雷亚尔，但有越来越多的价格开始以URV为单位标示。[4]

1994年年中，以URV为单位报价的价格所占比例日渐庞大，政府决定推出与URV等值的新币种。该决定于7月1日借由雷亚尔（Real，复数形式为Reais）的发行得到落实，1雷亚尔合1URV或1美元，等于2750克鲁赛罗雷亚尔。在价格单位从旧币种转换为雷亚尔的那段时期里，许多超市和商店都掀起了涨价潮，许多商家趁民众在币种转换之初对以新币种计算的相对价格尚不明确之机牟利。不仅如此，也有许多经营者预计政府会像之前的稳定措施中那样实施价格冻结。然而，政府并没有出台任何价格冻结政策，而是利用自身的公关网络呼吁民众尽可能地减少生活必需品的购置，以便迫使物价回归正常水平。由于公众此时所持有的是一种政府确信将会保持住购买力的货币，消费者便拥有了"议价"的主动权，可以选择观望，不购买价格在近期上涨的商品。事实上，部分价格很快就开始下跌，最早让人们感受到这一点的就是周通胀率的下滑。在发行新货币的同时，政府实施了一项限制性货币政策，内容包括在短期内限制对出口部门发放贷款，将存款准备金率上调至100%，为截至1995年3月的基础货币扩张设定了95亿雷亚尔的限额。[5] 1994年7月至9月间的货币扩张量，原本被限定在75亿雷亚尔。但到1994年8月时，当局被迫修订了这一数字，同意到9月出口增加90亿雷亚尔。这对通胀预期造成了一定影响，尽管大部分的货币超额扩张都要归因于货币需求的增加。

货币当局也将利率维持在高位，以期控制增长过于强劲的消费，打击投机性的囤货行为。作为用来抑制高利率可能引来的大规模资本流入的补偿性措施，当局规定1雷亚尔的卖出价等于1美元，但允许买入价借由市场力量自行升值。随着庞大的资本流入和贸易持续顺差，雷亚尔实际上还是升值了，兑美元的汇率在1994年11月时为0.85。

雷亚尔的早期影响

雷亚尔计划的早期成效是积极的。月通胀率从1994年6月的50.7%下降至9月的0.96%。10月和11月时分别是3.54%和3.01%，12月则是2.37%。1995年，通胀率最高时为6月的5.15%，最低时为10月的1.50%。物价累计增幅在1994年时为1340%，而在1995年则下降至67%，见表7.1。

表7.1 1990—1999年通胀率

(a) 1990—1999年年度通胀率 (%)

年份	通胀率
1990年	2739
1991年	415
1992年	991
1993年	2104
1994年	2407
1995年	67
1996年	11.10
1997年	7.91
1998年	3.89
1999年	11.32

资料来源：Conjuntura Econômica.

(b) 1994—1999年月通胀率 (%)

月份	1994年	1995年	1996年	1997年	1998年	1999年
1月	42.2	1.4	1.8	1.6	0.9	1.1
2月	42.4	1.2	0.8	0.4	0.0	4.4
3月	44.8	1.8	0.2	1.2	0.2	2.0
4月	42.5	2.3	0.7	0.6	−0.1	0.0
5月	41.0	0.4	1.7	0.3	0.2	−0.3
6月	46.6	2.6	1.2	0.7	0.3	1.0
7月	24.7	2.2	1.1	0.1	−0.4	1.6
8月	3.3	1.3	0.0	0.0	−0.2	1.4
9月	1.5	−1.1	0.1	0.6	0.0	1.5
10月	2.5	0.2	0.2	0.3	0.0	1.9
11月	2.5	1.3	0.3	0.8	−0.2	2.5
12月	0.6	0.3	0.9	0.7	1.1	1.2

资料来源：Conjuntura Econômica.

续表

(c) 1994—1999年月度汇率（雷亚尔兑美元）

月份	1994年	1995年	1996年	1997年	1998年	1999年
1月	0.14	0.85	0.97	1.04	1.12	1.98
2月	0.20	0.84	0.98	1.05	1.13	2.06
3月	0.28	0.89	0.99	1.06	1.13	1.72
4月	0.40	0.91	0.99	1.06	1.14	1.66
5月	0.58	0.90	0.99	1.07	1.15	1.72
6月	0.83	0.91	1.00	1.07	1.15	1.77
7月	0.93	0.93	1.01	1.08	1.16	1.79
8月	0.90	0.94	1.01	1.09	1.17	1.91
9月	0.87	0.95	1.02	1.09	1.18	1.92
10月	0.84	0.96	1.02	1.10	1.19	1.95
11月	0.84	0.96	1.03	1.11	1.19	1.92
12月	0.85	0.97	1.04	1.11	1.21	1.85

资料来源：Banco Central doBrasil.

巴西在发行雷亚尔前的前两个季度里，经济增速颇为可观（1994年上半年的年均增长率为4.3%），1994年下半年的年均增长率升至5.1%，1995年3月为7.3%，1995年6月为7.8%，1995年9月为6.5%。领先部门是工业，其1995年3月的年化产出增长为9.2%，6月为9.7%，行业产能利用率从1994年7月的80%，增长至10月的83%，又在1995年4月增长至86%。表7.2列出了20世纪90年代的GDP年增长率情况。低迷了十年以上的投资率开始增长，见表7.3。1994年全年的投资额占到了GDP的16.3%，1995年3月时跌至16%，但随后又在6月升至16.7%，9月时升至16.8%。[6] 从1994年第二季度至1995年第二季度，消费增长了16.3%。销售增长体现出的主要是低收入群体的购买力，准恶性通胀每月为他们造成的损失如今已经不复存在，从而对他们的实际收入造成了影响。此外，由于名义工资在1994年下半年时也开始上涨，1995年头两个月的实际工资也较一年前上涨了18.9%。

雷亚尔计划也对企业的收支情况带来了积极影响。例如，巴西的财经杂志Exame在抽样调查了72家企业后发现，这些企业在1994年的利润共有55亿美元，相较之下，上一年仅为8.67亿美元；资产回报率则从1993年的3.1%增长至1994年的9.8%。[7]

表7.2　1985—1999年GDP增长率

（a）1985—1999年巴西历年GDP变化情况

年份	按1998年价格计算的GDP（单位：亿雷亚尔）	实际增长率（%）	按1998年价格计算的人均GDP（单位：雷亚尔）	折算成亿美元的GDP（按当前价格计算）
1985年	6620	7.8	5017	2110
1986年	7120	7.5	5285	2580
1987年	7370	3.5	5368	2820
1988年	7360	−0.1	5266	3060
1989年	7600	3.2	5338	4160
1990年	7270	−4.4	5042	4690
1991年	7340	1.0	5014	4060
1992年	7300	−0.5	4910	3870
1993年	7660	4.9	5075	4300
1994年	8110	5.9	5295	5430
1995年	8450	4.2	5441	7050
1996年	8680	2.8	5514	7750
1997年	9000	3.6	5640	8020
1998年	9010	0.1	5571	7750
1999年	9050	0.5	5599	5190

资料来源：Banco Central do Brasil, Relatório 1998.

（b）1993—1999年巴西按板块分的GDP增长率　　　　　　　　　　　　　　　　（%）

部门	1993年	1994年	1995年	1996年	1997年	1998年	1999年
GDP	4.2	5.8	4.2	2.8	3.7	0.1	0.5
	(4.92)	(5.85)	(4.22)	(2.76)			
农业	−1.0	8.1	4.1	4.1	2.7	0.2	6.6
	(−0.07)	(5.45)	(4.08)	(4.06)			
工业	6.9	6.9	1.9	3.7	5.5	−0.9	−1.7
	(7.01)	(6.73)	(1.91)	(3.73)			
矿业	0.6	4.7	3.7	6.7	6.8	9.2	9.7
制造业	8.1	7.7	2.0	2.8	4.2	−3.3	−1.8
建造业	4.8	6.1	−0.4	5.2	8.5	1.9	−3.5

续表

部门	1993年	1994年	1995年	1996年	1997年	1998年	1999年
服务业	3.5 (3.21)	4.1 (4.73)	4.5 (4.48)	1.9 (1.87)	1.2	0.7	1.2
金融	−2.2	−2.8	−7.4	−7.7	−2.7	0.1	0.5
商业	3.5	4.1	8.5	2.4	3.9	−3.4	−0.9

资料来源：Banco Central do Brasil, Relatório 1998 and monthly Boletim.括号中的数据为巴西地理暨统计局修正后的数据，发表于《经济事务》1998年12月刊。

表7.3　1985—1998年资本形成占GDP比　　　　　　　　　　　（%）

年代	按当前价格计算	按1980年价格计算
1985年	18.0	16.4
1986年	20.0	18.8
1987年	23.2	17.9
1988年	24.3	17.0
1989年	26.9	16.7
1990年	20.7	15.5
1991年	18.1	14.6
1992年	18.4	13.6
1993年	19.3	14.0
1994年	20.7	15.0
1995年	20.5	15.4
1996年	19.1	18.7
1997年	19.6	18.1
1998年	19.8	

资料来源：Banco Central do Brasil, 1997; Boletim Conjuntural, January 1999.

汇率成为关键的政策手段

在完成初步且十分有限的财政调整，经济去指数化也告一段落后，政策制定者们只得依赖于利用高汇率来维持价格的稳定，见表7.1（c）。高汇率作为控制通胀的一种手段，显然有赖于巴西经济的日益开放。巴西经济的开放在科洛尔执政的头几个月就开始了。1990年至1994年间，进口产品平均关税从32.2%下降至14.2%。[8] 由于按本地货币计算的进口价格有所下跌，国内生产商的抬价行为也不得不越来越有所克制。虽然事实证明该机制在短期内很有成效，但长远而言，若要永久、可持续地控制通胀，则需要施行更为彻底的财政调整。然而，此种调整需要对宪法进行一些根本性且在政治层面上具有争议性的修改，因此无法在短期内实现。[9] 于是，对汇率锚的重视便得到了强化。无论是为了吸引大量的外国资本，见表7.4，以巩固基于汇率稳定的财政体系，还是为了削减公共部门的庞大赤字，维持超高的汇率也都变得很有必要。

高汇率虽然有助于控制通胀压力，但也造成了导致贸易收支显著恶化的后果。巴西的贸易收支在十几年里一直保持着顺差，但从1995年1月起便转成了逆差，见表7.4，这种局面一直持续到四年后汇率锚的做法废止为止。进口激增加上出口增长减速，共同导致了贸易收支的恶化。为了控制住贸易逆差的迅速扩大，政府"临时"提高了部分关税，尤其是面向汽车行业的相关关税。高估的汇率并没有推动已然落后于全球贸易增长的出口加速增长。结果，巴西在全球出口中所占份额从20世纪80年代早期的1.5%左右，下滑至90年代后期的0.8%[10]。

表7.4　1985—1999年际收支　　　　　　　　　　（单位：亿美元）

(a) 经常账户

年份	出口	进口	贸易收支	服务收支	利润汇款	利息	经常账户收支
1985年	256	131	125	−129	−11	−97	−2
1986年	223	140	83	−137	−14	−93	−53
1987年	262	150	112	−127	−09	−88	−14
1988年	338	146	192	−151	−15	−98	42
1989年	343	183	160	−153	−24	−96	10
1990年	314	207	107	−154	−14	−97	−38
1991年	316	210	106	−135	−07	−86	−14
1992年	358	205	153	−113	−06	−72	61
1993年	386	253	133	−156	−18	−83	−6
1994年	435	331	104	−147	−25	−63	−17
1995年	465	499	−34	−186	−26	−82	−180

续表

年份	出口	进口	贸易收支	服务收支	利润汇款	利息	经常账户收支
1996年	477	533	−56	−217	−24	−98	−243
1997年	530	614	−84	−273	−56	−104	−334
1998年	511	578	−67	−295	−79	−121	−344
1999年	480	492	−12	−256	−37	−158	−252

资料来源：Conjuntura Econômica, February 1999; Credit Suisse First Boston Garantia.

(b) 1985—1999年资本流动、债务及储备

年份	直接投资净额	投资组合净额	摊销	总外债	净储备
1985年	14.2	−2.2	−84.9	1051.7	116.1
1986年	3.2	−4.7	−115.5	1112.0	67.6
1987年	11.6	−4.3	−135.0	1211.8	74.6
1988年	28.1	−5.0	−152.3	1135.1	91.4
1989年	11.3	−3.9	−34.0.0	1155.0	96.8
1990年	9.9	5.8	−86.6	1234.4	99.7
1991年	11.0	38.1	−78.3	1238.4	94.1
1992年	20.6	144.7	−85.7	1359.4	237.5
1993年	12.9	129.3	−99.8	1462.0	322.1
1994年	21.5	540.5	−50.4	1483.0	388.1
1995年	44.0	103.7	−110.2	1592.5	518.4
1996年	107.9	220.2	−144.2	1799.4	601.1
1997年	189.9	109.1	−287.0	1999.9	521.7
1998年	288.6	185.8	−336	2237.9	445.6
1999年	285.8	35.4	576	2256.1	363.4

资料来源：Conjuntura Econômica, February 1999; Banco Central do Brasil, Boletim, monthly issues.

1994年至1995年的墨西哥经济危机，一度威胁到了雷亚尔计划的顺利进行，不过巴西当局于1995年3月拿出了对策，在接下来的三个月里将雷亚尔成功贬值：月均汇率从2月的0.84雷亚尔跌至3月的0.89雷亚尔和6月的0.91雷亚尔。与此同时，利率再度升高。在2月至4月间，参考（Taxa Referential，简写为TR）基准利率从月均1.8%升至3.5%。随着墨西哥危机迅速解决，雷亚尔所受的投机压力就此解除，而高汇率政策则一直实施至1998年年底。

未解的财政困境

尽管巴西始终缺少实质性的财政调整，但从1995年开始至1998年结束，价格继续保持着稳定状态，见表7.1。然而，政府的财政状况却出现了恶化。如表7.5所示，经营预算收支（债务的实际利息偿付所带来的影响也计算在内）占GDP的比例从1994年时0.5%的盈余，转变为1998年1月至11月间-8.4%的赤字。初级财政收支同样出现了恶化，占GDP的比例由1994年时4.3%的盈余变为1998年1月至11月间-0.1%的赤字。初级财政收支恶化的深层原因，在于尽管收入实现了迅速增长，却未能控制住各级政府开支的增长，见表7.5（b）。[11]特别是卡多佐政府遇到了越来越多的政治阻碍，这意味着政府无法实现当前亟需的人事支出削减，公务员队伍依然臃肿，实际工资也在继续攀升。

表7.5　1990—1999年公共部门账户占GDP比　　（%）

(a) 政府预算

年份	基本预算 总计	基本预算 联邦政府	经营预算 总计	经营预算 联邦政府	公共债务
1990年	2.4	1.6	1.6	2.8	
1991年	3.0	0.8	1.5	0.3	
1992年	2.3	1.3	-2.2	-0.8	
1993年	2.6	1.4	0.3	0.0	31.0
1994年	4.3	3.0	0.5	1.6	
1995年	0.3	0.6	-4.8	-1.6	
1996年	-0.7	0.4	-3.9	-1.7	31.4
1997年	0.9	0.3	-4.3	-1.8	34.5
1998年	-0.0	0.5	-8.4[a]	-5.3[a]	42.6
1999年[b]	3.77	4.15	11.4	8.0[a]	51.0

资料来源：Banco Central; Credit Suisse First Boston Garantia.
注：a. 估算值。
　　b. 1月至9月数据。

(b) 部分预算项目：联邦政府

项目名称	1994年	1995年	1996年	1997年	1998年
转移给州市政府	2.55	2.83	2.74	2.78	3.02
在职公务员	2.82	2.95	2.66	2.36	2.40

续表

项目名称	1994年	1995年	1996年	1997年	1998年
退休公务员	1.99	2.32	2.33	2.20	2.46
退休金	4.85	5.04	5.30	5.43	5.96
名义利息偿付	13.41	2.90	2.93	2.31	6.03

资料来源：Alem and Gambiagi (1999), p. 97.

(c) 部分预算项目：州市政府

项目名称	1994年	1995年	1996年	1997年	1998年
基本盈余	0.77	−0.18	−0.54	−0.73	−0.21
名义利息	12.84	3.39	2.16	2.30	1.83
名义赤字	12.07	3.57	2.70	3.03	2.04

资料来源：Alem and Gambiagi (1999), p. 97. 注：(−)=赤字。

(d) 1990—1999年公共部门历年债务变化情况

项目名称	1990年	1991年	1992年	1993年	1994年	1995年	1996年	1997年	1998年	1999年[a]
内债总额	16.5	15.9	18.9	18.5	20.3	24.5	30.2	30.2	36.6	38.6
央行及联邦政府	1.6	−2.5	0.8	1.8	6.2	9.6	14.8	16.8	21.6	22.3
州市政府	6.4	7.0	8.4	8.3	9.2	10.1	11.5	12.5	13.7	14.9
公有企业	8.5	11.4	9.7	8.4	4.9	4.8	4.0	0.9	1.3	1.4
外债总额	20.1	27.6	19.2	14.4	8.2	5.4	4.0	4.4	6.3	11.0
央行及联邦政府	12.4	17.0	11.6	7.8	6.0	3.4	1.6	2.0	4.3	8.3
州市政府	1.0	1.3	1.1	1.0	0.3	0.3	0.4	0.5	0.7	1.0
公有企业	6.7	9.3	6.5	5.6	1.9	1.7	2.0	1.9	1.3	1.7
债务总额	36.6	43.5	38.1	32.9	28.5	29.9	34.4	34.6	40.9	49.6

资料来源：Banco Central do Brasil, Boletim.
注：a. 9月数据。

(e) 1994—1999年重大经济改革及大事年表

时间	事件
1994年7月	巴西成功发行新币种雷亚尔。
1995年1月	费尔南多·恩里克·卡多佐就任总统。
1995年1月	《南方共同市场对外共同关税》（The Mercosul Common External Tariff）生效，进一步推动贸易自由化。
1995年2月	8987号法案获得通过，规范了允许私营企业经营公共事业的特许授权。这项新法为新一波的私有化浪潮打下了基础。

续表

时间	事件
1995年11月	《宪法第九修正案》获得通过,向国内外的私有资本开放石油勘探及生产。
1995年年中	旨在简化税制的《宪法第一百七十五修正案》提交议会。由此启动了新一轮围绕税改(特别是间接税目)展开的议会协商。
1996年2月	第85号补充法案获得通过,设立新税种——联邦社会援助缴款(COFINS),旨在改善社会保障体系的财政状况。
1997年4月	第9630号法案获得通过,重新设定了在职及退休公务员的社保费率。
1998年3月	议会通过一项宪法修正案,提高了公务员的雇佣门槛。修正案仍需通过授权立法方可生效,但截至2000年1月,相关立法仍处于议会辩论阶段。
1998年10月	总统费尔南多·恩里克·卡多佐在大选中成功连任。
1998年10月	提高社保门槛的法案部分获得通过。针对加入国家社会福利基金(INSS)社保计划的非公共部门劳动人口,设定了最低缴纳年限和退休年龄。
1998年11月	在雷亚尔持续遭遇下行压力、官方储备损失惨重后,国际货币基金组织启动了一套救援方案。议会通过了一项紧急财政稳定方案,重点放在加税和削减支出上。
1999年1月	雷亚尔终于不再与美元挂钩,巴西货币随即大幅贬值。
1999年1月	议会通过法案,规定退休公务员要缴纳社保费。该规定于1999年9月被最高法院裁定违宪,迫使政府出台新的宪法修正案并紧急加税。
1999年11月	为私人部门劳动人口的INSS社保金计算设定精算规则的法案获得通过。此项立法所带来的影响便是强化了社保金与社保费之间的关系。
2000年1月	议会否决了针对税改州、市政府的财政摊责(即《财政责任法》)及公共部门雇人标准的关键立法。

资料来源:作者整理。

结果,公共部门的薪金支出大幅增长。1993年初,公共部门的人事开支按应计制计算为300亿雷亚尔。[12] 1994年底时,以相同基数计算,这些开支已经增长到了400亿雷亚尔,到1998年年中更是达到了将近500亿雷亚尔。快速推行公务员养老金体制改革未果,意味着在公共部门的整体人事支出中,养老金成本的增长将格外迅速。

养老金开支在20世纪90年代后期占公共部门人事支出的43%左右,较1992年底的35%有所上升。[13] 这一增长与1995年提高了最低工资水平有关,当时名义最低工资提高了43%,而通胀率只有15%;政府的养老金体系所支付的养老金也随之上调。[14] 特别是在州一级,政府开支中所占比重越来越大的是雇佣成本。到1999年早期,阿拉戈斯州的这类开支占到了总收入的92.5%之多。在圣保罗、米纳斯吉拉斯和里约热内卢这三个较大的州,人事成本在总收入中所占比重分别达到了63.6%、76.7%和

78.7%。[15]

在这种情况下，公共部门的初级盈余总额持续缩水，见表7.5（c），使得对经营赤字扩大的抑制更加困难。另一项导致初级财政平衡脆弱的因素是社保体系持续赤字（占GDP的比例从1994年的4.9%升至1998年的6%），以及联邦政府必须不断向州级地方划拨大量资源（占GDP的比例从1994年的2.55%升至1998年的3.02%）。[16] 这些划拨在性质上不完全是基于宪法要求，还出于拯救破产的州立银行的需要。特别是政府为了防止针对金融系统的信心危机，不得不出台了一项耗资不菲的州立银行系统财政援助计划，其名为"国家金融系统重组与强化鼓励计划"（Program of Incentives for the Restructuring and Strengthening of the National Financial System，简称PROER）。

政府未能迅速落实抑制经营赤字的增长亟须的财政改革，但部分原因在于议会内部分化严重。亲政府的党派纪律散漫，而在议会成员中将地方利益与国家利益对立起来的风气依然盛行。部分由于这一原因，在卡多佐总统的首个任期里，议会总体上来看，是极不情愿同意全面财政改革的，尤其是那些会对州市政府的财政自主权加以约束或会对公共部门雇佣门槛造成不利影响的改革。[17]

不过，财政改革的落空，与卡多佐总统坚持追求改选修宪，令他能够在1998年10月成功连任，同样有着极大关系。卡多佐总统为了确保修宪成功，同意对议会做出让步，让议会能够对财政改革的时间节点和覆盖范围不断加大干预。政治势力日益失衡的结果，就是政府在议会那里受到的挫败愈来愈严重。举个例子，就在改选修正案获得最终通过的当月（1997年6月），政府便在议会遭受了一次重挫，为州市公务员工资设置上限的法案被否决。[18]

鉴于首个任期财政改革进展缓慢，卡多佐总统越来越得依赖临时性法令来应对日益庞大的公共部门赤字。[19] 但是，事实证明这样的做法并不能带来实质性的财政调整，只会凸显出对更加根本和长远的结构性改革的需要。直到经济危机爆发，国际货币基金组织也随即在1998年11月提出了一揽子调整方案，议会才通过更为根本性的财政改革方案。若不是如此强大的外部压力，恐怕卡多佐总统是无法积攒足够的政治力量来实现巴西如此亟须的重大财政调整的。

因财政改革一再搁置而不断扩大的经营赤字，不是靠从央行借款这种会带来通胀的做法能弥补的，不过，考虑到雷亚尔计划初期告捷所带来的公信力，政府有可能通过在国内外的金融市场举债来获取资金。于是，公共债务在GDP中所占比重在1993年至1998年间，从31%上升到了41%，见表7.5（d）。

通过维持极高的利率，利率的实际价值随着通胀回落而上升，为不断扩大的公共部门赤字融资成为可能。在这种情况下，加之即便没有外部事件发生，实施根本财政改革的阻碍也依然会接二连三地出现，赤字还是会持续不断地增长下去。不过，1997年的亚洲金融危机和1998年的俄罗斯金融危机，促使巴西政府竭尽全力填补赤字，维持汇率锚政策，从而导致利差剧增，进而为赤字带来了更大的扩张压力，其总值占GDP的比例从1996年的3.9%增长至1998年1月至11月间的8.4%。

于是，政府发现自己陷入了一个怪圈：为了维持汇率和填补赤字，政府不得不以越来越高的利率举债，结果反而加剧了财政情况的恶化，并且进一步破坏了投资者的信心。表7.6展示了政府债券利息在政府开支中所占比重是如何从1994年的7.1%上升至1998年1月至11月间的13.6%的。此外，贷款利息在政府开支中的比重也从1994年的4.6%上升至1998年1月至11月间的5.5%。因此，在此期间，政府在贷款利息、债券利息及摊销方面的支出总额在政府总支出中所占比重也从14.7%上升到了24.4%。没有相应的基本盈余增长，经营赤字除了增长之外再无其他可能。随着赤字扩大，公共部门的债务不免也随之增加，其中尤以外债在1996年初至1998年底间的高速增长为甚，见表7.5（a）。

表7.6　1994—1998年部分政府开支（占联邦政府总开支）　　　　　　（%）

年份	划拨给州市政府	贷款利息	政府债券利息	摊销
1994年	18.0	4.6	7.1	3.0
1995年	19.0	5.2	7.8	5.7
1996年	18.3	4.9	10.2	5.0
1997年	19.3	6.4	8.4	8.2
1998年a	19.0	5.5	13.6	5.3

资料来源：Conjuntura Econômica.
注：a. 1月至11月数据。

鉴于财政恶化，以及对汇率锚政策的持续依赖（也就是说名义汇率的调整极小），政府开始迫切需要说服议会通过必要的修宪以实现财政调整。当然，接下来的一段时间里，财政改革和社保改革的进展实际上要比政府预期的缓慢得多，见表7.5（e）。所幸结构性改革的另一重点领域（即市场自由化）的实际进展超出预期，见表7.5（e）。然而，尽管外部压力在临近1998年底时变得越来越大，但政府提出的财政改革重点措施中，实际上仅有部分获得议会通过，因为保持着抵触态度的议会否决了对退休公务员征税等这类至关重要的修正案。

政府还在很大程度上依赖私有化来解决自身的财政问题。这一进程早在科洛尔总统任内便已开始，但一直限制在钢铁、石化行业。在卡多佐总统任内，私有化的范围迅速扩大，公共事业也被囊括其中。1995年至1998年间，随着私有化拓展至公共事业[20]（如电信、发电和配电）和矿业，私有化带来的年收入从不到20亿美元增长至逾350亿美元。

资本流动

日益严峻的经常账户赤字要靠外国资本的大量流入来弥补，见表7.4（a）和表7.4（b）。不难发现，此时巴西对证券投资净额的依赖日益严重，该数值从1990年至1992年间的每年62.9亿美元，增长至1995年至1998年间的154.7亿美元。然而，在1998年亚洲、俄罗斯相继爆发金融危机后，又在1999年暴跌至35.4亿美元。直接投资净额自1995年起开始形成规模。举例来说，在1990年至1992年间，直接投资净额的年均值为14亿美元，而在1996年至1998年间则增长至195亿美元。这与这两种跨境投资均参与了新生产设施的兴建有关（这些设施不仅用于服务巨大的国内市场，还有未来有望扩大的南方共同市场（Mercosul））。值得一提的是，巴西此时对国际银行借款的依赖程度已大大低于20世纪80年代。比如，1994年有68%的资本流入属于国际银行借款，1998年时则下降至16%。对比之下，同期对外直接投资在弥补经常账户赤字上所发挥的作用更大，从1995年占资本流入净额的19%，增长至1998年的27%。

随着资本流入增加，外债负担也同样水涨船高。1996年至1998年间，外债总额从1799亿美元增长至2350亿美元。有意思的是，在此期间，私人部门的外债增速超过了公共部门，从1996年的860亿美元增长至1998年的1400亿美元。而公共部门外债的主要部分只出现了温和增长，总额从1996年的989亿美元增长至1998年的992亿美元。对比之下，公共部门的内债增长得更为迅速，从1996年的2370亿雷亚尔增长至1998年的3200亿雷亚尔。应该记住的是，巴西有很大一部分内债的债权人是外国投资机构，这些机构从巴西高利率和高企且稳定的汇率中大获其利。

经济表现

如前所述，雷亚尔计划刚刚开展时，经济增长相当可观。增长率在1994年时达5.9%，1995年时达4.2%，这与价格稳定直接引发的消费繁荣有关。然而，受高汇率和增长缓慢的出口表现拖累，经济增长随后显著放缓，见表7.7和表7.2（a）。随着1998年危机加剧，经济增长萎缩至0.2%，反映出该年下半年的月增长率基本为负值。按行业看，可从表7.2（b）中发现，制造业是当中最为薄弱的一环，这也再次反映出利率带来的影响。正面的信息是，我们可以发现资本形成在1994年至1998年间有所改善，见表7.3。这反映出跨境直接投资活动，还有开始收购了私有化企业的国内外财团的投资活动均有所增加。

表7.7　1985—1999年利率和汇率的月均值

年代	TR参照利率[a]（%）	隔夜拆借利率（%）	三十天定期存款利率（%）	汇率（雷亚尔兑美元）
1985年		10.36		
1986年		3.86		
1987年		13.52	13.54	
1988年		21.73	19.89	
1989年		31.68	30.62	
1990年		25.40	28.19	
1991年		16.99	17.95	
1992年	23.49	26.32	22.20	
1993年	31.15	33.41	32.90	0.03
1994年	23.37	25.22	25.34	0.64
1995年	2.32	3.61	3.19	0.92

续表

年代	TR参照利率[a]（%）	隔夜拆借利率（%）	三十天定期存款利率（%）	汇率（雷亚尔兑美元）
1996年[b]	0.87	1.80	1.52	1.12
1997年[b]	1.31	2.97	2.62	1.20
1998年[b]	0.74	2.40	2.01	1.26
1999年[c]	0.3	1.38	1.37	1.95

资料来源：Conjuntura Econômica; Banco Central do Brasil, Boletim, various issues.
注：a. 即Taxa Referencial Interest Rate。
b. 12月数据。
c. 10月数据。

随着巴西经济开放让众多行业面临着更加激烈的外来竞争，国内外的企业均投入了巨大努力进行技术升级。最终结果是劳动生产率的年增长率显著增长，见表7.8。这或许就是说服巴西政策制定者没有加速贬值的因素之一。应可通过提高生产力降低国内生产成本来应对外来竞争。考虑到国际资讯公司麦肯锡等机构的研究结果，将希望寄托在生产力的提高上并不见得令人乐观。麦肯锡全球研究所（McKinsey Global Institute）于1998年3月发布的一项大型研究发现：

> 除去钢铁行业，巴西所有行业的生产力都不及美国的一半水平，食品加工业和食品零售业甚至不及美国的20%。就连航空、电信、零售银行、汽车组装这些现代行业，生产力也不及美国的50%。[21]

表7.8　制造业的劳动生产率情况（个别年份）　（%）

1971—1973年	5.6
1974—1980年	1.0
1981—1985年	0.3
1986—1998年	0.2
1991—1997年	8.7
1996—1998年	3.3

资料来源：Bonelli and da Cunha (1981).

雷亚尔计划开展初期，对通胀的成功抑制似乎也解决了巴西收入分配极为不均这一结构性问题。由于受恶性通胀冲击最大的是那些收入最低的工薪阶层（1994年年中的月通胀率逼近50%，迅速侵蚀了这类人群的实际购买力），因此他们也是从实际收入的突然稳定中受益最大的一方。低收入群体的实际收入增长，显著增加了他们对耐用消费品的购买，从而解释了为何在雷亚尔计划开展的头几个月里，制造业的产出出现了显著增长。不过，这些群体的消费遽增之所以持续了相当久的一段时间，是因为除了实际工资上涨外，很多工薪阶层也在利用信贷进行消费。越积越多的个人债务让他们直接受到了政府用以维持国际地位的高利率的负面影响。事实上，1998年的消费者债务违约达到了巴西的历史高点。

银行危机

通胀消失和利率高企，对银行系统造成了可观的影响。随着雷亚尔计划的推行，利率不断攀高，这意味着许多机构和个人都面临着严重的还债困难。结果导致不良贷款显著增长。个人贷款的不良贷款率从1993年12月的7%，增长至1995年12月的近21%。此外，"银行负债（通常为超短期存款）成本与他们从自身资产的收益（期限通常比负债的期限更长）之间……的不匹配"也令银行系统饱受影响。[22]

不良贷款增多，对公立银行造成的破坏尤其严重。由于巴西的州立银行历来所扮演的角色是弥补州财政的信贷赤字，因此没有形成开展合理的银行业务和信贷及风险管理的技能，而且出于政治原因也缺乏动力去培养。他们反而积极为本州的不良债务的延期，积累不良资产。这些银行在景气时肆意扩张信贷，在消费繁荣结束后便艰难度日。当私人部门发现偿还州立银行的贷款越来越吃力时，这些银行的资产就会大幅缩水。[23]

在对私人银行的处理上，政府建立了一项信用担保基金（Credit Guarantee Fund，简称FGC），要求所有金融机构从自身的所有结余中划出0.024%缴入FGC名下的账户。从雷亚尔计划出台到1997年底，央行先后对43家金融机构进行了清算、干预或是将其纳入临时特别行政管理体制（Temporary Special Administrative Regime，RAET）这一系统下。并且，为了通过注入新资本增强银行系统的实力，政府开放了银行系统，允许外方直接参与。

并购这一工具通过1995年11月制定的PROER得到了发展。该计划推出了一套由税收激励和信贷措施组成的系统，用来推动银行业的快速整合。为收购方银行提供利率低于市场水平的信贷额度收购新银行。允许收购方银行借由税务减免消化被收购银行负债表上的财务亏损。

这些措施在巴西第六大银行巴西联合银行（Unibanco）对第七大银行国民银行（Banco Nacional）的收购、卓越银行（Excel Bank）对经济银行（Banco Economico）的收购以及另外五家大型私立银行开展的收购中都得到了运用。[24]

对于州立银行，政府则出台了州级金融系统的重组鼓励计划（Program of Incentives for the Restructuring of the State Public Financial System，简称PROES），以期削弱公共部门在金融系统中的作用。该计划可以用公共证券作为交易货币收购州立金融机构；可以推动州立银行转型为非金融机构或发展机构；可以资助州立银行进行以私有化为下一步唯一目标的重组；也可以为一家被州政府重组资产的州立银行提供高达重组成本50%的资金支持。在实施过程中，联邦政府同意各州政府延迟偿还债务，以此让各州同意将当地处境艰难的州立银行"联邦化"。

1995年至1998年间，政府对国有和私立银行的干预引发了明显的规模精简趋势。完全依赖于国内资本的私立银行的数量，从144家缩减至108家，公立银行的数量则从30家减少至24家。银行雇佣的员工人数出现了显著下降（在1995年至1996年3月期间从704000人下滑至636000人），国有银行在存款总额中所占份额从1996年的19.3%下降至1998年年中的6.5%。[25]

虽然银行系统的效率有所提高，公共部门的参与也有所减少，但不要忘记公平原则在以前是公立银行的重要使命。这一使命促使银行立足于更多低收入、劳动密集型的客户群体。社会责任也导致银行设立了过多的分支网点，因为许多较为贫困、人口密度较低的地区都只能靠公立银行来提供服务。虽然公立银行被误用于政治目的，他们的消失帮助消除了通胀时期延续下来的金融扭曲，但有个悬而未决的问题是，今后要由什么机构来接手这些银行设立之初所要承担的任务，为那些无法引起私立银行重视的地区、群体和经济部门提供信贷？

1998—1999 年的危机

1997年亚洲金融危机和接踵而来的1998年8月俄罗斯金融危机爆发，令雷亚尔计划的矛盾变得尖锐起来。巴西的外汇储备总额从1998年8月的750亿美元急剧下跌至1999年1月的不足350亿美元，就是一个明确体现。由于投资者撤出了大量资本，20世纪90年代的证券投资流动净值首次变成了负值，见表7.4（b）。出于阻止资本流动的迫切需要，政府大幅提高利率，1998年9月的实际年化利率逼近50%。1998年10月的大选过后，政府竭力游说议会通过宪法修正案，以便提高退休人员缴纳的养老金税率，将征收金融交易税由常态化并提高税率。国际社会也开始担心巴西会步亚洲和俄罗斯的后尘。1998年11月，国际货币基金组织、世界银行还有美国政府共同推出了一项一揽子计划，筹措了415亿美元为四面楚歌的雷亚尔护盘。[26] 起初，政府的这项计划取得了一定的成功。截至1998年12月中旬，议会已经通过了该计划所要求的财政调整中的60%。然而就在当月，政府在议会遭受了一次严重失败，养老金改革提案遭到了否决。经此挫折，资本外流开始再次加速，同时伴随着国际储备的急剧缩水。

为不断扩大的危机雪上加霜的是，以前任总统、现任米纳斯吉拉斯州州长伊塔马尔·佛朗哥为首，在野党中有部分新当选的州长发起了反抗。在这场反抗中，有数州政府宣布暂停债务清偿，其中以米纳斯吉拉斯、南里奥格兰德、里约热内卢三州影响最大。这严重损害了巴西兑现财政调整承诺的公信力，因而难以阻止资本外流。

到了1999年1月中旬，当高利率无法阻止资本外流的事实已变得十分明显，并且正在引发一场巨大的经济衰退时，政府就此低头，允许汇率自由浮动。接下来的两个月里，汇率因此暴跌了40%。于是，雷亚尔计划的美好愿景也就此幻灭。雷亚尔的大贬值，对南方共同市场的存续造成了冲击。突然之间，阿根廷的市场内到处充斥着巴西商品，而阿根廷对巴西的出口却急剧下滑（巴西历来会占到阿根廷出口的近三分之一）。阿根廷则尝试以征收进口特别税的方式来抗击巴西货币贬值所带来的影响。因此，这次贬值令南方共同市场的成员国们深刻认识到了汇率及宏观经济政策协调对维持这一关税联盟的必要性。

1月贬值对巴西通胀率造成的影响相对较弱。如表7.1（b）所示，通胀率继贬值后的头两个月里初步陡增后,又在1999年的大部分时间里再次回落。这是由于产能显著过剩、失业率高企造成的,这种情况迫使许多行业都避免转嫁由于进口价格攀升带来的成本上涨。此外,央行当局为了打击针对雷亚尔的消极投机行为,继续将利率保持在极高水平(3月时的隔夜利率升至3.33%,三十天定存利率升至3.17%),直到1999年下半年才逐步下调。截至1999年底,年通胀率已经上升至11.32%。

整个1999年里,巴西政府先后采取了若干措施,以期达到国际货币基金组织在1998年巴西危机期间,作为同意放贷给巴西的交换条件而提出的初级预算盈余要求。政府签署了协定,允诺要让初级预算盈余达到GDP的3.1%。为了达到这一目标,议会通过了提高高收入人群税率的法案。不过,提高在职公务员税率和向退休公务员征税的提案则被最高法院裁定违宪,认为此类课税相当于没收工资,是对"既得权利"的践踏。[27]政府于是采取了另外的苛刻手段来削减开支、提高其他税种的税率,最后使初级预算盈余达到了GDP的3.8%,显著高于国际货币基金组织要求的水平。[28]不过,这些措施,再加上之前的高利率,使巴西在1999年的大部分时间里,经济增速都停留在低位。

小　　结

如本章开头所述,巴西在过去半个世纪里一直面对的一项顽疾,就是一直未能就该由哪些社会经济团体承担公共部门所需资金的问题达成共识。靠通胀性金融政策来解决的这一问题持续了好几代。从1986年的克鲁扎多计划,到数目繁多的后续计划,当局采用了各种各样的非正统计划来应对本国的恶性通胀,却全部宣告失败,原因是财政调整的缺失,为通胀压力的猛烈反攻留下了余地。雷亚尔计划所引入的英明举措及其在国内外赢得的公信力使得该经济体得以在很长一段时间里稳定运行。因为这份信心有助于通过央行以外的银行融资来填补政府赤字。财政调整在很长时间里都有搁置的余地。然而,随着政府债务攀升,财政调整又一再搁置,政府的公信力渐渐消耗殆尽,1997至1998年间的全球性危机只不过是加速了雷亚尔计划的终结进程。

在千禧年将终之际,巴西恐怕不得不去探索一种明确公共支出融资责任的机制。这很可能会是个充满政治争论、旷日持久的过程，但如果巴西要开拓出一条可持续、非通胀的经济增长之路，这一点不可或缺。雷亚尔计划的终结带来的另一项挑战，则是巴西（及其他拉美国家）会否愿意为了区域经济整合而放弃部分经济政策制定主权。[29]

注　释

[1] 可参阅：Werner Baer, "Social Aspects of Latin American Inflation," Quarterly Review of Economics and Finance 31, no. 3 (Autumn 1991): 45–57.

[2] 有关该计划制定过程的详尽总结，可参阅：Edmar L. Bacha, "Plano Real: Uma Avaliação Preliminar," Revista do BNDES (June 3, 1995): 3–26; and Gustavo Franco, O Plano Real e OutrowEnsaios (Rio de Janeiro: Editora Francisco Alves, 1995).

[3] 有关URV出台详情，可参阅：Conjuntura Econômica, April 1994, pp. 5–7.

[4] 通过发行指数化货币来开展一项稳定计划的想法，最早是由两位巴西经济学家在1985年提议的。参阅：PersioArida and Andre Lara Resende, "Inertial Inflation and Monetary Reform," in Inflation and Indexation: Argentina, Brazil and Israel, John Williamson, ed. (Washington, DC: Institute for International Economics, 1985).

[5] 详情参阅：Conjuntura Econômica (August 1994), pp. 172–173.

[6] Boletim Conjuntural (October 1996).

[7] Exame, June 5, 1995, p. 27.

[8] Winston Fritsch and Gustavo Franco, Foreign Direct Investment in Brazil: Its Impact on Industrial Restructuring (Paris: OECD, 1991), p. 20.

[9] 例如，减少社保制度中向州市划拨资金的数额，或调整社保制度。

[10] Antonio DelfimNetto, "Brasil, A Bola da Vez?" Economia Aplicada 2, no. 4 (October–December 1998): 731.

[11] 保罗·拉贝洛·德卡斯特罗（Paulo Rabello de Castro）在谈及巴西政府"沉湎于超支"时，特别强调了这一点。Wall Street Journal, November 6, 1998, p. A15.

[12] Pedro Parente, Brazil's Macroeconomic Outlook (Brasília: Presidencia da Republica, 1999), p.20.

[13] Pedro Parente, Brazil's Macroeconomic Outlook (Brasília: Presidencia da Republica, 1999), p.20.

[14] Armando CastelarPinheiro, F. Giambiagi, and J. Gostkorzewicz, "O Desempenho Macroeconômico do BrasilnosAnos 90," in A Economia BrasileiranosAnos 90, F. Giambiagi and M. M. Moreira, eds.

(Rio de Janeiro: BNDES, 1999), p. 18.这些作者也指出，在预算项目"其他经常及资本开支"下，各类联邦政府开支均出现了大幅增长。

[15] Veja, January 20, 1999, p. 46.

[16] A. C. Alem and F. Giambiagi, "O Ajuste do Governo Central: Além das Reformas," in A Economia Brasileiranos Anos 90, F. Giambiagi and M. M. Moreira, eds. (Rio de Janeiro: BNDES, 1999), pp. 96–97.

[17] Jorge Vianna Monteiro, Economia e Politíca: Instituições de Estabilização Econômica no Brasil (Rio de Janeiro: Fundação Getúlio Vargas, 1997).

[18] Brazil Financial Wire, June 11, 1997.

[19] Monteiro, Economia e Politíca, p. 254.

[20] BNDES, http://www.bndes.gov.br.

[21] McKinsey & Company, Inc., Productivity—The Key to an Accelerated Development Path for Brazil (São Paulo: McKinsey Brazil Office, 1998), p. 2.

[22] Manuel A. R. Da Fonseca, "Brazil's Real Plan," Journal of Latin American Studies 30, pt. 3 (October 1998), p. 637.

[23] Werner Baer and N. Nazmi, "Privatization and Restructuring of Banks in Brazil," Quarterly Review of Economics and Finance 40, no. 1 (2000), pp. 3–24.

[24] Baer and Nazmi, "Privatization and Restructuring," p. 15.

[25] Baer and Nazmi, "Privatization and Restructuring," p. 17。

[26] 280亿雷亚尔的一揽子计划要求巴西政府履行下列义务：（1）将金融交易税从0.3%提高到0.37%；（2）增加从在职公务员工资中扣缴养老金的比例；（3）要求退休公务员为其养老金缴税；（4）推迟退休年龄。

[27] 国会随后通过了新的私人养老金发放计算公式，鼓励大家延迟退休（至52岁的平均退休年龄或33年的工龄以后）。此外，工作岗位不再是铁饭碗，国会也通过了若干紧缩措施，缩减开支。

[28] 1999年期间，政府还受到一个威胁，就是金融交易税（CPMF）面临取消。这种税是从1996年起开征，按计划到1999年终止。3月时，政府成功说服国会延长征收三年。若金融交易税遭到取消，政府的收入会大大降低。根据庭审记录，政府在延长征收金融交易税的法案中使用了错误的术语，把"续征"（renovar）说成了"保留"（prorrogar）。Latin American Economy & Business (1999年10月), p. 2.

[29] Afonso S. Bevilaqua, "Macroeconomic Coordination and Commercial Integration in Mercosul," Texto para Discussão, no. 378, Rio de Janeiro, Departamento de Economia, PUC–Rio, October 1997.

第 8 章

正统经济与社会发展：
2002—2007 [1]

[1] 本章由作者与埃德蒙·阿曼尼（Ednund Amann）合著。

在有关经济发展的文献中，一个反复讨论的主题就是效率提高与改善公平是否可以同时实现。很多人声称，在公平和效率之间，只能择其一。[1] 例如，就农业而言，如果大幅度重新分配土地所有权，尽管能够使农业收入分配更为公平，但也会削弱生产力。对于城市工业部门，也有人提出类似论断。很多认为公平和效率之间存在取舍关系的人都认为，两者均可能实现，只不过要有先后顺序。换句话说，在一段时期里，出于有效分配资源从而促进经济增长的考虑，先在公平方面做出牺牲，可以为接下来的时期里，将更多重心放在资产以及资产产生收入的实质性再分配打下基础。

本章将对后一种论点进行评估，因为该论点适用于巴西近年的经验，在2003年1月，前工会领袖兼巴西工党（Partido dos Trabalhadores，简称PT）领袖路易斯·伊纳西奥·卢拉·达·席尔瓦（Luiz Inácio Lula da Silva）就任总统。对此，巴西国内及国际上许多评论员都认为，巴西在国家治理方面将会急剧左倾。在卢拉竞选总统期间，许多巴西人都心怀希望，希望这一届新政府能够拿出一套切实、彻底的方案，取代此前的政策走向。与此同时，卢拉可能当选的前景让国内外投资者产生了一种恐惧，他们担心卢拉会采取不负责任的宏观经济政策并削弱既有财产权。有些讽刺的是，在卢拉总统第一个任期的最后一年里，事态的发展改变了人们早期的看法。许多早期的左翼支持者对卢拉总统实施的政策大感失望，而国内外投资界则对实际施行的政策喜出望外，并开始成为卢拉政府强有力的拥护者。

检视一下卢拉总统的第一个任期就可以看出，他的初步目标是谨慎行事，首先建立经济稳健的声誉,以便进行更深层次的结构性改革推进奠定良好基础。本章的论点是,尽管这种谨慎做法听起来很诱人,但它掩盖了一些深层次的矛盾,而这些矛盾可能会危及卢拉及其追随者的上述社会理想。

本章首先会介绍卢拉所在政党(即工党)在接掌政权时的社会经济目标。接下来是对其实施的社会经济政策及其经济影响,所发起的体制结构性改革的阐述。然后,考虑到社会改革对于卢拉及其追随者的中心地位,本章评估了宏观政策对一些重点社会指标的影响。最后,考虑到路径依赖性会阻碍社会经济政策彻底偏离既定规范,本章将指出先正统经济政策再激进社会改革这一政策实施顺序似乎欠妥。

卢拉及工党在竞选期间的社会经济政策纲领

在2002年10月大选之前,总统候选人所在的政党工党发布了一份全面声明,指出了巴西的重大社会经济问题,并列出了许多旨在解决这些问题的政策倡议。[2] 这项政策声明为人所称道的地方,在于将社会发展看作经济增长的重要组成部分,而非经济增长的剩余产物。[3]

这份文件将如何解决巴西经济的两大顽疾——贫困和不公平——作为特别关注的重点。例如,本文阐述道,巴西的赤贫"并非是暂时的,而是其历史上的一些基本缺陷从未得到解决的历史遗留问题"。认识到这一点,巴西工党认为,在这种情况下,除了实施全面的结构性改革之外别无他选。但是,卢拉政策声明的起草者也认识到,要完成这样的改革,有可能需要相当长的一段时间(也就是说,很可能要许多年)。[4]

卢拉文件明确指出,要实现社会发展,必须以推动经济快速增长、提高国际竞争力为前提。为此目的,明确规定了六项重点政策目标:稳定价格,提高税制效率,提供长期融资,投资研发领域,对劳动力进行教育以及选择性地投资基础设施。为促进社会同步发展,文件还提出了一个新的战略构想,以一种综合、协调的方式来对付贫穷和不平等。[5]

巴西工党所提议的社会发展计划包含两大重点:一是旨在处理饥饿问题的计

划,被称为"零饥饿计划"[6],一是最低收入保障。关于零饥饿计划,工党提出了许多措施,包括对以家庭为基础的农业进行直接援助,所有家庭工人均享有社保津贴的权利(无论正规领域还是非正规领域),针对所有贫困家庭子女的补充性收入保障及接受基础教育的激励措施。此外,零饥饿计划还提出了更为直接的措施,包括"大众餐厅"、食物银行、食物供应链现代化、推动"城市农业"和资助自耕农。零饥饿计划最广为人知的一点,或许是"食物卡"的推出,这是一种可让最贫困的家庭每月免费获得一定食物的现金卡。

与零饥饿计划密切相关的,是巴西工党扶贫倡议的第二点——最低收入保障。该计划包括四个方面:(1)对贫困儿童一直资助至15岁,给收入等于或低于最低收入水平的家庭发放救济金;[7](2)为来自低收入家庭的16岁至25岁的学生提供助学金;(3)面向22岁至50岁的失业工人,实施最低收入保障和专业培训计划;(4)推出"新机会"计划,为51岁至66岁的失业工人提供职业再培训。

总的来说,这些举措旨在开启一个增长与公平同步发展的新时代。

2003—2005年间卢拉政府的政策

国内外投资界对2002年10月的卢拉竞选胜利感到一种紧张。他们担心新政府有可能住拖欠部分国债,担心上届政府对外国投资者的友好态度将不复存在,担心20世纪90年代盛行的私有化计划会被推翻,担心在费尔南多·恩里克·卡多佐总统任下所建立的财政责任将不会继续推行下去。巴西主权债券和美国国债之间的利差扩大,见表8.1,充分地反映出投资者随着竞选临近与日俱增的担忧情绪。

表8.1表明,利差在卢拉总统当选后骤降。这是因为卢拉总统及其新任内阁针对上述担忧作了使人宽心的声明。此外,意识到国际金融市场的敏感及其可能为货币不稳定带来的潜在风险,新当选的政府迅速采取措施,以减轻投资者和多边机构的焦虑。政府在该方面的战略重心是重申上届政府对财政谨慎的承诺。具体而言,总统保证将2003年的初级盈余从GDP的3.75%提升到4.25%。[8] 2004年,初级盈余截至10月时达到了GDP的4.7%。[9] 相应地,巴西与美国国债之间的利差继续下降。

表8.1　2003—2006年巴西主权债券高于美国国债的利差（高于美国国债的基点数，BP）

月份	2003年	2004年	2005年	2006年
1月	1387	401	405	186
2月	1349	536	354	136
3月	1135	552	364	137
4月	916	560	426	145
5月	803	705	390	156
6月	761	657	368	
7月	789	597	333	
8月	799	582	333	
9月	679	523	287	
10月	617	498	290	
11月	553	449	263	
12月	447	382	226	

资料来源：IPEA.

政府推行紧缩财政政策的决心如此之坚决，结果成功地超过了它曾向国际货币基金组织承诺的初级财政盈余水平。这是通过严格控制开支再加上积极创造收入来实现的：2003年，政府收入增加了360亿雷亚尔，而开支仅增加了290亿雷亚尔；2004年，收入增加了646亿雷亚尔，而开支仅增加了543亿雷亚尔。[10] 此外，税收负担在本届政府任期的头两年里有所上升，在2004年时达到了GDP的36%。相比之下，同年智利、墨西哥和阿根廷的税收负担分别是17.3%、18.3%和17.4%。

在2003年的整个上半年里，由于卢拉政府继续采取安抚国际社会的政策，利率一直被维持在非常高的水平，见表8.2。为了强化这一政策，卢拉政府还坚持1999年1月货币大贬值之后所建立的通胀目标制框架。[11] 应该重点强调的一项事实是，即需要信贷的普通经济主体所支付的利率要比巴西的基准利率SELIC利率高得多。例如2003年，向消费者收取的利率在8月时达到了74.7%，在10月份时小幅下降至69.4%。[12] 只有到下半年当雷亚尔开始相对美元升值时（至少有部分原因是因为美国货币在国外普遍走弱），利率才开始小幅下降。利率在2004年上半年继续下降，但在同年8月，央行开始再次提升利率，到2005年3月时，利率已达到了19.25%。

表8.2 2002—2006年SELIC利率 （%）

月份	2002年	2003年	2004年	2005年	2006年
1月	19.00	25.50	16.50	18.25	17.65
2月	18.75	26.50	16.50	18.75	17.29
3月	18.50	26.50	16.25	19.25	16.74
4月	18.50	26.50	16.00	19.50	14.46
5月	18.50	26.50	16.00	19.75	14.94
6月	18.50	26.00	16.00	19.75	14.44
7月	18.00	24.50	16.00	19.75	14.98
8月	18.00	22.00	16.00	19.75	14.66
9月	18.00	20.00	16.25	19.60	13.45
10月	21.00	19.00	16.75	19.25	13.27
11月	22.00	17.50	17.25	18.86	13.65
12月	25.00	16.50	17.75	18.24	12.49

资料来源：IPEA.

应该谨记的是，随着雷亚尔计划的实施而出现的稳定，并非建立在通胀目标制的基础上，而是更开放的经济、高企的利率、非央行借贷对政府赤字的填补以及对"汇率锚"的维持。[13] 通胀目标制始于1999年1月雷亚尔贬值时，自那时起始终保持的价格稳定一直被认为是该政策的成果。卢拉政府继续沿用了这一通胀目标值框架，与前任政府关系密切的央行官员曾写了一篇冗长文章为这项政策辩护。他们总结道：

> 尽管巴西的通胀目标制政策体系相对较新，但已表现出即使在大规模休克的背景下也能实现低通胀水平的重要性。巴西中央银行致力于实现此前宣布的通胀目标,这一情形的出现发挥了重要的预期协调作用，并促成了更为稳定的通胀情境。[14]

卢拉政府对通胀目标制框架的保留，令自身置于一种两难的处境，因为这种目标制意味着，所有其他政策目标（包括社会目标）均会从属于实现特定通胀水平的主要目标。把通胀目标放在首要地位，同样引发了这可能对经济增长的负面影响，并进而影响汇率和竞争力。

宏观经济表现

卢拉政府的宏观经济政策立场得到了国际金融市场和多边机构的广泛赞誉。但是,在卢拉执政第一年,该政策在促进增长方面所起的作用却微乎其微。从表8.3可以看出,在上届总统任期期间本就疲软的经济增长率,在2003年变得更差。表8.3(a)表明,巴西在2003年的GDP增长率仅为1.15%,是自1992年以来表现最差的年份之一。按部门看,表现最差的是工业部门,其产出在2003年上半年急剧萎缩。农业和服务业的表现虽然较为喜人,但其在下半年的微弱增长并不足以弥补工业的下降。[15]

卢拉执政的第二年(2004年)里,巴西的宏观经济表现大有改善,受工业扩张7.89%的带动,实际GDP增长率为5.71%。按季度看,工业扩张主要集中在第二季度和第三季度。从表8.3(b)中可以看出,扩张速度到第四季度时开始放缓,甚至在2005年第一季度时进一步下滑。增长的放缓,在很大程度上可以归因于2004年下半年开始实施的紧缩货币政策。面对可被解释成政府的正统政策不能解决的供给端约束问题,由于担心可能引起通胀压力上升,当局不会允许需求增长过于强劲。因此,巴西只能保持相当有限的增长速度。

表8.3　GDP及其构成板块的年增长率　　　　　(%)

(a) GDP及其构成板块的年增长率

年份	GDP	工业	服务业	农业	消费	资本形成
1990年	-4.35	-8.73	-1.15	-2.76		
1991年	1.03	0.26	0.33	1.37		
1992年	-0.54	-4.22	0.30	4.89		
1993年	4.92	7.02	1.76	-0.08		
1994年	5.85	6.73	1.80	5.45		
1995年	4.22	1.91	1.30	4.07		
1996年	2.66	3.28	2.27	3.11		
1997年	3.27	4.65	2.55	-0.83	2.90	9.30
1998年	0.13	-1.03	0.91	1.27	0.10	-0.70
1999年	0.79	-2.22	2.01	8.33	-0.30	-7.60

续表

年份	GDP	工业	服务业	农业	消费	资本形成
2000年	4.36	4.81	3.80	2.15	3.80	4.50
2001年	1.31	−0.62	1.90	6.06	0.50	1.10
2002年	2.66	2.08	3.21	6.58	−0.40	−4.20
2003年	1.15	1.28	0.76	5.81	−0.90	−0.90
2004年	5.71	7.89	5.00	2.32	4.10	2.20
2005年	2.94	2.15	3.36	1.01	3.10	1.60
2006年	3.70	2.78	3.72	4.15		

（b）GDP及其各构成板块的季增长率（同比上年同期）

	2003年				2004年				2005年				2006年
	1Q	2Q	3Q	4Q	1Q	2Q	3Q	4Q	1Q	2Q	3Q	4Q	1Q
GDP	1.9	−1.1	−1.5	−0.1	4.0	4.6	5.1	4.9	2.8	3.8	0.7	1.4	2.7
农业	10.6	7.3	−2.8	4.8	5.8	5.9	5.9	5.3	2.6	3.2	−2.0	−1.8	2.1
工业	3.3	−3.5	−1.6	−1.7	5.5	5.9	6.3	6.2	3.1	5.5	0.4	1.4	4.0
服务业	0.2	−0.3	−0.8	0.3	2.4	2.8	3.2	3.3	2.2	2.6	1.5	1.8	2.0
固定投资总额	−1.7	−10.5	−9.1	−5.0	1.8	7.5	11.5	10.9	2.3	4.0	7.1	2.7	4.4

资料来源：IBGE; IPEA, Boletim de Conjuntura; Conjuntura Econômica.

对于2004年的经济回暖，可从若干方面进行解释。第一，在2004年之前，该国的工业产能利用率一直相对较低，自20世纪90年代早期以来，一直在85%以下徘徊。直到2004年年中，产能利用率才大幅上升，在10月份达到最高点（86.1%）[16]，但在2005年4月又再次下降至84.2%。[17] 因此，2004年的增长回升可部分归因于对现有产能的加大利用。第二，如表8.3（a）中所示，资本形成的增长率在经历了两年的收缩之后，于2004年开始回升；投资占GDP比，从2003年的17.8%上升至2004年的19.5%。但是，有半数的投资增长都要归功于资本货物价格的大幅上涨以及建筑业投入的大幅增加。[18]

第三，消费增长（该年的前三个季度里上涨了8.5%）也进一步支撑了GDP在2004年的强劲增长。消费的增长，可部分归功于各行业实际工资的上涨，以及2004年

8月之前的十二个月内货币政策放松所带来的影响。需要强调的是，2004年全年的消费增长，几乎可全部归因于私人部门的决策：政府消费几乎没有增加，因为当局极力提高初级盈余，以取悦国际投资界和货币基金组织。最后，巴西的GDP得益于出口比上年大幅攀升32%，当时国际上对大宗商品需求旺盛，并且雷亚尔的币值相对欧元和日元来说仍保有竞争力。

前任政府在其八年执政期间的成绩之一，便是成功地抵制了恶性通胀以及随后维持住的相对价格稳定。尽管取得了这些成绩，价格水平依然对汇率波动很是敏感。[19]在2002年10月大选之前的两个季度里，由于投资者恐慌，雷亚尔饱受持续下行压力。结果，可贸易品价格大幅上涨，引发通胀率上升，见表8.4。这一局面迫使当局收紧货币政策，见表8.2。

表8.4　1993—2006年价格变化

（a）价格年度变化率　　　　　　　　　　　　　　　　　　　　　　　　　　　（%）

年代	消费者物价	物价
1993年	1927.38	2103.40
1994年	2075.89	2406.87
1995年	66.01	67.46
1996年	15.76	11.10
1997年	6.93	7.91
1998年	3.20	3.89
1999年	4.86	11.32
2000年	7.04	13.77
2001年	6.84	10.36
2002年	8.45	13.50
2003年	14.72	22.80
2004年	6.60	9.40
2005年	6.87	5.97
2006年	3.14	3.79

资料来源：Conjuntura Econômica; Banco Central do Brasil.

续表

(b) 消费者物价月度变化率 (%)

月份	2002年	2003年	2004年	2005年	2006年
1月	1.07	1.47	0.76	0.58	0.59
2月	0.31	1.57	0.61	0.59	0.41
3月	0.62	1.23	0.47	0.61	0.43
4月	0.68	0.97	0.37	0.87	0.21
5月	0.09	0.61	0.51	0.49	0.10
6月	0.61	−0.15	0.71	−0.02	−0.21
7月	1.15	0.20	0.91	0.25	0.19
8月	0.86	0.34	0.69	0.17	0.05
9月	0.83	0.78	0.33	0.35	0.21
10月	1.57	0.29	0.44	0.75	0.33
11月	3.39	0.34	0.69	0.55	0.31
12月	2.70	0.52	0.86	0.36	0.48

资料来源：IPEA.

到2003年1月卢拉就职时，最恶劣的通胀势头已经过去，雷亚尔也开始收复在上一年中的部分失地，见表8.5。如表8.5所示，在2004年和2005年去年及至2006年初，雷亚尔相对于美元实际上出现了升值。这种升值在稳定价格方面可被视作为积极指标，但依然有人担忧它会对该国出口的长期性持续增长造成影响。

卢拉政府继承（并继续实行）了前任政府的紧缩性财政与货币政策，更为积极的结果之一便是国际收支平衡的稳定表现。表8.6说明了在2001年开始转为黑字的贸易差额是如何持续增长的（盈余从2001年的26亿美元上涨到2006年的461亿美元）。国际收支平衡的改善，部分是因为出口的持续增长，但也有部分是因为2002年至2003年间进口的下滑，这反映出了国内需求的疲软。但是，截至2004年，巴西贸易收支的优异表现，完全有赖于出口的加速增长。此外，经常账户在长时间的赤字之后，于2003年开始转为黑字，在2004年实现盈余117亿美元，在2005年实现盈余140亿美元，在2006年实现盈余135亿美元。

表8.5 2002—2006年雷亚尔兑美元汇率

月份	2002年	2003年	2004年	2005年	2006年
1月	2.41	3.52	2.94	2.62	2.27
2月	2.34	3.56	2.91	2.59	2.16
3月	2.32	3.35	2.91	2.66	2.15
4月	2.36	2.89	2.94	2.53	2.13
5月	2.52	2.96	3.13	2.40	2.18
6月	2.84	2.87	3.12	2.35	2.48
7月	3.43	2.96	3.03	2.39	2.19
8月	3.02	2.97	2.93	2.36	2.16
9月	3.89	2.92	2.86	2.22	2.17
10月	3.64	2.85	2.86	2.25	2.15
11月	3.63	2.95	2.73	2.21	2.16
12月	3.53	2.89	2.65	2.29	2.15

资料来源：IPEA.

表8.6 1998—2006年对外部门的表现　　（单位：十亿美元）

项目名称	1998年	1999年	2000年	2001年	2002年	2003年	2004年	2005年	2006年
出口	51.1	48.0	55.1	58.2	60.4	73.1	96.5	118.3	137.5
进口	57.7	49.2	55.8	55.6	47.2	48.3	62.8	73.6	91.4
贸易差额	−6.6	−1.2	−0.7	2.6	13.2	24.8	33.7	44.7	46.1
利率	11.4	−14.9	−14.6	−149.0	−13.1	−13.0	−13.4	−13.5	−11.3
利润汇款	−6.8	−4.1	−3.3	−5.0	−5.2	−5.6	−7.3	−12.7	−16.4
经常账户	−33.4	−25.3	24.2	−23.2	−7.7	4.2	11.7	14.0	13.5
证券投资	18.4	3.5	8.6	0.9	−4.7	5.1	−4.0	6.6	9.1
直接投资	28.9	28.6	32.8	22.5	16.6	10.1	18.2	15.1	18.8
分期偿付			25.8	33.1	35.6	38.8	37.6	51.7	
外债	223	226	217	210	228	235	220	169	169
外汇储备金	44.6	36.3	33.0	35.9	37.8	49.3	52.9	53.8	85.8

资料来源：Banco Central do Brasil.

经常账户收支的好转，正好赶上了外国直接投资（FDI）在2000年至2003年间的大幅下降；外国直接投资曾在2004年至2006年间再度上升，但并未达到20世纪90年代后期的水平。我们还会注意到，证券投资在2004年再次转为负增长，但在2005年至2006年间回温。尽管总体来说国际贸易收支情况喜人，但净外债却小幅增加，这反映了较高利率溢价对外债展期成本的影响。外债总额在2003年达到2150亿美元，在2006年又下降到1690亿美元。10%的债务是短期债务。总债务（包括短期债务）中约有60%的债务，偿付期限为三年以内。这意味着未来三年里每年平均要分期偿还330亿美元，这就要求国际贸易收支的经常账户和资本账户都要有足够大的盈余。但是，考虑到2003年、2004年、2005年和2006年的外国直接投资分别仅为101亿美元、182亿美元、151亿美元和188亿美元，而证券投资从未再次达到过20世纪90年代的水平，因此外国直接投资和证券投资似乎不大可能创造出这样大的盈余。

卢拉宏观经济政策的社会影响

首先应强调的是，旨在提升社会福利指标的结构性政策在执行时拖延了很长时间。因此，我们也不能期望这些指标在很短的时间内有显著提高。然而，不能否认的是，卢拉政府所维持的紧缩性财政与货币政策，至少通过对收入水平和就业的影响，产生了短期的社会影响。

如表8.7所揭示的，据贸易工会研究机构——社会经济数据联合统计部（DIEESE）所收集的数据，从20世纪90年代后期到卢拉政府执政初期之间的那段时间里，行业实际工资出现了长期下降。在这一背景下，鉴于其社会目标，新政府的重中之重显然是扭转这一趋势。然而，在卢拉政府第一个任期的大部分时间里，行业实际工资都未能实现持续增长。例如，社会经济数据联合统计部的数据显示，在圣保罗和贝洛奥里藏特（Belo Horizonte）的都市区，人均实际收入均未能恢复至20世纪90年代的水平，见表8.8（b）。尽管实际工资在增加，见表8.7、表8.8（a），但就业情况不佳，导致人均收入并未受到显著影响。在卢拉政府开始执政时，不光实际收入出现了下降，疲软的市场状况也导致失业率高居不下。更糟的是，在2003年下半年，事态甚至有所恶化，见表8.8（c）。然而，在2004年至2006年间，据社会经济数据联合统计部数据显示，失业率稍有改善。

表8.7　1998—2006年大圣保罗市的平均实际工资
（按2006年1月的雷亚尔币值计算的月度工资）

	1998年	1999年	2000年	2001年	2002年	2003年	2004年	2005年	2006年
平均月收入	1526	1441	1353	1233	1131	1059	1074	1070	1082

资料来源：DIEESE.

巴西的基尼系数（用来衡量收入分配情况的参数），在很长时间里一直位居全球前列。它在1989年达到了0.636，然后在20世纪90年代开始略有下降。2002年的基尼系数徘徊在0.589附近，并在2004年下降到0.572。[20]但如果考虑到以下情况，这样的改善其实十分有限：2004年，最贫穷的20%人口的收入仅占全国收入的2.75%，50%人口的收入仅占13.85%，而最富裕的10%人口的收入则占45.31%。[21]

表8.8　1998—2006年工资和失业率

（a）月均实际工资（1992年1月水平=100）

年份	实际工资
2000年	100.75
2001年	104.30
2002年	103.75
2003年	99.40
2004年	108.41
2005年	116.92
2006年	128.61

资料来源：IPEA.

（b）两大主要城市地区的平均实际收入（按2006年1月的雷亚尔币值计算的月工资）

年份	圣保罗	贝洛奥里藏特
1998年	1526	956
1999年	1441	902
2000年	1353	884
2001年	1233	886
2002年	1131	891

续表

年份	圣保罗	贝洛奥里藏特
2003年	1059	812
2004年	1074	802
2005年	1070	792
2006年1月	1200	891

资料来源：DIEESE.

(c) 失业率（劳动人口百分比） (%)

月份	2002年	2003年	2004年	2005年	2006年
1月	11.1	11.2	11.7	10.2	9.5
2月	12.5	11.6	12.0	10.6	10.2
3月	12.9	12.1	12.8	10.8	10.9
4月	12.5	12.4	13.1	11.1	11.2
5月	11.9	12.8	12.2	11.0	11.3
6月	11.6	13.0	11.7	11.0	11.3
7月	11.9	12.8	11.2	10.8	11.3
8月	11.7	13.0	11.4	10.6	10.7
9月	11.5	12.9	10.9	10.4	10.3
10月	11.2	12.9	10.5	10.6	9.6
11月	10.9	12.2	10.6	10.2	9.1
12月	10.5	10.9	9.6	9.7	9.0

资料来源：IBGE.

(d) 圣保罗的失业率（占劳动人口百分比） (%)

年份	公开	潜在[a]	合计
2000年	11.0	6.6	17.6
2001年	11.3	6.3	17.6
2002年	12.1	6.9	19.0
2003年	12.8	7.1	19.9
2004年	11.6	7.1	18.7
2005年	10.5	6.4	16.9
2006年	9.0	5.2	14.2

资料来源：DIEESE.
注：a. 此处的潜在失业是指有些人在过去的十二个月里，一边从事某种不够稳定的经济活动，一边寻找新工作。

卢拉的社会政策

如前文所述，卢拉总统一上台就施行了零饥饿计划，旨在直接解决饥饿问题。随后的几个月里，这一计划的实施陷入了混乱。一位观察师评论道："政府为了解决社会问题，专门成立了两个部门（一个负责饥饿问题，一个负责社会救助），这导致了部门混乱。"[22] 此外，根据同一消息来源，许多观察人士都认为零饥饿计划是"模糊和过时的"。[23] 零饥饿计划所面临的一项主要困难在于，该计划包含多个方面，但各个方面之间却联系松散；当局对自己的组织能力制造了一次巨大挑战。在实践层面上，这些困难使得政府的计划以失败告终：

> 政府为400万最贫穷的巴西人提供初始粮食救济的计划遇到很多问题，下至发现许多人都是文盲而且没有身份证件（因此无从寻找这些人或是没有办法登记救济信息），上至地方政府腐败，以及因很多人居住在不通道路、不通电力、不通电话的地方或者没有固定地址而导致的物流极大混乱。[24]

不过，继上述描述之后，政府也通过2003年10月出台的一项家庭救济计划——家庭救助金计划（BFP）取得了一些成果。该计划把四种现金救济计划合并为一个，由新成立的社会发展部（Ministry of Social Development）负责。该计划旨在从家庭层面加强人力资本的形成，根据家庭在子女就学、健康卡的使用及其他社会服务等方面的表现，有条件地给予现金救济。[25] 到2005年1月时，家庭补助金计划覆盖了660万户家庭；到2012年时，覆盖了大约1400万户家庭。据估计，这项社会投资计划的投资总额占到了GDP的0.5%。[26]

且不说卢拉的这些新社会计划有何组织缺陷，它们的效果总是会受到可用资源的限制。不幸的是，事实证明，用于社会计划的预算分配并没有卢拉政府最初预计得那么慷慨。这是多边机构（尤其是国际货币基金组织）对巴西所施加的财政压力的直接结果。大家应该还记得，国际货币基金组织曾同意了一个更为严格的基本预算盈余新目标，即达到GDP的4.25%（之前的目标是达到GDP的3.75%）。为实现这一目标，联邦预算应额外削减140亿雷亚尔，其中有50亿雷亚尔只能从社会经费方面削减。在这50亿中，从教育支出上削减了3.41亿雷亚尔，从医疗上削减了16亿雷亚尔，从社保上削减了2.47亿雷亚尔。最令人吃惊的是，在当时的情况下，竟然还从零饥饿计划中削减了0.34亿雷亚尔。[27]

卢拉的改革

卢拉政府执政的第一年里，在政治和经济上取得的一项重要成功，就是通过了社会保障体系改革。巴西亟须这样的改革。对比一下社保开支与其他社会开支的量级就能看清这一点。据兰德公司（Rands）数据，[28] 2002年间，该国得拨出不低于390亿雷亚尔的资金用于公务员的津贴支出。相较之下，联邦医疗支出总额则是300亿雷亚尔。要牢记在心的重要一点是，这些社保开支的对象是非常有限的一部分人，即公务员及其家属共350万人。换句话说，尽管巴西用在社保上的公共开支可能不菲，但受益人群却非常集中。这一点可从表8.9（a）和表8.9（b）中看出，在2002年，收入最高的10%人口拿着全国50%以上的养老金津贴。对比之下，由政府经营的私人部门劳动人口社保体系——国家社会保障局（Institute Nacional de Seguridade Socia，简称INSS）却要把更少的资源（170亿雷亚尔）分配给一个大得多的群体（1900万人）。因此，如果既要节约资源还要分配更公平，改革就势在必行。

表8.9　按收入群体统计的政府福利分配

（a）按收入群体统计的政府福利分配（十等分制）											（%）
项目名称	1	2	3	4	5	6	7	8	9	10	合计
总津贴	2	3	3	3	5	7	7	9	15	46	100
养老金	0	1	2	3	4	7	7	9	16	51	100
失业保险	6	6	8	12	12	9	13	11	14	9	100
家庭资助[a]	2	8	11	13	13	12	10	10	9	12	100
养老资助[b]	7	12	28	14	39	0	0	0	0	0	100
育儿资助[c]	35	38	19	7	1	0	0	0	0	0	100

注：a. 为老年家庭提供的工资红利（abonosalarial de salario Familia）。
　　b. 为老年人提供的资助（Amparoaoidoso）。
　　c. 书包、食物及公民子女费用（Bolsas-escola, alimentação e criançacidadã）。

续表

（b）按收入群体统计的非金钱福利分配（十等分制） （%）

分位数	1	2	3	4	5	6	7	8	9	10	合计
健康	17	16	14	12	11	9	7	6	5	3	100
教育	6	6	6	6	5	5	10	12	17	27	100

资料来源：Rezende and Cunha (2002), p. 95.

2003年12月，卢拉政府成功促使巴西上下议院均通过了他们提出的社保改革法案。此次改革提高了所有公务员的最低退休年龄；要求月收入超过1440雷亚尔的退休公务员缴纳社保费；限制了公务员遗孀及孤儿的抚恤金金额；为公务员的工资和退休收入设定上限；为整个政府行政部门设定上限；以及为私营领域的退休人员设定养老金上限。此外还采用了大量措施，控制不断上涨的社保成本。[29]

从长远来看，这些改革可望产生可观的结余，在20年后或可高达500亿雷亚尔。[30] 从这个意义上来说，此次改革应该不仅能够腾出资源用于其他社会开支，同时还能治愈社保体系产生赤字的特性。但是，改革要完全发挥效果需要一定的时间，且在这段时间内，政府必将承受持续、严格的预算限制。遗憾的是，卢拉政府控制社保赤字增长的进度，至少在短期内会受到当初给出的提高最低工资的承诺的制约。[31] 根据巴西法律，提高最低工资将会自动导致社保金支出的增加，因为社保金实际上是与最低工资挂钩的。于是，我们面对着一种典型的公平与效率困局。所有旨在整顿社保体系的尝试，总会不断地遭遇基于公平考量而提出的提高最低工资的需求。这一困局所带来的现实后果，就是政府尽管力求改革，却仍会预见到社保赤字至少在短期内将会出现的继续增加。[32]

卢拉政府用来实现结构性改革的另一主要推手，是在2003年上半年出台的一揽子税制改革。其中的主要内容有：在全国范围内统一各州的商品服务流通税（ICMS）（将不同税率的数量从44种减少到5种），并将其从生产税逐渐改成消费税；暂停向国内投资者的州税减免；将临时金融流通税（CCPMF），即人们所熟知的"支票税"，从临时税改为永久税；为实施出口商税收抵免的州提供联邦补偿；改革社保税（COFINS）的征收方式，将课税标准从工资转换为雇主增值收入；最后，通过缩小商品服务流通税（ICMS）和工业产品税（IPI）的征收范围，促进资本货物的销售和出口。[33]

尽管对间接税制的改革是增加收入和提升竞争力（尤其是在出口领域）的必要之举，但对于当前措施是否足够广泛或彻底的怀疑依旧存在。此外，还存在一个疑问，即改革的各个方面，尤其是准予州出口免税的所有规定，是否能够切实地产生效果。[34] 在另一重要领域——破产法方面，也取得了较为可喜的进展，法案于2004年12月通过了国会的最终批准。旧法规定，工人享有受偿的第一优先权，其次为税务机关，再次才是债权人。新法规则将优先权赋予债权人，同时限制了对工人的偿付。在扩大银行作为债权人的权利方面，新法规有望协助扩大债权，这正是促进增长所迫切需要的。[35]

到卢拉政府上台时，巴西的私有化计划已经大幅减速，并于2003年至2005年期间停滞不前。然而，较为有趣的是政府对监管机构态度的改变，这些机构最初是以公共机构的形式设立的，但于20世纪90年代后期被私有化。在上届政府执政时，监管机构的作用是制定利好各私营及国内外特约经销商的关税条件，而卢拉政府则调整了立场，不再对私有化企业的诉求提供以往那般有利的应对。这一点在国会于2004年3月通过的新能源模型（New Energy Model）中体现得最为明显。该方案明确表示，将基于建议费率授予今后的公用事业特许经营权，以便让低收入群体受益。[36]

政府对监管机构立场的另一改变，可以从其对待监管结构独立性的态度上看出来。在2004年年初，来自卢拉政府内部的压力，使得该国电信监管机构同时也是业内佼佼者的巴西国家通信管理局（Anatel）更换了主管。这一变化似乎格外体现出，监管机构乃至央行的控制方在未来将有所变化。这说明，政府似乎在推行巴西工党的一条核心理念：政策制定的决策权应该掌握在那些对全体选民直接负责而非独立且可能不对选民负责的主体手中。

卢拉政府的核心困局

卢拉总统上台时有两大目标：一是施行足够正统的宏观经济政策以赢得国际金融界的认可，二是实现更大程度的社会经济公平。这两个目标似乎要按先后顺序来完成，先注重前者，再注重后者。之所以采用这种顺序，就如前文所述，是因为国内外投资界将卢拉总统的当选视作对他们利益的威胁。因此，为获取国外资源和缓和外债问题的谈判，对正统经济政策的奉行要优先于在公平性上的考量。可惜的是，事实可能证明，卢拉政府采用的这种实现顺序并不可行。在初期实施的正统经济政策，由于会对经济增长产生影响，可能会导致其后难以大力推行旨在促进社会经济公平的政策。也就是说，初期走上的正统经济政策之路会关系到后续的政策选择。与此同时，也有理由怀疑，奉行正统经济政策是无法与实现再分配并行的。换句话说，正统经济政策恐怕不是在短期内（正统经济政策施行当时）就是在长期内（因为它们并没有创造适合的经济增长条件）也无法与再分配并行不悖。

当然，一开始先把重点放在正统宏观经济政策上，也未必就不利于（短期内或长期内）公平的实现。智利的经验表明，正统经济政策由于能够控制通货膨胀，因而可提高社会中最贫穷群体的实际收入。与此同时，伴随着体制改革和可自由支配的公共支出的模式转变，对紧缩财政政策的保留也可与有利于穷人的收入再分配体系并行不悖。同样地，也可以说，正统经济政策由于有望令通货膨胀和汇率可以预测，将有利于私人部门投资的加速增长。如果它真的能促进经济增长，并创造出更加经得起检验的再分配环境，穷人可能也会从中受益。但是，就当代巴西而言，我们认为，出于多项原因，一开始先把重点放在正统经济政策上可能并不会带来更为公平的局面，这一结果要么在短期内就会出现，要么会在长期内出现。

正统经济政策与再分配体系可以并行不悖吗？
——短期而言

在短期内，巴西所奉行的正统经济政策并未对再分配体系产生有利影响。的确，通货膨胀当时处于控制之中，并可能因此有利于受雇佣人群，但是我们在上一节的分析显示出，在卢拉执政的大部分时间内，失业率都畸高不下，实际工资也有所下滑。[37]

即使在这种情况下，如果政府能够积极主动地采取措施，依然有望达成更好的分配措施。可惜的是情况并非如此，原因有两个：一是与可自由支配支出的余地有限有关，二是与公共部门未能（在现有的支出限制内）更有效地进行干预有关。我们对于可自由支配支出的观点请参见图8.1。

在图表中央，灰色方框标示出了政府可用的全部资源，可在可自由支配开支和不可自由支配开支之间进行配置。不可自由支配开支由宪法规定的项目组成，联邦政府没有控制权。在这些不可自由支配开支中，最重要的当属外债清偿和宪法规定的对州及地方政府的拨款。可自由支配支出则包括旨在增进公平的社会计划。要注意的重点是，可自由支配开支与不可自由支配开支之间的比例，将取决于政府采取的宏观经济政策立场和结构性改革的实施成效。

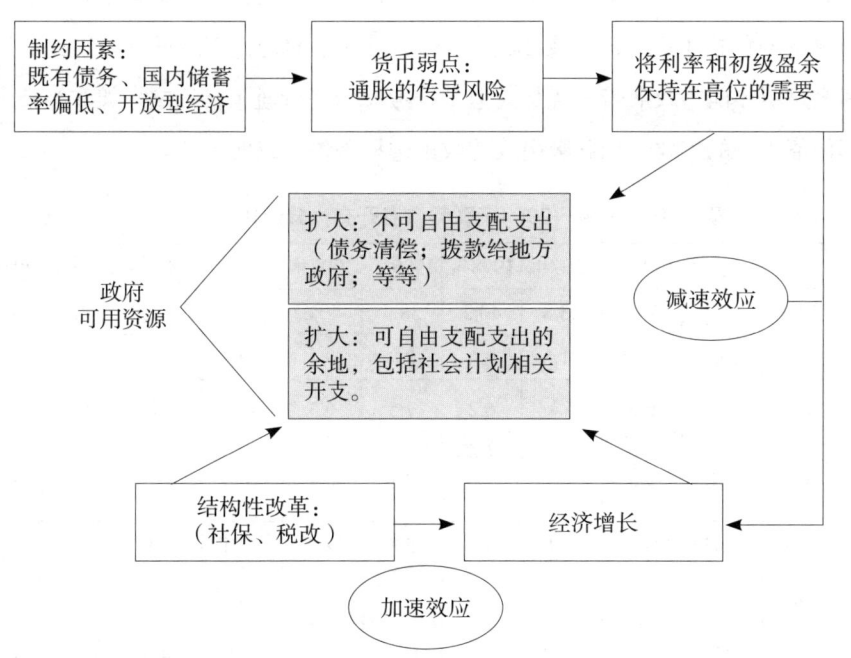

图8.1　公共支出配置的影响因素

具体而言，开放型经济（巴西经济的主要特征）的债务增长和国内储蓄率偏低，会令经济体更容易遭受货币波动的影响。当然，我们也不想佯称开放型经济或国内储蓄率偏低的存在——以及随之而来的吸引外资的需要——会自动引发破坏性的货币疲软。例如，拿美国来说，在2004年以前，尽管存在长期性的经常账户赤字，美元依然能够避免大幅下跌。其原因在于，美国得益于金融市场的流动性和美元这一主要储备货币,依然是外国证券投资的理想目标国。不幸的是,巴西并不具备上述的任一特征,因此获取外国资源的成本较高,并且资本流入的波动性较高。

因此,巴西当局被迫保持高利率和创造大量的初级盈余,[38]这两项政策均被视作吸引外国投资资本的必要手段。高利率的结果之一,便是债务清偿成本呈上扬趋势,经济增长呈疲软趋势。因此,在收入疲软(增长低迷所致)和债务偿付金额看涨的两面夹击下,可自由支配开支便会捉襟见肘。

表8.10给出了巴西联邦政府开支的概览,更为具体地展现出了上述困局。值得注意的是,2004年花在分期偿付和分期偿付再融资上的开支总额,不低于政府总支出的48%。表中数据还揭示出分期偿付相对于分期偿付再融资领先的有限程度。当然,分期偿付再融资的负担(占政府总支出的40.1%)对利率的变化高度敏感。因此,选择下调利率之路明显能为政府带来优势。但是,考虑到坚持通胀目标制框架和维持本国货币外部估值水平的需要,如此吸引人的政策选择恐怕难以实现。

表8.10 1994—2004年联邦政府开支(分配比) (%)

项目名称	1994年	1995年	1996年	1997年	1998年	1999年	2000年	2001年	2002年	2003年	2004年
经常开支	50.0	55.2	53.0	43.8	40.2	38.4	40.6	48.8	50.2	44.1	48.4
工资津贴	12.9	16.2	14.2	11.5	9.6	8.8	9.4	10.8	11.1	9.1	9.8
公共债务偿付	7.1	7.1	6.6	5.4	6.2	7.5	6.3	8.8	8.2	7.6	8.2
对州及地方政府的拨款	8.6	9.1	9.0	7.7	7.6	7.1	8.4	10.0	10.8	9.2	10.1
社会保障	12.1	13.7	14.2	11.8	10.8	9.8	10.5	12.4	12.9	12.4	13.5
其他经常开支	9.3	9.1	9.0	7.4	6.0	5.2	6.0	6.8	7.2	5.8	6.8
非经常开支	25.7	8.7	9.0	21.7	20.6	15.6	10.5	14.9	14.8	12.5	11.5
投资	2.9	2.1	2.0	2.0	1.6	1.2	1.6	2.5	1.5	0.7	1.2
金融投资	4.2	2.9	4.2	16.4	14.2	9.8	1.8	3.3	3.1	2.6	2.4
债务分期偿付	18.6	3.7	2.8	3.3	4.8	4.6	7.1	9.1	10.2	9.2	7.9
分期偿付再融资	24.3	36.1	38.0	34.5	39.2	46.0	48.9	36.3	35.0	43.4	40.1
合计	100.0	100.0	100.0	100.0	100.0	100.0	100.0	100.0	100.0	100.0	100.0

资料来源:巴西财政部(Minsterio da Fazenda),巴西国库局(Tesouro Nacional)。

我们再来看看经常开支,可以注意到的是,公共部门债务偿付、社保支出以及对州及地方政府的拨款,均被划入宪法规定的数种不可自由支配的开支类别中。加总后,这些支出类别的总额占到了公共支出总额的31.8%。再加上经常开支和资本项目开支的相关项目,2004年的不可自由支配支出总额占到了开支总额的79.8%。对比之下,1995年(雷亚尔发行次年)的不可自由支配开支,仅占到开支总额的69.7%。因而可以清楚地看到,政府在可自由支配开支上的余地,已在相对较短的时间内急剧缩小。在这种背景下,对社会计划所亟需的投入造成束缚的限制性因素就变得愈发明确了起来。

如前文所述,不应轻率地假定,在财政政策上施行严格的可自由支配支出限制会自动损害穷人的利益。若在政府的开支计划内部进行优先级的大幅调整,在施行正统财政政策的同时让穷人受益是完全有可能的。但是,就巴西而言,我们的分析已经表明这样的调整并没有发生。由于体制和政治上的限制,政府一直未能将资源从议会资助者那些令人觊觎的计划里转移到健康、教育等这类社会支出上。除了这些困难外,我们还已表明,旨在减少贫困的数项重点倡议也存在政策设计上的缺陷。另外,还有证据表明,出于多种原因,有数项计划并未用完自身的所有预算配额。[39]

分析过政府的宏观经济战略的本质,即推行可赢得国际金融界和多边机构认可的严格正统措施后,就可清楚地认识到,至少在短期内,将正统政策与社会发展结合起来的余地非常有限,尤其是考虑到政府并不愿意改变可自由支配支出的优先级。

可能促进增长并避开上述陷阱的唯一力量就是结构性改革,到最后或许有望带来经济的加速增长和政府的加速创收。这两种情形均会为再分配提供有利环境,尤其是借由政府增加可自由支配开支能力的加强。不幸的是,迄今为止,结构性改革议程的进展一直十分有限(尤其是在支出方面),[40]从而阻碍了经济增长的进一步发展。另一方面,有鉴于卢拉政府的经验,正统政策似乎曾让不可自由支配支出出现了显著增长。这一点在2003年高利率和正统财政政策共同导致的低增长中得到了强化。尽管2004年经济增长回升,但结构上的限制因素依然存在,继而迫使当局采用了有碍经济增长的更为紧缩的货币政策,其效果表现为2005年上半年的经济发展放缓。因此,卢拉政府制定能够改善国家社会经济状况的广泛计划的能力仍然受到了束缚。

正统经济政策与再分配体系可以并行不悖吗?
——长期而言

我们已经表明,短期内要在巴西将正统宏观经济与促进社会公平结合起来是不可能的。这要归因于低增长对穷人的直接影响、现有可自由支配支出的余地有限以及当局未能对现有参数内调整财政支出的优先次序。但是,可能会有人说,尽管一系列正统政策不能在短期内促进再分配,但长期来看可能会为公平性的提高打下基础。不幸的是,我们认为,至少巴西不会这样。原因与正统政策对长期经济增长的影响有关,再进一步说,还与对再分配可行性的影响有关。

若要以收入再分配为长期性的目标,巴西就必须走上持续、加速增长的道路。原因有两个方面。第一,可以说,要想减少失业率并提高穷人的实际工资,更高的经济增长是必需的。第二,在高经济增长率的背景下,在长期内对收入再分配的实现在财政和政治上才更为现实和可行。正如我们所看到的,事实已经证明,巴西在当前财政紧张的背景下,极难调整政府各项可自由支配支出的优先级。如果经济增长加速,公共收入增加,那么可自由支配社会投资的余地也会扩大。在税收方面,经济增长的持续回暖,会让高收入群体更容易认可政府对于再分配议程的诉求——重新分一块更大的蛋糕要容易得多。[41]

但是,由于公共部门在基础设施和教育上、私人部门在产能上的投资率均偏低,[42]因此目前根本就没有在为未来的高增长率创造条件。[43]就如我们之前让大家看到的,尽管拥有利好的政策环境——至少在价格与汇率稳定性以及产权清晰强化上是如此——但私人部门投资并未强劲加速。[44]与此同时,公共部门投资则一直受到实现宏伟财政目标的严重制约。除非局面出现逆转,否则这会严重危及该国未来的经济增长。更具体地说,巴西用于实现出口导向型经济增长的产能,目前正受到港口和公路设施以及发电、输电和配电等领域长期投资不足的制约。[45]

公共支出的现有构成所存在的一项尤为严重的缺陷,在于一直未能扩大教育和培训领域的支出。这具有两大影响。首先,通过对生产率增长的负面影响,教育领域投资不足束缚了潜在的产出增长和国际竞争力。正如我们所指出的,这会对再分配收入的努力造成妨碍。其次，教育和培训领域投资不足会在分配上产生十分直接的影响：尤其是在服务导向型经济体中，流向个体的收入将取决于每个个体所体现出来的人力资本。

到目前为止，人们一直认为，就巴西来说，奉行正统政策钳制了投资，进而钳制了今后的增长和再分配潜力。然而，正统政策是否总是会带来这样的效应？像加纳的情况就支持这一结论，而智利的经验则显示，在某些情况下，奉行正统政策会为后来的经济加速提供跳板。在阐释更为可喜的智利经验时值得注意的是，虽然正统财政和货币政策乃是当今趋势，但也同样存在大量结构性的供应端改革。这些改革包括放宽劳动力市场的管制[46]，进行彻底的资本市场改革，以及通过养老金计划的部分私有化刺激国内储蓄的增长。这些在巴西尚未出现的进展，促进了私人部门的投资和经济增长。此外，同样值得指出的是，智利一直提供了比巴西更全面的受教育机会。

小　　结

在2003年1月，卢拉总统怀着两大目标上台执政：谋求社会公正以及致力于正统经济。在这一章里，我们提出，至少到目前为止，尚无事实证明这两大目标可以并行不悖。虽然政府在继承沿用前任政府的市场主导政策上表现出色（并因而获得了国际金融界的高度评价），却以牺牲重要社会指标的实现为代价，诸如降低失业率、提高实际工资以及促进收入和资产的公平分配。当然，可能会有人指出，采用正统宏观经济立场，为今后处理巴西根深蒂固的社会问题，奠定了可供依傍的必要基础。

然而，我们已经指出，紧缩财政和货币政策的实际作用，就是限制当局拓展可能有利于穷人的可自由支配开支的余地。虽然结构性改革有削弱这一趋势的作用，但就目前来说，这些改革已经在规模上受到限制，而且就连其支持者都表示，预期改革只会产生有限——且会滞后——的作用。更根本的是，应该认识到，财政和货币正统观念——就其对基础设施和人力资本方面的投资的制约而言——必然会限制经济增长潜力的。因此，宏观经济政策上的正统思想代表着经济在未来某一阶段加速增长的必要前提这一观念，至少需要加以批判性的重新评估。换句话说，巴西可能会陷入这样的困境：尽管宏观经济表面上成绩亮眼，但有许多社会问题依然没有得到解决。

此外还应注意的是，经济的高速增长不会自动促成一国收入分配状况的改善。例如，在巴西经济出现奇迹般的高速增长年代（1968年至1973年），收入分配状况甚至没有丝毫改善。实际上，反而有证据表明，收入分配变得更加集中。而墨西哥经济的发展经验也清楚地显示出，无论是在经济停滞时期，还是在高速增长时期，收入均维持着较高的集中度。[47] 不过，毫无疑问，从政治角度来讲，致力于收入再分配的政策在持续增长的经济体内更易于推行我们已经指出，这种增长未能在当代巴西成真——也未能为这种增长能够立足打下基础——意味着分配问题的解决依然遥遥无期。

因此，卢拉政府在第一个任期即将结束时，依然面临着最根本的困局——它需要在试图弥合国内严重的社会经济鸿沟的同时，同样在全球化的国际金融体系中维持自身的经济地位。当然，我们也不应佯称，在施行正统政策、经济普遍温和增长的情况下，是无法实现再分配的。然而，需要重申的是，试图在这种情况下进行再分配可能会极具挑战性，因为这样做很可能会累及某些群体在社会中居于绝对意义上的劣势。要在这种情况下实现再分配，拥有强烈的政治意愿是必备条件，但是卢拉政府在第一个任期内似乎缺乏这一点。[48]

概括而言，巴西的近年经验表明，要想同时实现宏观经济稳定和社会经济变革，恐怕会遭遇许多问题。另一种可能是采取分步实现的做法，先在一段时间内施行正统经济，接着再在一段时间内注重经济增长和再分配；这看起来似乎是条合理的路径，但巴西的案例表明，这同样也会遭遇许多问题。

注　释

[1]　关于公平与效率之间的取舍，在西蒙·库兹涅茨（Simon Kuznets）的著作中得到了最好的论证；如可参阅：Simon Kuznets, Economic Growth of Nations: Total Output and Production Structure (Cambridge, Mass.: Harvard University Press, 1971).

[2]　Programa do Governo, 2002 (São Paulo: Partido dos Trabalhadores).

第8章 正统经济与社会发展：2002—2007

[3] Programa do Governo, 2002 (São Paulo: Partido dos Trabalhadores), p. 30。

[4] Programa do Governo, 2002 (São Paulo: Partido dos Trabalhadores), p. 43。

[5] 该文件批评了之前的政府，称他们的扶贫计划不够系统且受侍从主义影响。Programa do Governo, 2002 (São Paulo: Partido dos Trabalhadores), p. 39.

[6] 关于零饥饿计划的更多信息，可参阅：ProgramaFome Zero: Balanço de 2003.

[7] 该政策被人们称为家庭补助金计划。按照该政策，月收入在50雷亚尔以下的每户家庭将得到50雷亚尔补助金，同时每名15岁以下儿童还可另外得到15雷亚尔补助金。对于月收入在50至100雷亚尔之间的家庭，每名15岁以下儿童将得到15雷亚尔补助金。O Estado de São Paulo, October 21, 2003.

[8] Fabio Giambiagi, "A Agenda Fiscal," in Reformas no Brasil: Balanco e Agenda, F. Giambiagi, J. G. Reis, and A. Urani, eds. (Rio de Janeiro: Editora Nova Fronteira, 2004), p. 12.

[9] IPEA, Boletim de Conjuntura, no. 67, December 2004.

[10] IPEA, Boletim de Conjuntura, no. 67, December 2004, p. 13；Banco Central do Brasil, Boletim.

[11] 关于1999年1月所出现的货币贬值及其影响的更多信息，可参阅：Edmund Amann and Werner Baer, "Anchors Away: The Costs and Benefits of Brazil's Devaluation," World Development (June 2003): 1033–1046.

[12] IPEA (Dec. 2003).

[13] 更多信息可参阅：Amann and Baer, "Anchors Away."

[14] André Minella, Springer de Freitas, Ivan Goldfajn, and Marcelo Murinhos, Inflation Targeting in Brazil: Constructing Credibility Under Exchange Rate Volatility (Brasília: Banco Central do Brasil, 2003).

[15] 与农业（10%）和工业（30%）相比，服务业在产出中所占份额最大，约为GDP的60%。

[16] 工业产能利用率的提高，是需求方压力的扩大快于资本形成净值的结果。

[17] Conjuntura Econômica, June 2005.

[18] IPEA, Boletim de Conjuntura, March 2005.

[19] 更多详细讨论可参阅：Amann and Baer, "Anchors Away."

[20] 这些数据由巴西应用经济研究所根据巴西地理暨统计局的预算调查（PNADE）计算得出。

[21] IPEA.

[22] The Economist, August 14, 2003.

[23] The Economist, August 14, 2003.

[24] Alex Steffen, "Fome Zero," World Changing: Another World Is Here, December 4, 2003, http://www.worldchanging.com/archives/000168.ht.

[25] Cathy Lindert, "Bolsa Família Program: Scaling Up Cash Transfers to the Poor," World Bank

Report, 2005, p. 67。另可参阅：Gabriel P. Mathy, "BolsaFamília: A Study of Poverty Inequality and the State in Brazil," mimeo, University of Illinois, December 12, 2006。

[26] Cathy Lindert, "Bolsa Família Program: Scaling Up Cash Transfers to the Poor," World Bank Report, 2005；与由于利率奇高而正在被转移到金融领域的收入相比，该数字相对较小。一名观察师称，"由于国家支付的利率较高，投资和工业……（均呈现）……低速增长，而与此同时，银行（也在录得）……利润的历史最高位。" Raul Zibechi, "The Resurrection of Lula," International Relations Center: Americas Program Report, March 29 and December 8, 2006, http://www.cipamericas.org/archives/995。据估计，当时在债务清偿上的支出占到了GDP的7%至8%。

[27] D. Cruz, "PrimeiroAno de Governo Lula Aprofunda Desemprego," CMI Brasil (January 1, 2004), 1.

[28] Mauricio Rands, "Brazil Under the Government of President Lula—Social Security Reform: Will It Work?" mimeo, Brasília, Brazilian National Congress, 2003.

[29] "Social Security Reform," Banco Central doBrasil Focus, December 18, 2003.

[30] Rands, "Brazil Under the Government of President Lula."

[31] 在2004年6月，面对来自各方政治立场要求将最低工资提高至275雷亚尔的巨大压力，卢拉政府动用了所有政治权力，强迫国会同意提高当时仅为260雷亚尔的最低工资。

[32] IPEA Boletim de Conjuntura, 2004 (March): 58。

[33] 更多详细信息参阅Gustavo Rangel, Barclays Capital Research, August 15, 2003。

[34] 此处的关键问题在于缺乏政府间转账机制来补偿各州损失的收入。Giambiagi, "A Agenda Fiscal."

[35] Latin Trade, December 2004。卢拉为这些改革辩护，称巴西的银行贷款息差居于世界前列，并且有损于巴西经济。

[36] Economist Intelligence Unit, Brazil Country Report, 1st quarter 2004.

[37] Jorge Luiz Bachtold, "OsLucros dos Bancos," CMI Brasil, February 18, 2004, http://www.midiaindependente.org.

[38] 我们要记住，在通胀压力增加的情况下，通胀目标制框架会严重限制当局追求宽松货币政策的自由裁量权。在货币疲软一段时间之后，这种情况可能就会（并且已经）出现。

[39] 这并不是因为各政府部门急于分摊财政责任，而是由于巴西工党部长们制定开支决策时的政治运作所致。

[40] 要优先发展社会投资而不是迎合特殊利益集团的改革尤其受到了限制。

[41] 在经济快速增长的背景下，可以在不使任何人绝对收入降低的情况下进行再分配。

[42] 巴西GDP中用于投资的部分依然受到抑制，在19%左右摆动。相反地，在中国，投资占GDP的比率目前为40%左右（Exame, July 2005, p. 40）。而巴西的工业投资所带来的价值增长，却从1998年的18.8%下降到了2003年的15.2%。

[43] 当局最近由于害怕通胀导致供应方限制，而决定抑制2005年的经济增长，进一步巩固了这一结论。

[44] 不过，可以说监管的不确定性，尤其是在电力部门，正在妨碍投资。

[45] 许多结构性瓶颈必须实现突破：巴西80%的高速公路被某一政府委员会评为"不完善"、"差"或"很差"；铁路长度为28000千米，仅运载了全国24%的货物，因此基础设施需要大幅改进。与东亚海港相比，巴西的海港收费极其昂贵，且效率极低。在巴西，平均港口费用为41美元每吨货物；而在美国，平均港口费用为18美元每吨货物。桑托斯港是拉丁美洲最大的港口，每小时能装载30个集装箱；而在新加坡，每小时可装载100个集装箱。为解决这种装载量不足的情况，巴西政府于2004年12月实施了公私合伙（PPP）计划。如此一来，私人可按照与政府签订的合同提供基础设施服务，合同可确保他们以特定价格在特定时期内购买这些服务。这种方法的优点在于：可以由私人部门提供投资，而无需求助于本就不足的公共部门资本投资资金。Latin Finance, October 2004。

[46] Mario Marcel and Andres Solimano, "The Distribution of Income and Economic Adjustment," in The Chilean Economy: Policy Lessons and Challenges, eds. Barry Bosworth, RudigerDornbusch, and Raul Laban (Washington, DC: Brookings Institution Press, 1994). 智利基于自然资源的输出部门是劳工市场改革的特殊受益者，成为了外国直接投资的理想部门。

[47] Nora Lustig, Mexico: The Remaking of an Economy (Washington, DC: Brookings Institution Press, 1998).

[48] 在2005年年中，卢拉政府的情况变得更加不稳定。一系列的丑闻瓦解了该政府的权威，不得不与其他党派协商条件来寻求国会支持。权威下降以后，卢拉政府只能通过出钱收买支持者来获取立法进展，而其中的许多支持者代表社会上较为保守的力量，他们是反对再分配的。关于对此危机的描述及其影响，可参阅：Veja, June 29, 2005, pp. 58-85。还可参阅"O Gusto da Corrupção," Exame, July 20, 2005, pp. 22-28。

第 9 章

新兴经济体巴西：
2007 年至今

The Brazilian Economy
Growth and Development

到21世纪的头十年结束时，巴西经济发展已经成为新兴市场近年最精彩的成功故事之一，吸引了创纪录水平的外来投资，以及全球财经媒体广泛的赞誉。本章意在深入审视盛誉背后的真实情况，并批判性地评价20世纪头十年里的巴西经济表现，并在更加深入剖析巴西经济的方方面面后,确定市场对巴西经济的乐观情绪是否合理。

表面上看，巴西的经济发展似乎已经经历了一次真正意义上的转型。巴西经济曾经历过数十年财政不稳定的时期之后，巴西开始因物价稳定、财政责任分明、增长迅速而备受赞誉。该国成为了被受资本青睐的投资目的地，在2010年吸引了全球流动资本总额的4.3%。[1] 事实上，为了防止汇率过快攀升，巴西当局不得不对资本流动征税。

巴西逐渐因为大豆、钢铁、棉花、鸡肉、橙汁、石油、生物燃料、支线飞机等领域的出口实力而著称。不仅如此，巴西在经济复兴的历程中，还实现了贫富差距缩小、赤贫率下降的成就。换言之，巴西被奉为增长与平等协调发展的典范。因此，巴西不再是一直被戏称为"永远不变的未来之国"的国家了。[2] 而即将在巴西举办的2014年世界杯足球赛和2016年奥运会，似乎昭示着这个国家终于成为现实了。

很多观点认为，巴西近年来喜人的经济增长形势自20世纪90年代中期开始推行的宏观经济与市场改革。这些改革，就如我们在之前的章节中所见，包括一项卓有成效的经济稳定计划（雷亚尔计划）、银行改革、私有化，以及对外贸易与投资的进一步开放。[3] 因此，本章分析将重点关注巴西自90年代中期至今（2012年）的历史，巴西的改革也大多发生在这段时期里。

增　长

仔细看一下表9.1就会发现，巴西的经济增长速度相对温和。它在1995年至2003年间的平均年增长率为2.2%，就国际标准而言相当低迷。显著的经济增长发生在2004年至2008年，这一期间的年增长率达到了4.8%。受全球金融危机的影响，2009年经济大幅下滑，增长率跌到了-0.6%。但是2010年的增长率又立刻飙升至7.5%。与许多亚洲国家的发展成果相比，即便是这样的表现也并不会令人惊讶。不过，经济增长的加速促进了失业率的下降。据该国的国家统计机构巴西地理暨统计局发布的数据显示，到2010年年底时，巴西失业率的官方数据为5.7%，创下历史新低。不幸的是，这一快速增长势头在2011年时戛然而止，该年GDP（国内生产总值）仅仅增长了2.7%。2012年则仅增长了0.9%。

表9.1　1995—2012年巴西GDP及部分行业年增长率一览　（%）

分类	1995—2003年	2004—2008年	2009年	2010年	2011年	2012年
GDP	2.2	4.8	-0.6	7.5	2.7	0.9
农业	4.5	3.59	-4.56	6.46	5.46	
工业	1.45	4.27	-6.42	10.12	0.40	-2.68
矿业	2.99	4.97	-1.06	15.68	2.13	-0.38
制造业	1.27	4.15	-8.23	9.69	0.26	-2.82
建筑业	0.62	2.91	-6.28	11.63	3.67	
生产资料	0.36	3.14	-17.43	21.8	-14.6	
耐用消费品	3.14	10.38	-6.38	10.2	-15.4	
日用消费品	0.82	3.19	-1.54	5.1	1.2	
服务业	2.19	4.78	2.19	5.42	2.73	
商业服务业	1.75	6.30	-1.93	10.74		
金融服务业	-2.70	9.08	7.09	10.68		
政府服务业	2.77	2.40	3.32	2.30		

续表

分类	1995—2003年	2004—2008年	2009年	2010年	2011年	2012年
信息服务业	9.81	5.49	4.88			
固定资本形成总额	0.51	9.95	-10.3	21.85		

资料来源：Banco Central do Brasil.

值得注意的是，尽管巴西在2011年至2012年间的GDP增长低迷，失业率却仍在继续下降。从2003年的13%，直线下降到了2012年的5.3%[4]。目前尚无任何定论能够充分解释这一现象。有分析人士发现，2010年至2012年间，巴西的劳动生产率有所下降，原因是缺乏足够的熟练工人。此外，还有人指出，巴西政府曾经为了促进国内行业（尤其是汽车行业）提高生产力，而对部分进口商品特别征税。结果，鉴于巴西的雇佣及解雇成本偏高，许多企业都在储备工人，期盼着增长复苏的早日到来。

另一个值得注意的现象是，巴西的投资率持续低迷。如表9.2所示，该数值一直徘徊在17%的水平线下方，即便个别年份的GDP有所增长，也依然没有什么大的变化。考虑到许多GDP增长率高于巴西的亚洲国家，投资率保持在35%～40%左右的话，这一点格外突出了。这意味着要么是巴西能够达成比这些亚洲国家高得多的投资回报率，要么就是巴西政府认为巴西在2004年至2008年间和2010年达成的高速增长在当前环境下已经难以为继。按照最乐观的估计，以如此之低的投资率而言，巴西的长期年均GDP潜在增长率不会超过4.5%。从这个角度来看，一次GDP增长上的井喷，比如2010年的那次7.5%，在投资没有大幅度增加的情况下，显然是不可持续的。

表9.2　1995—2012年巴西GDP的宏观指标及行业构成

(a) GDP的宏观指标　　　　　　　　　　　　　　　　　　　　　　　　(%)

宏观指标	1995—2003年[a]	2004—2008年[a]	2009年	2010年	2011年	2012年
固定资本形成总额/GDP比	16.74	16.92	16.95	20.03	19.28	17.61
私人消费/GDP比	63.61	60.11	62.76	80.79	81.01	83.79
政府消费/GDP比	20.10	19.80	20.81			
产能利用率	81.7	84.3	80.2	86.1	84.1	84.8

资料来源：Banco Central do Brasil; IPEA.
注：上角标a为年均数值。

续表

(b) GDP的行业构成（占GDP比） (%)

行业	1995年	2000年	2005年	2009年	2010年	2011年
农业	5.77	5.6	5.71	5.63	5.3	5.46
矿业	0.82	1.59	2.46	1.83	2.97	4.08
制造业	18.62	17.22	18.09	16.65	16.23	14.6
建造业	5.49	5.52	4.9	5.25	5.65	5.78
商业	11.71	10.6	11.17	12.49	12.52	12.65
资讯业	0.7	3.6	3.98	4.8	5.02	5.13
金融业	9.03	5.96	7.05	7.24	7.51	7.43
公共行政	15.59	14.93	15.05	16.33	16.2	16.33

资料来源：Banco Central do Brasil; IPEA.

基础设施

像巴西这样的新兴国家，在投资上的一大重要特征，就是对基础设施的扩充和完善值得格外关注。在本章所涉及的时期里，对这方面投资的被忽视了。自20世纪90年代以来，巴西在修建与完善本国交通网络和运输设施上的滞怠表现一直备受诟病。这就造成，举个例子，收割季期间，在负担过重的港口，等待卸货的卡车一路排到20至25英里以外。[5] 由于发电与输电设施的建设进度严重滞后，有些大型工业区曾经饱受断电问题的困扰。其中一个格外明显的不足就是机场建设。巴西机场的跑道和航站建设亟需的投资被一拖再拖，直到21世纪的头十年里才真正开始。就巴西国内飞速增长的航空需求而言，这是一项巨大的挑战。

究竟是哪些原因导致了备受瞩目的基础设施不足呢？其中一个关键因素，就是巴西追求很高的初级盈余预算目标，以求达到国际金融环境的期望并抑制脱货膨胀。[6] 2007年，巴西政府制定了一项加速增长计划（PAC）。该计划意在令巴西的GDP增速在经历了1996—2004年的失望表现后，实现一次显著跃升。这些PAC项目中有许多都属于基础设施项目，却出于预算与行政两方面的不足，被以各种各样的原因推迟甚或取消。由巴西计划部（Planning Ministry）设立的研究中心巴西应用经济研究所的一项研究发现，巴西的2010年GDP为36000亿雷亚尔，而用于公共交通的投资总值只有144亿雷亚尔，仅占到政府投资总额的三分之一。[7]随着2014年世界杯足球赛和2016年奥运会的临近，这一问题变得更加迫切。这两大国际赛事为巴西步伐迟滞的基础设施建设施加了格外的压力，尤其是在交通运输领域。

为了加快基础设施建设的步伐，巴西政府在2012年中，越来越重视引入私人部门参与，并试图通过与国内外企业签订特许合同的办法来管理私人部门。这一模式开始被应用于许多领域：对一些主要机场、主干公路和港口设施实施现代化建设和管理；兴建发电厂；修建连接里约热内卢与圣保罗的高速铁路。有许多合同都得到了国有开发银行机构——巴西国家开发银行（BNDES）提供的部分资金支持。

通胀目标、银行利率和货币汇率

1994年推行的雷亚尔计划取得了空前的成功，这在一定程度上与巴西货币升值有关，而货币升值则要归功于高利率，这是当时用于稳定经济的重要手段（见第7章）。高利率（真实利率在7%至10%之间变化不等）吸引了大量资本，推高了巴西的货币价值，进而巩固了经济稳定化措施的效果。这就是后来为我们所熟悉的通过汇率锚控制通胀的政策。虽然巴西政府在本世纪初时便中止了这一政策，开始施行通胀目标政策，但却依然重视运用高利率来支持物价稳定。由于21世纪的头十年里，巴西的利率在国际上一直位居前列，吸引了大量组合投资的流入（部分为投机性质），见表9.3（b），使巴西成为新兴国家中货币升值最多的国家之一。

表9.3　1995—2011年对外经济指标

（a）巴西的出口增长率和进口增长率				（%）
项目	1995—2003年	2005—2008年	2009年	2010年	2011年
出口	6.66	19.7	−22.7	32.0	26.8
进口	8.09	21.8	−11.41	26.7	17.6

资料来源：Banco Central do Brasil.

续表

(b)巴西的贸易差额、外国直接投资净值和证券投资净值　　　　（单位：亿美元）

年份	贸易差额	外国直接投资净值	证券投资净值
1996年	-56	108	220
1997年	-68	190	109
1998年	-66	289	186
1999年	-12	286	35
2000年	-7	328	86
2001年	27	225	9
2002年	131	166	-48
2003年	248	101	51
2004年	336	182	-40
2005年	447	151	66
2006年	465	188	90
2007年	400	346	481
2008年	248	451	-8
2009年	253	259	462
2010年	203	485	678
2011年	298	667	174

资料来源：Banco Central do Brasil.

走强的雷亚尔使得该国各行业在国际市场上极难拥有竞争力。不过，这并没有导致国际收支困难，与此同时，世界大宗商品市场经历了长达十年的繁荣期，这源自以中国为首的多个亚洲国家的经济高速增长，见表9.3（a），事实上，巴西在很多年里都做到了贸易盈余，见表9.3（b）。2005—2010年间，大宗商品出口总额占巴西出口总值的50%以上。不仅如此，大宗商品在出口总值中所占比重一直上扬。[8]这一点颇有几分讽刺意味，因为最早促使巴西及同类国家走上工业化道路的原因正是对大宗商品出口的过度依赖。

然而，巴西在工业制品出口上的竞争力不足，却未必要归咎于生产效率的低下，而是实行通胀膨胀目标制所造成的汇率异常上涨所造成的。据巴西全国工业联合会（Brazilian National Industrial Confederation）于2011年进行的一项调查显示，[9]随着中国制造业在巴西国内外市场上引发的竞争均日渐激烈，这一问题愈发变得格外尖锐。为了在汇率上涨的背景下实现出口扩大，巴西当局在2010年下半年颁布了一揽子刺激措施。其中包括对产品内销转出口的税务豁免。[10]

信贷繁荣

巴西经济在这一时期的一个显著特征，就是开始加大对信贷、尤其是消费信贷的利用。如表9.4所示，银行信贷占GDP之比从1998年的26.7%，上升到2005年的28.1%，2010年的45.2%，并在2012年年中达到了50.16%。这一增长势头对前面提及的政府通过税收优惠刺激经济增长的措施形成了良好的补充。例如，《金融时报》发现："巴西的局面与美国的次贷危机颇为相似，这一点令人担忧。银行正在把大量的高利率信贷推销给那些最后根本无力偿还债务的消费者。"[11] 据信贷研究机构Serasa提供的数据显示，巴西在2010年的消费信贷违约率达6.3%，较之上年明显增长；巴西央行的数据则显示，2011年的消费信贷违约率达到了12.5%。2012年全年的违约率也继续保持着这一水平。消费信贷市场的繁荣所导致的结果之一，便是汽车销量的加速增长。巴西在2010年的汽车销量创下历史新高，达到了350万辆，相较上年大增11%。

表9.4　1998—2012年银行信贷占GDP之比　　　　　　　　　　（%）

年份	银行信贷（占GDP比）
1998年	24.7
2005年	28.1
2006年	30.8
2007年	34.7
2008年	41.3
2009年	45.9
2010年	45.2
2011年	49.0
2012年（6月份）	50.16

资料来源：Banco Central do Brasil.

经济增长与贫富差距

巴西经济发展史上持续存在的一个现象，便是收入分配上的过度集中。这在最初是由于巴西在19世纪和20世纪上半叶的初级产品出口型经济形态下的土地所有权过于集中所造成的。该问题在巴西转为进口替代工业化的模式后依然没有改善，因为新增的工业部门资本密集度很高。而令低收入群体受害最深的高通胀时期，也进一步加剧了这一问题。自巴西推出雷亚尔计划后，到21世纪的头十年结束时，这些历史趋势似乎已经发生了逆转。[12]巴西的基尼系数在2005年至2009年间下降了4.5%左右，就能充分地说明这一点。[13]

在社会贫富差距的缩小过程中，"C阶层"（C Class）或曰"新中产阶级"在经济实力上的表现愈发引人瞩目。[14]据Neri描述："在2003年至2009年间，约有2 900万人从居于社会收入下层的D阶层和E阶层升入了C阶层。"C阶层的收入水平在巴西属于中上等，相较于其他阶层，其比例扩大的程度更高。截至2009年，这一群体的人口规模为9 400万，涵盖了巴西一半以上的人口。[15]

对于究竟是何种环境带来了收入差距上的缩小，分析界似乎争论良多。有些人表示，这要归功于"家庭补助金计划"（BolsaFamília）的推行，该计划于费尔南多·恩里克·卡多佐在任期间颁布，并在卢拉执政期间得到了巩固。家庭补助金计划无疑消除了低收入群体的极度贫困现象。然而，由于用于补助的资金总额充其量只能占到GDP的1%，该计划是否对底层人群的收入分配产生了实质性的影响，依然令人置疑。对比之下，巴西政府至少要将GDP的7%用于偿还债务，而这些债务的债主通常不会是低收入群体中的一员。也有分析人士将收入差距的缩小归功于零通胀率和最低工资水平的大幅提高，不光是最贫困群体的收入水平，其他群体的收入水平也会因之受到影响。从表9.5（a）中可以看出，巴西在2000年的实际收入水平出现了稳步的上升，表9.5（b）则可让我们看到，自从20世纪90年代后期以来，巴西的最低工资水平实现了大幅度的上涨。但是，仅有那些加入了社会保障体系或者拥有正式雇佣关系的人才有资格受益于这项计划。据巴西应用经济研究所发布的一份报告显示，接受抽样调查的工人当中有16%的人员拿到的实际工资水平都在最低工资线以下。[16]

其中最受关注的实情是，巴西的税收负担在这一期间显著加重，占到了GDP的37%。如此之高的税收水平与瑞典、德国等国相近，且一直与巴西居高不下的收入集中度同时存在。有什么原因可以解释这个谜呢？巴西的税收结构依然相当落后。然而，比它还要落后的则是巴西的政府支出结构。这正是导致巴西人口收入集中度居高不下的因素之一，而该问题目前依然有待解决。[17]另一点必须谨记的是，基尼系数衡量的是收入（工资和薪酬）的分配情况，而非财富的分配情况。由于巴西私有化计划的主要手段就是拍卖政府资产，国有企业大部分的财富都被巴西本地和外国的大型集团买下，从而出现了财富分配进一步倾斜的迹象（见第15章）。[18]这就带来了一个新的问题，那就是在资产分配高度倾斜的背景下能否进一步实现收入差距的大幅缩小。

表9.5 1995—2011年劳动力收入情况

（a）实际收入的变化

收入	1995—2003年	2004—2008年	2009年	2010年	2011年
就业人员的人均实际收入（单位：雷亚尔）	1316（2002—2003年）	1292	1473.14	1611.80	1755.50
实际工资（2006年1月水平=100）	90.52	96.59	111.53	114.02	115.17
人均实际工资（2006年1月水平=100）	87.11	97.00	102.66	101.86	103.15

资料来源：IPEA data; Conjuntura Econômica.

（b）最低工资水平的变化

年份	最低工资水平（单位：雷亚尔）	增幅（%）
1995年	90.00	—
1996年	108.00	20.0
1997年	117.33	8.6
1998年	126.67	8.0
1999年	134.00	5.8
2000年	147.25	9.9
2001年	172.75	17.3
2002年	195.00	12.9
2003年	230.00	24.3

续表

年份	最低工资水平（单位：雷亚尔）	增幅（%）
2004年	253.33	10.01
2005年	286.67	13.2
2006年	337.50	17.7
2007年	372.50	10.4
2008年	415.00	11.4
2009年	465.00	12.0
2010年	510.00	9.7
2011年	545.00	6.9

资料来源：IPEAdata.

市场与国家化发展

私有化及其他新自由主义改革措施的倡导者们认为，市场是在经济发展过程中实行优胜劣汰的最佳工具。尽管这一观点得到了普遍的认可，但许多东亚新兴工业化经济体的发展经验却让人们对此产生了质疑。在巴西，政府一直频繁介入"优胜劣汰"的过程，并且获得了一些成功。[19] 这会让人觉得，尽管巴西普遍实行了私有制，国家却依然在通过巴西国家开发银行发挥着重要的作用。

尽管自20世纪后半叶以来巴西的资本市场实现了大踏步的现代化，大型巴西企业从私人市场借入资金用于长期扩张的做法依然十分少见。大部分企业，尤其是大型企业，都仰赖于巴西国家开发银行提供的长期贷款。2010年，巴西国家开发银行发放给大型企业的贷款，占到了该年贷款总额的近四分之三。按部门看，有47%的贷款发放给了工业企业，还有31%发放给了基础设施相关企业。[20] 巴西国家开发银行在卢拉执政期间获得了巨额注资。就在2010年10月总统大选的前夕，巴西政府又宣布向巴西国家开发银行追加注资300亿雷亚尔。[21] 政府向巴西国家开发银行提供资助，所导致的一个后果就是国债总额的增加，因为政府是通过发行债券的方式来为银行注资的。[22] 2005年至2010年期间，由巴西国家开发银行提供资金支持的固定投资总额占比实际上出现了增长，尽管如我们所见，巴西的投资率仍始终保持在相对较低水平。[23] 因此，可以说在投资方面，国家所起到的作用正变得越来越显著，而不是越来越微不足道。

持续存在的体制弱点

除了改善国内的基础设施外，巴西要实现经济持续增长，还需要人力资本存量的持续增长。不幸的是，就巴西而言，人力资本的存在、发展与完善均需要获得大幅度的加强，才能够实现高速的经济增长。

最根本的问题或许还是集中在教育体制上。从很多指标——文盲率、就学率、教育投资、教学实力、毕业率——来看，巴西都远远落后于与其同属新兴经济体的最近兴起的东亚工业国家。据联合国教科文组织（UNESCO）2010年的一份报告显示，巴西的小学生留级率在所有的拉美国家中是最高的（18.7%），辍学率也名列前茅。巴罗和李（Barro and Lee）所构建的全球教育程度对比指标体系，同样展示出了巴西所面对的挑战难度。[24] 如表9.6所示，就巴罗—李的指标而言，巴西明显落后于拉美地区的其他大型经济体，而与欧洲和亚洲的国家相比，其表现更是不容乐观。这会明显影响到巴西能够在多大程度上缩减它与主要贸易伙伴之间的生产力差距。

表9.6 部分国家在特定年份的成年人口平均受教育程度　　　　（%）

国家	1960年	1990年	2000年	2010年	2010年与1990年之比
阿根廷	5.3	7.9	8.6	9.3	1.2
巴西	1.8	3.8	5.6	7.	1.9
加拿大	8.1	10.3	11.1	11.5	1.1
智利	5.0	8.1	8.8	9.7	1.2
中国	1.4	4.9	6.6	7.5	1.6
哥伦比亚	2.8	5.5	6.5	7.3	1.3
法国	4.1	7.1	9.3	10.4	1.5
日本	7.2	9.9	10.7	11.5	1.2
墨西哥	2.6	5.5	7.4	8.5	1.5
秘鲁	3.2	6.6	7.7	8.7	1.3

续表

国家	1960年	1990年	2000年	2010年	2010年与1990年之比
韩国	3.2	8.9	10.6	11.6	1.3
英国	6.0	7.9	8.5	9.3	1.2
美国	8.9	12.3	13.0	12.4	1.0
经合组织平均水平	6.1	8.9	9.9	10.7	1.2

资料来源：Barro and Lee (2010).

有证据表明，自21世纪初以来，巴西的民族企业在整体上已经变得更具创新性。[25] 如表9.7所示，巴西企业从事创新性活动的比例较之20世纪90年代后期，已经提升了五个百分点。然而，如表9.7所示，相较于其他国家，巴西在研发领域仅投入了少量资源。特别是与那些老牌工业国相比，巴西用于研发的资源投入十分有限。如此导致的一个后果，就是巴西对全球的技术知识的贡献也十分有限。举例来说，如表9.7（c）所示，巴西籍人口申请到的专利数量，与其他工业化经济体相比，简直少得不能再少。

表9.7 科技活动指标

（a）从事创新性活动的巴西企业所占百分比 （%）

年份	创新性活动	内部研发	外部创新收购
1998—2000年	26.62	10.29	2.32
2001—2003年	24.45	5.86	1.43
2003—2005年	21.91	5.54	1.35
2006—2008年	30.49	4.25	1.41

资料来源：IBGE.

（b）部分国家民族企业的研发投入水平（GPD占比） （%）

国家	2005年	2008年
巴西	0.49	0.54
中国	0.90	1.08
丹麦	1.68	1.91
芬兰	2.46	2.77
法国	1.30	1.27
德国	1.72	1.84

续表

国家	2005年	2008年
荷兰	1.01	0.89
意大利	0.55	0.60
葡萄牙	0.31	0.76
西班牙	0.60	0.74
美国	1.79	2.00

资料来源：OECD, Community Innovation Survey, via IPEA, Radar No. 11, December 2010.

（c）专利申请：2008年全球对比数据（以在美国注册的专利数量为准）

国家	专利数量
美国	257818
日本	84473
德国	26331
韩国	25507
加拿大	11436
英国	10795
法国	9281
中国	5148
以色列	4916
意大利	4273
澳大利亚	4194
新加坡	1376
西班牙	1294
俄罗斯	531
巴西	499
墨西哥	269
阿根廷	139
智利	63

资料来源：OECD.

小　结

本章所给出的分析，并非有意贬低巴西在多个经济活动领域所取得的成就。然而需要明确指出的是，丰富的资源和对未来的盲目乐观，并不能带来可持续的经济增长。巴西在许多领域的重大缺陷都会导致高增长难以为继。政府需要考虑到巴西社会的长期性需求，并在此基础上拿出一套经过精心设计、确保良好平衡的发展计划。这些需求在基础设施的完备、持续性的大量投入和人力资本的充分发展上表现得尤为迫切。

注　释

[1] World Investment Report 2010 (Geneva: UNCTAD 2011).

[2] 第二次世界大战期间，流亡巴西的澳大利亚著名作家斯蒂芬·茨威格（Stefan Zweig），在其著作《巴西：未来之国》（书名原文为《Brasilien: Ein Land der Zukunft》（Stockholm: Bermann-Fischer, 1941））中描述了这个国家的潜力。后来又有许多有识之士为其添加了"永不变"这句反语。

[3] F. Blanco, F. Holanda Barbosa Filho, and S. Pessoa, "Brazil: Resilience in the Face of the Global Crisis," in M. K. Nabli, ed. The Great Recession and Developing Countries (Washington DC: The World Bank, 2011), pp.101–103. 另可参阅本书第7章和第8章。

[4] 出自巴西地理暨统计局的失业数据。

[5] O Globo, February 11, 2011.

[6] 更多讨论可参阅：Edmund Amann and Werner Baer, "Economic Orthodoxy Versus Social Development? The Dilemmas Facing Brazil's LabourGovernment," Oxford Development Studies 34, no.2 (2006): 219–241.

[7] Carlos Alvares da Silva Campos Neto and Fernanda Senra de Moura, "Investimentosna Infraestrutura Econômica: Avaliação do Desempenho Recente," in Radar No. 18 (IPEA, February 2012), p.19.

[8] "O Brasilem 4 Décadas," Texto para Discussão 1500 (Rio de Janeiro: IPEA2010).

[9] Sondagem Especial: China (Rio de Janeiro: Confederação Nacional de Indústria 2011); 另可参阅：Achyles Barcelos da Costa, "The Footwear Industry in Vale dos Sinos (Brazil): Competitive

Adjustment in a Labour–Intensive Sector," CEPAL Review (August 2010).

[10] O Globo, December 21, 2010.

[11] Financial Times, February 21, 2011.

[12] Edmund Amann and Werner Baer, "The Macroeconomic Record of the Lula Administration, the Roots of Brazil's Inequality and Brazil's Attempts to Overcome Them," in J. Love, ed., The Political Economy of Brazil's Lula Administration (New York: Palgrave 2009).

[13] Luis de Mello, "Brazil's Achievements and Challenges," CESifo Forum 12, no.1 (2011): 3–16.

[14] M. Neri, "Brazil as an Equitable Opportunity Society," in L. Brainard and L. Martinez–Diaz, eds., Brazil as an Economic Superpower (Washington DC: Brookings Institution Press, 2009).

[15] M. Neri, The New Middle Class in Brazil: The Bright Side of the Poor (Rio deJaneiro: Fundação Getúlio Vargas, 2010).

[16] O Globo, February 16, 2011.

[17] W. Baer and A. F. Galvão, "Tax Burden, Government Expenditures and IncomeDistribution in Brazil," Quarterly Review of Economics and Finance 48, no. 2 (2008): 345–359.

[18] Amann& Baer, "The Macroeconomic Record."

[19] M. Cimoli, G. Dosi, and J. Stiglitz, Industrial Policy and Development (Oxford: Oxford University Press, 2009).

[20] BNDES, Boletim de Desempenho, December 2010.

[21] O Globo, September 27, 2010.

[22] O Globo, February 1, 2011.

[23] J. Hermann, "Development Banks in the Financial Liberalisation Era: The Case of BNDES in Brazil," CEPAL Review (April 2010): 189–205.

[24] R. J. Barro and J. W. Lee, "A New Data Set of Educational Attainment in the World, 1950–2010," NBER Working Paper no. 15,902 (2010).

[25] Radar—Tecnologia, Produção e Comércio Exterior, no. 11 (Rio de Janeiro: IPEA, 2010).

第二部分

核心问题展开

The Brazilian Economy
Growth and Development

第 10 章

对外部门：
对外贸易和外国投资

第二次世界大战后,巴西的国际经济政策可以分为几个明确的阶段。从20世纪40年代后期至60年代早期,进口替代工业化成为巴西政府的首要考量,国际经济政策也围绕着如何加快这一进程来制定。从1964年至1974年,巴西的政策制定者强调经济的合理化,试图矫正因大力推进进口替代工业化期间所引发的种种失衡和扭曲。如前几章所示,这包括较以往更强调以外向型为导向的国际经济政策。在1974年至20世纪80年代期间,石油危机和随后的债务危机让巴西开始重新重视进口替代工业化,而这一时期,寻找稳定的原料供应来源成为巴西国际经济政策的重心。从1990年起,巴西的政策制定者们通过降低贸易壁垒、放松对外国资本的约束等方式,逐步开放经济。然而,在21世纪头十年的后五年里,巴西的商品出口开始出现强劲增长,而工业制品的进口迅速扩大。这一切是否标志着进口替代化政策已被完全逆转呢?

进口替代工业化时期的国际经济政策

巴西在第二次世界大战期间积累了大量的外汇储备。由于主张国际自由贸易和注重控制物价上涨压力的思想在1945年上台的政府中占主导地位,所有贸易和外汇交易的壁垒被取消了,汇率则维持在战前水平(从1937年至1952年,官方汇率保持在1美元兑18.5旧克鲁塞罗)。这导致了进口激增,外汇储备在不到一年的时间里就出现了短缺，在1947年被迫重新实施贸易和货币限制措施。到1952年时，巴西的实际汇率几乎降到了1946年时的50%。尽管20世纪40年代后期所实施的这些保护性措施主要是为了应对巴西的国际收支困难，却也同时推动了20世纪30年代兴起的工业化进程——主要是日常消费品工业化——的持续发展。[1]

我们已经提到过，巴西政府是如何在20世纪50年代将进口替代工业化作为国家的主要发展战略，以及如何有意识地将20世纪40年代后期的保护措施用作推进进口替代工业化的工具，而非最初用于维护国际收支平衡。政策重点则放在尽可能多地扩大此前需要依赖进口的各类制成品的国内产能上。我们已经看到，为了达成这一目标，政府施行了不同类型的汇率管制体系和关税。其中包括对工业制品征收250%以上的关税。[2] 面向外国资本的政策相当优惠。不仅因为巴西这个巨大且得到高度保护的市场充满了吸引力，还因为政府颁布的其他政策也有利于在巴西国内设立生产设施的企业（见第四章）。

这种非正统的进口替代工业化政策很难从诸如世界银行、美国援助机构等国际性机构处获得资金支持。大部分资金都来自于国外的私人部门。

20世纪50年代，巴西的总体发展战略还是以内向型为主。进口替代工业化被用于降低巴西经济增长对全球传统工业中心的依赖；也就是说，新兴的工业部门将成为"经济增长引擎"。进口相关系数降低的速度被认为是这段时期政策成功的标志。

整个20世纪50年代，出口遭到了忽视。事实上，巴西的进口替代工业化政策对出口部门造成了伤害。长期高估的汇率抑制了传统和新兴出口部门的发展。这种忽视导致巴西出口商品的结构在20世纪50年代里几乎没有什么变化，而其经济结构已经发生了深刻转型。20世纪60年代早期，传统初级产品的出口额仍然占到了巴西总出口额的90%以上，而工业制品仅占到了2%。

20世纪60年代期间，事实开始表明，进口替代工业化时期对国际贸易的忽视，正在令巴西处于相当不利的局面。不断壮大的工业部门令原材料、中间产品以及资本货物成为必需品，而这些物品均已无法从国内市场获取，进口系数已经因此被压缩到了极限。长期以来对出口的忽视正在令巴西的国际收支平衡处于危险水平，因为出口收入下滑也迫使进口收缩，导致工业化进程停滞。巴西的经常账户赤字越积越多，而且由于融资困难，还积累了大量以供应商信用为主要形式的"非自愿债务"。到1964

年时，事实表明这种政策不能再被继续下去。

1964年至1974年的外向型政策

基于后进口替代工业化时期只有通过比20世纪50年代更开放的经济才能实现高速增长这样一个假设，1964年新政府上台后的经济政策制订者改弦更张。为了加快出口增长，加强出口多元化，政府采取了一系列的措施：取消国家出口税；简化出口行政流程；出台新政策，给予出口商出口税收优惠以及信贷补贴。[3]

在汇率政策方面，1964年执政的政府只是逐渐摸索出了一条符合出口多元化目标的方法。尽管多次大幅贬值有效地抵消了克鲁赛罗的高估，但每次贬值的间隔时间过长，导致高估和投机反复出现。1968年，政府采用了一种小幅度贬值体系，频繁但不可预期地实施小幅贬值。政府期望，该体系可以在持续通胀的情况下防止货币高估，可以最大限度地降低投机，以及可以避免汇率问题演变成为政治问题。[4]

进口方面的外向型政策则主要表现在1966年的关税改革，此次改革将巴西的平均名义关税从1964年至1966年的54%降至1967年的39%。虽然其后的时局变化导致关税再度上涨，但也没有达到改革前的水平。有证据表明，当时的名义关税要高出实际关税水平，原因是政府对优先项目的进口商品频繁给予关税上的特别减免。20世纪60年代后期和70年代早期，由于克鲁塞罗的贬值幅度低于通胀水平，实际保护政策的效果也大打折扣。[5]

1964年后的外资政策同时鼓励官方和私人贷款以及私人直接投资的流入。1964年后，巴西稳定的政局以及整体上的正统经济政策取向，为外国投资营造了良好的环境。然而，数年之后外国资本才开始大规模地流入巴西。1968年之前的经济停滞，以及1968—1974年经济繁荣的早期的制造业产能大量过剩，在很大程度上解释了外国直接投资直到1971年之后才大幅度增长的原因。在那以前，金融资本的流入占据了主要地位。外国直接投资直到20世纪60年代后期才出现可观增长。这种延迟主要由两个因素造成。首先，大型项目的可行性研究以及与世界银行、泛美开发银行（Inter-American Development Bank）和美国国际开发署（US Agency for International

Development）等机构的贷款谈判耗时过久。其次，外国私人投资者观望了一段时间，直到巴西政局稳定及新一届政府逐步明确了政策方向之后才进行投资。

巴西国内金融政策也推动了20世纪70年代私人贷款的大规模流入。比如，克鲁塞罗贬值的幅度大幅低于国内通胀率，金融票据的价格修正幅度也大于汇率贬值的幅度。这使得从国外借款对于巴西企业变得非常有吸引力。主要因国际资金的超额供应造成的大规模资金流入，增加了巴西的外汇储备，同时也带来了通货膨胀的压力。这迫使政府在1972年年底之后，开始逐渐对对外融资实行最短时间的要求。[6]

从"债务拉动增长"到"债务危机"

我们在前面分析了促使巴西在20世纪70年代中期实施债务拉动增长策略的环境。20世纪70年代后五年里所实施的政策中，有许多有助于促进出口多元化和加强许多行业的进口替代化投资，特别是资本货物方面。20世纪80年代早期爆发的债务危机，迫使政府不得不大力推动非常规的出口，并减少进口。一系列限制进口措施的实施、投资的减少（进口占投资份额通常很高）以及20世纪80年代延续多年的低增长率等，都导致了进口的大幅减少。最终的结果是，巴西持续实现年均贸易顺差，这对于偿还外债来说是必要的，因为债务危机也导致了资本流入的下降。

20世纪90年代及21世纪初的经济开放

我们在前面的章节曾说过，科洛尔总统的主要政策目标是实现巴西经济的开放。关税逐步降低，某些商品（比如电脑）的市场筹划被取消，各种对出口的人为激励措施也被取消。其后的几届总统也都延续了这些政策。[7] 另外，政府还逐步出台了一系列鼓励外商投资的政策。这些政策的目标是通过国际竞争提升经济的效率，并增加外国直接投资。许多实证研究发现，贸易自由化政策实施的十年里，巴西的要素生产力得到了极大提升。[8]

然而，西尔伯（Silber）指出，与全球的普遍情况相比，巴西的贸易自由化程度并不高。他发现，"与许多样本国家相比，巴西有着较高的名义关税"，而且，从20世纪90年代开始，巴西在贸易自由化方面也没有进一步的举措。[9]事实上，在20世纪90年代末期和21世纪最初10年，巴西反倾销和不公平的贸易保护措施曾十分活跃。加权平均名义关税从1987年的54.9%下降到1998年的13.4%。[10]而在1998—2008年这十年间，巴西共发起了295次反倾销调查，并对其中57%的案例征收反倾销税。[11]

巴西国际地位的统计摘要

在进口替代工业化时期，巴西的贸易依存度，包括货物及服务出口与占GDP比和货物及服务进口占GDP比，分别从1949年的各9%下降到1960年的5%和6%。在20世纪70年代和80年代，出口占GDP的比重稳步上升，并在1974年达到了最高的15%；在20世纪90年代早期，这一数字稳定在10%左右，90年代晚期再次下降到了7.5%，2005年，出口在GDP中的占比升至19.15%，而2010年又下跌到9.7%。进口占GDP的比重在1974年达到最高的13.3%，并在1989年跌至最低谷（5.5%），20世纪90年代初期再次出现回升，并在2004年达到了最高的13.3%，随后在2010年下降至8.7%。

附录表A.1中的国际收支平衡表反映了巴西在国际经济中的地位。2003年之前，巴西的经常项目几乎每年都处于赤字状态。1971年之前，巴西贸易平衡持续实现顺差。整个20世纪70年代，虽然出口增速较高（政府实施的出口刺激措施所致），但贸易平衡却一直处于逆差。这是因为高速增长的GDP（特别是1970年之后的投资增速）以及进口自由化政策刺激了进口的扩张，造成进口的增长速度超过出口。另外，国内经济的繁荣使得许多产业部门的产能无法满足国内需求，导致市场对进口的依赖程度更高。当然，1974年出现的巨大贸易逆差是由于石油价格的暴涨所导致。但是，政府与跨国企业雄心勃勃的投资计划也推动了资本货物和原材料进口的增加。1981年，贸易收支再次实现顺差，并一直保持到1995年。这段时期，出口保持稳定增长而进口却出现大幅下降。出口额从20世纪80年代早期的210亿美元增长至1994年的430亿美元，而进口却从80年代早期的220亿美元跌至80年代中期的135亿美元，直到1992年和1993

年才恢复到80年代早期的水平。

20世纪90年代后半段，巴西国际贸易收支再次出现严重逆差。1998年，由于进口额大幅超过出口额，贸易逆差达到了66亿美元，这也反映了在雷亚尔稳定计划的早期贸易自由化政策和汇率升值所带来的影响。1999年之后，巴西贸易逆差逐步缩小，2001年之后则连续多年实现了贸易顺差，这主要是由以下几个因素造成的：1999年雷亚尔的贬值刺激了出口，也减少了进口；巴西政府偶尔实施的进口限制；以及1999年至2005年间GDP与投资缓慢增长。巴西出口的繁荣反映了全球经济的普遍高增长，以及全球对巴西出口商品的强劲需求。本世纪头十年的后半段，巴西出口的显著增长反映了亚洲经济（特别是中国）的发展所带来的大宗商品出口的增长。这期间，随着雷亚尔的升值，许多出口工业制品在海外的竞争力有所下降。最终的结果就是，初级产品再次成为巴西主要的出口商品，在出口总额中的比重从2005年的29%上升至2011年的48%。

巴西的服务贸易持续赤字，其中最沉重的负担是资本偿付，其次便是运输成本。正如附录表A.1所示，20世纪70年代，这些支出的增幅很快，反映出巴西负债的攀升、对与利润汇出相伴的外国直接投资依赖性的增强，[12] 以及进口快速增长所带来的对外国运输服务的增加。

附录表A.1同样也显示了，在整个20世纪80年代和90年代，巴西的经常项目持续赤字。从2003年到2007年则转为顺差。2008年初，经常项目赤字重现，这反映了服务贸易赤字负担加重。

相当长的一段时间，经常项目赤字和分期偿付被更多的资本流入抵消。这种盈余在20世纪60年代末期和70年代早期很明显，并使得巴西积累了大量外汇储备。这段时期的大部分时间内，流入的资本大部分都是贷款，尽管从1972年起，每年的外国直接投资流入有了很大的增长，并一直持续到20世纪80年代中期。受巴西实行高利率而美国和欧洲的利率极低的影响。金融资本（短期）的净流入从2006年的90亿美元大幅增长至2007年的480亿美元；在2008年金融危机的影响下，这一数字又变为负数。2009年，金融资本净流入增长至460亿美元，而2010年则升至680亿美元。外国直接投资在2003年降至100亿美元，随后便稳步回升，2010年和2011年，外国直接投资总额分别是480亿美元和660亿美元。

第10章 对外部门：对外贸易和外国投资

石油危机之后，贷款开始大幅流入，巴西的负债也因此从1972年的95亿美元攀升至1987年的1075亿美元（不含短期债务）。然而，这些资本流入却并不足以弥补20世纪70年代末期和80年代早期巨大的经常项目赤字和分期付款。到期的分期付款偿付安排取决于定期的重新谈判。偿债比率（利息和本金在出口货物和服务中所占的比例）在1978年时超过50%，并在1982年达到83%。经过多年的重新谈判，这一比率下降至1991年的27.3%。

20世纪90年代，随着新自由主义政策的实施，巴西吸引了大量证券投资。因此，外国资本净流入从1991年的近乎为零暴增至1994年的73亿美元，而在1996—1998年间，外国资本年均净流入为173亿美元。由于亚洲和俄罗斯在20世纪90年代中叶出现危机，巴西的证券投资净流入也出现下降，直到2005年也没有恢复到20世纪90年代头五年里的水平。仅有2007年（2008年证券投资出现中断）、2009年和2010年，才达到年均540亿美元的水平（如前所述，这大部分是由于高企的利率造成的）。

20世纪90年代后半叶，外国直接投资大幅增长。90年代初期，这些投资总体规模不大，1990年至1993年年均投资总额为4.79亿美元。随后，外国直接资本开始飙升，并在2000年达到了328亿美元。外国资本流入增长的最主要动力是20世纪90年代后半期的私有化进程。21世纪初，巴西外国直接投资规模再次滑落，2001年至2005年间，年均投资额仅为160亿美元。在2008年增长至450亿美元之后，投资额再度于2009年跌落至260亿美元，并在2010年和2011年达到480亿美元和670亿美元。

巴西经济与全球的关联

尽管自20世纪60年代后期起，按绝对价值计算的出口额出现猛增，但增幅却低于全球贸易的增幅，导致巴西在全球出口贸易中的份额由1980年的0.99%下降至1991年的0.91%，随后在1998年，巴西的份额再次上升至0.94%，并在2011年达到了1.4%。在此期间，巴西设法将其国际经济关系多元化。

表10.1显示，咖啡出口明显下降，而非传统的初级产品，比如大豆出口显著增加。20世纪80年代中期，橙汁也成为巴西的重要出口商品，到了2011年，橙汁占巴

西出口总量的11.5%。[13]值得注意的是，工业制品的出口从1964年占出口总额的5%增长至1996年的69.4%，随后由于21世纪前半叶大宗商品出口强劲增长以及实际汇率的升值导致其份额在2011年跌至36%。21世纪初，巴西出口产品地域的多元化程度超过了前三十年。20世纪50年代，巴西41%的出口是销往美国，见表10.2，而到了1998年，这一比例降至19.3%，2011年则为10.1%；另一方面，欧洲在巴西出口市场中的比重却从20世纪40年代后期的23.3%上升至1970年的40%，21世纪的头五年里，欧洲的比重下降至20%；拉美市场的比重从1970年的11%上升至1998年的24.7%，在2005年跌至15.7%之后，又于2011年上升至22%。2011年，拉丁美洲在巴西进口货物中所占的比例为16.8%。

表10.1 进出口商品结构

（a）1955—2011年出口商品结构　　　　　　　　　　　　　　　　（%）

商品名称	1955	1960	1964	1974	1980	1985	1996	2005	2011
咖啡	59	56	53	13	14	11	4.4	2.48	2.5
糖	3	5	2	16	6	2	5.6	3.32	9.4
大豆及豆制品	—	—	—	11	9	8	5.7	7.67	5.2
铁矿石	2	4	6	7	8	8	5.6	7.73	13.3
工业制品	1	2	5	36	52	66	69.4	55.06	36
其他初级产品	35	33	34	17	11	5	9.3	23.74	33.6
总计	100	100	100	100	100	100	100	100	100

资料来源：巴西中央银行报告；国际初步审查单位数据。

（b）1972年进口商品结构　　　　　　　　　　　　　　　　　　　（%）

商品名称	1968—1972	1975	1985	1992	2005	2011
机械和设备	37.6	32.3	18.9	30.4	9.73	21.2
原油及衍生品	10.0	25.2	47.0	20.4	12.0	15.9
生铁和钢材	6.2	10.4	1.5	4.1[a]	1.89	
非金属矿	5.0	3.0	1.5		2.63	15.3
化工品	5.3	4.3	5.3	17.0	5.94	7.9
其他	35.9	24.8	25.8	28.1	67.63	39.7
总计	100.0	100.0	100.0	100.0	100.0	100.0

资料来源：伯格斯曼（1970年）；冯·德林杰（1975年）；巴西中央银行报告；国际初步审查单位数据。
注：a 包括非金属矿。

表10.2 1945—2011年进出口地区分布 (%)

(a) 出口							
国家	1945—1949	1957—1959	1970	1985	1998	2005	2011
美国	44.3	41.3	24.7	27.3	19.3	17.47	20.1
阿根廷			1.5	1.6	1.0	1.39	1.2
拉丁美洲及其他							8.9
荷兰			11.1	8.6	24.7	15.73	22.3
西欧及其他国家	23.3	26.3					5.3
中欧及东欧			40.3	30.0	28.8	20.23	20.7
中国			4.5	3.9	2.3	5.63	17.3
日本	3.0		5.3	5.5	3.8	4.63	3.7
亚洲及其他国家	32.4	29.4	12.6	23.1	20.1	23.75	0.5
(中东)			(0.6)	(5.9)	(4.8)	(11.17)	
总计	100.0	100.0	100.0	100.0	100.0	100.00	100.0
(b) 进口							
国家	1967	1970	1974	1985	1998	2005	2011
美国	35.4	32.9	24.2	19.8	23.7	17.47	15.0
加拿大	1.1	2.4	3.3	3.1	2.2	1.39	
拉丁美洲	13.0	10.5	7.1	12.2	20.1	15.73	17.0
西欧	31.3	35.1	30.4	17.6	29.1	20.23	21.5
中欧及东欧	4.8	2.1	1.3	2.3	1.4	5.63	
日本	3.1	6.4	8.8	3.8	5.7	4.63	30.9
亚洲及其他国家	11.3	10.6	24.9	41.2	17.9	33.75	15.6
(中东)	(7.1)	(5.5)	(17.1)	(22.1)	(5.5)	(11.17)	
总计	100.0	100.0	100.0	100.0	100.0	100.00	100.0

资料来源：巴西中央银行报告。

在进口方面，20世纪80年代，巴西的资本货物和中间品的进口下降，见表10.1（b），这种下降反映了80年代早期的衰退以及70年代资本品生产部门投资的结果。20世纪90年代资本货物份额的上升反映出，跨国企业对运输设备以及其他各种私有化的部门（比如钢铁、石油和公共设施）不断增长的直接投资兴趣。特别要注意的是，石油及衍生品占进口总量的比重从1968年至1972年的10%上升至1981年的51.3%，这反映出当时欧佩克石油组织的做法导致的石油价格飙升。而随后几年，石油及衍生品在进口总量中份额的下降也反映了石油价格在20世纪80年代的下跌以及巴西国内石油产量的提升。进口来源地也逐渐多元化，最显著的是巴西对美国市场的进口依赖程度在下降。

20世纪80年代后期和整个90年代，巴西与其他拉美国家贸易往来的增长在很大程度上是得益于南方共同市场协议的签署，这项由巴西、阿根廷、巴拉圭以及乌拉圭等国签署的一体化协议在1990年生效。[14] 1992年至1993年，巴西对阿根廷存在着巨大的贸易顺差，主要原因是阿根廷在实行货币发行局制度之后，阿根廷比索出现的高估。巴西对阿根廷出口的大幅增长也迫使阿根廷政府对某些遭受巴西出口商品打击的行业实行一定的保护，这种保护措施主要是针对巴西出口商品征收特别税，而非重新提高关税。1994年底，巴西雷亚尔大幅升值，进而导致对阿根廷进口的激增，而这又导致巴西政府采取了一系列的保护性措施，并威胁到南方共同市场协议。1999年初，形势再次变化，巴西雷亚尔的贬值导致巴西对阿根廷进口陡降而出口猛增，并再次造成两国之间经贸关系的紧张，威胁南方共同市场的稳定。两国的行为明显不符合南方共同市场的精神，这也反映出，区域一体化成功需要有一整套的经济政策（货币、财政以及汇率）等的协调。[15]

贸易政策

20世纪70年代的石油危机迫使巴西加大出口扶持的力度，并改变其进口策略。推动出口的关键就在于延续出口刺激政策（税收激励和信贷补贴），而这招致巴西在多种场合遭到美国和欧洲的批评。决定出口增长的另一个重要因素是进口巴西工业品和工业原材料的进口工业经济增长。21世纪的头十年里，中国经济的高速增长也对巴西的出口，特别是矿产品的出口，产生了积极影响。

为了应对20世纪70年代的石油危机，巴西政府采取了各种措施对进口进行管制，并再次实行高强度的进口替代战略，特别是在钢铁、金属制品、资本货物和石油及衍生品等方面。

巴西政策制定者们并未像观察家们所预期的那样灵活运用爬行钉住汇率制度。

第10章 对外部门：对外贸易和外国投资

一方面，政府面临着让克鲁塞罗较过去更快贬值的压力。20世纪70年代的贬值率持续低于国内的通胀率（即使减去主要贸易伙伴的通胀率之后也是如此），巴西通货膨胀率在1967年至1973年间出现下降之后又再度攀升。20世纪70年代，出口刺激措施抵消了货币高估的负面影响。政府不愿货币贬值的主要原因是担心这一举措会令因石油危机而引起的通货膨胀雪上加霜。另外，由于巴西的商业活动严重依赖海外贷款，每一次货币贬值都意味着以克鲁塞罗计算的负债增加，这会推升国内利率并因此打击新的投资，进而影响经济增长速度。但是，正如第5章所述，20世纪80年代的债务危机和来自工业发达国家政府的压力使巴西出口刺激措施减少或减弱，也导致政府对货币进行大幅贬值，并采用与国内通胀率同步调整的爬行钉住汇率制。

正如前几章所述，巴西在1994年年中采用雷亚尔之后，大规模资本流入引起了新货币的大幅升值。汇率也被用来作为稳定经济的工具之一。最终结果是进口增幅远超出口，导致保护主义不时抬头。然而，亚洲和俄罗斯危机的影响最终导致巴西放弃了高汇率政策，雷亚尔在1999年1月出现大幅贬值。

雷亚尔贬值刺激了巴西出口，出口额从1999年的480亿美元大幅增至2011年的2560亿美元。进口增长要缓慢得多，这使得巴西贸易收支从1998年的66亿美元赤字一举扭转为21世纪初的连续盈余，在2005年达到448亿美元。在2010年小幅跌至298亿美元之后，贸易顺差又在2011年再度增长至298亿美元。巴西出口增长起先是得益于1999年货币贬值所带来的竞争优势，然而，在21世纪初，雷亚尔再度升值，但巴西出口增长却依旧强劲。雷亚尔的升值主要是由于巴西国内高企的利率，吸引了大量资本涌入。虽然货币升值对部分行业（比如纺织业和制鞋业）造成损害，但2000年至2011年间，全球经济，特别是亚洲经济的高速发展却为巴西许多行业带来了机遇（比如对经济繁荣的中国的矿石出口以及某些特定的制造业，比如支线飞机的出口等）。而这段时期出口相对较弱的部分是由于巴西GDP增幅放缓和较低的投资所造成的。

寻找能源供应

20世纪70年代末，巴西的石油产量仅能满足国内经济发展需求的20%。20世纪80

年代初，新油田（主要是海洋石油）的发现令巴西逐渐降低了对进口石油的依赖，2006年，政府宣布巴西实现原油的自给自足。巴西钢铁行业仍然依赖进口煤炭，而工业则依赖于进口天然气（主要来自玻利维亚），也需要进口铜、锡、锌以及化工品等原材料。因此，巴西的诸多对外经济政策动机是受到实现原料自给自足或是确保这些关键原材料稳定供应的意愿所驱动。1975年10月，巴西通过与外资石油公司签署"风险契约"的方式，史无前例地放开了一直由国有石油公司巴西石油所专享的石油开采权，外资石油公司被允许在指定的地区进行石油勘测，一旦发现油田，收益将会由外资石油公司与巴西石油公司共享。政府希望借此方式为耗资巨大的石油勘测活动引入外国资金，并更快地提升巴西石油产能。

加强同与巴拉圭及玻利维亚之间的经济关系也是出于能源战略考虑。巴拉圭和巴西以合资企业的形式建造全球最大的伊泰普水电站，令巴拉圭一举成为全球最大的电力出口国，也极大地满足了巴西中南部地区的能源需求。同样，巴西在玻利维亚的大规模投资也旨在为巴西工业中心的发展提供丰富的天然气和其他原材料。2006年，玻利维亚新政府将巴西在该国的天然气生产工厂国有化，曾一度导致两国之间出现紧张局面。但是，考虑到两国在这个领域的互相依赖程度（巴西需要天然气，而玻利维亚也没有其他的销售市场），两国展开旷日持久的谈判以解决分歧。

外　　债

巴西的外债从1992年的1350亿美元上升至1999年的2230亿美元，随后在2006年6月降至1580亿美元。表10.3（a）显示，巴西外债来源也发生了巨大的变化。1991年，巴西有60%的债务是来自于银行（20世纪70年代及80年代早期国际银行大举借贷的产物），而这一比例后来出现了大幅下降，并在2005年达到9.3%；到2011年已经消失。同样，2005年，巴西也还清了国际货币基金组织的全部债务。2011年，巴西的主要债务针对外国债券持有人。表10.3（b）中显示，政府成功地延长了外债的期限。1985年，大约有36%的外债是5年期以上的，到了1999年，这一比例升至50%，在2005年又小幅下降至46%。

表10.3 巴西的外债

(a) 外债来源分布 (%)

机构名称	1991年	1998年	2005年	2009年
商业银行	60.1	29.9	9.3	45.1
国际货币基金组织	1.3	21.6	—	
世界银行	8.8	2.8		4.3
泛美开发	2.7	2.9	12.9[a]	6.3
国际金融公司	0.5	1.0		1.8
美国政府		1.3		
日本进出口银行		0.4	4.8[b]	
德国政府发展银行		1.8		
供应商欠款	20.5	33.1	12.8	
其他	6.1	5.2	60.2	42.5
总计	100.0	100.0	100.0	100.0

资料来源：巴西中央银行1991, 1998, 2005, 2011年年报
注：a. 国际组织；b. 政府机构

(b) 外债期限结构 (%)

期限	1985年	1999年	2005年	2009年
1年期	12	23	16	14
2年期	14	11	13	14
3年期	14	6	9	11
4年期	12	5	8	
5年期	12	5	8	
5年以上	36	50	46	

资料来源：巴西中央银行年报

尽管巴西的债务通常令其处于不利的地位，但也不是没有好处。国家债务拖累经济的有如下几个原因：大量的外汇收入用于偿还外债，抬升新增外债的价格，在需要再融资的情况下，过多的外债会令国家在与主要债权国谈判时处于不利的位置，外债还会干扰国内信贷政策的制定，因为发行新债需要对国内的信贷政策进行调整，最后，债务的增长也会令巴西受到债权国要求给予跨国经营活动更多优惠待遇的压力。

从积极的方面看，巴西这样大且重要的国家拥有高额外债可以使政府获得一些谈判优势。由于存在大量投资，跨国企业成了投资国福利的重要利益相关方，至关重

要；而且由于一些大型私人金融机构的巨额贷款与国家整体债务息息相关，这些公司和债权人强烈希望巴西保持经济增长，达到并保持国际收支平衡，巴西许多届政府都利用这种顾虑来扩大贸易并获得新的贷款。

2002年，公共外债占当年GDP的22%，而到了2006年，这一比例下降至9.6%。2004年，公共债务总额占GDP的比重上升至58.6%，而在2006年年中又降至50.6%。巴西在21世纪初期利用良好的国际贸易收支情况来降低外债规模。

在巴西的外国投资

自该国独立以来，外资就在巴西经济中扮演着极为重要的角色，但几乎从一开始，对外资所带来的影响的争议就未曾停歇。在国家的发展中，外资到底是起到了推动还是抑制或是扭曲的作用？从以下的证据来看，这是今日巴西所不得不思考的问题。

历史角度

巴西独立之初，外资（特别是英国资本）主要集中在金融和贸易领域。尽管出口商品（咖啡和糖）的生产主要是由巴西人所控制，但航运、出口融资以及制成品的进口则被外国人把持。在英国政府的压力下，英国货物轻松进入巴西市场（作为英国人在政治上支持巴西独立的交换条件），也令巴西在20世纪前一直作为初级产品出口国。[16]

19世纪后半叶，大量外资涌入巴西兴建经济基础设施，包括铁路、港口、城市公共设施等，这些基础设施大多是为了将作为初级产品出口国的巴西更有效地融入到全球经济中。资金来源包括外国直接投资也有通过发行债券为项目融资。1880年，涌入巴西的外资存量总额达到了约1.9亿美元，随后在1914年和1930年分别达到了19亿美元和26亿美元。20世纪30年代之前，英国在巴西的外国投资中占主导地位，尽管美国企业在巴西的投资份额在20世纪以来逐步上升。1930年，巴西外国资本中，英国资本占据了一半，而美国资本则达到25%。[17]

20世纪30年代之前，外国资本为巴西经济增长提供了资源和技术，但在当时，许多观察家们开始担忧这些资本对其所推动的发展本质的影响，以及其对国家造成的损失。[18]20世纪30年代，对外国资本最常见的批评如下：

1. 修建铁路和港口的目的仅仅是为了将国家更有效地融入全球经济，也就是说，将内陆的初级产品出口至海外市场，并能够更有效地进口工业制品，而非将巴西不同地区整合成更广阔的国内市场。

2. 巴西政府承诺给予外国公司固定的投资回报率，高利率使得借款极高，巴西国内实行较高的利率，给予承销商在国际金融市场中承销巴西债权高折价，这些都导致了外资使用成本的高企。[19]

3. 为了确保能够快速收回投资，外商独资公用事业企业的收费通常很高，但服务质量却不尽如人意。自20世纪30年代起，政府对公用事业收费的控制逐渐收紧，导致外国资本在这一领域份额的下降，管制措施也导致公用事业的利润大幅下滑，政府最终实现了对大部分外商独资公用事业企业的国有化。[20]

20世纪20年代，外国投资继续涌入巴西，尽管同第一次世界大战前相比，增速已有所回落。部分资本流入公用事业、金融和商业领域，而其他资本则投资于新兴工业企业（尽管第二次世界大战前，制造业仍被国内资本所控制）。[21]进入20世纪30年代，大萧条令外国资本的流入几乎停滞。

1950 年至 1986 年期间

从20世纪50年代早期起，巴西实施进口替代工业化战略以推动经济的发展，外国资本开始涌入制造业，公用事业中的外国资本已不见踪影。这是政府对外国资本给予一系列鼓励政策的结果。政府认为只有大力引入外国资本和技术，才有可能实现进口替代工业化的快速发展。而外国资本退出公用事业领域的原因在于政府的管制措施令公用事业的投资回报率下降，以及担忧政府会对外国控制的战略部门实施国有化。[22]

正如表10.4所示,第二次世界大战前,美国投资主要集中在公用事业、贸易、金融和石油销售领域,这一结构在第二次世界大战后的数十年间发生了巨大的变化,到了1980年,公用事业领域中的外国资本几乎完全消失,而在外国投资总额中,制造业的比重从1980年的68%上升至1992年的75%。到了20世纪90年代中期,巴西私有化计划将公用事业涵盖在内,一大批外国企业也开始参与到私有化进程之中,情形再次发生变化。2005年,美国在巴西的投资总额中,公用事业领域占据26%以上。表10.5反映了巴西外国资本的行业分布。2005年,制造业在外国资本投资总额中份额的相对下滑主要是由于部分外资在20世纪90年代后半叶的私有化进程推动下,重新进入公用事业领域造成的。

表10.4　1929—2010年美国在巴西投资的行业分布　　　　（%）

行业	1929年	1940年	1952年	1980年	1992年	1998年	2005年	2010年
工业制品业	23.7	29.2	50.6	68.0	74.6	59.0	41.60	41.7
石油销售业	11.9	12.9	17.1	4.7	4.1	4.8	—	—
公用事业[a]	50.0	46.7	14.9	7.3	2.4	—	—	—
贸易业	8.2	7.5	17.4[b]	—	—	—	1.33	4.1
银行业				1.7	6.3	4.5	26.47	
金融业[c]				10.8	11.4	12.4	13.61	20.5
矿业				1.9	—	—	6.29	6.2
其他	6.2	3.7		5.6	1.2	19.3	10.7	27.5
总计	100.0	100.0	100.0	100.0	100.0	100.0	100.0	100.00

资料来源：Calculated from United Nations, Foreign Capital in Latin America (New York: United Nations, 1955), p. 51; Malan, Bonelli, Abreu, and Pereira (1977), p. 181; US Department of Commerce, Survey of Current Business, various issues.

注：a. 包括交通运输业；b. 贸易和其他行业；c. 不包括银行业。

表10.5揭示出,在制造业内部,外国资本主要集中在化工、运输工具、食品和饮料以及机械产品方面。2005年,外国投资在公用事业和金融领域中的份额十分显眼。这是由于私有化进程,特别是20世纪90年代后半叶公用事业领域私有化进程加速的结果。而外国资本在金融领域中的增多主要是巴西法律放松了对外国银行收购、并购巴西本土银行的管制。

第二次世界大战后,美国成为巴西外国资本的首要来源国,1951年,美国资本占据巴西外国资本总额的44%。表10.6显示,从20世纪50年代起,进入巴西的外国资本的来源开始多元化。到2005年,美国资本在巴西外国资本总额中的比例下降到了21.6%,而加拿大、法国、德国、荷兰和西班牙所占的比例则逐步上升。

表10.7显示了外资在不同行业相对重要性的更为具体的信息。表10.7(a)是1992年每个行业内20家最大公司的销售额。1992年,国内私营企业在14个行业内占据主导地位,而外资在9个行业称雄,国有企业在3个行业内领先。表10.7(b)则反映的是2005年的调查结果,该调查研究了20个行业内15家最大的公司。其中,本土私营企业在14个行业内占据主导地位,外资企业在5个行业中独占鳌头,而国有企业仅在1个行业内领先。这是20世纪90年代私有化进程的结果,巴西本土私营企业在矿业中取代国有企业,而本土私营企业和外资企业则在电力、电信和钢铁行业获得特许经营权合同。

表10.5 1996—2009年外国投资总额的行业分布 (%)

行业	1976年	1981年	1991年	2005年	2009年
采矿业和农业	3	3	2	4.50	0.9
制造业	81	76	69	35.90	30.2
非金属矿	3	2	2	0.08	
金属制造	8	8	8	0.55	0.3
机械制造	8	10	8	2.47	3.0
电力机械制造	9	8	8	1.83	
运输设备制造	13	13	10	6.28	10.6
造纸	3	2	2	0.77	2.6
橡胶	2	2	2	1.50	0.4
化工制药	18	17	13	3.53	6.0
纺织服装	8	7	2	0.74	0.2
食品饮料	7	6	5	7.95	1.6
烟草	2	1	1		
其他制造业				10.20	4.0
公用事业	3	0	0	6.80	
金融业				8.10	37.0

续表

行业	1976年	1981年	1991年	2005年	2009年
其他	13	21	29	44.7	31.9
总计	100	100	100	100.00	100.0

资料来源：根据巴西经济联合会与巴西中央银行多份报告计算。

表10.6　1951—2009年外国直接投资来源国分布　　　　（%）

国家	1951年	1980年	1991年	2000年	2005年	2009年
美国	43.9	30	30	23.78	21.6	19.1
加拿大	30.3	4	6	1.97	6.7	1.9
英国	12.1	6 7	1.44	1.5	0.8	
法国	3.3	4	5	6.73	6.7	1.3
乌拉圭	3.1	0.1	1	2.04	1.5	6.5
巴拿马	2.3	3	2	1.53	1.2	16.6
德国	13	14	4.95	4.7	2.7	
瑞士	10	8	2.19	1.9	1.1	
瑞典	2	2	1.53	1.0	0.2	
荷兰	2	2	10.73	14.5	30.0	
日本	10	10	2.40	3.1	1.9	
西班牙	6.2	9.4	3.2			
卢森堡	2	2	0.5	1.7	0.2	
其他	5	10.9	8	34.01	24.5	14.5
总计	100	100	100	100.00	100.0	100.0

资料来源：根据巴西经济联合会与巴西中央银行多份报告计算

表10.7　1992年和2005年巴西本土私营企业、国有企业及外资企业份额

（a）1992年

行业	本土私营企业	外资企业	本土国有企业	总计
巴西本土企业主导的行业				
农业	100	0	0	100
零售业	100	0	0	100

续表

行业	本土私营企业	外资企业	本土国有企业	总计
建筑业	100	0	0	100
汽车销售业	100	0	0	100
木材及家具业	97	3	0	100
服装业	90	10	0	100
酒店业	85	15	0	100
纺织业	85	15	0	100
造纸及纤维素业	81	19	0	100
超市业	77	23	0	100
批发业	75	25	0	100
化肥业	75	7	18	100
交通服务业	68	1	31	100
电气产品业	67	33	0	100
非金属矿产业	67	33	0	100
食品生产业	64	36	0	100
钢铁业	56	6	37	100
运输设备业	46	45	9	100
金属制品业	44	48	8	100
外资主导行业				
汽车及零部件业	6	94	0	100
卫生用品业	12	88	0	100
制药业	18	82	0	100
电脑业	33	65	2	100
塑料及橡胶业	35	65	0	100
饮料及烟草业	40	60	0	100
汽油销售业	12	55	33	100
机械和设备业	50	50	0	100
国有企业主导行业				
公用事业	0	0	100	100
化工品及石油化工业	13	21	66	100
矿业	32	7	61	100

资料来源："Os Melhores e Maiores," Exame,1993年8月。
注：每个行业包括了20家最大的企业。

续表

(b) 2005年

行业	本土私营企业	外资企业	本土国有企业	总计
巴西本土企业主导行业				
农业				
零售业	100	0	0	100
建筑业	100	0	0	100
服装业	100	0	0	100
矿业	93	7	0	100
交通服务业	83	0	17	100
造纸及纤维素业	82	18	0	100
钢铁及金属制品业	73	27	0	100
建筑材料业	71	29	0	100
制药、卫生用品及化妆品业	63	37	0	100
造纸、纤维素批发业	57	2	41	100
塑料及橡胶业	51	49	0	100
电业	50	31	19	100
电脑及制品业	47	32	21	100
外资企业主导行业				
食品生产业	35	65	0	100
电气产品业	36	64	0	100
机械及设备业	40	60	0	100
汽车零部件业	42	58	0	100
电信业	48	52	0	100
国有企业主导行业				
化工品及石化业	19	6	75	100

资料来源："Os Melhores e Maiores," Exame, 2005年7月。

注：每个行业包括了15家最大的企业。

第10章 对外部门：对外贸易和外国投资

跨国企业的得失：宏观视角

考虑到巴西外国资本当前的结构，这些资本对于巴西的增长和发展发展有哪些积极和消极的影响呢？下面就先归纳一下双方的观点，随后会对目前所有的证据进行讨论。

收　　益

外资流入对国际收支平衡有着积极的影响，特别是在新兴行业发展的早期阶段以及快速发展的阶段，因此外国公司会汇入大量的外汇以支持企业的经营活动。这对巴西来说尤为重要，因为巴西国内长期私人借贷资金不足，也很难通过发行股票来获得跨国企业大规模扩张需要的资金，企业获得长期政府信贷（通过巴西国家发展银行）的机会也有限。当然，一旦跨国企业的子公司成立，投资额的很一大部分来自于留存收益。

外国资本带来的第二个益处是快速引入高新技术，使东道国能够在短时间内建立新型工业部门。以巴西为例，无论是20世纪50年代快速发展的进口替代工业化进程，还是20世纪60年代末期和70年代早期的工业繁荣扩张都相当依赖跨国企业巴西子公司所引入的国外技术。在实施进口替代工业化之前，巴西的国内市场、技术水平和财政实力都相当有限，如果不依靠跨国企业，巴西新型工业部门的兴起会需要更长的时间。

除了引入高新技术，跨国企业还引入了全新的组织和管理经验。大型企业需要复杂的工业化运营，无论是生产还是管理，都需要一定的组织架构，而巴西此前却鲜有现代企业组织架构。

大型跨国企业还改变了巴西本土企业的技术和组织架构。由于大多要依赖向当地公司采购（有些是根据政府政策要求，只能向本土企业采购），大部分跨国企业都要向本土企业转移技术。在这一过程中，许多巴西本土供应商的组织结构变得更为高效,产品质量也不断改进,以符合跨国企业客户的质量标准。

外国资本的进入不但创造了就业岗位,而且还通过培训本土员工和管理人员的方式,大大提升了巴西的劳动力素质。大部分跨国企业的雇员几乎都是巴西本土员工。

最后,大批跨国企业进入巴西制造业也大大推动了政府自20世纪60年代末期所倡导的出口多元化策略。由于生产基地和营销网络遍布全球,在巴西的跨国企业在帮助巴西政府推动工业制品的出口上处在非常有利的地位。[23]

成　　本

自从巴西的政策制定者们决定鼓励引进外资,推动建立进口替代化工业产业以来,巴西国内出现了许多围绕着大型跨国企业在经济中带来的问题的讨论和学术文献。[24]

对国际收支平衡的影响。跨国企业海外扩展的首要动力便是获取利润,因此,这些利润中的大部分迟早都会被汇回母公司,进而导致东道国外汇储备的枯竭。

跨国企业的海外业务不仅满足于盈利,而且由于相比起本国或其他工业发达国家,跨国企业在第三世界国家的投资被认为风险更大,比如政府会实施国有化,或是政府更迭而导致的管制加强或国际收支平衡困难所导致的货币不可兑换等,因此,跨国企业通常会要求更高的海外投资回报率以抵消这些风险。虽然从投资者的角度来说,这无可厚非,但却不可避免地会与东道国的众多群体的观点产生冲突,他们认为,比起人均收入水平相对较高的本国,跨国企业试图从不发达国家攫取更高的投资回报。

由于大部分第三世界国家都对利润汇出有着各种限制,人们普遍怀疑许多跨国企业通过转移定价,即母公司对子公司进口商品的定价调高的方式,暗中将利润转回母公司。[25] 转移定价的另一层目的是避税,以及出于公共关系的目的,给大众留下跨国企业利润单薄的印象。当然,跨国企业都矢口否认采用转移定价,而且也很难找出任何实质性的证据。

不合适的技术。有批评者指出，创造工业就业岗位是包括巴西在内的第三世界国家最主要的社会经济问题，而许多跨国企业对此毫无贡献。他们只是引入并不符合东道国实际的资金密集型技术，因此，跨国企业在就业方面的贡献微乎其微。由于回报率低，跨国企业并不十分热衷投入重金去调整更新技术以适应当地情况。对于跨国企业来说，巴西等第三世界国家最大吸引力在于，他们可以在这些国家市场上获取超额回报，作为此前本国研发成本和费用的补偿。

也有批评者认为，跨国企业不愿在东道国进行基础研发工作。虽然许多公司都会创办实验室之类的机构，但这些机构通常只负责质量控制而不参与基础技术的研发。技术是发达国家最重要的谈判筹码，因此，他们很少愿意将先进技术研发能力转移到东道国。许多人认为，这种技术封锁是造成巴西等国家对外国技术持续依赖的一个原因。

最后，由于跨国企业的母公司负责研发，因此，他们会通过各种方式对海外子公司收取技术使用费。跨国企业付出研发成本，进行技术和产品的创新，进而令全体消费者获益，因此通过高定价来收回成本也无可指摘，但跨国企业分散成本的方式却鲜见公平。事实上，许多观察家指出，海外子公司通过向母公司支付技术使用费，暗中进行汇回利润的操作。

去国有化。在新兴国家市场上，实力雄厚的跨国企业往往会阻碍本土企业的发展，这些企业无论是在资金或是技术上，都无力与跨国企业相抗衡。在部分行业，随着跨国企业的进入，曾经占据主导地位的本土企业的市场份额逐渐萎缩甚至完全被跨国企业所取代。

还可以从另一个角度来看待去国有化。鉴于东道国经济中最有活力的部门通常由跨国企业主导，从而形成了一种决策地点向国外转移的趋势。跨国企业一般都会将许多决策过程集中到母公司，在那里制定旨在提高母公司国际地位的政策。而就东道国的立场而言，最终的决策却未必就是最好的。

消费扭曲。巴西进口替代工业化致力于推动在本国生产曾经依赖于进口的商品。国内需求取决于国民收入的分配，而这种分配又是集中的，因此，进口替代就意味着创建能够反映现有消费需求的生产。由于跨国企业在进口替代工业化产业中占据主导地位，他们在新型生产结构中已有一席之地而并没有改变现状的动力和意愿。跨国企业担心国民收入分配的重大变革会减少他们的市场份额。另外一种看法认为，跨国企业希望通过广告和信贷（比如吸引低收入群体购买汽车而非其他基本生活必需品）等方式来影响低收入群体购买他们的产品，以达到提升市场占有率的目的，而这种做法则会"扭曲"他们的消费模式。

政治影响。没有人会天真地认为跨国企业在政治上是中立的。历史上的极端案例比比皆是，20世纪70年代，智利的跨国企业直接参与到政治行动之中；而在同时期的秘鲁，跨国企业向本国政府施压，以最大化地获得国有化补偿。而在不那么极端的例子中，跨国企业很自然地会利用自身的政治影响力，通过本国的外交渠道，影响和干预东道国的政策制定，比如放松对进口、物价的管制、劳工政策以及利润汇出法规等。而东道国的抗压程度则因所处环境不同而各异，比如其是否面临国际多边组织的贷款到期或国际债务重组等。

这些政治上的负面影响被视为是进口替代工业化和国家发展中，过度依赖跨国企业的代价。如果东道国民众对此过于敏感而造成这种代价威胁到国家主权的话，政府便会减少对外国资本的依赖，哪怕这会减缓经济增长速度。

经验证据的简要回顾

收益

有关跨国企业在巴西所获取利润，包括他们对国际收支平衡影响的详细资料很难获得。外国直接投资的涌入——净收入再投资——相对于国际收支平衡来说规模很小。1977年至1986年间，外国直接投资在巴西所获得的国际贷款总额的10%至15%之间浮动。而当去掉跨国企业的汇出利润之后，见表10.8，外国直接投资对国际收支平衡的贡献就更微不足道。留存收益在外国直接投资中的比重也很大。1982年和1986年，留存收益总额甚至超过了直接投资流入总额。基于更广泛的国际收支平衡数据来看，利润汇出率从1971年的近16%降低至1980年的5.5%，而同一时期，美国的企业利润率约为12.8%。表10.9的数据是来自每种权益结构的50家最大公司的资产负债表，呈现出了更高的利润率（尽管巴西本土企业的利润率要高于跨国企业）。

相比于巴西本土企业或本国企业，跨国企业在巴西的利润率似乎并非很高，汇出利润水平也十分节制。人们对跨国企业的主要担忧是其暗中转移利润。有关转移定价的证据很少，而实施的机会却很多，因为大多数跨国企业的对外贸易都发生在公司内部。20世纪70年代早期，超过70%跨国企业的销售额都是发生在其与母公司之间。[26] 20世纪80年代早期的一项研究发现：

> 除了金属、木制品和橡胶领域，跨国企业内部的出口交易额占据出口总额的一半以上……在机械制造业，这一份额达到88%，而在技术和科学仪器领域，内部出口交易额占到出口总额的100%。[27]

表10.8　1967—2011年外国资本的存量、流动及收入（单位：百万美元）

年份	直接投资总额	工业投资总额
1967年	3728	
1973年	4579	3603
1980年	17480	13005
1985年	25664	19182
1990年	37143	25729
2000年	103014	34726
2005年	197515	
2011年	292200	

年份	外国直接投资流入	证券投资	利润汇出
1977年	935	458	
1978年	1196	564	
1979年	1685	740	
1980年	1487	544	
1981年	2522	1	587
1982年	3115	2	585
1983年	1326	−279	758
1984年	1501	−268	796
1985年	1418	−228	1056

续表

年份	外国直接投资流入	证券投资	利润汇出
1986年	317	−476	1350
1987年	1169	−428	909
1988年	2805	−498	1539
1989年	1130	−391	2383
1990年	989	579	1593
1991年	1102	3808	665
1992年	2061	14466	748
1993年	1291	12929	1930
1994年	2150	54047	2566
1995年	4405	10372	2951
1996年	10792	22022	2831
1997年	18993	10908	5443
1998年	28578	18582	6856
1999年	28578	3542	4115
2000年	32779	8651	3316
2001年	22457	872	4961
2002年	16590	−4797	5162
2003年	10144	5129	5641
2004年	18156	−3996	7338
2005年	15066	6655	12686
2006年	18782		
2007年	34585		
2008年	45058		
2009年	25949		
2010年	48506		
2011年	66660		

资料来源：巴西经济联合会。

表10.9 巴西本土私营企业、国有企业及外资企业运营比较（毛利润占净资产） （%）

年份	本土私营企业	跨国企业	国有企业
1977年	25.2	23.4	7.8
1979年	11.8	7.7	4.8
1980年	19.1	15.6	2.3
1983年	11.2	9.6	3.0
1984年	10.7	12.1	4.6
1985年	13.1	16.4	2.5

资料来源："Melhores e Maiores" Exame。
注：每个行业包括前50家最大的企业。

一项针对1975年至1977年巴西跨国企业的调查同样显示，跨国企业在大多数行业都是贸易逆差，这就为实施某种形式的转移定价提供了机会。随后的一项针对1974—1984年间的调查显示，跨国企业的进/出口率差别很大，从烟草行业的18.5%到运输设备行业的4.1%，而化工行业和非金属矿业则分别为0.4%和0.3%。[28]

有关技术支付的具体数据却很难获得，这或许是规避利润汇出限制的一种途径。自从20世纪60年代起，对技术限制的法规日益严厉。只有当跨国企业在巴西企业中的控股权在50%以下时，才可以收取专利权税。技术与专利使用转让协议的签署也会经受严格的限制和审查。政府所允许的特许使用权费或技术支持费都不得超过企业总销售额的5%。1973年，技术支持费用仅为1.36亿美元。特许使用权费也相对较少，仅占1995年至2005年间出口总价值的1%。

技术

很少有人系统性地研究跨国企业在巴西技术方面的活动。[29]在这个领域，莫利（Morley）和史密斯（Smith）就在金属加工工业展开了一项杰出的研究。[30]在比较了美国跨国企业在本土与巴西工厂的操作之后，他们发现，美国企业在本土工厂运用"更多自动化和专用机械设备，"[31]然而，他们也发现：

> 在美国跨国企业的海外业务中，我们拜访的所有的资本货物生产商都指出，他们使用了几乎与美国母公司相同的自动化水平，但我们怀疑会改变这一

决定，即使这里的劳动力成本远低于美国。[32]

他们注意到，在金属冲压工序中，装卸工作的自动化水平很低。他们总结道："我们在报告中的证据表明……跨国企业在巴西大幅修改了生产流程……他们也倾向于在物料管理和生产后勤中用劳动力来取代资本……"[33] 跨国企业在本国工厂与巴西工厂使用不同生产技术的最根本原因在于"生产规模的差异而非廉价劳动力。在跨国企业本国产出水平上，大部分公司都表示愿意在巴西使用与本国工厂相同的生产技术，尽管巴西的劳动力成本仅为美国的五分之一"。[34]

纽法默（Newfarmer）和马什（Marsh）在一项有关巴西电力技术的研究中，将跨国企业与巴西本土企业进行了比较。他们发现，后者每单位资本所雇佣的劳动力要高于前者。[35]

然而，即便是跨国企业在技术上做了调整，也很难看出会对总体就业水平产生怎样的影响，因为大多数跨国企业的投资都集中在资金密集型产业中。值得注意的是，在20世纪50年代进口替代工业化时期，许多跨国企业通过进口二手设备在巴西建厂，这可以看做当时跨国企业对政府支持劳动密集型技术的主动选择。自20世纪60年代下半叶开始，随着政府对出口商品多元化的重视，跨国企业和本土企业都采用新型设备来进行扩张，采用最先进的技术。企业将此视之为提升在国际市场中竞争力的必然选择。[36]

至于通过研发活动促进新技术的开发，跨国企业贡献就略显不足。埃文斯（Evans）发现，在巴西跨国企业的海外分公司的研发费用，仅占其母公司研发费用的约五分之一。如果这些巴西分公司的研发费占销售额的比重也能达到其在美国本土水平的话，那么巴西市场的总研发费用应该是1.5亿美元，而非如今的3000万美元。[37]

如果考虑到研发费用中既包括实验室中的质量控制的费用，也包含纯尖端研究费用的话，那么跨国企业在巴西的实际研发费用还要更低。

公平考量

收入分配通常与产业的技术特征相关,从这个意义上看,跨国企业提升了巴西的收入集中度。也就是说,跨国企业较高的资本/劳动力比率也揭示了收入分配变化的明显趋势,虽然跨国企业员工的福利比巴西本土私营企业的福利待遇更为优越。1972年,制造行业中跨国企业的平均薪酬比同行业的本土企业高出30%。而同期,跨国企业的生产率比后者高出50%。[38]

去国有化

20世纪40年代末期,巴西经济出现了各种趋势。公用事业与采矿业的国有化浪潮直到20世纪80年代才结束。事实上,跨国企业已经完全退出了公用事业领域。而在高速增长的新型行业(比如汽车和电力机械)中占据着主导地位,这些行业在国民经济中的比例在增加,从这个意义上来说,跨国企业的规模和实力在扩大。最后,在部分行业,去国有化以收购本土企业的方式进行。

埃文斯记录了巴西医药行业的去国有化进程。巴西本土企业曾在医药行业中占据绝对优势,但第二次世界大战后,该行业便逐渐开始了去国有化进程,到了20世纪70年代中期,外资企业控制了医药行业超过85%的份额。埃文斯注意到,医药公司研发的新药品正在成为利润的来源,新药的重要性与日俱增,而这也是巴西本土企业逐渐衰落的原因。跨国企业收购本土企业是去国有化的主要方式。[39] 纽法默对巴西电力行业的研究追踪了从20世纪60年代至70年代去国有化进程持续的趋势,因此,到20世纪70年代中期,巴西电力行业几乎80%的份额都掌握在跨国企业手中。而后者的发展则主要依靠收购。[40]

新自由主义时期

自从巴西实行新自由主义政策后,外国直接投资的情况在20世纪90年代发生了巨变。这些政策包括以市场为导向的政策、重工业和公用事业领域国有企业私有化以及产业保护的减弱等,另外,巴西还积极参与南方共同市场,这是巴西与阿根廷、巴拉圭和乌拉圭等国之间的共同市场，旨在逐步消除国家与地区间的投资与贸易壁垒。

在这个更为开放的经济中，特别是雷亚尔稳定计划实施之后，外国直接投资急剧上升。20世纪80年代早期，外国直接投资年均流入总额达到14亿美元，这一数字在1983-1990年间跌至9000万美元。20世纪90年代早期，外国直接投资停滞不前，年均投资总额为13亿美元。1994年之后，投资总额开始攀升，从1995年至1998年，外国投资总额分别达到44亿美元、107亿美元、190亿美元和286亿美元并在2000年达到最高的328亿美元，随后五年又开始出现下降。

众多因素造成外国直接投资的飙升：

1. 雷亚尔稳定计划极大地改善了外商投资环境。价格波动的减少极大地降低了企业经营成本，低收入群体的实际收入因此而增加，消费信贷重现，因此，推动了许多商品，特别是耐用消费品销售增长。

2. 20世纪90年代后五年里，私有化占据了外国直接投资总额的约四分之一，这也表明外国资本更深入地参与到私有化进程之中。20世纪90年代早期，私有化进程刚刚兴起时，在这个进程中，外国直接投资仅占约5%，到了1997年，外资参与程度达到了35%。在1990年至2005年间，外国资本在巴西私有化进程中的参与度为36.4%。[41] 外资参与度的提升主要是由两个因素推动，首先，私有化初期，外资占比较低的原因是整个进程最初局限于传统工业行业，比如钢铁、石化等，这些行业对外国投资者的吸引力有限。第二，有关国外投资法律的变化增加了巴西对外国投资者的吸引力。

3. 南方共同市场的迅速成立扩大了市场，也令该区域对跨国企业更具吸引力。

巴西国内关于外国资本法规的变化似乎也有助于吸引更多的外国直接投资。政府对宪法做出了重大修订，取消了内外资公司的差别待遇。使跨国企业可以投资原本仅对巴西国有企业或私营企业开放的行业，包括采矿、石油、电力、交通和电信。有关私人投资（无论是本国还是外国）的特许法颁布也为公用事业领域的私有化确立了制度构架，外国公司也获准参与其中。[42] 税收制度的无差别待遇也得以实现。此前，对非本国居民征收的高额税费打击了外国投资者的积极性。同样，人们也普遍认为，政府在制定有关外国投资政策的过程也更为透明。政府同样也开发新的机制以吸引更多外国证券投资，比如设立证券存托凭证的机制以及允许外资参与证券投资。

外国直接投资在巴西，1990—2011

表10.8清楚地反映出，20世纪90年代后五年里，外国直接投资流入经历了快速增长。[43] 1996年之前，证券投资的作用要大于外国直接投资，但随后，外国直接投资逐步占据了主导地位。如果比较巴西年均直接投资总额便会发现，巴西对外国直接投资的依赖程度相当大。据预计，这一比重从1992年的2.2%上升至1997年的12%。并在2000年和2005年分别达到28.9%和9.4%。

小　结

在不同的阶段，巴西对外国投资的吸引力也不同。第二次世界大战之前，投资者被繁荣的、以初级产品出口为导向的经济带来的利润所吸引；在进口替代化工业时期，投资的动力来源于巨大的受保护的国内市场。20世纪90年代兴起的外国直接投资浪潮则是受到一系列因素的推动：国家经济重新恢复稳定、政府实施以市场经济为基础的新自由主义经济政策、私有化浪潮以及庞大的拉美共同市场——南方共同市场——的潜力。另外，当工业化国家拥有巨大的投资资金时，巴西的外国直接投资额也会出现上升。

本章着重展现了在过去的一个世纪中外国投资作用所发生的巨大变化。第二次世界大战之前，外资企业主要集中在公用事业和出口相关产业中。在进口替代化工业时期，多数公用事业都被国有化，政府开始鼓励外资企业在受保护的国内市场创办生产企业。这可以令曾经相对低效和大量使用二手技术的工业结构实现多元化。

注　释

[1] 第4章详细论述了这些政策，也可参阅：Joel Bergs-man, Brazil: Industrialization and Trade

Policies (London: Oxford University Press,1970); Donald Huddle, "Balança de Pagamentos e Controle de Câmbio no Brasil," Revista Brasileira de Economia (June 1964 and March 1969); and Carlos C. von Doellinger, Leonardo Cavalcanti, and Flavio Castelo Branco, Polit í ca e Estrutura das Importagoes Brasileiras (Rio de Janeiro: IPEA/INPES, 1977).

[2] Bergsman, Brazil, p. 42.

[3] Carlos von Doellinger, Hugh B. de Castro Faria, and Leonardo C. Cavalcanti, A Politíca Brasileira de Comercio Exterior e Seus Efeitos: 1967/1973, Coleção Relatorios dePesquisa, no. 22 (Rio de Janeiro: IPEA/INPES, 1974), pp. 23–47; William G. Tyler, Manufactured Export Expansion and Industrialization in Brazil, Kieler Studien, no. 134 (Tubingen: J.C.B. Mohr, 1976).

[4] Eduardo Matarazzo Suplicy, Os Efeitos das Minidesvalorizações na Economia Brasileira (Rio de Janeiro: Fundação Getúlio Vargas, 1976); von Doellinger et al., Politíca e Estrutura.

[5] Carlos von Doellinger and Leonardo C. Cavalcanti, Empresas Multinacionais na Ind ú stria Brasileira, Colegao Relatorios de Pesquisa, no. 29 (Rio de Janeiro: IPEA, 1975), p. 91.

[6] Carlos von Doellinger, "Considerações Sobre o Recolhimento Compulsório dos Empréstimos Externos," Pesquisa e Planejamento Econômico, December 1973.

[7] 卡多索总统（1995—2003年执政）也会偶尔干预这种自由化趋势。比如，在进口自由化和雷亚尔升值的共同作用下，进口汽车在1994年底至1995年初如潮水般涌入巴西，巴西国内汽车业向政府施加了极大的压力，要求实行贸易保护，因此，政府再次"临时"提高进口关税并直接实施短期汽车进口数量的限制。

[8] Carlos von Doellinger, "Considerações Sobre o Recolhimento Compulsório dos Empréstimos Externos," Pesquisa e Planejamento Econômico, December 1973., p. 444.

[9] Carlos von Doellinger, "Considerações Sobre o Recolhimento Compulsório dos Empréstimos Externos," Pesquisa e Planejamento Econômico, December 1973., p. 445.

[10] Simão Davi Silber, "Foreign trade and foreign investment: The Brazilian experience in the last two decades," in Werner Baer and David Fleischer, eds., The Economies of Argentina and Brazil: A Comparative Perspective (Cheltenham, UK: Edward Elgar, 2011), p. 443.

[11] Simão Davi Silber, "Foreign trade and foreign investment: The Brazilian experience in the last two decades," in Werner Baer and David Fleischer, eds., The Economies of Argentina and Brazil: A Comparative Perspective (Cheltenham, UK: Edward Elgar, 2011).

[12] 利润汇出从2003年的56亿美元大幅增长至2004年的73亿美元和2005年的127亿美元。

[13] 2005年至2006年间，巴西橙汁产量占全球总产量的58%，橙汁出口量占全球总量的85%。

[14] 有关南方共同市场详情，可参阅：Jose Tavares de Araujo Jr., "Industrial Restructuring and Economic Integration: The Outlook for Mercosur," in Brazil and the Challenge of Economic

Reform, Werner Baer and Joseph S. Tulchin, eds. (Washington, DC: The Woodrow Wilson Center Press, 1993); and Andre Averburg, "Abertura e Integração Comercial Brasileira na Década de 90," in A Economia Brasileira nos Anos 90, Favio Giambiagi and Mauricio Mesquita Moreira, eds. (Rio de Janeiro: BNDES,1999).

[15] 有关这些问题的详细论述，请参阅Werner Baer, Tiago Cavalcanti, and Peri Silva, "Economic Integration Without Policy Coordination: The Case of Mercosur," Emerging Markets Review 3 (2002).

[16] 理查德·格拉汉姆在他的经典研究中曾说过："英国人对铁路、出口公司、进口业务、创公司、保险公司、银行甚至政府财政部的控制都会削减巴西摆脱对英国进口产品依赖性的努力。" Richard Graham, Britain and the Onset of Modernization in Brazil, 1850–1914 (Cambridge: Cambridge University Press, 1968), p. 73.

[17] Eric N. Baklanoff, "Brazilian Development and the International Economy," in Modern Brazil: New Patterns and Development, John Saunders, ed. (Gainesville: University of Florida Press, 1971), p. 191.

[18] 1854年，巴西驻英国大使曾表示："英巴两国之间的贸易是通过英国的公司，以英国的货币结算，用英国的船只进行运输的。利润、资本利息、结算保险、佣金、企业分红等等，这一切都进了英国人的腰包。"引用自 Graham, Britain and the Onset, p. 73. 科特雷尔观察到英国人"通过关联公司操作，逐步加强对巴西出口部门的控制。英国出口商在船公司和铁路公司内都有利益关系，并最终能够对它们施加压力以得到更好的港口设施，而这些港口建设的费用也是靠英国提供的资金。英资银行大部分债权都是本地存款，而这些存款大部分都被贷给了外国公司和承包商。巴西从英国进口的大部分商品都被英国进出口公司所把持。" P. L. Cotrell, British Overseas Investment in the 19th Century (London: Macmillan, 1975), p. 42. A classic description of British influence on the Brazilian economy can be found in Alan K. Manchester, British Preeminence in Brazil (Chapel Hill: University of North Carolina Press, 1933).

[19] 对外资铁路所承诺的最低投资回报率给巴西政府带来了沉重的负担，以致于巴西从上世纪初开始便介入外国资本，逐步将这些铁路国有化。到了1929年，政府拥有几乎一半的铁路，到1932年，这一比例上升至68%，而1945年和1943年，巴西政府拥有铁路所有权的比重分别为72%和94%。详情参阅：Annibal V. Villela and Wilson Suzigan, Politíco do Governo e Crescimento da Economia Brasileira,1889–1945, Serie Monográfica, no. 10, 2nd ed. (Rio de Janeiro: IPEA/INPES, 1973), pp.397–399.

[20] Annibal V. Villela and Wilson Suzigan, Politíco do Governo e Crescimento da Economia Brasileira,1889–1945, Serie Monográfica, no. 10, 2nd ed. (Rio de Janeiro: IPEA/INPES, 1973), pp. 381–382。

[21] 随着外国私人直接投资从1914年的12亿美元增长至1930年的14亿美元，外资来源地也发生了显著的变化：来自法国的直接投资从3.91亿美元下降至1.38亿美元，英国直接投资从6.09亿美元下降至5.9亿美元，而美国直接投资则从5000万美元上升至1.94亿美元，参阅：Eric N. Baklanoff, ed., The Shaping of Modern Brazil (Baton Rouge: Louisiana State University Press, 1969), pp. 26–29.

[22] 有关进口替代工业化政策和对外国投资的刺激措施的概述，请参阅本书第4章；巴西国内民族主义对外国资本反应的分析，请参阅：Werner Baer and Mario H. Simonsen, "Profit Illusion and Policy-Making in an Inflationary Economy," Oxford Economic Papers (July 1965), pp. 273–282.

[23] 许多文献都论述了跨国投资对巴西所带来的益处的具体分析，比如：Joseph La Palombara and Stephen Blank, Multinational Corporations and Developing Countries (New York: The Conference Board, 1979), ch. 5; Raymond Vernon, Storm over the Multinationals (Cambridge, Mass.: Harvard University Press, 1977), ch. 7; von Doellinger and Cavalcanti, Empresas Multinacionais, pp. 54–78; Winston Fritsch and Gustavo Franco, Foreign Direct Investment in Brazil: Its Impact on Industrial Restructuring (Paris: OECD, 1991).

[24] 参阅：Luciano Martíns, Nação: A Corporação Multinacional (Rio de Janeiro: Paz e Terra, 1975); Álvaro Pignaton, "Capital Estrangliro e Espansão Industrial no Brasil," Tecto para Discussão, Dept. de Economia: Universidade de Brasília, 1973; Peter Evans, Dependent Development: The Alliance of Multinational, State, and Local Capital in Brazil (Princeton, N.J.: Princeton University Press, 1979); Richard S. Newfarmer and Willard F. Mueller, Multinational Corporations in Brazil and Mexico, Report to the Subcommittee on Multinational Corporations of the Committee on Foreign Relations, US Senate (Washington, DC: US Government Printing Office, 1975); LaPalombara and Blank, Multinational Corporations, ch. 6; von Doellinger and Cavalcanti, Empresas Multinacionais, ch. IV.

[25] 大量的文献论述了转移定价的概念，比如Robert Hawkins, ed., The Economic Effects of Multinational Corporations (Greenwich, Conn.: JAI Press, 1979), especially chapters by Thomas G. Parry and Donald R. Lessard.

[26] Newfarmer and Mueller, Multinational Corporations, p. 128.

[27] Raul Gouvia, "Export Diversification, External and Internal Effects: The Brazilian Case," Ph.D. dissertation, University of Illinois at Urbana-Champaign, June 1988, p. 164.

[28] Raul Gouvia, "Export Diversification, External and Internal Effects: The Brazilian Case," Ph.D. dissertation, University of Illinois at Urbana-Champaign, June 1988, p. 185.

[29] Helson C. Braga, "Foreign Direct Investment in Brazil: Its Role, Regulation and Performance," in Brazil and the Ivory Coast: Impact of International Lending, Investment and Aid, Werner Baer and

John F. Due, eds. (Greenwich, Conn.: JAI Press, 1987), pp. 99–126 提供了很实用的调查。

[30] Samuel Morley and Gordon W. Smith. "Limited Search and the Technology Theories at Multinational Firms in Brazil." Quarterly Journal of Economics (May 1977).

[31] Samuel Morley and Gordon W. Smith. "Limited Search and the Technology Theories at Multinational Firms in Brazil.", p. 254.

[32] Samuel Morley and Gordon W. Smith. "Limited Search and the Technology Theories at Multinational Firms in Brazil.", p. 255.

[33] Samuel Morley and Gordon W. Smith. "Limited Search and the Technology Theories at Multinational Firms in Brazil.", p. 257.

[34] Samuel Morley and Gordon W. Smith. "Limited Search and the Technology Theories at Multinational Firms in Brazil.", p. 261.

[35] Newfarmer and Marsh, Multinational Corporations, p. 17.

[36] Werner Baer, "The Brazilian Economic Miracle: The Issues, the Literature," Bulletin of the Society for Latin American Studies, no. 24 (March 1976), p. 128; Werner Baer and Larry Samuelson, "Toward a Service-Oriented Growth Strategy," World Development 9, no. 6 (1981).

[37] Peter Evans, Dependent Development: The Alliance of Multinational, State, and Local Capital in Brazil (Princeton, N.J.: Princeton University Press, 1979), pp.177–178.

[38] Von Doellinger and Cavalcanti, Empresas Multinacionais, pp. 67–68.

[39] Evans, Dependent Development, pp. 121–131.

[40] Richard S. Newfarmer, "TNC Takeovers in Brazil: The Uneven Distribution of Benefits in the Market for Firms," World Development, no.1 (January 1979), pp. 25–43.

[41] 在私有化过程中，外国资本参与度最高的行业是金融业（79.8%）和电力行业（57.9%）。BNDES, Programa Nacional de Desestatizacao, Relatorio de Atividades, 2005.

[42] 1988年宪法为20世纪90年代的减税打下了基础，而1995年减税法案对宪法第175条做出规定，在这些具体规定之下，州政府有权将公共服务指派给私营企业，详见Concessoes de Servicos Publicos no Brasil (Brasília: Presidencia da Republica).

[43] 这些数据或许有待验证，因为部分有据可查的外国直接投资实际上是以组合投资的形式出现的。在研究了1996年出现的外国直接投资流入增长之后，加西亚和巴辛斯基认为："财经媒体将这种增长的很大一部分都归因于固定收益投资的增长，这些投资是以直接投资的面目出现，为的是避开对（固定收益投资）资本流入的限制。" Marcio G. P. Garcia and Alexandra Barcinski, "Capital Flows to Brazil in the Nineties: Macroeconomic Aspects of the Effectiveness of Capital Controls," Quarterly Review of Economics and Finance (Fall 1998): 319–384.

第 11 章

渐变的公共部门以及私有化的影响

The Brazilian Economy
Growth and Development

20世纪40年代末至20世纪90年代初，巴西经济的特征是国有经济处于主导地位。这并非是由一个精心构建的体制形成的结果。在很大程度上，它其实是一系列事件带来的结果。在大多数情况下，这些事件迫使政府更多地干预国家的经济体系。这些事件包括：对国际经济危机的反应；管制外国资本活动的需求，尤其是进入公用事业和资源开发领域的外国资本；以及快速推动巴西的落后经济实现工业化的雄心壮志。

在20世纪30年代到60年代，为推行进口替代工业化以实现快速的经济发展，国家在巴西经济中的强势地位被视为是必需的。这一时期，国有企业在公用事业、重工业、资源开采和金融行业占据主导地位，和国内私人部门及跨国部门鼎足而立。三种所有制形式分别在其拥有最大比较优势的经济领域内占据主导地位。[1] 这种在所有制成分层面上的劳动分工逐渐制度化，最后被经济学家和政策制定者称为巴西发展进程中所有制结构的"三脚架模型"。[2]

从20世纪70年代中期开始，随着国家对经济的干预带来了越来越多的负面作用，三脚架模型开始逐渐解体。由于20世纪80年代早期的债务危机导致的十年低增长和低通胀，巴西开始逐渐形成了一种共识：带领巴西走出困境的一条出路，就是将巴西经济中的很大一部分私有化。到了20世纪90年代初期，巴西在科洛尔总统执政期间，实施了大规模的私有化计划，作为重振经济的一项核心政策工具。

本章回顾了国有部门对巴西进口替代工业化进程的贡献，国有部门衰落的成因，迄今为止私有化进程的目标及成果，并从私有制经济对效率、公平和未来巴西政府的经济角色这三方面的影响上，阐述私有制经济的意义。

国家日益加强经济干预的阶段

同大部分拉美国家一样，国家干预经济在巴西有深刻的历史根源。

1930年之前的时代

从殖民时代至今，巴西政府和经济领域的分离程度，从未达到后重商主义时代的欧洲（尤其是英格兰）和美国的水平。在殖民时代，国王就是最高的经济活动授权人，所有的商业和生产活动都需要取得特别执照、垄断许可和贸易特权。[3] 在独立后的第一个世纪里，依然保留着这种授权的传统。在描述19世纪的国家活动时，弗罗（Faoro）总结道：

> 国家对经济活动的干预并不仅限于财政和信贷领域。相反，它涉及了商业部门、工业部门和公共部门的所有活动。国家批准责任有限公司的运行，与银行签订合同，授予特权，为铁路和港口的运营签发特别许可证，确保材料的供给，担保利息的支付。众多的优惠和特权覆盖了巴西的主要经济活动，使这些经济活动只有通过国家的脐带输送养分才能够存在。[4]

相对而言，19世纪的巴西政府（包括帝国统治时期和共和国早期）属于不干涉主义。政府为了获取收入而主要关注关税，在极少情况下这也出于贸易保护。在刚起步的工业和基础设施投资，政府主要扮演优惠授予人的角色，即向一些工业企业[5]提供特别贷款，并向进行基础设施投资的外国企业承诺回报率。[6] 除此之外，巴西政府唯一直接参与的经济活动，在金融领域。巴西银行在19世纪经历了不同阶段，有时它既是一家商业银行，又是发行银行，巴西政府的介入程度也不相同。在20世纪，巴西银行继续保持商业银行的角色，大股东是巴西政府；同时在1964年下半年巴西中央银行成立之前，还承担许多央行职能。此外同样值得一提的是政府在储蓄银行中的参与，这一活动可以上溯至1861年。[7]

第11章 渐变的公共部门以及私有化的影响

临近20世纪初期时，向外资持有的铁路担保最低回报率的做法，为政府造成了越来越重的负担。[8]这让政府觉得从海外借款购买大量铁路，可最终减少对经济的负担。因此，巴西政府在1901年签约借入一笔巨额贷款，用来将部分铁路国有化。这一进程持续了数年。到1929年，铁路网中接近半数归政府所有；而到了20世纪50年代，政府拥有的铁路比例已上升到94%。[9]

政府在铁路部门持有比重的增加，并非通过对私有财产随意罚没实现，而是该领域缺乏盈利能力、政府也不愿继续担保回报率的结果。另一个导致国家对铁路和其他公用事业（将在后文中涉及）加大控制的因素，则是政府对收费费率的控制。在为公用事业定价时，政府必须综合权衡私人投资者的合理回报和消费者公平来确定费率。随着时间的推移，后一种考虑占据越来越重要的地位。由于价格管制，铁路提供的回报率对私营企业而言过低，很难保障铁路网络的扩建和充足的维护保养，同时由于政府不愿担保回报率，逐渐国有化已不可避免。

在第二章中，我们已经看到，在20世纪的头十年里，州政府（主要是圣保罗州）积极介入对咖啡价格和咖啡生产的扶持。州政府银行在20世纪20年代快速发展。在那之前，巴西只有两家州政府银行在经营业务——米纳斯吉拉斯州银行（Banco de Crédito Real de Minas Gerais，建于1889年）和帕拉伊巴州银行（Bancode Paraiba，建于1912年）。皮奥伊州银行（Bancodo Estado Piauí，建于1926年）、圣保罗州银行（Bancodo Estadode São Paulo，建于1927年）、巴拉那州银行（Bancodo Estadodo Paraná，建于1928年）和南里奥格兰德州银行（Bancodo Estadode Rio Grandedo Sul，建于1928年）成立的最初目的，是扶持当地的农业部门。其他州政府银行出于同样的目的，在20世纪30年代纷纷成立。这些银行中，许多都发展成重要的商业银行，分行机构遍布全国。

20世纪30年代

全球经济大萧条不但使巴西走向进口替代工业化的道路，并且导致政府在国家经济中的角色愈加重要，并不断发生变化。巴西政府希望保护本国经济免受全球经济大萧条的全面冲击，同时希望支持并加速工业化进程，这成为促使政府在经济体系中承担更重要角色的制度化变革的源起。

为了应对全球经济萧条的直接影响，联邦政府从州政府手中接管了咖啡扶持计划。这一举动，实际上意味着联邦政府第一次直接参与到一个生产领域的定价和产量控制。[10]进一步的直接经济干预出现在1931年9月，采用外汇控制的形式，其目的是为了定量供应稀缺的外汇。

随着时间的推移，瓦加斯政权通过设立管理局，扩展了国家干预的范畴，以保护并鼓励不同产业的发展。[11]这些机构的设立旨在管理如蔗糖、马黛茶、食盐、松木、捕鱼、商船等行业。通过与生产者合作，它们管控产量和价格，并为仓库建设提供资金。多年以来，它们常常从政府调控的工具，扩展成为特定行业争取政府优惠政策的施压工具。

巴西价格管制（与价格补贴截然相反）的早期实例之一，始于1934年《水法典》（Codigo das Aguas）的创建，它赋予政府设定电价的权力。电价按照这样的原则制定：允许投资资本获得最高10%的投资回报。如后文将会看到，投资资本按照历史成本定价是出于这样的目的，即促使国有比重在这一领域和其他公用事业领域逐渐增加。这一管制的直接动机，是基于这样一个事实：由于定价部分参考金价，部分参考国内纸币的价值，使得外资公司可能免受汇率造成的贬值影响。但是，这就意味着通常电费每月都在上涨，而当出现货币大幅贬值的情况时，电价会大幅上涨，以至于减少用电。进而导致对生产产生不利影响。因此，价格管制的设置是为了保护产业和消费者。在接下来的数年里，价格制定的福利考量将变得越来越重要。[12]

在20世纪30年代，政府为实现国家工业化采取的最初举措，使人们相信：在政府提供必要保护和资金支持的情况下，政策制定者已经预见到工业增长将在私有部门出现。汇率管制和管理局的运用，以及1937年为向工业机构提供长期贷款而建立的巴西银行农业和工业贷款部（Carteirade Crédito Agricolae Industrial）均服务于这一方向。但是，巴西政府为推动国内私企和外资共建一座大型炼钢厂的数次徒劳尝试，也不应被忽视。巴西政府在沃尔塔雷东达（Redonda）建立的国家钢铁公司（Companhia Siderúrgica Nacional，简称CSN），也只是最后的手段。[13]

1934年联邦外贸委员会（Conselho Federalde Comercio Exterior）的成立是一个重大事件，这标志着在国家对经济的影响这一问题上，政府的策略发生了变化。该机构聚集了外交部、各经济部、总统办公室、巴西银行和各领域专家的代表，它不仅尝试刺激国家的外贸发展,也为特定产业(在20世纪30年代,尤其是纤维素产业)的发展提供激励。有人认为这是巴西开展经济计划的首次尝试。[14]

在20世纪30年代,国家接管了巴西劳埃德航运公司(Lloyd Brasileiro),这是巴西最主要的航运公司。其他接受国家资助的航运公司,也随后在20世纪40年代早期完成了国有化。[15]这些政府行为的动机有两层:在战时国家安全,以及提升在私人手中经营状况不佳的航运业。

20世纪40年代:第二次世界大战和战后初期

在第二次世界大战期间,一批新的国有企业相继成立。其中的大多数都是出于国家安全考虑创办,并且有一些在20世纪50年代和60年代发展成强盛的公司。

战争时期的形势,使政府除了扩展进入航运业之外,还在1943年建立了巴西国家汽车有限公司(Fabrica Nacional de Motores)。它最初创办的目的,是为了向汽车提供维修保养服务,同时也开展汽车的生产,以弥补战争造成的短缺。最终,这家公司生产的产品多种多样:拖拉机、轿车、电冰箱。不过它一直都处于赤字经营状态,并且有很多管理问题,政府在1968年把它出售给了一家外国私企。

1943年,由于担心苏打粉的短缺会导致以其为原材料的产业瘫痪,政府创办了国家碱公司(Companhia Nacionalde Alcalis)。因为没有任何一家外国或国内的私营企业从事这项业务,所以设立国有企业是唯一的解决方案。

1942年淡水河谷公司(Companhia Valedo Rio Doce)的建立,在很大程度上出于国家主义的考虑。多年来,外国资本常和国内企业合作,渴望开采米纳斯吉拉斯州丰富的铁矿资源并出口。政府曾签发了这些资源的开采和出口特许权,后又收回,如此往复数次,主要随着国家主义对外资参与开采的反对意见起伏而变化。最终,国家主义的力量获得了重大胜利,1942年,一间外国公司对富饶的伊塔比拉州(Itabira)矿藏的开采特许权被吊销。淡水河谷公司随后成立。它是一家国有企业,未来将会发展成巴西最大的矿业出口公司。[16]

战争刚刚结束的时期,针对国家干预经济活动,实际上缺少新的实验。在收购一些英国铁路公司后,政府持有的铁路网进一步扩张。同时,随着外汇危机催生新的外汇管制政策,并且越来越多的基础设施瓶颈相继显现,政府更多地参与到计划活动中。这些计划活动，是为了提供更加均衡的发展，并获得外国的援助。在20世纪40年代，政府起草了一系列计划，最终导致20世纪50年代国家经济活动的进一步扩张。[17]

20世纪50年代

在工业化急速发展的20世纪50年代，政府在经济中扮演的角色继续扩张。一般性的总体规划和偶尔出现的、为了促进特定产业发展的特别行动小组，已经成为被接收大众所接纳的政府行为。事实上，因20世纪50年代的政府有着快速实现工业化的雄心壮志，政策制定者们已经非常清楚，计划的成功与否就取决于在多个领域中国家所实施的举措。在第四章中，我们介绍了为了吸引外国资本并刺激国内私有资本投资的保护机制。但是，为了实现工业化目标，政府出台的举措超越了这些措施。

20世纪50年代初期，发生了一件不同凡响的大事件，即1952年国家经济开发银行（Banco Nacional de Desenvolvimento Econômico，简称BNDE，在80年代改名为BNDES，即国家社会经济发展银行）的成立。一直以来，有能力提供长期信贷的金融机构的存在，被认定为几乎是落后经济实现成功工业化的必要条件。私有企业没有强大到产生足够的、投资所需要的内生资金，而金融市场发展阶段滞后难以提供融资。通常，这就决定了投资银行必须出现，以提供融资，并间或入股新工业企业和/或扩张的工业企业。根据在19世纪欧洲工业化进程中后发国家的经验，总结而成的投资银行必要性的著名规律，非常适合20世纪50年代和60年代的巴西。[18]

当巴西—美国联合委员会（Comissão Mista Brasil-Estados Unidos）为国家基础设施的现代化提出了一份非常详尽的计划（"经济现代化计划"，Programa de Reaparelhamento Econômico），但没有一家企业拥有足够的资源时，国有开发银行存在的必要性已经十分明显。BNDES因此建立，以便为建议的国家基础设施发展与现代化提供资金支持。但是，它的任务也包括推进重工业和特定的农业产业，并提供资金支持。[19]

在50年代和60年代，国家经济开发银行以灵活的方式实现它承担的任务。在它成立的最初十年里，它的大部分资源（70%）都通用于为巴西基础设施的增长提供资金支持，而在后期则越来越强调扶持重工业，尤其是钢铁产业。到了60年代末和70年代初，BNDES也参与到对特殊资金的管理工作，这些资金为生产资料的销售、中小

第11章 渐变的公共部门以及私有化的影响

企业的扩张等提供融资支持。[20]

在提升政府对钢铁行业的参与度上，国家经济开发银行扮演了尤其重要的正面角色。钢铁行业产能的扩张，被认为是50年代工业化项目不可或缺的组成部分。除了沃尔塔雷东达的产能扩充之外，人们曾预期大部分增加的产能将来自私有部门和当地（州）政府的建设。乌斯米纳斯（USIMINAS）和保利斯塔（COSIPA）就是如此，这两家公司均成立于50年代早期，旨在建设大型的一体化钢铁厂。随着两家公司均越来越明显地面临着当地私有企业和政府的资源都太有限，以至于不能为这些项目提供资金支持的事实，联邦政府承诺将通过国家经济开发银行提供联合资助。作为对注入金融资源的回报，银行在每家公司都持有一定股份。数年后，国家经济开发银行逐渐变成了大股东。因此，政府虽不情愿，但却成为了企业的所有者；也就是说，由于私有部分和当地政府无力为巴西工业化的基石性项目提供支持，那么国家政府的直接参与就不可避免。[21]

巴西政府参与经济活动的另一个标志，是1953年巴西石油公司（Petrobras）的成立。政府宣布，全部的石油开采权和炼油环节中最大的一部分，由该国企垄断。这一事件背后的核心动机，是政府考虑需要确保在紧急状态下有可用的国内资源。随着对通过成立巴西石油的法律所施加的压力不断累积，更多出于国家主义的思考动机被逐渐激发，尤其是不能让无可替代的地下财产开采权落入外国公司之手的问题。[22] 这种考量，同样也是成立淡水河谷公司的背后逻辑。

除了国家经济开发银行的成立之外，政府对银行业的介入逐渐增加。1954年，巴西东北银行（Banco do Nordeste do Brasil）成立，提供商用和发展信贷。在20世纪60年代，它所有的存款都来自流向巴西东北的免税基金（34/18法令），并成为巴西政府东北开发局（SUDENE，东北部的开发机构）的主要财务代理。20世纪50年代也诞生了一批州政府开发银行，同时巴西银行、圣保罗州银行和其他的州商业银行的扩张仍在继续。[23]

20世纪50年代还见证了价格管制的蔓延。对公用事业收费的管制在延伸，不久就不只限于电费，还包括电话费和公共交通费用。价格管制还蔓延到房租、油价和食品价格。

价格管制的初衷，部分是为了减轻在20世纪50年代激增的通胀带来的影响。但实际上，它们只成功导致了价格扭曲，从而造成诸多行业出现供给短缺。

国有企业在公用事业领域的快速增加，就得益于价格管制。对公用事业收费的限制，使得投资回报率并不能满足私营企业（主要是外国企业）确保其工厂现代化和扩张对投资回报率的需要。因为管制的价格被认为包含国家利益，即为了鼓励工业发展并且补贴消费者，相对低价被认为值得的，所以剩下唯一的解决方案，就是国家逐渐进入发电和配电、公共交通和电信领域。这就部分解释了在20世纪50年代，诸如圣弗朗西斯科水力发电公司（Cia. Hidroelétrica do São Francisco，简称CHESF）、福纳斯电力（FURNAS）和CEMIG（属于米纳斯吉拉斯州）的成立原因，以及在20世纪60年代圣保罗电力（CESP，属于圣保罗州）和其他电力公司的成立原因——为快速扩张的经济提供电力。价格管制也导致国家电话系统质量下降，增速下滑，到了20世纪60年代，政府接管已不可避免。

20世纪60年代

在20世纪60年代，国家在巴西经济中的扩张有两种形式：既通过对其已有多种活动的整合和增长实现，也通过创建新的政府活动领域实现。1965年，国家住房银行（National Housing Bank，简称NHB）的成立就是一个例子。国家住房银行的资金来自工人退休基金的一部分，并且它有能力处理与物价指数挂钩的金融工具，凭借这两点，国家住房银行迅速成为一支强大的金融力量。1971年建立的社会一体化计划（Programa de Integração Social，简称PIS），通过收缴特别的工人基金——从企业税额中扣除5%以及从企业销售额中收取0.5%——增加了储蓄银行（在20世纪60年代被整合为一间机构）的实力。

20世纪60年代，发电业的多家国有企业被整合为一家控股公司——巴西国有电力公司（Eletrobras）。圣保罗州为了在该领域进行新的巨额投资，建立了圣保罗电力公司。通过对发电业投入巨资，政府（既包括联邦政府，也包括州政府）统治了这一产业。新近国有化的电信网络，被置于一家国企——巴西电信（Embratel）的控制之下，开始实施大规模扩张和现代化。政府所有的钢铁厂也开始计划扩张，在20世纪70年代，实施巨额投资项目，包括设立新的国有企业，如位于米纳斯吉拉斯州的阿斯米纳斯（Açominas）和位于维多利亚市（Vitória）的图巴朗（Tubarão）。

20世纪60年代，价格管制的方式也发生了明显变化。20世纪50年代和20世纪60年代初，试行的价格管制政策未能有效遏制通货膨胀，同时产生了扭曲相对价格的负面影响。1968年部际价格管理委员会（Conselho Interministerialde Preços，简称CIP）的成立，标志着国家对价格的管制翻开了新的篇章。以前的管制完全聚焦在零售价格，而部际价格管理委员会开发了一套综合性管制机制，能够对经济体系中的某些关键生产领域进行成本和价格的管控。

20世纪70年代和20世纪80年代

1973—1974年间爆发第一次石油危机时，巴西制定的应对举措，是在诸如生产资料和钢铁这样的重工业行业中推行大规模进口替代计划，并投资能够最终节约能源进口（比如伊泰普大坝——当时世界上最大的水电站）并有利于出口多样化的基础设施项目。为了给这一计划提供资金，巴西极度依赖国际贷款。在1975年至1980年间，负债推动的经济增长率每年达到了6.8%左右。国企与该增长态势密不可分，国企投资占GDP比在1973年是2.09%，到1976年和1977年，分别上升到6.54%和6.2%。这就意味着公有企业投资在总资本形成中的占比，由1973年的10.3%上升到1976年至1977年的约30%。私人投资在1977年至1981年飞速增长。这是在生产资料领域由政府引发的投资活动带来的结果，由BNDES按照补贴利率提供资金。[24]

巴西政府当局认为，在20世纪70年代下半叶外国债务的大量增长是合理的，理由是大部分贷款都用于进口替代和出口投资项目，一旦新产能投入使用，进口的下降和出口的增长将使国家有能力摊销并彻底偿还其债务。但1979年第二次石油危机和20世纪80年代初的利率危机破坏了这些预期，导致债务危机爆发，引发了20世纪80年代出现经济萧条和通胀大爆发。[25]

到了20世纪80年代，可以通过下列量化数据了解政府在巴西经济中所占的分量：1985年，联邦和州设立的商业银行持有的存款，占整个银行业存款总额的40%，发放的商业贷款占最大的50家银行发放商业贷款总额的44%，而全国的投资贷款中，BNDES和其他的政府发展银行的发放金额占70%。[26] 同年，一项针对最大的8094家注册公司的调查结果显示，国有企业占总资产的48%，销售额的26.1%，员工总数的18.9%。国有企业在总销售额中的占比如表11.1所示。

表11.1　1990年国有企业在各部门中所占比重

部门	占总销售额（%）
公用事业	100
钢铁	67
化学和石油化工	67
采矿	60
交通服务	35
汽油分销	32
化肥	26
运输设备	21

资料来源："Melhores e Maiores," Exame, August 1991, p. 30.
注：各部门涵括了最大的20家公司。

国家对经济的控制程度

前文阐述了巴西经济中政府干预逐渐增长的情况，很明显可以看出，没有一种简单的、量化的方法来衡量政府对国家经济活动的总体控制。因此，为了检验国家控制的程度，我们将尝试使用不同的定性和定量方法。

国家对经济的控制，通过不同的但却互相关联的制度化渠道显现出来。这些渠道包括财政体系、中央银行、政府机构（联邦政府和州政府）、商业和开发银行、联邦政府和州政府的管理局、生产企业和价格管制体系。国家对经济的这种多层次干预并非是统一的，事实上，所涉及到的不同主体之间常常缺乏协调和沟通。

税务和政府支出

自从第二次世界大战后初期开始，政府开支占GDP比就一直在上升：1949年该比重为19.1%，1980年上升到24.1%，然后在1985年下降到20.7%，在1990年又上升到29.1%，随后在2009年下降到25%（包括各个层级的政府机构，但不含国有企业）。这种上涨的主要推动因素，是转移支付的巨大增长。

税务负担在第二次世界大战战后时期也急剧增长。1949年，总税费相当于GDP的

14.9%。在接下来的几十年里，该比例稳步上涨，1990年上升到28.2%，到2011年增长到35.3%。因此，巴西的税务负担已经与许多发达工业国家的水平相仿，大多数发展中国家该比例的均值低于20%。

间接税占GDP比在1949年为9.8%，1973年上升到15.5%，在1985年下降到10.4%，然后在2002年上升到接近17%；而直接税占GDP的比重从1949年的5.1%，上升到1985年的11.7%，并在2002年下降到6.3%。因此，直接税在1949年占总税费的34%，到1985年占比为47%，在2002年下降到18%。一个很明显的趋势，是联邦政府作为主要收税机构的增长。到了2002年，超过67%的总税费由联邦政府收取。通过收入共享的流程，州政府和方地政府在不同政府层级之间的支出分布上，扮演了相对更为重要的角色。过去，这种收入共享机制增加了联邦政府在决定转移给地方当局资金的用途上的权力。但是，1988年宪法通过大幅提升强制转移给州政府和地方政府的财政资源，削弱了联邦政府的权力。

直接管制

我们已经看到，自从上世纪初期开始，不同形式的价格、生产和贸易管制在巴西经济中屡见不鲜。

部际价格管理委员会（CIP）在1968年8月成立，负责控制价格。其董事们为财政部、计划部、商务部和农业部的部长。它有权依法确定价格，但通常扮演的角色是监督价格的委员会。它拥有非常大的直接权力。例如，如果一家公司事先没有向CIP递交说明文件，或提交了说明文件但没有被CIP批准，就直接实施提价，那么这家公司就有可能面临在巴西银行和所有国有银行的授信额度被取消的风险。而它在私营银行的多数信用度也会被大部分抹除，因为央行会拒绝为公司信贷工具再贴现。因此，只要是CIP会感兴趣的产业，几乎其中的所有公司都必须提供成本信息来说明涨价的正当性并取得许可才能实施涨价。似乎直到20世纪70年代中期，CIP都避免在工业领域造成明显的价格扭曲（70年代初的钢价是例外），通过考虑企业的成本信息，并在设定价格时保留合理的利润率。在这样的流程中，政府通过CIP获得了关于私营部门活动的非同寻常的大量信息，进而能够提升控制程度。[27]

政府对储蓄及其分配的控制

前文已经表明，20世纪60年代和20世纪70年代储蓄的显著增长，大部分要归因于国有部门，即政府自身的储蓄，以及通过多种社会保险基金形成的政府干预形成的强制储蓄。因此，到了1974年，64%的储蓄来自公有企业和一般的政府和工人社会保险基金；到了1980年，这一比例上升至超过70%。

据估计，在1970—1973年间，政府和公有企业的总投资占全部投资额的比重约50%，到20世纪80年代初期上升到约65%，所以很明显，在私人投资中有相当大的比重由公共资源提供资金支持。也就是说，私营企业从诸如开发银行等机构获得大量投资资金。开发银行充当将通过工人社会保险基金积累的资金重新借贷出去的中间人。[28]

尽管货币当局为发展资本市场做出努力，但取得的成果却十分有限。[29] 通过发行新股几乎不能募集到私人资金，而交易最为活跃的股票仍然是国企的股票。[30] 大多数长期债券（带有价格修正）的发行人都是政府和公共实体。私有企业的长期外部筹资来源，要么来自国外，大多数由跨国企业分支机构的母公司提供，要么来自政府机构贷款，尤其是BNDES，国家住房银行在20世纪80年代停业之前，也是贷款的主要提供方。

因此，巴西政府凭借其身为长期融资业务最强有力的融资中间人的地位，在经济方面具备额外的影响力。20世纪80年代，国家住房银行（NHB）、BNDES、州开发银行和政府储蓄银行总共占据企业资本形成总额（私营企业和国有企业的资本形成）的约50%。20世纪70年代，多种社会保险基金快速增长，导致BNDES和其他政府金融实体资源的大幅增长，使国有金融中介有相当可观的增长。而这些中介机构是习惯于根据政府定义的发展目标进行资金分配，还是响应市场对资金的需求，需要进一步的研究。

尽管BNDES是大型政府基础设施项目和基础工业项目的资金提供方，并且在20世纪50年代和60年代开始变成国家一些主要钢铁厂的所有者，在20世纪60年代末和70年代，它的活动逐渐被引导倾向于巴西的私有部门。到了20世纪70年代中期，BNDES大约80%的贷款都提供给私有部门。但是，自从1975年以来，BNDES已经开始采取通过购买少数股权,来为巴西私有企业提供资金支持。尽管该举措的初衷仅仅是为了加强私有部门的发展,但仍存在未来国家参与程度增加的可能性,尤其是对于那些深受财务问题困扰、而国家经济开发银行是少数股东的公司,对公司的救助就依赖于BNDES更深程度的参与。

政府在银行领域的体量十分庞大。在1985年,巴西50家最大的商业银行吸收的存款中,巴西银行占比为24%。如果把州政府拥有的商业银行也包括在内,那么占全部存款的比例达到40%。

巴西银行有着独一无二的作用。它承担着向农业提供营运资本贷款的风险。在1985年,它提供的贷款中有49%投向农业,作为对照,极少有私有银行超过15%至20%的贷款投入农业。巴西银行运用了一些它在农业信贷方面的权力,以尝试按农业活动和区域实现贷款的多元化。尽管它自己也是一个实施货币政策的载体,但它在信贷紧缩的时期常为农业提供缓冲。自从20世纪60年代中期以后,指数化系统在巴西变得十分普遍。政府是巴西银行的大股东,它迫使巴西银行将特定类型的农业贷款从指数化指标体系中去除了。有些贷款的利率非常低,如果按照不变价计算,利率是负数。因此,这种贷款代表了通过巴西银行进行管理的补助项目,由国库提供保障。

联邦政府和州政府两者一起,成为巴西经济中最强有力的投资银行。通过国家开发银行(National Development Bank)、国家住房银行、东北银行和各个州的开发银行,将超过70%的贷款用于投资目的。总之,国家控制了"金融制高点"。当然,控制金融机构并不等同于控制投资方向。

作为生产者的政府

通对公共部门的增长的历史回顾,我们可以看到公共部门对生产部门有巨大的影响。

1974年,对最大的5113家股份有限公司进行的调查结果表明,净资产的总和中有超过39%属于国有企业,18%属于跨国企业,43%属于私有民族企业。就销售额而言,国有企业占16%,跨国企业28%,国内私有企业56%。在1985年,对最大的8094

家公司进行的调查结果表明，国有企业的净资产占比上升到48%，同时私有民族企业的比重仍保持43%，跨国企业变为9%。国有企业的销售额占比上升到26.1%，与此同时，私有民族企业和跨国企业的比重分别下降到55.2%和26.1%。最后，在1985年，这些公司在雇员人数上的结构如下：国有企业占18.9%，私有企业占69.1%，跨国企业占12.0%。[31]

政府投资高度集中在特定的基础产业。在采矿业，国有企业占据主导地位，控制了大约66%的净资产。国企淡水河谷公司拥有的资产价值比重，居于业内之首，并且贡献了巴西铁矿石出口额的80%左右。政府鼓励国有企业、跨国企业和私有民族企业成立合资企业，事实上，淡水河谷公司就与跨国企业成立了数家合资企业来开采新的铁矿石和其他矿产资源，并开发新的钢材、铝材和其他相关产品。

直到1992年，政府在金属产品和化工领域仍处于强势。在钢铁业，像国家钢铁公司（CSN）、乌斯米纳斯公司（USIMINAS）、COSIPAHE及其他国有企业占据约三分之二的销售额。在化工领域，巴西石油公司统治了石油开采和提炼，并稳步提升其在汽油分销业务的市场份额。通过像Petroquisa这样的子公司，巴西石油稳步提升其在石油化工市场内的份额，这也部分归功于和跨国企业组建的合资企业。自从20世纪70年代中期开始，国家也有责任发展航空业。巴西航空工业公司（Embraer）最开始是一家由空军运营的国有企业，生产小型客用机和战斗机。[32]

像淡水河谷公司和巴西石油这样的国企，其活力不但表现在于其所在的领域内的扩张，而且它们在与最初起家的行业所互补的领域内也实现了发展。这两家公司都把自己的业务扩张到生产肥料和航运业务；巴西石油进入了石油化工的多个领域；淡水河谷公司进入了球团厂、铝土矿、制铝、纸浆制造和钢铁厂。这两家公司以及一些国有钢铁公司，还设立了工程咨询公司。

国有企业在公用事业部门也占据主导地位。不到十年，发电业就从私有部门转变为政府主导的产业。这是20世纪60年代和70年代，新老国有企业实施的巨额投资的表现。在1962年，私人部门占全国发电产能的64%；到了1977年，这一比例下降到不足20%；而到了1982年，几乎所有的电力都由国企提供。

到了20世纪90年代，国企在铁路运输和电信业实现了近似的垄断，并控制了超过70%的巴西航运、大部分仓储公司和多家州政府所有的提供公众服务的公司。[33]

但是，应该指出，在20世纪80年代初，国有企业的营利能力并不好，部分原因是世界经济和巴西经济的大环境低迷，而对项目的大量政府投资尚未转化成利润。净资产回报率见表11.2。

表11.2　1980—1985年按企业性质划分的净资产回报率　　　　　（%）

企业	1980年	1981年	1985年
私有企业	19.1	11.1	13.1
跨国企业	15.6	18.2	16.4
国有企业	2.3	10.6	25

资料来源：Melhores e Maiores, Exame, September 1982, p. 110, and September 1986, p. 138.

国有企业的衰落

直到20世纪70年代末，巴西的国有企业经营状况还相对较好。韦尔内克（Werneck）对1970年至1979年间国有企业在每单位GDP中的产出占比进行计算（见表11.3），结果显示铁矿石和板材上升了30%，电信上升了48%，电力上升52%，石油化工上升了157%。[34]在这个时期，联邦政府企业的产品和服务销售额要大于运营成本。

表11.3　1979年公有企业的实物产出占单位GDP比

实物分类	产出指数（1970年=100）	每单位实际GDP的产业产出指数（1970年水平=100）
实际GDP	210	
铁矿石	272	130
板材	273	130
电力	320	152
铁路货运	351	167
电信	312	148
邮政服务	397	149
原油加工	218	104
石化石脑油	540	257

资料来源：Rogerio F. Werneck (1987), p. 65; based on data obtained from IBGE, Anuario Estatistico do Brasil.

由此产生的经营盈余，和其他当期收入合在一起，足以使得企业获得相当规模的当期盈余。这种情况几乎一直持续到这个时期末，此时开始出现当期赤字。从1970年到1978年，它们加总的当期盈余，在GDP中的占比平均超过2%。因此，它们绝大部分的资本支出都由内部产生的资金提供支持。这一情况在20世纪70年代初表现得最为突出，当时的内源融资占比在40%至50%的范围，到了1973年几乎达到90%。[35]

在20世纪70年代末，随着债务危机和通胀爆发的进一步发展，巴西政府把公有企业作为实施宏观经济政策的工具。公有企业产出的价格被当做控制逐渐增长的通货膨胀率的工具。在1979年1月至1984年12月期间，钢铁产品（该产业由国有企业主宰）的实际价格下降了50%，电费下降了40%，电话费下降了60%。[36]

此外，为了给政府提供持续的外汇流入，使政府能够应对日益恶化的国际收支，一些公有企业被强制从国际市场借入超出企业自身需求的债务。[37]当国际利率在20世纪80年代初开始直线上升后，这些强制债务把国有企业置于岌岌可危的财务状况。

以下事实可以说明国有企业越来越衰弱的情况：

1. 国有企业经常账户盈余占GDP比，由1980年的2.96%，下降到1985年的0.63%，在1986—1988年间在1.49%和1.74%之间徘徊，并在1989年下降到0.19%。[38]

2. 在巴西最大的50家公司中，国有企业的资产回报率从1981年的10.6%下降到1990年的2.7%（在这一年，最大的五十家国有企业总计亏损64亿美元）。[39]

3. 1990年，最大的国有钢铁公司CSN负债21亿美元，并且需要3亿美元来进行技术升级。

4. 巴西的整个板材生产部门（大多数都是国有企业）在1990年总产量为1000万吨，由于价格管制，使得国有控股的赛得公司（Siderbras）的赤字增加到104亿美元，这笔债务由国库支付。[40]

5. 国家电力控股公司巴西国家电力公司（Electrobras）的资产将近200亿美元，在1991年上半年亏损22亿美元。[41]巴西国家电力公司在1991年制定了160亿美元的投资计划，其可行性完全依赖于世界银行（World Bank）的融资。如果后者不能提供资金，投资项目被推迟，那么90年代后下半叶重新增长的经济就将面临严重的电力短缺。

6. 国家生产板材的主要工厂USIMINAS（1991年完成私有化）、COSIPA、CSN（1993年完成私有化）直到90年代都是国家所有，每一家在80年代末的年产能都在350万吨左右。但是他们的雇员人数存在差异，分别是1.47万人、1.53万人和2.22万人。CSN的雇员数字反映了由于政治压力导致的额外雇佣。

为了应对国有企业日益增加的赤字，以及政府一般财政预算的赤字，80年代的国有企业投资出现了大幅下滑。国有企业投资占GDP的比重在1976年为6.54%，到1990年下降到1.45%。

私有化：应对国家破产的解决方案

巴西走向私有化始于20世纪70年代末，当经济增长速度下滑，导致国有企业和私有部门对稀缺的资本（包括国内和国外资本）的竞争日趋激烈。当国有企业在开展大型的投资项目，而政府对给予全力支持时，私有部门能够获得的资源日益短缺。这使得三脚架模型的和谐被打破，导致出现偏向私有化的发展。

为控制巴西国有企业扩张的首次尝试发生在1979年，国家去官僚化计划（National Program of Debureaucratization）和国企控制特别秘书处（Special Secretariatforthe Controlof State Enterprises，简称SEST））成立。[42]这些早期的项目并没有对私有化进程产生很大的影响。但是，通过国企控制特别秘书处，政府获得了对国有企业更加集中的控制。事实上，该机构使得政府能够更容易地把国有企业作为宏观经济政策的工具使用（即使用国企定价，尝试控制通货膨胀，以及获取金额不断增加的外国资本）。

20世纪80年代前半叶，巴西开展了一些国有企业私有化的努力。于1981年成立的去国有化特别委员会（Special Commission for De-Statization），筛选出140家可私有化的国有企业，并建议随即出售50家。其中，1981年至1984年共出售了20家，带来了1.9亿美元的总收入。[43]这些企业中，许多都属于"恢复私有"类型，因为大部分相关企业，都在濒临破产的时候由国有的开发银行，BNDES接管。BNDES接管后对这些公司进行了重组，并寄望重新将这些公司向私有部门出售。大部分公司都是中小型企业，当时，大型国有企业被认为不能私有化。

对于20世纪80年代缺乏强劲的私有化的现象，两位巴西经济学家找到了几个原因。[44]第一，没有政治承诺，在80年代初期，相比于改变政府在经济中的作用，政府对于控制其扩张更感兴趣。第二，80年代前五年正经历严重的经济衰退，除非国有企业能够以政治上无法接受的低价出售，否则不可能找到买家。第三，国企的买方被限定在巴西企业。第四，为了保障效率，大规模私有化进程需要放宽政府管制（尤其是价格管制），这一点在当时无法被政府接受。

在20世纪80年代后半段，萨尔内在私有化上做了些表面功夫，但并没有推出大量项目。这很可能是出于政治考量，因为21年以来的第一届文职政府对来自其他政治团体的压力非常敏感。这些团体包括国企员工，他们拿到的薪水超出市场平均水平一大截；包括那些将产品卖给国有企业获得丰厚利润的私有企业；包括按照补贴价格从国有企业购买产品和服务的公司；也包括出于自身政治目的利用国有企业的政客们。[45]

在1985—1989年间，18家企业完成了私有化，为政府带来了5.33亿美元的收入。其中大部分都是规模相对较小的企业，并且曾借助BNDES重新焕发活力。

科洛尔执政时期的私有化进程

科洛尔时期的私有化始于1990年4月14日，当时新总统刚就职（1990年3月15日）不久，与之前的实施私有化相比，其规模更大、程度更深。政府不但计划将大型国企私有化，而且在意欲通过更广泛的自由化进程以实现巴西经济现代化的计划中，私有化进程被视为必不可少的部分。

第8.031号法令确立了私有化流程的正式程序。它成立了一个私有化委员会（Privatization Committee），由五位重要的政府官员和七位来自私有部门的代表组成。委员会的委员由总统挑选，并且必须得到国会批准。BNDES总裁被任命为委员会主席，而BNDES是负责管理私有化项目的机构。委员会要上报准备进行私有化的国企名单，并给出关于出售条件的建议。法律要求顾问必须通过公开招标签约；他们将对拟私有化公司的价值进行独立评估。随后，委员会将决定公司可以出售的底价，

第11章 渐变的公共部门以及私有化的影响

以及出售的方式。[46]

大多数出售采用公开拍卖的形式。买方可以使用的"货币"包括新旧巴西货币（新克鲁扎多或克鲁塞罗）、不同类型的政府债务凭证、外国债务票据以及坚挺的外汇。[47] 外国资本参与国有企业的私有化受到限制，在有投票权的资本中占比不能超过40%（无投票权的资本中占比无限制），并且债务转换的最大折扣被设定在25%。其他的限制还包括规定外国资本在十二年内不得退出巴西，以及在两年后才能出售收购的股份。到了1992年，有些限制得到了修改——在有投票权资本中占比40%的上限，视具体的私有化案例可以在拍卖后进行调整；取消了要求只有在两年后才能出售股票和利润汇回的限制；资本必须留在国内的时限由12年减少为6年。[48] 完成一家国有企业私有化的平均时间大约是九个月。[49]

到了1993年中，已经有二十家企业完成了私有化，还有二十一家企业位于私有化名单上。名单上的大部分国有企业都属于石化、钢铁和化肥业，但铁路系统、飞机制造商（巴西航空工业公司）、一家计算机企业等等也在考虑之中。1993年后，巴西政府在为与多个公用事业部门（例如能源生产及配给）中的私有企业签订特许合约的可能性做准备，并正在寻求推动宪法修正案，使得电信业和石油开采私有化成为可能。

同时，截至1993年8月，私有化进程为政府带来了总计64亿美元的收入，而根据估算，另外19家准备实施私有化的企业价值大约为110亿美元。

截至1992年中的第一批私有化的公司，有九家是使用不同种类的政府债务工具来支付对价的。尽管有声音批评这种形式并不能反应国家的真实现金收入，但它大幅减少了政府的内债，减轻了政府在20世纪80年代大幅增长的偿债义务。1991年9月，联邦政府的内债金额总计达到410亿美元。出售十七家完成私有化的国企的收入，加上在1992年至1993年之间将要进行私有化的二十四家公司的资产价值，总计约为180亿美元。如果将要进行私有化的二十四家公司也用已经发行的政府债务工具支付对价，那明显将大幅降低内债总额和政府偿债义务。

20世纪90年代的私有化

随着1990年3月完成了换届，政府实施了一整套新自由主义政策，其中私有化处于高优先级。[50]国会通过了国家私有化计划（National Privatization Program，简称PND），它在整个十年中都占据主导地位。该项目的基础是BNDES在20世纪80年代私有化进程中积累的经验。第8.031号法令为私有化进程确立了正式程序。成立了一个私有化指导委员会监督项目，包括推荐需要进行私有化的公司，并批准国有企业的私有化方式和出售条件，尤其是设定拍卖底价。[51]BNDES被赋予管理国家私有化计划的任务。为了完成该任务，BNDES通过公开招标选择了两家咨询公司（也可以是几家公司的联合体），以处理每一家拟通过拍卖出售的国有企业。根据它的工作，私有化委员会（Privatization Committee）公布拍卖底价。[52]

由于科洛尔总统被弹劾，1992年9月发生了政府更迭，新任总统起初对继续推进私有化很勉强。但是，在被冻结了三个月之后，伊塔马尔·佛朗哥总统领导的政府决定继续推进私有化进程。设立了国家私有化计划（PND）的法律被修改，允许外方不受限制地参与私有化进程。到了伊塔马尔·佛朗哥总统任职末期，在他任期内完成私有化的公司数量要比前任政府多。

大部分制造业国企都在1991年至1994年间完成了私有化。其中包括在钢铁、化肥、石油化工等产业内的国有企业。到了1993年中，二十家公司完成私有化，还有二十一家在私有化名单上。卡多佐（Cardoso）于1995年上台，在其任期内，私有化提速，包括了诸如矿业和公用事业等领域。在20世纪90年代下半叶，私有化扩展到各个州、市拥有的公司。

1995年1月发生了制度变革。指导委员会被国家私有化委员会（National Privatization Council）取代，对私有化进程的集中管控力度加强。国家私有化计划（PND）得以保留，但法律和制度框架都发生了变化。在1995年2月，《特许经营法》（the Concession Law，第8987号法令）生效，宪法修正案在当年晚些时候获得通过。《特许经营法》（由宪法第175条管控）对适用于公众设施领域的特许权的法规进行了调整。它将对违法的特许权受让人进行惩罚；使得大的消费者集团具备选择供应商的可能性（因此终结了本地垄断）；明确费率将在特许合约中加以界定；规定所

第11章 渐变的公共部门以及私有化的影响

有的特许权都有固定的有效期,到期后的重新授权将依据新的竞标流程决定;禁止向特许权受让人提供政府补贴;使消费者能够参与对特许权的监管工作。宪法修正案终止了在电信业、天然气配送和石油产业的国有垄断;修正案还废除了国内资本和国外资本控股的巴西公司的差别。后者为矿业和发电行业的私有化铺平了道路。

因其所具备的财政影响,州市一级的私有化十分重要。国企赤字中的大部分都来自非联邦政府拥有的企业。在1994年至1998年,联邦国企的盈余总计占GDP的0.4%,州市国企的赤字占GDP的0.7%。因此,私有化对于债务重构进程非常重要。卡斯特罗·皮涅罗(CastelarPinheiro)和吉安比阿吉(Giambiagi)指出:

> 债务谈判包括需要支付市场利率的州债转移给联邦政府,以未来州的收入(在30年的时间期限)作为抵押物。由于联邦政府向州政府提供贷款的实际利率是6%,而市场利率要更高,所以这种安排就含有"州亏损的联邦化"。在尝试使这些损失最小化、并减少国企的总赤字时,联邦政府要求加入债务延期协议的各州通过资产出售来偿付20%的本金。这一要求就成为了各州开展自己私有化项目的主要诱因。[53]

公路和电信业的私有化没有通过国家私有化计划进行,而是由与这些产业直接相关的各部实施。

1996年电灯公司(Light Company)开展私有化,这标志着大型公用事业企业出售取得重大进展。紧随其后的是1997年淡水河谷公司的私有化,它是巴西最大的出口企业。由于它是最高效的国有企业,有相当多的声音反对将其出售,政府必须要赢得217场法律诉讼,才能最终敲定将其出售。在20世纪90年代下半叶,政府越来越多地要求采用现金作为私有化企业的支付方式。根据卡斯特罗·皮涅罗和吉安比阿吉所述:

> 由于巴西在国际上仍属于非投资的类别,而且实际货币大幅贬值的风险可能出现,因此从国外市场借债只能部分地解决问题。因此,政府介入,通过分期付款出售或通过BNDES为借方直接提供资金支持。[54]

值得一提的是,在公司、桥梁、公共卫生和铁路等产业的私有化中,使用了一种新的方法。这些产业的盈利性较低，但具有相当程度的外部性。在这些例子中，拍卖时越来越强调追加投资的承诺。

随着私有化进程扩展到公用事业，出售国企的价值变得如此之高，以至于它在政府为维护雷亚尔计划出台的宏观经济政策中占据举足轻重的地位，特别是巴西还处于亚洲和俄罗斯经济危机的冲击下。因此，"与那些已经成为或即将成为投机性攻击猎物的国家相比，私有化将使巴西具备一定的优势。从这个角度来看，私有化被视为一种'安全网'，或'通向稳定的桥梁'，使得国家在解决经常账户和财政赤字这两个最主要的不稳定因素时拥有一定的回旋余地。" [55]

私有化成果，1991—2005

从1991年10月到2005年12月，超过120家国有企业被出售，总金额达878亿美元。其中，598亿美元来自出售联邦所有企业获得的收入，其余的收入来自州一级所有企业的私有化。另外，180亿美元的债务被转移给私有部分。值得一提的是，当私有化被限制在制造型企业时，出售企业获得的收入相对较少，在1991—1995年间平均每年为27亿美元。从1996年开始，随着私有化被扩展到公用事业领域，且各州开始参与私有化进程，收入实现了飞速增长，70%私有化的收入来自电信业和电力行业。外国资本占比为36.4%（尽管在诸如电力和金融行业，该比例分别达到58%和80%）。还应强调的是，在公用事业业，私有化包含了长期特许权经营合约。

私有化的财富分配效应 [56]

在分析经济分配问题时，需要区分政策对财富（存量）和对收入（流量）的影响。尽管经常紧密联系，但有时也会相背而行。[57] 在私有化的环境下，财富效应是国家经济资产所有权的变更。这种一劳永逸的改变，在私有化时发生。另一方面，收入分配效应是私有化对实际收入和社会不同群体（其中包括新的所有者、工人和私有化公司产品的消费者）收入形成的持续性结果。在这一节，我们思考私有化的财富分配效应。我们将在下一小节讨论收入分配效应。

第11章 渐变的公共部门以及私有化的影响

巴西的公司财富分配，传统上可分为三脚架结构，即国有、国内私有和外国企业。[58]在20世纪90年代出现大规模私有化的之前，巴西的许多产业部门被少数几家国内私有企业或国外公司主导。例如，汽车业的情况就是如此，1998年，前四大公司占据行业净收入的94%；在水泥业，前七大公司占据净收入的60%；重型建筑业，前八大公司占净收入的67%；发动机和零配件业，前四大公司占据净收入的64%；国内电力，四家公司占比75%；以及钢铁，七家公司占比82%。[59]由于20世纪90年代的私有化计划的主要推动力是政府把国企出售给出价最高的买家从而获得收入最大化的需求，所以大部分买家是外国企业或者大型国内私有企业也就不足为奇。这表明，巴西为减轻公共部门的财务压力从而实施的价高者得的私有化方法，可能对巴西的财富分配有微乎其微的影响，甚至起反作用。如果尝试把之前的国有企业通过私有化实现的价值在巴西公民或纳税人之间分配，那么私有化对财富分配很可能有更加积极的作用。

整个20世纪90年代并行产生的大规模兼并和收购的趋势（从1992年的58宗，到1995年的212宗，1998年达到351宗），则进一步强化了上述趋势。[60]有一些兼并案例的动机，部分来自于国内私有企业组建战略同盟的需求——形成规模足够大财团，可以成功竞标被私有化的企业。巴西主要的水泥生产商沃托兰庭集团（Grupo Votorantim）、大型建筑公司卡马哥·科雷亚（Camargo Correia）和巴西最大的国内私有银行布拉德斯科银行（Bradesco）为了参与能源行业私有化而结盟就是一个例子。[61]

有关私有化对20世纪90年代公司持股和组织的分配可能产生的影响，表11.4（给出了在1990年至1998年间，巴西一百家最大的非金融企业所有权的变化）提供了一个分析。它依据企业所有权的集中度，把巴西国内私有企业分成了三个子类。应当指出的是，即使表中归为"低集中度"的公司，也包括了许多根据北美的定义并不属于"广泛持股"概念的企业。虽然在这个子类中，即使没有一家公司被单独个体或一个家族持有20%以上的投票权股份，但是少数几个股东还是能够轻易控制该公司。

根据表11.4的数据显示了几个明显趋势。对于合作社或者巴西100家最大的私有企业中股权最为分散的公司，私有化只产生了极小的影响，甚至对有些公司毫无影响，它们的营业收入之和所占的比重（占总量的3%）保持不变。在1990年至1998年间，国有企业相对重要性下降，主要的受益者要么是外国公司所有者，要么是那些单一个体或家族持有超过20%有投票权股份的巴西国内私有企业。[62]

表11.4 前100大公司和营业收入按资产属性分布

企业分类	1990年		1998年	
	公司数量	在全体总营业收入中占比（%）	公司数量	在总营收中占比（%）
私有企业——低集中度	1	1	4	3
私有企业——中集中度	5	4	23	19
私有企业——高集中度	27	23	26	17
国有企业	38	44	12	21
外国企业	27	26	34	40
合作社	2	2	1	0
总计	100	100	100	100

来源：Siffert Filho and Souza e Silva, in Fabio Giambiagi and Mauricio Mesquita Moreira(eds.), A Economic Brasileira nos Anos 90 (Rio de Janeiro: BNDES, 1999).

一些特定案例可以说明大型国内企业和外国买家在私有化进程中的统治地位。在钢铁公司东北钢铁（Cosinor）和皮亚蒂尼（Piratini）的案例中，二者分别有99.8%和89.8%股份被私有的盖尔道（Gerdau）钢铁集团收购。[63] 在出售更大的图巴朗钢铁公司（Companhia Siderúrgica de Tubarão）时，45.4%的股份被私有金融集团波扎诺·西蒙森银行（Bozano Simonsen）和巴西联合银行（Unibanco）获得。在其他领域，如电信，巴西私人财团安德雷德·古铁雷斯建筑（Construtora Andrade Gutierrez）、布拉德斯科银行（Bradesco）、环球通讯（Globopar）、机会银行（Banco Opportunity）和外国收购方葡萄牙电信公司（Telecomde Portugal）、毕尔巴鄂比斯开银行（Banco Bilbao Vizcaya）、斯代特国际（Stet International）、伊比德罗拉（Iberdrola）之间的联盟十分重要。[64] 在电力领域，巴西公司和来自美国、智利、法国、西班牙和葡萄牙的外国企业组成联盟。[65]

私有化的收入分配效应

不管建立巴西国有企业体系的最初动机是什么，到了20世纪60年代，不管从雇员数量方面还是薪水方面来衡量，它们都已经成为最重要的就业来源。快速的劳动力

第11章 渐变的公共部门以及私有化的影响

增长和大量农村人口迁入巴西城市，由此所带来的社会压力和政治压力，使得各届政府愿意公有部门吸收超过实际需要的劳动力。逐渐认识到在许多国有企业都存在严重的冗员，事实上是在1979年成立国企控制特别秘书处（SEST）的动因之一。

私有化扭转了公共部门雇佣的这一趋势。在许多情况下，即使是在被选为私有化的公司拍卖之前，也会通过解雇多余的员工使公司"升值"，以提升对潜在买家的吸引力。在联邦铁路系统，在私有化真正实施之前，40000名员工之中就有大约一半被解雇。而铁路的私有运营方接手之后，进一步将雇员缩减为大约11500名员工，同时还带来了实际服务水平的提升。在重要的公共港口，雇佣的工人总数由1995年26400人下降到1997年的约5000人，并且进一步的削减计划预计将把劳工总数降低到2500名工人。[66] 钢铁业在私有化之后，也大幅削减了劳工数量。CSN的雇员人数从1980年的24463人下降到1998年的9929，COSIPA由14445下降到6983，而USIMINAS从14600下降到8338。[67]

尽管削减冗余员工带来的经济效益提升显而易见，但是对由私有化导致的裁员开展收入分布效应的分析仍很复杂。如果由更高的经济效益带来的收入增加能够分配给巴西最贫穷的人群，那么私有化对公平和效率将做出无可争议的积极贡献。但是，要证明效率提升带来的收益实际上按照这种方法进行分配，却极少有或完全没有可信的证据。确切存在的稀少证据，尤其是新近完成私有化的公司利润大幅上升，说明由效率提升带来的收入增加大部分都被新的企业所有者获得。因此，在1997年和1998年，《审视》杂志列出了全国利润最高的20家公司名单，其中有四家都是私有化的公司（淡水河谷、USIMINAS、CSN、Light）。十年以前，其中的几家公司还处在亏损最严重的公司名单上，尤以CSN和淡水河谷为最。这些利润中的一大部分，流入了公司被私有化后的国外购买方腰包。巴西国际收支的利润和分红汇款额急剧增长，从1990年的16亿美元增加到1994年的25亿美元，再到1998年的72亿美元，可以部分地反映出参与私有化进程的国外公司获得的利润。

私有化和收入分配之间的其他主要联系，存在于监管体系，以及由此导致对价格的影响。如前所述，私有化进程大部分都集中在公用事业领域，尤其是电信业、发电业、高速公路和铁路以及港口业。为了使得私有运营者能够充分地维护并扩展公用事业的服务，私有化进程的一项基本构成要素就是重构监管体系以吸引私有运营者。

这又提出了有关公用事业监管的经典问题，即何种费率既能够为维护和扩张产生足够的资金，又能够为私有投资者提供有吸引的投资回报率，同时不会对消费者造成严重的负担。至少从20世纪60年代开始，政府开始把巴西的许多公用事业实体当做对抗通胀的武器。这主要通过调控公用事业价格实现，政府管制使的价格增长大幅滞后于一般物价水平的上涨，并导致运维和新投入资金的缩减。到了20世纪80年代中期，国有投资的下降导致一些公用事业企业的资本存量出现严重不足，其中包括铁路、港口和发电企业。[68]

私有化迫使公用事业费率进行了大幅修订。例如，在电信业，1995年距离巴西国家电信（Telebrás）体系开始拍卖还有相当时间，但费率已经大幅上涨。住户订购数量增长了五倍，本地通话费用上涨了80%。保持这一费率为1998年7月对该体系的私有化提供了支持。[69]在电力行业也能观察到相似的追赶模式，即在1993年费用的上涨落后于总体通货膨胀。在接下来的几年里，随着发电企业的相继私有化，电费的上涨速度比大部分其他价格的上涨都要快。例如，《圣保罗州州报》（*Estadode São Paulo*）的报道称，1999年，用来调整电价的价格指数上涨速度，是用来调整工资的指数上涨速度的两倍。[70]

截至今日可获得的数据表明，巴西的监管环境大幅向着有利于公用事业企业的新私人股东的方向倾斜。从收入分配的角度来看，就必然能够得出这样的结论：监管变化将收入从大量消费者手中向新的私有特许权受让人转移。例如，在里约热内卢市，从1994年8月到1999年11月，消费者价格指数上升了87.4%，而公共服务价格指数上升了163.2%。[71]

小　结

巴西收入和财富分配中的不平等，自殖民时代到现在一直存在，顽强得令人沮丧。现有的证据表明，尽管20世纪90年代的私有化进程在提升经济效益的角度做出了可否认的贡献，但是对改变分配模式的贡献极为有限，甚至可能导致了情况恶化。

对于近期发展模式的所造成的政治和社会后果不能被忽略。1999年拥有高速公路特许权的运营者和巴西货车运输业者之间的冲突,就提供了一个很好的例子。特许权合约使运营者有权收取高额的过路费,以为维护和扩张提供资金支持。货车运输业者声称过路费过高,已经威胁到了他们的生活。经过一段短暂的罢工,其中联邦政府甚至威胁要使用军事干涉,过路费最终被大幅下调。相应地,这促使特许权受让人采取了法律行动,声称遭受合同违约。这个例子清楚地表明,专注于提升效率的政策可能产生导致社会分化的作用,背后的含义是分配效应被忽略了。

在最近对巴西私有化计划的回顾中,卡斯特罗·皮涅罗(Castelar Pinheiro)得出这样的结论:"雷亚尔计划在实现稳定方面的成功,使得政府拥有了足够的政治影响力,以推动国会通过了宪法修正案,来将私有化扩展到电信和天然气行业,并推动了矿业和电力行业的私有化进程。"[72] 他还发现完成私有化的公司效率得到提升,实际销售额、雇员人均销售额、净利润、股东权益和投资额占销售额比例均大幅上涨。

巴西公用事业的私有化依靠特许权经营合约。特许权合约要进行拍卖,赢得拍卖的公司(国内企业和国外企业)能够获得持续数年的合约。合约包括关于维护、扩张和价格管制的条款。不同的公用事业产业,在私有化方面取得成功的程度也不尽相同。电信业最成功,而进展最差的是水务和污水处理服务业。

令人感兴趣的是,尽管巴西工党传统上反对私有化,但它在上台后并没有转变私有化趋势。巴西工党在2003年随着路易斯·伊纳西奥·卢拉·达席尔瓦就任总统而上台执政。至2012年,由于需要在许多基础设施项目(公路建设、机场扩建等等)上加快投资速度,卢拉总统的继任者迪尔玛·罗塞夫(Dilma Rousseff,也是巴西工党一员),主要依赖与私有部门的特许权合同。

注　释

[1] Werner Baer, Isaac Kerstenetzky, and Annibal V. Villela, "The Changing Role of the State in the Brazilian Economy," World Development, November 1973.

[2] 关于巴西经济三脚架模型运转方式的有趣讨论还可参阅:Peter Evans, Dependent Development: The Alliance of Multinational, State, and Local Capital in Brazil (Princeton, N.J.: Princeton University Press, 1979).

[3] Raymundo Faoro, Os Donos do Poder: Fomação do Patronato Polítíco Brasileiro, 2nd ed. (São Paulo: Editora Globo, 1975), pp. 206–209, 222, 230.

[4] Raymundo Faoro, Os Donos do Poder: Fomação do Patronato Polítíco Brasileiro, 2nd ed. (São Paulo: Editora Globo, 1975), p. 434。

[5] Mauá, Autobiografia (Rio de Janeiro: Edições de Ouro, Technoprint Gráfica, 1972), p. 107; Nicia Vilela Luz, A Luta Pela Industrialização no Brasil (São Paulo: Corpo e Alma do Brasil, 1960), pp. 170–171, 190.

[6] 在铁路的建设中尤为如此。只有政府担保投资回报率，外国公司才开始投资。参阅：Annibal V. Villela and Wilson Suzigan, Política do Governo e Crescimento da Economia Brasileira, 1889–1945, Serie Monográfica, no. 10 (Rio de Janeiro: IPEA/INPES, 1973), pp. 392–395.

[7] Benedito Ribeiro and Mario Mazzei Guimarães, Historia dos Bancos e do Desenvolvimento Financeiro do Brasil (Rio de Janeiro and São Paulo: Pro-Service Ltda. Editora, 1967), pp. 41–127, 314–315.

[8] 对1887年的一项估测结果表明，在投资到铁路的1800万英镑中，每年的担保回报率为7%，使得回报总金额达到130万英镑，占巴西出口总收入的6%。参阅：Villela and Suzigan, Política do Governo, p. 396.

[9] 铁路管理结构：

年份	公有（%）	私有（%）
1929年	49	51
1932年	68	32
1945年	72	28
1953年	94	6

[10] Villela and Suzigan, Política do Governo, pp. 191–200.

[11] 关于这些实体的全面讨论，尤其是从法律和行政的视角出发的讨论，参阅：Alberto Venancio Filho, A Intervenção do Estado no Dominio Econômico (Rio de Janeiro: Fundação Getúlio Vargas, 1968), pp. 358–366. Another valuable source on the functioning of autarquias is Centro de Estudos Fiscais, O Setor Público Federal Descentralizad (Rio de Janeiro: Fundação Getúlio Vargas/IBRE, 1967).

[12] Villela and Suzigan, Política do Governo, p. 381.

[13] Werner Baer, The Development of the Brazilian Steel Industry (Nashville, Tenn.: Vanderbilt University Press, 1969), pp. 68–76; John D. Wirth, The Politics of Brazilian Development, 1930–1954 (Palo Alto, Calif.: Stanford University Press, 1970), pp.71–129.

第11章 渐变的公共部门以及私有化的影响

[14] Conselho Federal de Comercio Exterior, Dez Anos de Atividades (Rio deJaneiro: Imprensa Nacional, 1944).

[15] Annibal V. Villela, Sergio Ramos da Silva, Wilson Suzigan, and Maria José Santos, "Aspectos do Crescimento da Economia Brasileira, 1889–1969," mimeo (Rio de Janeiro: Fundação Getúlio Vargas, 1971), vol. 1, pp. 382–385.

[16] Baer, The Development of the Brazilian Steel Industry, pp. 67–68; Wirth, ThePolitics, chs. 4 and 5.

[17] 对于巴西计划中不同阶段的回顾分析,参阅:Jorge Gustavo da Costa, Planejamento Governamental: A Experiência Brasileira (Rio de Janeiro: Fundação Getúlio Vargas, 1971); Betty Mindlin Lafer, ed., Planejamento no Brasil (São Paulo: Editora Perspectiva, 1970); Octavio Ianni, Estado e Planejamento Econômico no Brasil, 1930–70 (Rio de Janeiro: Civilização Brasileira, 1970); Nelson Mello e Souza, "O Planejamento Econômico no Brasil: Considerações Críticas," Revista de Administração Pública (2nd semester 1968), pp. 59–112.

[18] 资本首先由贸易获得的收入和农业现代化积累,后来工业本身也产生资金,使得资本的积累越来越可观。更多的资本和(英国)工业化进程更为渐进式的特征,这两个因素消除了建立为工业提供长期资本的专门制度工具的压力。而作为对比,在相对落后的国家,资本是稀缺的、分散的。对工业化活动的不信任相当严重,最终,会因为工业化运动的范围、工厂庞大的平均规模和工业产出的集中化,产生越来越大要求大型化的压力。并且还应再加上企业人才在落后国家十分稀缺这一事实。

正是由于这些条件的压力,最终导致欧洲大陆绝大多数国家的银行业产生了与英国不同的多样化发展。在工业投资银行业务领域,欧洲大陆的实践应被视为落后经济体工业化的专用工具。

Alexander Gerschenkron, Economic Backwardness in Historical Perspective (Cambridge, Mass.: Harvard University Press, 1962), p. 14.

[19] Wilson Suzigan, José Eduardo de Carvalho Pereira, and Ruy Affonso Guimarães de Almeida, Financiamento de Projetos Industriais no Brasil, Coleção Relatorios de Pesquisa, no. 9 (Rio de Janeiro: IPEA, 1972), p. 106.

[20] Wilson Suzigan, José Eduardo de Carvalho Pereira, and Ruy Affonso Guimarães de Almeida, Financiamento de Projetos Industriais no Brasil, Coleção Relatorios de Pesquisa, no. 9 (Rio de Janeiro: IPEA, 1972), pp. 106–108.

[21] Baer, The Development of the Brazilian Steel Industry, pp. 80–83. 国家经济和社会开发银行在20世纪50年代以类似的方式收购了维多利亚钢铁有限责任公司(Cia. Ferro e Aço de Vitoria),巴西银行成为特种钢材公司阿谢西塔(Acesita)的所有者。

[22] 详情参阅:For details see Wirth, The Politics, pp. 133–216; Getúlio Carvalho, Petrobras: Do Monopolio aos Contratos de Risco (Rio de Janeiro: Forense–Universitária, 1976).

[23] Suzigan et al., Financiamento de Projetos, pp. 166–180.

[24] 参阅：Baer, The Development of the Brazilian Steel Industry, ch. 6.

[25] 同前，chs. 6 and 7.

[26] "Quem é Quem na Economia Brasileira," Visão, August 1986, pp. 384–390.

[27] 关于巴西价格控制的最佳分析，可参阅：Dioní sio Dias Carneiro Netto, "Política de Controle de Preços Industriais," in Aspectos da Participação do Governo na Economia, Serie Monográ fica, no. 26 (Rio de Janeiro: IPEA/ INPES, 1976), pp. 135–169.

[28] Annibal V. Villela and Werner Baer, O Setor Privado National: Problemas e Políticas para Seu Fortalecimento, Coleção Relatorios de Pesquisa 46 (Rio de Janeiro: IPEA/INPES, 1980), ch. 3.

[29] Walter L. Ness Jr., "Financial Markets Innovation as a Development Strategy: Initial Results from the Brazilian Experience," Economic Development and Cultural Change (April 1974): 453–472. 另可参阅：John H. Welch, Capital Markets in the Development Process: The Case of Brazil (Pittsburgh: University of Pittsburgh Press, 1993).

[30] 据奈斯（Ness）指出，里约热内卢股票交易所交易量最大的四只股票中，有三只是国有企业股票（巴西银行、巴西石油和淡水河谷）。1972年，占据了总交易量的38%。Ness, "Financial Markets," p. 470.

[31] 《观点》杂志编制的这些数据，应谨慎解读。5113家公司只包括注册公司。由于巴西非注册领域的规模相当庞大，所以在研究的5113家公司三种类型的占比结构（国有企业、跨国企业和私有企业）低估了私有企业的比例。而在编制过程中，合资企业被当做剩余类别处理，不管其实际控制方为何，一律计入私有企业。在这种情况下，国有企业和跨国企业的占比被低估。巴西并不要求发布合并的资产负债表和损益表。因此，拥有一个或多个子公司的大型企业，其净资产会被计算两次，母公司和子公司各一次。由于这种情况，国有企业和私有民族企业被高估。关于国有企业的更多信息，还可参阅：Wilson Suzigan, "As Empresas do Governo e o Papel do Estado na Economia Brasileira," in Aspectos da Participação do Governo na Economia, Serie Monográfica, no. 26 (Rio de Janeiro: IPEA, 1976) pp. 77–134; and Enrique Saraiva, "Aspectos Gerais do Comportamento das Empresas Públicas Brasileiras e sua Ação International," Revista de Administração Pública (January/March 1977): 65–142.

[32] 巴西空军拥有的巴西航空工业公司，成立于20世纪60年代中期。截至1982年，它已经制造了2748架飞机，大量产品出口到美国和欧洲。参阅："A Embraer em 1975," Conjuntura Econômica, March 1976, 138–139; "A Indústria Aeronautica a um Passo da Maturidade," Exame, May 25, 1977, pp. 22–27; Ravi Ramamurti, "State-Owned Enterprises and Industrialization: The Brazilian Experience in the Aircraft Industry," mimeo (Boston: College of Business Administration, Northeastern University, 1982). 截至1986年，巴西航空工业公司的销售总额达到440亿美

第11章 渐变的公共部门以及私有化的影响

元，其中有2.87亿美元是出口额；参阅：Conjuntura Econômica, February 1987, p. 90.

[33] 1982年，共有498家国有企业。参阅：Presidencia da República, Secretaria de Planejamento–SEPLAN. SEST, Relatoria SEST 1982: Cadastro das Empresas Estatais. SEST, September 1982.

[34] Rogerio F. Werneck, "Public Sector Adjustment to External Shocks and Domestic Pressures in Brazil," in The Public Sector and the Latin American Crisis, Felipe Larrain and Marcelo Selowsky, eds. (San Francisco: ICS Press, 1991), pp. 64–65.

[35] Rogerio F. Werneck, "Public Sector Adjustment to External Shocks and Domestic Pressures in Brazil," in The Public Sector and the Latin American Crisis, Felipe Larrain and Marcelo Selowsky, eds. (San Francisco: ICS Press, 1991), p. 65.

[36] Rogerio F. Werneck, "Poupança Estatal, Divida Externa e Crise Financeira do Setor Público," Pesquisa e Planejamento Econômico 16, no. 3 (December 1986): 566–567.

[37] Werneck, "Public Sector Adjustment," pp. 82–83.

[38] Dionisio D. Cameiro and Rogerio L. F. Werneck, "Public Savings and Private Investment: Requirements for Growth Resumption in the Brazilian Economy," mimeo (PUC/Rio de Janeiro, Departmento de Economia, June 1992), p. 27A.

[39] "Melhores e Maiores," Exame, August 1991, p. 26.

[40] "Balanço Anual 1991," Gazeta Mercantil, p. 80.

[41] "Balanço Anual 1991," Gazeta Mercantil, p. 82.

[42] Armando Castelar Pinheiro and Luiz Chrysostomo de Oliveira Filho, "O Programa Brasileiro de Privatização: Notas e Conjecturas," Perspectivas da Economia Brasileira 1992 (Brasília: IPEA, 1992), p. 337.

[43] Armando Castelar Pinheiro and Luiz Chrysostomo de Oliveira Filho, "O Programa Brasileiro de Privatização: Notas e Conjecturas," Perspectivas da Economia Brasileira 1992 (Brasília: IPEA, 1992), pp. 338–339.

[44] Armando Castelar Pinheiro and Luiz Chrysostomo de Oliveira Filho, "O Programa Brasileiro de Privatização: Notas e Conjecturas," Perspectivas da Economia Brasileira 1992 (Brasília: IPEA, 1992), p. 338.

[45] Armando Castelar Pinheiro and Luiz Chrysostomo de Oliveira Filho, "O Programa Brasileiro de Privatização: Notas e Conjecturas," Perspectivas da Economia Brasileira 1992 (Brasília: IPEA, 1992), p. 340.

[46] Programa Nacional de Desestatização (Rio de Janeiro: BNDES, May 1992); Castelar Pinheiro and Oliveira Filho, "O Programa," p. 343; Rogerio L. F. Werneck, "El Primer Año del Program Brasileño de Privatization," in Adonde Va America Latina? Balance de las Reformas Econômicas, Joaquin Vial, ed. (Santiago: CIEPLAN, 1992), pp.267–268.

[47] 其他可接受的"货币"是私有化证书、赛德公司债券、土地改革债券、国家发展基金债券和证券化的公共事业债务。

[48] Programa Nacional de Desestatização (Rio de Janeiro: BNDES, May 1992).

[49] BNDES声称需要大约九个月完成一家公司的私有化。私有化进程必须经历的不同步骤所需的时间如下:

私有化步骤	平均时间（天）
1. 企业被计划选中	—
2. 企业的股票存放在私有化基金（FND）	5
3. 选择私有咨询顾问和审计	75
4. 咨询工作	90
5. 私有化前调整	20
6. 批准最低股票价格和销售方法	10
7. 公布销售公告	15
8. 公开拍卖股票	60
总计	275

[50] 本章节主要依据：Armando Castelar Pinheiro和Fabio Giambiagi, "Os Antecedentes Macro-Econômico e a Estrutura Institucional da Privatização no Brasil," in A Privatização no Brasil (Rio de Janeiro: BNDES, 2000).

[51] 委员会由十二到十五名委员组成，委员由共和国总统和参议院提名，经国会批准，其中只有五名成员代表政府。

[52] 卡斯特拉尔·皮黑罗（Castelar Pinheiro）和詹比亚吉（Giambiagi）强调"不那么明显但也对国家发展计划的透明度很重要的一点，是每个国有企业出售流程中跟随每一步的审计公司。只有在公司发布了合格的审计报告以后，销售才能完成。每一个私有化案例都被一个子委员会密切监管。子委员会由众议院、司法部和联邦审计法院（Federal Audit Court）构成，定期发表关于被出售公司确立的最低价格的看法，" "Os Antecedentes," pp. 13-45.

[53] "Os Antecedentes," p. 18.

[54] "Os Antecedentes," p. 19.

[55] "Os Antecedentes" p. 19.

[56] 本节内容根据一篇未发表的论文撰写。该论文与唐纳德·库斯（Donald V. Coes）合作撰写。

[57] 理论上，由完美运转的资本市场构成的完整集合，能够将所有的收入流转变成等价的股

票财富。尽管其理论上具有吸引力，但这样的假设却和像巴西这样的实际经济体面临的现实完全不一致。

[58] Evans, Dependent Development.

[59] 计算所用数据来自Gazeta Mercantil, Balanço Annual 1999.

[60] Nelson Siffert Filho and Carla Souza e Silva, "As Grandes Empresas nos Anos90," in Fabio Giambiagi and Mauricio Mesquita Moreira, eds., A Economia Brasileira nos Anos 90 (Rio de Janeiro: BNDES, 1999), p. 383.61.

[61] Nelson Siffert Filho and Carla Souza e Silva, "As Grandes Empresas nos Anos90," in Fabio Giambiagi and Mauricio Mesquita Moreira, eds., A Economia Brasileira nos Anos 90 (Rio de Janeiro: BNDES, 1999), p. 385.

[62] 1993年巴西国家钢铁公司（CSN）的私有化提供了一个有趣的例子，成功的竞标由中等规模的骆马集团（Grupo Vicunha）牵头组织在一起。这家公司以前主要活跃在纺织领域。它组织了一些国内银行、养老基金和几家外国投资者形成联盟。

[63] Aloisio Biondi, O Brasil Privatizado (São Paulo: Fundação Perseu Abramo, 1999), pp. 42–47，根据BNDES的数据，提供了一份详实的名单，给出了在私有化之前和之后公司的所有者架构。

[64] Siffert Filho和Souza e Silva, "As Grandes Empresas," p. 392.

[65] Carlos Kanall and Leal Ferreira, "Privatizing the Electric Power Sector in Brazil," in Privatization in Brazil: The Case of Public Utilities, Armando Castelar Pinheiro and Kiichiro Fukasaku, eds. (Rio de Janeiro and Paris: BNDES and OECD, 1999), p. 154.

[66] 参阅：Newton de Castro, "Privatization of the Transportation Sector in Brazil," in Castelar Pinheiro and Fukasaku, eds., Privatization in Brazil, pp. 176–177..

[67] 这些数字来源于杂志《审视》，每年出版一期《最大及最佳》（*Melhores e Maiores*）的专刊。

[68] 关于公共企业投资下降的讨论，可参阅：Donald V. Coes, Macroeconomic Crises, Policies, and Growth in Brazil, 1964–90 (Washington, DC: The World Bank, 1995); Rogerio F. Werneck, Empresas Estatais e Politíca Macroeconômica (Rio de Janeiro: Editora Campus, 1987); Werner Baer and Curt McDonald, "A Return to the Past? Brazil's Privatization of Public Utilities: The Case of the Electric Power Sector." Quarterly Review of Economics and Finance (Fall 1998), pp. 503–524.

[69] Ana Novaes, "The Privatization of the Brazilian Telecommunications Sector," in Castelar Pinheiro and Fukasaku, eds., Privatization in Brazil, p. 111.

[70] Estado de São Paulo, January 3, 2000, http://www.estado.com. 之所以会出现差异，是因为用来调整利率的指数为一般物价指数—内部供给（General Price Index–Internal Supply，简称

IGP-DI）在1999年上涨了20%。但是工资是根据消费者价格指数（Consumer Price Index，简称IPC）来调整的，在1999年只上涨了7%。

[71] Conjuntura Econômica, January 2000, p. xxxiv.

[72] Armando Castelar Pinheiro, "Two Decades of Privatization in Brazil," in The Economics of Argentina and Brazil: A Comparative Perspective, Werner Baer and David Fleischer, eds. (Cheltenham, UK: Edward Elgar, 2011), pp. 264–267.

第 12 章

区域不平等

The Brazilian Economy
Growth and Development

自殖民时期以来，收入和增长的地理分布不平等一直是巴西经济的一个特征。每一个初级产品出口周期都会惠泽某个特定区域。16世纪和17世纪的制糖周期促进了巴西东北部的发展；17世纪和18世纪的黄金出口周期，将巴西的经济活力转移到了现在的米纳斯吉拉斯州所在的区域。19世纪的咖啡出口热潮一开始惠及里约热内卢，然后是圣保罗州。但到了20世纪，受优待经济区域的历史性迁移走到了尽头。在巴西工业化进程开始后，东南部地区成了有活力的出口区域，也成为巴西经济的领先地区。该区域自此一直是经济增长的主要受益地区，在巴西GDP中的比重也大幅增长。

区域不平等的程度

巴西区域不平等的程度可以通过表12.1来衡量。从殖民时代到现在，巴西大部分人口分布在东北部和东南部。从表12.1（a）中可以看出，在1872年以前，巴西东北部拥有最大的人口比例。到19世纪末，东南部成了人口最多的地区，一直保持到现在。1872年以后，巴西东北部的人口占全国人口的比例开始不断减少，从46.7%降至2009年的28%。这一人口分布变化的原因在于，国内人口迁移及国外移民的涌入。

比较人口的区域分布以及国民收入的区域分配，见表12.1（c）和表12.1（d），我们会发现，区域不平等的程度很高，且持续时间也很长。虽然到了1980年，巴西东北部的人口仍然占全国人口的近30%，但其国民收入的比重已经降至12%。21世纪头十年里，情况稍有改善，东北部的人口比例在2009年降到了28%，但GDP比重仍然维持在13.5%。巴西东北部的工业产出份额从1995年的7%，增长到2003年的11.7%，然后又减少到2010年的9.3%。巴西东南部在2009年的人口比例是42.3%，2010年占巴西GDP的55.4%，占工业产出份额的60.3%。还应该注意的是，巴西南部的国民收入占比一直都接近于人口占比，而在2003年和2010年，国民收入占比已高于人口占比。而在21世纪的头十年里，巴西中西部的国民收入和GDP占比高于人口占比。

表12.1 人口的区域分布、增值、国内生产总值及工业产品

（a）1772—2009年人口的区域分布 （%）

区域	1772—1782年	1872年	1900年	1940年	1970年	1980年	1996年	2003年	2006年	2009年
北部	4.1	3.4	4.0	3.6	3.9	4.9	7.1	7.9	8.0	8.2
东北部	47.4	46.7	38.7	35.0	30.3	29.3	28.5	27.8	27.6	28.0
东南部	41.8	40.5	44.9	44.5	42.7	43.4	42.7	42.6	42.6	42.3
南部	1.9	7.3	10.3	13.9	17.7	16.0	15.0	14.7	14.6	14.4
中西部	4.8	2.1	2.1	3.0	5.4	6.4	6.7	7.0	7.2	7.1
总计	100.0	100.0	100.0	100.0	100.0	100.0	100.0	100.0	100.0	100.0

资料来源：Douglas H. Graham and Thomas W. Merrick, "Population and Economic Growth in Brazil: An Interpretation of the Long-Term Trend (1800–2000)," mimeo (March 1975), p. 49; IBGE.

（b）巴西总人口 （单位：千人）

年份	人口数量
1872年	10099
1900年	17434
1940年	41236
1970年	93135
1980年	119070
2000年	165359
2006年	187337
2013年	201009

资料来源：Douglas H. Graham and Thomas W. Merrick, "Population and Economic Growth in Brazil: An Interpretation of the Long-Term Trend (1800–2000)," mimeo (March 1975), p. 49; IBGE.

续表

(c) 增值的区域分布 (%)

区域	1949年	1959年	1970年	1980年	2003年	2010年
北部	1.7	2.0	2.0	3.1	4.9	4.8
东北部	14.1	14.1	12.2	12.0	13.6	15.9
东南部	66.5	64.1	64.5	62.4	55.4	51.4
南部	15.9	17.4	17.5	17.0	18.6	19.5
中西部	1.8	2.4	3.8	5.5	7.5	8.4
总计	100.0	100.0	100.0	100.0	100.0	100.0

资料来源：Fundação Getúlio Vargas, IBRE, Centro de Contas Nacionais, Sistema de Contas Nationals, Novas Estimativas, September 1974; Conjuntura Econômica, May 1987; IBGE.

(d) GDP区域分布 (%)

区域	1970年	1985年	1997年	2003年	2010年
北部	2.2	4.3	4.4	5	5.3
东北部	12.1	13.8	13.1	13.8	13.5
东南部	65	59.4	58.6	55.2	55.4
南部	17.4	17.1	17.7	18.6	16.5
中西部	3.3	5.4	6.2	7.4	9.3
总计	100	100	100	100	100

资料来源：Fundação Getúlio Vargas, IBRE, Centro de Contas Nacionais, Sistema de Contas Nacionais, Novas Estimativas, September 1974; IBGE.

(e) 工业产品的区域分布 (%)

区域	1949年	1959年	1970年	1995年	2003年	2010年
北部	1.0	1.7	1.1	3.0	4.8	4.3
东北部	9.4	8.3	7.0	7.0	11.7	9.3
东南部	75.4	76.9	79.1	72.1	59.1	60.3
南部	13.5	12.3	12.0	16.6	21.5	21.9
中西部	0.7	0.8	0.8	1.3	2.9	4.2
总计	100.0	100.0	100.0	100.0	100.0	100.0

资料来源：Fundação Getúlio Vargas, IBRE, Centro de Contas Nacionais, Sistema de Contas Nacionais, Novas Estimativas, September 1974; IBGE.

1960年至2009年期间,巴西东北部的人均收入占全国平均水平的百分比出现了很大波动。从1960年的39%,到1988年的63%,再跌至1997年的46%,最后又小幅增长至2009年的48%(2009年最穷的州是马拉尼昂州和皮奥伊州,人均收入分别是全国平均水平的37%和36%)。2009年,巴西东南部的人均收入是全国平均水平的131%;圣保罗州和里约热内卢估计分别为154%和131%。[1]对实际数值的粗略估计显示,巴西在1960年的人均GDP约为420美元,1988年约为2241美元,2005年约为8100美元,2010年约为10814美元(按现在的美元价格计算)。

即便是在巴西的城市化进程中,东北部城市也出现了更大的城市贫困。在1989年,巴西九大都市地区的贫困人口比例平均为28%,这一比例在巴西东北部的城市超过了40%。[2]

检视一下农业收入和工业收入的区域分布变化,见表12.2,就可以发现巴西的工业化进程和区域差异的增加之间存在很强的关联。与工业相比,农业的区域集中度不那么明显。因为工业一直以来都比农业增长得更快,而且由于工业基本都位于城市地区,因此经济活动的区域集中度之所以会增加,很大一部分原因在于工业化进程的自身特性。但应该注意,农业的收入和经济活动人口的区域差异最大。换言之,巴西东北部不仅工业份额与工业人口比重的比例非常小,而且农业人均收入也比巴西东南部小得多。

表12.2表明巴西工业趋于分散化,主要表现是东南部占比的下降,虽然2010年巴西东南部仍然是占主导地位的工业区。

表12.3和12.4揭示了巴西各大区域的收入和劳动力的产业分布,区域之间差异巨大。1985年,全国农业平均产生的GDP比重为10.5%,这一比重在东南部是6.8%,在中西部是13.2%,在东北部是15.9%。工业部门占全国平均的GDP比重为40.1%,各区域所占比重分别是:东南部44.6%,东北部35.4%,中西部16.1%。到2003年,农业在总GDP的比重几乎没变,但工业所占比重略微下降,服务业比重上升。

表12.2 1949—2010年增值的区域分布 按产业 （%）

年份	北部	东北部	东南部	南部	中西部	总计
农业						
1949年	1.6	18.7	54.2	22.2	3.3	100.0
1959年	1.7	21.0	43.7	28.8	4.8	100.0
1970年	2.3	20.9	40.0	29.6	7.2	100.0
1980年	5.0	19.5	34.7	29.5	11.3	100.0
1995年	9.3	16.8	35.2	27.2	11.5	100.0
2003年	6.5	13.6	32.2	33.4	14.3	100.0
2010年	9.9	17.1	29.9	25.5	17.6	100.0
工业						
1949年	1.0	9.4	75.4	13.5	0.7	100.0
1959年	1.7	8.3	76.9	12.3	0.8	100.0
1970年	1.3	5.6	80.6	11.7	0.8	100.0
1980年	3.0	9.5	69.0	16.2	2.3	100.0
1995年	3.0	7.0	72.1	16.6	1.3	100.0
2003年	4.8	11.7	59.1	21.5	2.9	100.0
2010年	4.8	9.3	60.3	21.0	4.6	100.0

资料来源：Fundação Getúlio Vargas, IBRE, Centre de Contais Nacionais, Sistema de Contas Nationals, Novas Estimativas, September 1974; IBGE.

表12.3 GDP的部门分布情况 （%）

（a）巴西及其大区的部门分布情况

区域	农业	工业	服务业	总计
1949年				
北部	30.0	12.3	57.7	100.0
东北部	41.0	13.8	45.2	100.0
东南部	25.2	23.3	51.5	100.0
南部	43.0	17.5	39.5	100.0
中西部	46.8	20.6	48.3	100.0
巴西	30.9	20.6	48.3	100.0

续表

1985年				
北部	16.7	39.8	43.5	100.0
东北部	15.9	35.4	48.7	100.0
东南部	6.8	44.6	48.6	100.0
南部	16.6	36.7	46.7	100.0
中西部	13.2	16.1	70.7	100.0
巴西	10.5	40.1	49.4	100.0

（b）2010年巴西及部分州的部门分布情况

区域	农业	工业	服务业	总计
塞阿腊	4.2	23.7	72.1	100.0
伯南布哥	4.5	22.1	73.4	100.0
巴伊亚	7.2	30.3	62.5	100.0
米纳斯吉拉斯	8.5	33.6	57.9	100.0
里约热内卢	0.4	28.1	71.5	100.0
圣保罗	1.3	29.1	69.6	100.0
南里奥格兰德	8.7	29.2	62.1	100.0
巴西	5.3	28.1	66.6	100.0

资料来源：IBGE, Contas Regionais.

我们没有2009年区域间可供比较的确切信息。相反，表12.3（b）给出了部分州的数据。值得注意的是，巴伊亚州的工业份额达到了30.3%（原书中的数字63.6%，与表中不一致，此处为该表中的数值），这反映了该州石油化工产业和新兴汽车产业的大幅提升。在东北部的塞阿腊和伯南布哥州，服务业占了很大比重，这可能反映出这些区域由于各种转移支付计划而引起的政府部门的快速增长。米纳斯吉拉斯、里约热内卢、圣保罗以及南部的南里奥格兰德，出现了服务业的比重增长，这可能是因为发达的工业地区往往会出现金融和销售服务的迅速扩张。

比较一下表12.3和表12.4就会发现，不同区域的收入和劳动力的产业分布存在显著不同。而对于巴西整个国家来说，农业劳动力的比重是农业GDP比重的两倍，而工业在各区域GDP的比重比劳动力比重大得多。这表明了工业的资本密集型特征。[3]

表12.4 1970年和2005年各地区劳动力的部门分布情况 （%）

地区	年份	农业	工业	服务业	合计
巴西	1970年	44.3	17.9	37.8	100.0
	2005年	21.2	21.1	57.7	100.0
东北部	1970年	61.1	10.7	28.2	100.0
	2005年	36.0	15.1	48.9	100.0
东南部	1970年	26.9	25.0	48.1	100.0
	2005年	10.0	24.7	65.3	100.0
南部	1970年	54.0	14.3	31.7	100.0
	2005年	22.1	24.5	53.4	100.0
北部和中西部	1970年	55.2	11.3	33.5	100.0
	2005年[a]	23.4	21.6	55.0	100.0
		(17.6)	(17.5)	(64.9)	

资料来源：根据巴西地理暨统计局的全国住户抽样调查（PNAD）系列数据计算。

2000年，经济活动人口占10岁及以上的总人口的比例在南部最高（49.8%），然后是东南部（48.1%），东北部是40.9%，北部是39.5%。

区域不平等的动态分析

只要巴西的经济主要还是以初级产品出口为导向，那么收入的区域分布就由主要的初级出口品决定。但当经济增长主要来源于国内时，不平等的区域增长和发展速度往往会持续下去，甚至有时还会加剧。

希克斯（Hicks）及其他人观察到，发展速度的不平等一旦形成，往往会持续下去。增长率的差异甚至可能增长，因为"工业和贸易都集中在一个特定中心，它们能给予这个中心进一步发展的优势。"[4] 新公司趋向于在处于增长中的区域发展，除非有别的特殊原因才会去其他区域，因为外部经济使得这些区域的投资更有价值。这种外部经济包括更容易获得熟练劳动力，以及各种无需进口的辅助商品和服务。虽然这些区域一开始增长速度较快的原因可能是地理或区位优势，但"它们也完全有可能即便失去了这些仍然能依靠内部经济动力继续增长。"[5]

虽然有活力的区域通常会积聚增长动力,但在某些情况下,其活力也会蔓延到其他地区。换句话说,活力地区的增长在某些情况下可能有一种离心力,但也可能有一种向心力并吸尽周边地区可能具有的任何增长潜能。

增长可以通过三种渠道从活力区域传递到停滞区域:商品、资本和劳动力的流动。当活力区域无法自给自足时,会导致该区域的财富一部分被花费在另一个互补区域,会发生商品贸易引起的增长传递。只有当活力区域对于某一重要供应来源的需求出现增长时,资本才有动力从活力区域转移到停滞区域。这种传递可能会创造新的自我维持的增长中心,但也可能只是在遥远的区域创造出极少内部联系的飞地经济。除了这种激励,活力中心很可能会在资本上保持向心的趋势,由于外部性(externalities),其投资回报率可能要远高于停滞区域。

劳动力也应该会向增长中的区域流动。最有可能的是,增长区域的劳动力生产率和收入都高于停滞区域。劳动报酬或期望的差异幅度,必须足够大,才能诱使人们克服生活模式的惯性。从积极的角度来看,劳动力流动可能会减轻停滞区域的压力,甚至提高人均收入,尤其是如果这个地区存在大量隐性失业人口。这种流动也可能惠及活力中心,使其有稳定的劳动力供应,从而防止劳动力成本增长过快。劳动力流动还可能大量地耗尽停滞区域的劳动力,因为更年轻、更有活力且受到更好训练或能被更好训练的人,通常更可能迁移。

我们也可以说,如果增长区域不能从其他区域快速地吸引劳动力,那么最终就可能让其他区域看上去比前者对资本更具吸引力。但更可能的是,停滞区域较低的工资将被更低的劳动生产率和其他方面更高的成本,如运输和电力所抵消。

如果这种情况致使向心力成为主导,那么对公平的考虑可能会迫使政府采取措施来调整区域不平等。那么做到什么程度可以不损害活力区域的增长呢?可以通过怎样的财政政策或直接的政策措施来鼓励企业在欠发达区域落户,来落实区域再分布的公共政策呢?

政府的一个明显再分配措施是增加停滞区域的社会和经济基础设施,并通过削减活力区域的该类活动或提高活力区域的税收负担来融资。第一种方法可能会损害活力地区的持续增长,因为可能会出现基础设施瓶颈。如果政府在停滞区域增加的投资资金来自于活力区域的税收,那么活力区域所受到的损害就取决于税收结构。如果税收结构是累进的，那么资本来源和投资激励都可能会大幅减少，从而导致活力区域的增长率逐渐减小。如果税收结构是累退的（许多发展中国家都是如此)，那么对活力区域造成的损害就可能较小，甚至可能中性。在这种情况下，停滞区域的资金增长就来自活力区域的消费缩减。在特定情况下，这会是健康的现象，尽管如果减少的消费大到会影响投资激励时，活力区域的增长可能会受到限制。

国内人口迁移

表12.5阐明了人口迁移对区域不平衡做出的一些调整。

在19世纪后半叶和20世纪头20年，外国移民对圣保罗州和巴西南部各州造成了重要的影响。圣保罗州的移民与咖啡业的扩张有关。而南方各州的移民则与新土地的开垦有关，这些土地上的森林被开发利用后，会进行商业性的农业开发，来为不断发展的城市服务。

之后，国内移民的作用日益显著，尤其是在进口替代工业化成为主要的经济动力后，巴西东南部吸引了大量移民。作为工业化进程的副产品，巴西各地区之间交通设施的完善，以及为提高农业生产而开辟的新前沿地区，都使得国内人口流动更加便利。与国外移民类似，国内移民也主要惠及圣保罗州及巴拉那州、马托格罗索州和戈亚斯州等前沿州，见表12.5。移民现象在20世纪70年代仍在持续。据估计，在1980年，4600万人至少一次迁居到别的城市，3600万人不是出生在他们的居住地，巴西九大城市3500万人口中，有44%是移民。[6]

表12.5　1890—1970年全国及区域的净国内迁移率（用首次人口普查年的人口比例表示）（%）

两次人口普查间的10年	全国净国内迁移率		
	迁移率	20年	迁移率
1890—1900年	2.97	1900—1920年	3.79
1940—1950年	2.94	1920—1940年	4.99
1950—1960年	5.51		
1960—1970年	4.49		

续表

区域	区域净国内迁移率[a]					
	1890—1900年	1900—1920年	1920—1940年	1940—1950年	1950—1960年	1960—1970年
北部	27.38	16.66	-13.72	-3.38	0.39	2.78
东北部	-1.42	-1.68	-0.84	-2.67	-9.78	-5.08
东部	-0.64	-4.81	-5.37	-3.26	-3.10	-5.57
南部	-0.97	5.24	11.73	6.07	8.25	5.61
圣保罗州	5.43	1.13	11.34	5.70	7.80	7.66
巴拉那州	-7.47	13.43	19.58	29.28	43.58	18.39
中西部	2.64	11.88	13.37	7.27	22.30	23.22
戈亚斯州	2.17	10.33	9.92	11.15	21.34	21.42
马托格罗索州	3.81	15.60	21.30	-0.55	23.59	27.38

资料来源：Douglas H. Graham and Thomas W. Merrick, "Population and Economic Growth in Brazil: An Interpretation of the Long–Term Trend (1800–2000)" (March 1975), p. 49 (mimeo).

注意：a.本表使用的是旧的大区划分方法。

东北部和中南部的经济联系

有人认为，进口替代工业化的进程加剧了巴西的区域不平衡，尤其是东北部和中南部的不平等。[7]进口替代工业化之前，东北部是初级产品（糖、棉花和可可）的出口地区，且是国外制成品的进口地区。加快进口替代工业化的政策，不仅使得巴西的工业能力大部分集中在巴西中南部，也导致了东北部地位恶化。虽然东北部仍继续出口传统初级产品，但却在巴西保护政策迫使下，从中南部而非国外进口制成品。而且，由于新成立的国内企业产品的相对价格，比之前进口的商品价格更高，东北部的贸易条件下滑。结果是东北部补贴了中南部的工业化进程。

有证据表明，这些趋势出现在20世纪50年代。表12.6囊括了东北部的对外贸易收支及出口和进口的区域分布。东北的出口平均值从1948年至1949年的1.65亿美元，增长到了1959年至1960年的2.32亿美元。而在这段时间里，东北部进口的平均值从9700万美元，减少至8200万美元。在第二次世界大战后的许多年份里，巴西东北部的外贸顺差足以抵消巴西其他地方贸易差额产生的赤字；有时，东北部的外贸顺差甚至能够覆盖国际收支平衡表中的其他项目赤字。

表12.6　1947—1960年巴西东北部的对外贸易及出口和进口的区域分配

(a) 巴西东北部的对外贸易　　　　　　　　　　　　　　　　　　（单位：百万美元）

年份	出口	进口	差额
1948年	197.6	93.2	104.4
1949年	133.0	100.3	32.7
1950年	174.1	86.9	87.2
1951年	197.6	166.4	31.2
1952年	114.5	173.3	−58.8
1953年	169.6	95.3	74.3
1954年	235.4	86.9	148.5
1955年	238.5	86.2	152.3
1956年	163.9	97.7	66.2
1957年	212.1	131.9	80.2
1958年	246.1	94.4	151.7
1959年	216.1	79.3	136.8
1960年	247.7	85.3	162.4

资料来源：Conselho de Desenvolvimento do Nordeste, A Policy for the Economic Development of the Northeast (Recife, 1959).

(b) 出口和进口的区域百分比分配　　　　　　　　　　　　　　　　　　　　（%）

	出口		进口	
	1947年	1960年	1947年	1960年
北部	2.4	1.7	1.3	1.2
东北部	9.8	7.7	6.4	4.5
东部	22.2	39.2	42.6	33.9
南部	65.6	48.3	49.6	60.3
中西部	—	3.1	0.1	0.1
总计	100.0	100.0	100.0	100.0

资料来源：根据巴西银行多期Relatorio计算得出。

东北部的贸易顺差增加主要是因为联邦政府推行的工业化政策。由于东北部工业化的速度不及东南部，东北部进口需求的结构就转向了限制很大的商品。因此，

"巴西东北部没有利用其出口带来的全部外汇收入。其中，约40%的外汇收入被转移到了巴西的其他区域。"[8]

表12.7包含了1948年至1959年间的区域之间的贸易数据。需要注意的是，东北部与国内其他地方，主要是中南部，已处于常年赤字状态；而且这些赤字在20世纪50年代后半叶变得越来越大。

表12.7　1948—1959年巴西东北部于中南部的贸易值　　（单位：百万克鲁塞罗）

	出口	进口	差额
1948年	4069	5541	-1472
1949年	4579	6630	-2051
1950年	5349	7141	-1792
1951年	6843	8298	-1455
1952年	6687	8159	-1472
1953年	7975	10792	-2817
1954年	10804	12871	-2067
1955年	13495	16477	-2982
1956年	19845	19692	153
1957年	17892	21078	-3186
1958年	16878	22732	-5854
1959年	21857	26699	-4842

资料来源：Conselho de Desenvolvimento do Nordeste, A Policy for the Development of the Northeast (Recife, 1959), p. 121; Banco do Brasil, Relatorio. 这些数据代表各州之间的沿海运输。

东北部的发展部门根据这些数据总结认为，"因为进口能力对南方人而言是一种稀缺要素，通过将外汇余额提供给中南部，东北部对促进中南部发展做出了贡献。"此外，随着东北部对中南部的贸易赤字不断增大以及中南部出口到东北部的主要是制成品，而原材料在东北部的出口中占有更高地位，因此可以推测，如果按照两个区域贸易量所创造的就业量来计算，那么东北部相对中南部的差异就更大了。[9]

东北部的外贸出口顺差是工业化集中在东南部的结果，东北部被迫以更差的贸易条件从东南部购买产品。这就意味着收入从巴西较贫穷的地方转移到了较富裕的区域。已经有关于测算这一收入转移幅度的尝试。表12.8列出了巴西出口和批发价格指数，包括咖啡。假设只能用出口收入购买国内商品[10]，A栏和B栏的比值表示该地区的贸易条件。由于1953年以前，巴西处于汇率稳定的时期，C栏充分反映出了巴西东北部丧失的购买力。但1953年以后，这一比率就得根据汇率变化进行修正了；修正后的指数列在了E栏。因此可见，在1948年至1960年间，价格比率实际上从100跌至了48，而不是未修正时的10。这意味着巴西东北部没有把外汇收入用于购买进口商品，而是用来购买中南部的商品，其购买力的下降幅度如表中所示。[11]

表12.8还表明了资产的实际转移情况。F栏包含有巴西东北部的净外汇收入，乘以外汇收入在中南部的购买指数，就得到了净外汇收入实际购买力的近似值。这个近似值与最初的外汇收入（I栏）之间的差值显示了转移到中南部的资产数额。

在1948年至1960年间，4.13亿美元的资产被转移到了中南部，平均每年3200万美元。出现资产转移是因为，东北部外汇资产出售价格的涨幅，没有从中南部购买商品的价格涨幅大。

减去价格下跌分析中所暗含的资本转移后，20世纪50年代巴西东北部和中南部之间没有明显的资本流动，东北部严重的内部贸易赤字，尤其是1953年及20世纪50年代后半叶的赤字，反映出了为减轻干旱影响的联邦援助，以及东北地区发展总署（SUDENE）尝试施行的特殊投资计划。干旱时期，大量私人资本涌入更富裕的地区。例如，在1953年，联邦政府在该区域的开支比从东北获得的收入还要多16亿克鲁赛罗；但那一年的资本净流入额只有10亿克鲁赛罗多一点。由此可以推测，一定出现了大量的私人资本流出。[12]

20世纪50年代的工业化进程为东北部带来的进一步的负担是汇率制度的影响。东北部进口商不得不支付比资本货物等受补贴的进口商品价格更高的价格。高出来的价格所产生的收入被外汇管理机构拿去支撑咖啡经济，而咖啡经济集中在东南部。汇率制度所产生的结余，也提高了巴西银行发放贷款的能力，很高比例的贷款都发给了南部。在此措施下，东北部"征税"的程度可用下述方法进行估计。表12.9的A栏列出了东北部的进口值，单位是克鲁赛罗；B栏列出了这些进口商品的美元价值。用B栏的数据除以A栏的数据，就能得到进口商所支付的实际汇率。D栏列出了东北出口商品的汇率。如果进口的汇率和出口的汇率相等，那么用进口的美元价值乘以D栏的数据，就能得到（E栏）进口的克鲁赛罗价值。用这个克鲁塞罗价值减去实际的克鲁塞罗花费，就能得到用于支持巴西其他部门的购买力损失的估值。

表12.8　1948—1968年从东北部向中南部通过贸易转移的资源估值

年份	巴西出口价格指数（A）	批发价格（B）	A/B比率（C）	外汇指数（D）	按C×D/100修正后（E）	东北部外贸净收入（F）	外汇收入购买力指数按C-F计算（G）	F×G/100（H）	资产转移F-H（I）
1948年	100	100	100	100	100	104.4	100	104.4	—
1949年	86	105	82	100	82	32.7	82	26.8	5.9
1950年	78	105	72	100	72	87.2	72	62.8	24.4
1951年	96	130	74	100	74	31.2	74	23.1	8.1
1952年	106	147	72	100	72	—	—	—	—
1953年	98	169	58	112	65	74.3	65	48.3	26.0
1954年	84	213	39	169	66	148.4	66	97.9	50.5
1955年	85	252	34	225	77	152.3	77	117.3	35.0
1956年	88	307	29	255	74	66.3	74	49.1	17.2
1957年	89	352	25	255	64	80.2	64	51.3	28.9
1958年	83	403	21	255	51	151.7	51	77.4	74.3
1959年	79	573	14	401	57	136.8	57	78.0	58.8
1960年	73	756	10	481	48	162.4	48	78.0	84.4
1960年	100 (73)[a]	100 (756)[a]	100	100 (481)[a]	100 (48)[a]	161.0	100 (48)[a]	161 (78)[a]	—
1961年	110 (80)	140 (1058)	78	158 (760)	124 (61)	181.0	124(61)	225 (110)	−44.0 (77)[a]
1962年	106 (77)	210 (1588)	51	252 (1212)	127 (61)	121.0	127 (61)	154 (74)	−33.0 (49)
1963年	109 (80)	371 (2805)	29	390 (1876)	114 (56)	163.0	114 (56)	186 (91)	−23.0 (76)
1964年	112 (82)	673 (5088)	17	745 (3583)	124 (72)	126.0	124 (72)	156 (91)	−30.0 (53)
1965年	107 (78)	1030 (7787)	10	1270 (6109)	132 (61)	153.0	133 (61)	203 (93)	−50.0 (59)
1966年	105 (77)	1460 (11038)	7	1560 (7504)	112 (52)	164.0	113 (52)	185 (85)	−21.0 (78)
1967年	128 (93)	1840 (13910)	7	1850 (8899)	129 (62)	158.0	130 (62)	205 (98)	−47.0 (64)
1968年	123 (90)	2190 (16556)	6	2330 (11207)	131 (56)	134.0	134 (56)	175 (75)	−41.0 (53)

资料来源：表格第一部分即1948年至1960年的数据，出自Conselho de Desenvolvimento do Nordeste, p. 23；还运用了经济环境及国际货币基金组织的国际金融统计数据。第二部分即1960年至1968年的计算数据，来自Roberto Cavalcanti de Albuquerque and Clovis de Vasconcelos Cavalcanti, Desenvolvimento Regional no Brasil (Brasília: IPEA, Series Estudos para o Planejamento, 16, 1976), p. 50。

注：F栏、H栏及I栏的单位为百万美元；A栏价格指数的单位为美元。

a. 表下半部分括号内的数字为根据1948年的数据计算。

通过贸易关系的资源转移在20世纪60年代出现了逆转，见表12.8下半部分，每年约有3600万美元流入东北部。这是由于此时汇率更有利于东北部出口的产品，及这些产品与巴西整体价格水平增幅的关系。[13]但应该注意，如果用1948年的数据作为基准，来看1960年至1968年的情况，见表12.8括号中数据，那么这段时间里，资产在不断地从东北部向南部转移；相对购买力是以1948年的情况为基准，而不是参考1960年的相对价格。

表12.9　1955—1960年因汇率制度而导致的巴西东北部亏损

	进口贸易额（单位：百万克鲁赛）（A）	进口贸易额（单位：千美元）（B）	A/B（C）	东北部类型出口汇率（D）	B×D（E）	汇率制度造成的损失
1955年	3830	87292	43.87	37.06	3235	595
1956年	4933	98933	49.86	43.06	4260	673
1957年	6782	131928	51.41	43.06	5681	1101
1958年	6340	94357	67.19	43.06	4063	2277
1959年	8537	79292	107.66	76.00	6026	2511
1960年	10147	85308	118.94	90.00	7678	2469

资料来源：计算数据来自《巴西银行报告》，1960年和1957年；国际货币基金组织，《国际金融统计》。

财政机制造成的资源转移

几十年来，巴西的联邦财政机制安排都是将资源转入贫穷区域，但从未完全确定这种机制要大到何种程度才能抵消流入富裕地区的资源。[14]

巴西东北部的联邦税收负担历来都比整个国家的负担轻得多，见表12.10，尽管从20世纪60年代中期以后，东北部的税收负担比巴西其他区域的税收负担增长得更快。1974年，巴西东北部的总税负（包括州税和地方税）达到了5.9%（税收与区域GDP的百分比），巴西全国的总税负则为12.2%（税收与巴西GDP的百分比）。对联邦政府在东北部的支出估值显示，其与东北部GDP的比值，大于税负与国内生产总值的比值。这就意味着，联邦财政机制造成了资源向东北部的净转移。不过应该注意，1974年的税负大于支出。

表12.10　1947—1974年东北的税负及各类资源转移　　　　　　（%）

年份	东北部联邦税负占GDP比	巴西联邦税负占GDP比	东北部联邦开支占GDP比	东北部获拨政府资产占GDP比	所获税收鼓励占GDP比
1947年	5.0	9.6			
1950年	4.0	8.1			
1955年	4.0	8.0			
1960年	3.4	7.8	7.4	0.46	0.01
1965年	3.1	8.5	5.0	0.88	0.15
1970年	6.0	10.5	9.6	4.07	3.11
1974年	5.9	12.2	5.8	4.21	1.81

资料来源：Roberto Cavalcanti de Albuquerque and Clovis de Vasconcelos Cavalcanti, Desenvolvimento Regional no Brasil, Serie Estudos para o Planejamento, 16 (Brasília: IPEA, 1976), pp. 123–125.

联邦税转移到州政府和市政府，也造成了另一种资源的净流入。在1964年至1974年间，向东北部的这种转移，从东北部联邦税收收入的13%，增长到了近68%（1970年，这一比例高达98%），也即从东北部GDP的0.5%，增长到了4.2%。

用税收刺激的政策来吸引私人投资进入东北部，是巴西在20世纪60年代后半期及70年代初的一项主要的区域再分配政策工具。从表12.10中可以看出，这一计划下所释放的资金，在1970年增长到了东北部联邦税收收入的68%，以及东北部GDP的3.1%。但到了20世纪70年代中期，由于对其他区域和行业的税收鼓励稀释了可用于东北部的资金，东北部获得的资金出现了减少。[15]

将东北部的联邦支出、向州政府和地方政府转移的税收，及税收鼓励这三项，加起来，再减去税负，就能得到财政机制造成的新转移，从20世纪60年代初的平均每年为东北部GDP的4.4%，增长到了20世纪70年代前半叶的6%以上。[16]

区域政策

经济发展过程中的区域公平问题，并非一直是巴西政策制定者的主要关注点。在出现区域灾难时，或区域公平有政治意图时——作为明显有利于发达区域的发展项目的制衡手段，区域公平就通常是政府的明确目标。在国家遭遇重大经济危机（常常与国际收支平衡相关）时，用来应对经济危机的计划通常就不关注区域公平。最著名的例子就是20世纪30年代以来的进口替代工业化计划，这些计划就是收支平衡危机的结果。

第二次世界大战之前，巴西政府没有区域经济政策。个别的区域计划只发生在出现自然灾害的时候，通常是为了应对巴西东北部的经常性干旱。[17]一些国家经济计划旨在直接保护和发展某些行业，如咖啡支持计划（可追溯到20世纪早期，并于20世纪30年代由巴西联邦政府接管），或20世纪30年代发展钢铁产业的措施。这些计划的区域影响通常是将经济增长集中于更发达的地区，主要是中南部。

自第二次世界大战以来，尤其是20世纪50年代后期以后，巴西政府开始更加频繁地制定"明确"的区域政策。这些政策旨在将富裕地区的收入和投资再分配到贫穷的地区。但区域公平作为一项政策目标，一直被视为巴西政府所追求的一系列目标中的一个。换句话说，实现其他目标，如某些工业部门的迅速增长或控制通货膨胀，并不受区域公平目标的约束。巴西政府在制定每个目标的计划时，都极少考虑到它们对公平目标的影响。这就导致了相互矛盾的政策，尤其是在实现区域公平目标方面。

20世纪40年代和50年代，巴西的国家发展计划并没有包含明确的区域计划。行业投资计划（交通、卫生保健、基础产业、能源），对更发达的东南部形成的区域影响最大。[18]20世纪50年代后半期的目标项目（Programa de Metas）明显偏向东南地区，加之1958年巴西东北部的严重旱灾，政府不得不制定关于东北部的明确政策。1959年，一个研究组成立了，在塞尔索·富尔塔多的带领下，开始为东北部制订发展计划。该研究组形成了一份研究报告，阐述了东北部落后的本质（上文的一些分析就是基于这份研究文件），促使巴西政府在1959年成立了东北地区发展总署（SUDENE）。

东北地区发展总署的成立，是为了指导和协调联邦政府在东北部的所有活动。新政府机构第一份计划（经常在所有后续计划中重复出现）的基本目标如下：（1）通过特殊的税收鼓励法案（即34/18法规），允许企业使用联邦税税额的50%投资在该区域，强化工业投资，在都市地区创造就业机会；（2）改变东北部潮湿沿海地带的土壤结构，旨在更高效地利用这些土地，来提高蔗糖经济的生产力，并允许以家庭为单位专事主食生产（从而减少该地区对从南部进口食品的依赖）；（3）通过提高生产力，并使其更符合生态条件，来实现半干旱地区经济的逐步改善；（4）改变农业疆域，从而将巴伊亚州和马拉尼昂州的湿地整合到区域经济中，并通过道路建设开辟东北部地区，这也可能会促使移民迁入亚马孙区域。

20世纪60年代和70年代，东北地区发展总署这四项发展计划的实际完成情况，远低于最初目标。该区域的土壤结构几乎没有改变。提高东北部的私人投资很大程度上依赖于税收鼓励机制（34/18计划），并且大量工业投资发生在20世纪60年代后半期和70年代初。而大多数企业都位于萨尔瓦多和累西腓这两座城市，且它们的活动只创造了较少的就业机会。[19]因此，巴西东北部的工业化进程几乎没有解决该区域的就业问题。

一些批评人士指责东北地区发展总署缺乏精准的计划来应对该地区的问题。例如，就业和收入分配的当务之急从未纳入到具体的计划和政策工具中。东北地区发展总署的第三个计划清楚地表明了该组织管理能力的缺乏。[20]

回到巴西全国整体水平，政府在20世纪60年代的经济计划仍然主要关注的是行业计划和稳定的一般问题。政府明确提到区域问题应该受到国家的关注，但却没有制定具体的项目。20世纪60年代后期，区域政策制定方面，出现了一些制度性改变。内政部的成立集中了联邦政府的决策。东北地区发展总署和亚马孙发展总署（SUDAM）这种区域性机构，以及东北银行（Banco do Nordeste），受到了内政部的控制。人们希望这一制度性的改变能有助于制定出更协调连贯的区域政策。

1970年巴西东北部灾难性的干旱，促使政府采取更积极、明确的区域政策。东北地区发展总署的重要性被降级，因为该机构对旱灾紧急情况的反应既慢又不足。这一事件似乎放大了这一区域发展机构的许多弱点。20世纪70年代初，巴西政府的直接行动是一个三管齐下的计划：国家融合计划（PIN），农业现代化计划（PROTERRA），以及圣弗朗西斯科河区的特殊发展计划（PROVALE）。国家融合计划通过发展亚马孙地区，来寻求东北问题的解决方案。政策制定者希望通过跨亚马孙道路系统的建设，和伴随的社区建设，以及亚马孙河沿岸港口设施的现代化，来创造条件，有效吸收过剩的东北部人口。农业现代化计划旨在向农业部门投放资源，重新分配土地并提高东北部的农业生产力。弗朗西斯科河区的特殊发展计划则是为了加速弗朗西斯科河沿岸荒地的农业发展。至20世纪70年代中期，这些目标极少获得完成。

1975年至1979年的国家发展计划表示,区域问题,尤其是东北部的问题,将由联邦投资和财政激励制度激发的私人投资计划予以解决。该计划还强调为落后区域创造各种"发展极",例如巴伊亚州的石化极、肥料极,金属和电机复合体,以及强化更传统的行业(纺织品或鞋类)。

联邦资金本应分配用于东北部农业的增长和现代化,该计划特别提到一些项目:棉花加工、木薯、地区水果和其他商品;灌溉新地区,发展养牛业。这些计划都意在实现东北农业的现代化及多样化。

从区域角度看行业问题

明确的区域计划只占巴西联邦政府投资计划的较小部分(总是低于10%)。一项研究表明,巴西联邦政府的行业和区域综合支出计划,没有什么大的再分配作用。[21]这些估算表明,巴西东南部从政府获得的资源高于其人口比例,但略低于其国民收入占比。而东北部所得到的资源比例则比其人口比例低得多,但又略高于其国民收入占比。不过,我们也不能说联邦政府计划对再分配一点作用都没有。该研究只考察了计划投资项目,由于东南部经济本身就更发达,因此投资支出的乘数效应可能更有利于东南部,而不是东北部。也就是说,随着这些投资计划的生效,会有大量的资源从欠发达地区流向较发达地区。如果我们能够衡量政府项目的总体影响,那么二次效应就可能超过最初的区域再分配。

20世纪80年代的区域趋势:东北部与全国的比较

在1987年的一项研究中,玛娅·戈梅斯(Maia Gomes)发现,1980年到1983年的危机对东北部造成的影响,比对巴西全国造成的影响,要轻微得多。[22]如表12.11(a)中所示,从1980年到1986年,巴西东北部的GDP每年增长7.4%,而巴西整体的年增长率只有2.7%。因此,东北部在巴西全国GDP中的比重从1980年的12%,上升到了1986年的18.8%。表12.11显示，在1980年到1983年这一危机时期，巴西的平均年增长率为-1.4%，而东北部却以每年+4.5%的速率增长。且在1984年至1986年的经济复苏期，东北部的增长也比巴西整体要高。

表12.11　1980—1986年巴西及东北部实际GDP的增长率以及投资的年增长率

（a）巴西及东北部实际GDP的增长率（年增长率）　　　　　　　　　　　　　　　　（%）

年份	总计		农业		工业		服务业	
	巴西	东北部	巴西	东北部	巴西	东北部	巴西	东北部
1980—1986年	2.7	7.4	2.1	4.7	1.7	23.0	3.1	8.4
1980—1983年	-1.4	4.5	1.6	-5.2	-4.8	-2.2	0.0	7.8
1984—1986年	7.9	10.2	0.6	9.3	9.7	93.0	8.8	12.9

资料来源：Gustavo Maia Gomes, "Da Recessão de 1981–83 aos Impactos do Piano Cruzado, no Brasil e no Nordeste: Um Alerta para o Presente" (Recife: Universidade Federal de Pernambuco, 1987) (mimeo); Fundação Getúlio Vargas and SUDENE, Contas Regionais.

（b）投资年增长率，1980—1983年　　　　　　　　　　　　　　　　　　　　　　（%）

名称	公共部门	私人部门	平均
巴西	3.0	-1.6	-9.7
东北部	6.9	-1.8	2.1

资料来源：Gustavo Maia Gomes, "Da Recessão de 1981–83 aos Impactos do Piano Cruzado, no Brasil e no Nordeste: Um Alerta para o Presente" (Recife: Universidade Federal de Pernambuco, 1987) (mimeo); Fundação Getúlio Vargas and SUDENE, Contas Regionais.

表12.11中的部门衰退显示出，在1980年到1986年期间，巴西东北部在农业的表现都强过整个巴西。但在1980年到1983年这一较短的时期内，东北部由于干旱出现了负增长，但在1984年至1986年又强力恢复，远远超过了其他区域的增长。[23]

表12.11还表明，在1980年至1986年期间，巴西东北部始终领先于巴西其他地区。这主要是因为在1980年到1983年的危机期间，东北部工业生产的衰退比其他地区小得多。此外，1980年到1983年，东北部工业生产减少的原因是制造业活动下滑了21%。但其他工业部门在增长（矿业增长了22%；电能和水供应增长了29%；建筑业增长了9%）。如表12.12（a）所示，东北部的公共部门的份额很高，而且在不断增长。

不过，最明显的是服务业，东北部的增长大大高于巴西其他地区。例如，在1980年至1986年间，东北部和巴西全国的服务业增长率分别是8.4%和3.1%；在危机期间，两者的增长率则分别是7.8%和0。

玛娅·戈梅斯尝试解释这些数据，在1980年至1983年的危机期间，巴西整个正式部门的就业情况——已登记注册的企业及员工——出现了下滑；但公共行政领域的就业出现了增长。这一点在东北部更为明显见表12.12（b），这就解释了为什么这一时期东北部的整体就业呈正增长。另外，在东北的城市地区，这一时期里只有制造业和商业出现了下滑（分别减少了21%和0.5%）。制造业负增长的原因是，东北部的工业是全国工业结构的紧密组成部分。因此，东北部大部分的工业产品被卖到其他区域，全国工业产品市场的下滑因此就对东北部的工业和商贸业都造成了负面影响。

表12.12　1980—1983年公共部门投资和就业率增长

(a) 巴西东北部：公共部门投资　　　　　　　　　　　　　　　　　　　　　　(%)

行业	公共部门占总投资的比重		政府投资结构	
	1980年	1983年	1980年	1983年
农业	10.9	29.2	3.9	6.8
矿业	98.7	99.3	15.7	23.3
制造业	7.0	8.0	2.9	2.6
电力	100.0	100.0	25.5	31.6
建筑业	4.8	16.5	0.1	0.4
商业贸易业	1.1	2.6	0.1	0.1
运输、仓储及通信业	75.6	79.5	25.0	12.4
金融业	10.7	17.1	3.4	6.5
社区服务业	81.4	85.5	23.4	16.3
总计	45.3	52.5	100.0	100.0

资料来源：Gustavo Maia Gomes, "Da Recessão de 1981-1983 aos Impactos do Plano Cruzado, no Brasil e no Nordeste: Um Alerta para o Presente," mimeo (Recife: Universidade Federal de Pernambuco, 1987); SUDENE, Contas Regionais.

(b) 1980—1983年就业增长　　　　　　　　　　　　　　　　　　　　　　　　(%)

行业	巴西	东北部	东南部
矿业	−10.8	−10.3	−14.3
制造业	−16.5	−5.1	−19.2
公用事业	−4.3	2.6	−15.5
建筑业	−37.9	−33.3	−39.1
商业贸易业	−10.5	−7.9	−11.0

续表

行业	巴西	东北部	东南部
服务业	-4.4	-0.1	-6.3
公共行政	16.0	25.2	12.4
总计	-6.0	3.5	-9.3

资料来源：Gustavo Maia Gomes, "Da Recessão de 1981–83 aos Impactors do Plano Cruzado, no Brasil e no Nordeste: Um Alterta para o Presente," mimeo (Recife: Universidade Federal de Pernambuco, 1987), p. 34.

玛娅·戈梅斯得出结论认为，由于政府和国有企业的补偿性投资，东北部比巴西其他区域的经济情况都要好。他发现，在1980年至1983年，巴西整个国家的公共部门投资减少了0.7%，但东北部的公共部门投资增长了21.4%；巴西的私人投资减少了29.4%，但东北部只减少了9.2%。因此，虽然巴西整体的投资减少了27.8%，但东北部却增长了4.7%。1980年，公共部门在东北部总投资中的比重为45.3%；1983年，这一比重增长至了52.5%。如表12.12（a）所示，在东北部资本形成中比重超过80%的行业，增长更大。

政府的补偿性投资以及就业计划，让东北部的增长成为可能，但与此同时，巴西的其他区域却处于严重的经济衰退之中。对政府补偿性投资和就业计划的评估就因此得出了负面的结论。增加的公共就业和投资几乎没有提高东北部的产能，只是加大了该区域对其他区域转移支付的依赖。

例如，由于东北部发生干旱的时候，正赶上29世纪80年代初的经济危机，巴西联邦政府花费了大笔资金用于抗旱救灾，尤其是通过公共工程项目（frentes de trabalho）的就业。玛娅·戈梅斯观察发现，因此出现了一个营销、运输和供应活动的系统，其存在的意义只是为了将联邦政府的转移支付用来给工人付工资，这些工人因为气候原因不能够从事当时的生产活动。政府就挪用其他地区的生产成果来养着这些人，这对州而言是合适的。[24]

日益开放的经济 [25]

20世纪90年代初，巴西开始实行经济自由化。平均进口关税从1989年的41%，减少到了1994年的14.2%。进口大幅增长，从1989年的183亿美元，急剧增长至1996年的533亿美元。与此同时，巴西放松了对外国资本在本国活动的控制，并通过1990年开始的私有化进程，允许外国投资者参与他们长期以来被排除在外的部门，尤其是公共事业部门。外资的直接投资从1990年的5.1亿美元，增长到了1992年的13亿美元，然后又进一步增至1994年的24亿美元，1995年的47亿美元和1996年的96亿美元，并在1999年达到290亿美元，在2011年达到666亿美元。

大部分直接投资都是跨国企业在运输设备等关键领域的投资。许多已经进入巴西的企业扩大了自己的生产能力，另一些企业则第一次在巴西建立生产基地。除了想要参与到处于发展和稳定中的巴西市场，这些投资的另一个动机是利用巴西作为出口平台，进入区域共同市场，即南方共同市场，以及世界其他地区。自20世纪90年代中期以来，随着巴西的私有化计划开始加速，以及开始出售公共事业，外国资本也越来越多地参与到了私有化计划中。这也带来了外资的大量涌入。

这些事件可能造成什么影响：经济向贸易和投资开放，私有化进程，对经济活动的区域分布？我们先来看看它们可能的负面与正面影响。

负面的区域影响

在市场的力量下，资源的分配很可能会有利于巴西东南部和南部。这不仅仅是因为这些区域较高的人均收入，也是由于巴西贸易战略的重要性，强调南方共同市场的增长以及巴西全国适应全球化进程。到1996年，南方共同市场在巴西出口总额中所占的比重达到了15.3%，而其中东北部所占的比重约为7%；且东北部出口到南方共同市场的68%来自巴伊亚州。[26] 由于大部分出口到南方共同市场的商品都是制成品，且东北部的出口主要是初级产品和在当地原材料基础上生产的半成品，因此，东北部在这一活力市场上的份额会走弱。

鉴于这些趋势，跨国企业自然会将投资集中于巴西中南部和南部，这些区域靠近南方共同市场，并且拥有更好的基础设施和熟练的劳动力。这反过来又将向政府施压，来增加这些区域的基础设施投资。由于资源有限，这也将令东北部等欠发达区域更难以获得稀缺的投资资源。

20世纪80年代中期，根据巴西经济结构进行的模拟显示，在更加开放的经济环境中，东北部将处于劣势，见表12.13。假设其他条件都不变，关税全面下调25%，东北部的就业和产出都会受到负面影响。这种负面影响的表现会是：在钢铁和电子设备等行业，东北部增长下降，而中南部和巴西整体出现增长；或者是东北部比中南部（在化工和制药业）出现更大的下滑；又或者是东北部比中南部出现更小的增长。这些计算的假设前提都是没有其他对策，如税收激励。

表12.13　关税全面下调25%的影响（部分部门）[a]　　（%）

所选行业	时间	就业			产出		
		东北部	中南部	巴西	东北部	中南部	巴西
钢铁	短期	0.935	0.709	0.716	0.435	0.360	0.362
	长期	-0.801	0.157	0.125	-0.683	0.293	0.258
机械	短期	0.075	0.071	0.071	0.062	0.061	0.061
	长期	-0.600	0.153	0.131	0.578	0.195	0.171
电气设备	短期	-0.064	0.053	0.055	-0.065	0.045	0.047
	长期	-0.453	0.207	0.194	-0.477	0.243	0.226
电子设备	短期	-0.142	-0.012	0.014	-0.008	-0.008	0.010
	长期	-0.646	-0.009	0.038	-0.560	0.118	0.163
运输设备	短期	0.295	0.565	0.560	0.210	0.339	0.336
	长期	-0.240	0.262	0.253	-0.257	0.371	0.361
木制品及家具	短期	0.042	0.169	0.180	0.035	0.137	0.149
	长期	-0.513	0.284	0.178	-0.497	0.335	0.231
纸制品及印刷	短期	0.091	0.282	0.282	0.042	0.157	0.157
	长期	-0.772	0.096	0.046	-0.632	0.264	0.211
化学品	短期	-0.640	0.239	-0.284	-0.433	-0.183	-0.214
	长期	-1.207	-0.205	-0.314	-1.054	-0.084	-0.201
炼油	短期	0.008	-0.011	-0.008	0.004	-0.006	-0.005
	长期	-1.087	-0.195	0.318	-0.884	0.024	-0.117
制药及兽医	短期	-0.858	-0.321	-0.342	-0.668	-0.274	-0.292
	长期	-1.571	-0.225	-0.272	-1.426	-0.150	-0.199

续表

所选行业	时间	就业			产出		
		东北部	中南部	巴西	东北部	中南部	巴西
纺织品	短期	0.169	0.262	0.248	0.088	0.158	0.147
	长期	−1.052	0.135	0.005	−0.867	0.262	0.123
服装	短期	0.077	0.202	0.190	−0.761	0.337	0.123
	长期	−0.846	0.249	0.143	0.319	0.458	0.236
鞋类	短期	0.544	0.632	0.629	0.319	0.458	0.452
	长期	−0.609	0.343	0.305	−0.558	0.394	0.348

资料来源：Eduardo Haddad, "Regional Inequality and Structural Changes in the Brazilian Economy" (Ph.D. dissertation, University of Illinois at Urbana–Champaign, 1998).

注：中南部包括南部、东南部和中西部，但不包括马托格罗索州。

a. 表中结果是利用巴西区域间可计算通用平衡模型（即CGE模型）的比较静态模拟生成的（参阅Haddad, 1998）。这些数据表示的是就业和产出的百分比变化，表明这些变量在长期和短期内会因关税下调受到何种影响。

1988年宪法对区域经济产生了两方面的影响。第一，该宪法包括了将联邦税收收入自动转移给巴西贫困地区的规定。也就是说，所有联邦收入的3%都会自动转入东北部、中西部和北部各州的金融机构，以加强这些区域的生产部门。第二，该宪法规定中央政府将其税收收入的21.5%转移给各州，将22.5%的税收收入转移给各市。[27] 这后两项规定意味着，区域再分配取决于资金在各州间以什么为基础进行分配。如果是按照每个区域的人口比例进行分配，那么东北部获得的资金，就会比按照每个区域的GDP份额进行分配时得到的多。

表12.14显示了每个区域在中央政府收入和支出中所占的比例，表明财政预算制度有利于东北部。比起政府收入，东北部持续获得了更大份额的政府支出。但这些比例从1970年到1991年初出现了下滑。到了1992年，它们比以往都要更大，这可能是因为1988年宪法的影响。

1997年的经济危机致使巴西政府在当年11月终止了许多财政刺激计划。自推出雷亚尔计划及这次经济危机以来，这一区域再分配机制被削弱了。

表12.14　1970—1992年中央政府的区域份额　　　　　　　　　　　（%）

(a) 收入

区域	1970年	1975年	1980年	1985年	1991年	1992年
北部	1.4	1.5	1.7	2.2	2.3	2.1
东北部	10.0	8.2	7.2	8.3	9.9	9.3
东南部	74.8	75.2	74.5	72.0	62.4	58.2
南部	11.3	10.3	7.9	9.6	12.7	12.6
中西部	2.5	4.8	8.7	7.9	12.7	17.8
总计	100.0	100.0	100.0	100.0	100.0	100.0

(b) 支出

区域	1970年	1975年	1980年	1985年	1991年	1992年
北部	3.2	2.5	3.0	3.5	3.6	5.0
东北部	13.4	10.9	10.3	10.4	11.2	14.7
东南部	64.6	67.9	66.2	63.9	54.3	63.5
南部	10.5	8.8	8.5	9.5	11.2	9.1
中西部	8.3	9.9	12.0	12.7	19.7	7.7
总计	100.0	100.0	100.0	100.0	100.0	100.0

资料来源：SUDENE, Boletim Conjuntural, August 1996, pp. 397 and 400.

可能的正面趋势

经济开放，20世纪60年代以来建立的区域间通信网络，以及财政分权，这些条件的共同作用，可能推动投资涌入巴西东北部。经济的开放致使亚洲国家成本（尤其是劳动力成本）低得多的消费品（尤其是纺织品和鞋类）大量涌入巴西。巴西政府有压力去控制这些进口（以反倾销行为或这些国家"非法"雇佣超低薪酬剥削工人之名）。

一个更有趣的发展是纺织业和鞋类行业的一些企业迁入了东北部，部分是因为受到了该区域低工资以及各种财政激励的吸引。这就类似于美国20世纪50年代以来出现的变化，纺织业和相关行业从美国东北部和中西部搬迁到南部各州，这些州的工资更低（因为没有工会），并且这些州愿意提供各类有吸引力的财政激励。

东北部经济的结构缺陷

巴西东北部（及其他周边区域，如北部）的一个基本的结构弱点就是，区域内部之间的联系比中南部的弱得多，见表12.15。在中南部，区域内面向中间生产的销售所占据的高份额，反映出了高度的区域内联系，这就可能产生高的内部乘数。东北部较低的份额则表明不协调的区域结构。区域总的对外销售（中间投入品、资本创造，以及家用）的比重，从对其他区域的需求角度看，反映出各地区的区域间依赖程度。我们可以看出，这些数值表明东北部（12.4%）比中南部（3.7%）显示出高得多的依赖度。

区域间的依赖模式也表现在使用区域内投入和区域外资源这两个方面。如表12.15所示，巴西中南部工业所使用的88.6%的总中间投入，都由区域产业提供，且只有3.6%来自巴西其他地方。而东北部工业所使用的总中间投入中，略低于80%的由区域产业提供，另有18.5%的来自其他区域。最后，中南部从其他区域购买的家庭消费和总消费，只占较小的份额（分别是3.3%和3.1%）。而东北部从其他区域购买的这两项比重分别是21.9%和16.7%。

表12.15　各区域的销售、成本和消费结构　　　　　　　　（%）

项目	产品类型	中南部			东北部		
		该地区	巴西其他地区	其他国家地区	该地区	巴西其他地区	其他国家地区
销售	中间产品	49.4	2.0		37.6	8.2	
	资本品	8.4	0.2		11.3	0.2	
	家庭消费品	24.5	1.5		26.4	4.0	
成本结构	中间产品	88.6	3.6	7.8	79.9	18.5	1.6
	资本品	94.8	1.6	3.6	93.8	6.0	0.2
	家庭消费品	94.8	3.3	1.9	77.7	21.9	0.4
	总消费	91.6	3.1	5.3	82.4	16.7	0.9

资料来源：Eduardo Haddad, "Regional Inequality and Structural Changes in the Brazilian Economy" (Ph.D. dissertation, University of Illinois at Urbana–Champaign, 1998).

从表12.16中，我们也可以推测出中南部自给自足的程度更高。该表显示，扣除初始投入后，每个区域最终需求出现一个单位变化的直接和间接影响，也就是扣除初始变化后的产出收益增殖率。该表中的各项都是用百分比表示的，有助于我们了解每个区域对其他区域的依赖程度。中南部是迄今为止最自给自足的区域，部门最终需求一个单位变化的影响，超过了93%。东北部的区域内自给自足程度较低，该区域主要的区域间流动都在中南部。

表12.16　1985年产出的区域分配比（扣除初始投入的收益增殖率影响）　（%）

效应类型	东北部	中南部
区域内效应	65.7	93.7
区域间效应	34.3	6.3

资料来源：Eduardo Haddad, "Regional Inequality and Structural Changes in the Brazilian Economy" (Ph.D. dissertation, University of Illinois at Urbana-Champaign, 1998).
注：根据哈达德（Haddad）制作的区域间投入产出表（1998年）计算。

在当前的结构条件下，中南部区域自给自足的程度越大意味着：由于市场力量促使经济更加开放，同时纠正区域不平等的政府项目持续较少，中南部经济活动的增长对东北部的影响很小。这样一来我们就可以得出结论，区域平等只能通过超越市场的力量来实现。

市场、国家和区域公平

根据上述分析中提到的证据，我们得出结论是，其他条件不变，巴西经济的开放、国家的退出，和市场力量的充分发挥，有利于巴西较发达的区域。换句话说，市场力量的涓滴效应不大可能赶上中南部的极化效应。如果区域公平是巴西发展议程的一部分，那么中央政府就需要出台积极的区域政策，来减小区域经济差距。

审视一下其他国家的经验，便能印证我们对巴西的情况的分析。在最发达的工业国家，不受约束的市场力量大多都造成了区域不平衡，且实现各区域的公平发展就成了政府的问题。我们来看看一些例子。

美国

在南北战争之后，美国经济经历了数十年的快速工业化。大部分的工业增长起初发生在东北部，后来逐渐蔓延到中西部。但南方仍然是经济停滞的区域，相对来说没有怎么受到工业化进程的影响。于是政府采取行动，来推动经济活动朝着更公平的方向发展。著名的田纳西河流域管理局项目就是一项尝试，试图通过政府控制的投资项目来刺激农业和工业活动：建成了一系列水坝来控制该区域的河流，以此促进农业发展，并为该区域的农村和城市提供廉价的电力。第二次世界大战结束后，南方获得了很大一部分的国防合同，这是南方政治家影响的结果，他们通过常年连任，获得了相当大的权力。同样，阿拉巴马州和休斯敦（得克萨斯州）的太空计划，也是政治游说的结果。此外，州际高速公路系统（大大降低了区域间的运输成本），加上南方由于政治影响而减少的工会活动，令该区域的低工资吸引了许多行业。最后，南方各州越来越多地使用税收激励来吸引国内外的投资。这些州在教育和其他社会开支上的投入，比北部和中西部各州更少，所以在吸引投资方面具有更好的财政优势。[28]

这些因素共同促成了南方的快速工业化。需要注意的事，正是政府的行动（包括直接支出和财政激励方面），减少了美国的区域差异。

德国

德国的统一导致了区域问题，西部成为了全球最富有的一个区域，而东部各州（以前的德意志民主共和国）成了二流的工业地区。德国政府不得不介入，施行政策以实现区域公平。德国政府投入了巨额资金（主要来自德国西部的特别税），来重建东部地区过时和陈旧的基础设施。然而德国政府犯了一个重大的错误，它在东部的劳动生产率没有得到相应提升的情况下让东部各州的工资水平快速上涨到西部的水平。东部的劳动生产率大大落后于西部。最终的结果就是，基础设施迅速改善，但劳动力成本完全脱离了生产力，因此东部各州几乎没有得到什么私人投资，结果就导致了非常高的失业率。在这里，政府担起了责任，建立起必要的基础设施来为区域公平做铺垫。但同样，也正是德国政府推出了与吸引更大的私人投资不符合的工资政策。[29]

意大利

自意大利统一以来,其经济就出现了地域的二元化:北方迅速工业化,而南方落后。虽然市场力量推动了大量人口从南方迁移到北方,但这对建立起两个更公平的区域没有多大帮助。由于政治压力,意大利政府成立了南方基金(Cassa per il Mezzogiorno),来帮助解决这种不平衡。国家采取措施将一些经济活动迁移至落后的区域,这种做法效率低下,并且对该区域产生了极小的前向联系和后向联系影响。

小　结

在1995年对巴西东北部宏观经济发展的研究中,玛娅·戈梅斯和韦戈利诺(Vergolino)表明,在维持巴西东北部和东南部一定程度的区域公平方面,政府有根本的重要性。他们发现,在20世纪80年代后期,公共部门就业占总正规就业的比重,东北部约为36%,巴西全国则刚刚超过21%。政府和国有企业占该区域约一半的总投资,他们还发现,考虑到该区域大部分的私人投资都是来自公共资源,这些资金是公共发展银行以补贴利率借给私人投资的,因此国家的作用从东北部退出会给该区域的发展带来严重的负面影响。[30]

我们可以看到,联邦政府的区域政策一直以来都由孤立的补贴及对增长中心工业激励组成。在20世纪90年代中期财政调整的过程中,在直接刺激生产活动和增强落后地区的社会间接资本方面,中央政府的作用被忽视了。在1994年年中实施的雷亚尔稳定计划中,没有明确关注区域发展计划的内容。该计划被认为是一项稳定计划,包含了经济改革(私有化,解除管制),以及体制改革(税收制度,社会保障,及行政管理),但没有提出任何中期或长期发展的战略。不过,受益于稳定及其他改革,出现了一个新的私人投资周期。这些投资大多集中在南部和东南部区域,这些区域具备非传统(如技术技能和城市群)以及传统的区位因素,来吸引资本进入。由于联邦政府的投资与私人投资的相互促进,相得益彰,在缺乏联邦政府投资的情况下,引起了区域间政府就得通过财政机制来竞争私人资本。在某些情况下,落后区域的代表施加的政治压力，能够催生出补偿性区域政策。联邦政府为欠发达区域推行的特殊汽车制度就是一个这样的例子，该制度催生了东北部交通设施投资的计划。不过，由于1997年下半年的亚洲经济危机，人们开始怀疑这些计划能否实施。事实上，该紧缩计划是为了应对亚洲金融危机，在1997年后期推出，将区域税收激励计划减少了一半。这再次表明，为了解决一般的宏观经济问题，常常会牺牲区域公平。

巴西的结果也印证了在其他国家欠发达地区的类似发现，这些国家的经济处于发展层次结构中的第二或第三世界。[31]影响这些区域发展的主要问题，源于区域内的行业间缺乏相互联系。因此，任何发展活动的很大一部分都流入了这些国家的其他地区，削弱了对欠发达区域的影响，而更进一步加强了较富裕地区的竞争地位。随着更多的国际关注放在施行开放市场和自由贸易，在世界贸易组织的条款下，在国家经济生活中放手选择干预区域经济的方式受到了极大的限制。从这个角度来说，欧盟正在实行的区域政策或许能为巴西提供一些重要启示，虽然要将这些政策移植到巴西，就必须考虑发展水平和地理规模的差异。[32]

注　释

[1] 计算数据出自：IBGE, Contas Regionais do Brasil 2003。

[2] Sonia Rocha, "Pobreza Metropolitana: Balanço de Uma Década," in Perspectivas da Economia Brasileira (Brasília: IPEA, 1992), p. 454.

[3] Werner Baer and Pedro Pinchas Geiger, "Industrialização, Urbanização e a Persistencia das Desigualdades Regionais do Brasil," Revista Brasileira de Geografia 38, no. 2 (April/June 1976): 3–99.

[4] J. R. Hicks, Essays in World Economics (Oxford: Clarendon Press, 1959), p. 163.其他队区域不平等的著名分析有：Gunnar Myrdal, Economic Theory and Under-Developed Regions (London: Gerald Duckworth, 1957); A. O. Hirschman, The Strategy of Economic Development (New Haven, Conn.: Yale University Press, 1958), p. 183; François Perroux, "Note sur la Notion de 'Pole de Croissance,'" Economie Appliquée 8, nos. 1–2 (January–June 1955): 307–320.

[5] Hicks, Essays, p. 163.

[6] Manoel A. Costa, "Cenario Demografico do Brasil para o Ano 2000" in OBrasil Social: Realidades, Desafios, Opções, Roberto Cavalcanti de Albuquerque, ed. (Rio de Janeiro: IPEA,

1993), p. 249.

[7] Conselho de Desenvolvimento do Nordeste, A Policy for the Economic Development of the Northeast (Recife, 1959).这份文件由塞尔索·富尔塔多撰写，并促成了东北地区发展总署（SUDENE）的建立。此前，东北银行的研究部门进行了一项类似的分析。本部分的分析内容部分也可参阅：Werner Baer, Industrialization and Economic Development in Brazil (Homewood, Ill.: Richard D. Irwin, 1965), pp. 174–183.

[8] Conselho de Desenvolvimentodo Nordeste, A Policy, p. 18.

[9] Conselho de Desenvolvimentodo Nordeste, A Policy, p. 19。

[10] 虽然出口价格和进口价格的单位是美元，巴西国内的贸易商品单位是克鲁塞罗，但比值是有意义的，因为我们关注的是相对变化。

[11] Conselho de Desenvolvimentodo Nordeste, A Policy, p. 18.

[12] Conselho de Desenvolvimentodo Nordeste, A Policy, p. 26。

[13] Roberto Cavalcanti de Albuquerque and Clovis de Vasconcelos Cavalcanti, Desenvolvimento Regional no Brasil, Serie Estudos para o Planejamento, 16 (Brasília: IPEA, 1976), p. 49.

[14] 没有关于巴西联邦政府支出的地理分布数据。对东北部进行了一些特殊估计。参阅：Roberto Cavalcanti de Albuquerque and Clovis de Vasconcelos Cavalcanti, Desenvolvimento Regional no Brasil, Serie Estudos para o Planejamento, 16 (Brasília: IPEA, 1976), p. 122。另可参阅：Richard Paul Harber Jr., "The Impact of Fiscal Incentives on the Brazilian Northeast," Ph.D. dissertation, University of Illinois at Urbana–Champaign, 1982.

[15] 对这些激励措施进行的最好且最彻底的分析，参阅：David E. Goodman and Roberto Cavalcanti de Albuquerque, Incentivosa Industrialização e Desenvolvimento do Nordeste, Coleção Relatórios de Pesquisa, no. 20 (Rio de Janeiro: IPEA, 1974).

[16] Cavalcanti de Albuquerque and Vasconcelos Cavalcanti, Desenvolvimento Regional, pp. 125–126.

[17] 对巴西东北部政策的历史分析，参阅：Cavalcanti de Albuquerque and Vasconcelos Cavalcanti, Desenvolvimento Regional, pp. 50–62; Albert O. Hirschman, Journeys Toward Progress: Studies of Economic Policy–Making in Latin America (New York: Twentieth Century Fund, 1963), ch. 1.

[18] Daelia Maimon, Werner Baer, and Pedro P. Geiger, "O Impacto Regional das Políticas Econômicas no Brasil," Revista Brasileira de Geografia 39, no. 3 (July/September 1977).

[19] Cavalcanti de Albuquerque and Vasconcelos Cavalcanti, Desenvolvimento Regional, p. 78; Goodman and Cavalcanti de Albuquerque, Incentivos, chs.8 and 9.

[20] Cavalcanti de Albuquerque and Vasconcelos Cavalcanti, Desenvolvimento Regional, pp. 74–75.

[21] Maimon et al., "O Impacto Regional."

[22] Gustavo Maia Gomes, "Da Recessão de 1981–83 aos Impactos do Plano Cruzado no Brasil e no

Nordeste: Um Alerta para o Presente," mimeo (Recife: Faculdade de Economia, Universidade Federal de Pernambuco, 1987).

[23] 玛娅·戈梅斯指出，在1984年至1986年间，大部分农业增长主要集中在1986年；该年巴西的全国农业产值下降了7.3%，而东北部的产值增长了14.2%。Gustavo Maia Gomes, "Da Recessão de 1981–83 aos Impactos do Plano Cruzado no Brasil e no Nordeste: Um Alerta para o Presente," mimeo (Recife: Faculdade de Economia, Universidade Federal de Pernambuco, 1987), p. 9.

[24] Gustavo Maia Gomes, "Da Recessão de 1981–83 aosImpactos do Plano Cruzado no Brasil e no Nordeste: Um Alerta para o Presente," mimeo (Recife: Faculdade de Economia, Universidade Federal de Pernambuco, 1987), pp. 40–41.

[25] 该部分基于爱德华多·哈达德（Eduardo Haddad）和乔弗里·休因斯（Geoffrey Hewings）一篇未发表文章写成。

[26] 数据出自：SUDENE, Boletim Conjuntural, August 1996, Boletim, Banco Central do Brasil; and Relatorio 1996, Banco Central do Brasil.

[27] Republica Federativado Brasil, 1988, Constituição, Artigo 159.

[28] 关于这一问题有很多文献讨论。如可参阅：Gavin Wright, Old South, New South: Revolutions in the Southern Economy Since the Civil War (New York: Basic Books, 1986), pp. 257–264.

[29] 更多详情参阅：Jürgen Heimsoeth, "Algumas Teses Sobre a Politica Regional Alemã Pos–muro," in A Politíca Regional na Era da Globalização (São Paulo: Fundação Konrad Adenauer Stifung/IPEA, 1996); Manfred Holthus, "A Politica Regional da Alemanha no Processe de Unifcação Econômica: Um Exemplo para a Political Regional em Paísesem Desenvolvimento," in A Politíca Regional; Hans–Günter Krüsselberg, "The Heavy Burden of a Divestiture Strategy of Privatization: Lessons from Germany's Experiences for Latin American Privatization?" in Latin America: Privatization, Property Rights and Deregulation 2, Werner Baer and Michael E. Conroy, eds., Quarterly Review of Economics and Finance 34, Special Issue (1994).

[30] Gustavo Maia Gomes and José Raimundo Vergolino, "A Macroeconomia do Desenvolvimento Nordestino: 1960/1994," Texto para Discussão, no. 372 (Brasília: IPEA, Maio 1995).

[31] S. Ko and Geoffrey J. D. Hewings, "A Regional Computable General Equilibrium Model for Korea," Korean Journal of Regional Science 2 (1986): 45–57; Edison Hulu and Geoffrey J. D. Hewings, "The Development and Use of Interregional InputOutput Models for Indonesia Under Conditions of Limited Information," Review of Urban and Regional Development Studies 5 (1993): 135–153; Budy P. Resosudarmo, Luck EkoWuryanto, Geoffrey J. D. Hewings, and Lindsay Saunders, "Decentralization and Income Distribution in the Interregional Indonesian Economy," in Understanding and Interpreting Economic Structure: Advances in Spatial Sciences, Geoffrey J.

D. Hewings, Michael Stonis, Moss Madden, and Yoshio Kimura, eds. (Heidelberg: Springer Verlag, 1999).

[32] 关于巴西整体经济政策的区域影响的分析，请参阅：Werner Baer, ed., The Regional Impact of National Policies: The Case of Brazil (Cheltenham, UK: Edward Elgar, 2012).

第 13 章

农业部门

自从16世纪初首次实验性的殖民冒险以来，农业部门作为巴西经济增长引擎的战略重要性就开始显现。首批葡萄牙贸易商对巴西木材的利用标志着一长段繁荣（且利润丰厚）时期的开始，绝大部分农产品都销往国外。糖、棉花、烟草、可可、橡胶和咖啡都经历过短暂却狂热的大起大落。这些源于外部的扩张所产生的经济影响超出了它们的出产区域，不仅影响了巴西其他地方，而且影响了整个拉丁美洲乃至整个国际经济秩序。[1]

随着出口活动的间歇爆发开始让路给20世纪城市工业化的发展，农业上的努力不再是关注的重心。20世纪50年代进口替代工业化进程的狂热步伐，让农业部门的发展相形见绌。政客们和学者们都忽视了农业规划和农业政策。

讽刺的是，正是在这一被相对忽视的时期，巴西农业形态永久性地转变了。农业部门与其他巴西社会经济领域的情况一样，在进口替代工业化政策的余波中，被工业化浪潮裹进了现代化大潮。

巴西经济的国际化，技术进步的扩散以及劳动力的无产阶级化，只是工业化导致的众多结果之一，工业化很快就打破了巴西农业的传统本质。认为大规模采用蔗糖生产酒精可以终结对进口石油传统依赖的想法只是这个创新年代的一种产物。

但这类现代化并非没有问题。迅速壮大的人口加上农村向城市移民增多，导致城市人口比例创下历史纪录，如里约热内卢、圣保罗和巴西利亚。近年来食物短缺，尤其是低收入阶层的食品短缺，偶尔变得很严重，突出了巴西农业之前未讨论过的一面：国内粮食作物的生产。

有了以上的背景，我们在本章将首先审视第二次世界大战以来巴西农业部门的表现，以便理解巴西农业部门的现状，并讨论当前争论中的数个论点。然后我们会简要回顾自20世纪50年代初以来，巴西农业的经济政策变化。

第二次世界大战以来农业生产的增长

自第二次世界大战以来，巴西农业活动的形态已经发生了巨大改变。毫无疑问，改变的催化剂在此之前就已就绪，可以追溯到20世纪初的工业增长时期。尽管很难确定一个农业阶段向另一个农业阶段转变的确切时间，但我们可以识别出这些时期所特有的诸多趋势，为认识农业生产的范围和程度提供额外信息。

尽管在进口替代工业化繁荣时期，以工业为导向的决策者们忽视甚至歧视农业部门，但农产品产量在第二次世界大战之后的大部分年份里持续适度增长，见表13.1（a）。估算同一时期的农业产值平均年增长4.5%，而这一时期的GDP增速为7%，这解释了农业占GDP比例从27%降至11%的原因。[2] 农业生产增长领先于人口增速（20世纪50年代和60年代分别为3%和2.7%）。[3] 农业生产增长领先于人口增速（20世纪50年代和60年代分别为3%和2.7%）。同样明显的是，农业在20世纪40年代某个时刻丧失了其主导产业的地位。实际上，工业产值的增速通常为农业产出的两倍。

正如"部门关联"模型所描述的，[4] 农产品产量大幅增长支持了巴西工业发展。稻谷、木薯以及黑豆播种面积的平均年增速在1955年至1965年间分别为6.5%、4.7%和4.2%。[5]

20世纪50年代至60年代初，工业化政策持续歧视农业部门。农业生产的显著扩张以落后方式进行，一直在使用传统的、劳动密集型种植和收割方法。这一扩张的一大部分也许要归因于20世纪50年代和60年代初的咖啡繁荣期，咖啡种植面积从1950年的266.3117万公顷增长至1962年的峰值446.2657万公顷，增长了近70%（同一时期的咖啡实际产量翻了两番）。[6]

第13章 农业部门

表13.1 1947—2012年部分农业数据 （%）

(a) 各部门实际产出年均增长率

年份	农业（整体）	农作物	牲畜	工业	实际GDP
1947—1950年	4.3	4.4	6.2	11.0	6.8
1951—1954年	4.5	3.0	9.4	7.2	6.8
1955—1958年	4.2	5.6	1.5	9.9	6.5
1959—1962年	5.8	5.7	4.9	10.0	7.7
1963—1966年	3.2	3.0	4.7	3.1	3.1
1967—1970年	4.7	5.1	2.3	10.1	8.2
1971—1976年	5.9	5.5	6.3	14.0	12.2
1977—1981年	5.0	4.8	5.1	5.5	5.4
1981—1986年	1.8	3.9	−0.9	1.9	2.9
1987—1992年	2.9	3.8	1.8	−2.2	0.4
1993—1996年	2.3	6.8	0.9	3.9	3.5
1997—2005年	3.6				2.2
2009—2012年	6.2	4.0		1.4	3.2

来源：Fundação Getúlio Vargas, Conjuntura Econômica, Perspectivas da Economia Brasileira, 1994 (Rio de Janeiro: EPEA, 1993), pp. 699-700.

(b) 特定农产品的平均年增长率

产品	1960—1969年	1967—1976年	1970—1979年	1978—1989年	1990—1992年	(1990—1994年)—(1995—1997年)	1997—2002年	2003—2011年
内部								
稻米	3.2	−2.5	1.5	3.8	4.5	1.3	6.5	0.7
豆类	5.4	−1.9	−1.9	0.5	11.7	1.6	4.6	1.8
木薯	6.1	−1.9	−2.1	−0.6	1.3	3.8		
玉米	4.7	3.5	1.8	6.3	9.0	—	2.8	5.2
外部								
大豆	16.3	35.0	22.5	8.8	−5.8	4.3	9.9	7.3
橙子	6.1	12.7	12.6	7.9	—	2.7		
糖	3.6	5.1	6.3	6.6	1.8	3.8		
烟草	5.3	—	6.2	—				
可可	2.5	—	3.7	3.0				
咖啡	7.1	−6.3	−1.5	1.7	—	−3.2		

续表

产品	1960—1969年	1967—1976年	1970—1979年	1978—1989年	1990—1992年	(1990—1994年)—(1995—1997年)	1997—2002年	2003—2011年
棉花	1.5	−2.0	−4.4	1.5	—	—		7.8
小麦	6.4	13.9	6.9	5.3		−0.1	2.9	

来源：Homem de Melo (1983), p. 17; IBGE, Estatisticas Historicas do Brazil (Rio de Janeiro: IBGE, 1987); IPEA, Perspectivas da Economia Brasileira, 1992 (Brasília: IPEA, 1991), p. 164; Conjuntura Econômica, February 1998.

（c）1950—1989年总农作物面积、重点农作物和主要产地的比例变化

地区和农作物[a]	1950 (1)	1960 (2)	1965 (3)	1970 (4)	1975 (5)	1980 (6)	1989 (7)	1997 (8)
I. 东南部								
1. 咖啡	27.4	29.5	20.8	13.0	12.7	15.6	14.8	14.6
2. 玉米	25.2	28.1	30.6	35.1	32.2	29.0	20.7	23.7
3. 棉花	16.1	8.3	9.2	8.5	5.2	3.7	2.7	1.2
4. 糖	4.5	7.2	9.1	9.7	11.5	14.0	15.7	26.6
5. 橙子	0.6	0.8	1.0	1.6	3.6	4.8	5.5	7.3
6. 大豆	—	—	0.1	0.7	5.1	7.2	8.1	9.7
II. 南部								
1. 玉米	42.2	34.3	37.7	35.6	26.8	27.3	29.4	30.7
2. 小麦	17.0	16.4	8.7	16.0	16.8	14.9	17.7	9.2
3. 豆类	12.5	9.1	11.2	9.9	6.9	6.7	7.2	6.2
4. 咖啡	7.1	19.3	14.8	9.0	5.7	3.4	3.1	0.8
5. 木薯	5.8	4.6	5.3	4.4	2.7	1.4	1.7	1.7
6. 大豆	—	2.4	4.8	10.6	31.1	36.7	40.7	35.4
III. 中西部								
1. 稻谷	38.0	47.2	53.8	55.9	49.8	48.0	16.3	7.1
2. 玉米	26.7	23.4	23.6	23.4	25.7	18.4	20.6	26.7
3. 豆类	12.3	10.8	9.1	9.4	8.0	5.7	3.7	2.2
4. 木薯	8.0	5.6	4.7	3.8	2.7	1.1	0.4	0.8
5. 咖啡	4.7	7.1	3.1	0.9	0.8	1.4	1.4	0.3
6. 大豆	—	—	—	0.5	7.2	20.8	50.3	52.3

续表

地区和农作物[a]	1950 (1)	1960 (2)	1965 (3)	1970 (4)	1975 (5)	1980 (6)	1989 (7)	1997 (8)
IV. 东北部								
1. 棉花	31.3	30.4	31.4	33.4	28.1	26.1	6.2	2.5
2. 玉米	20.8	20.1	20.8	19.2	23.4	19.7	16.4	23.3
3. 豆类	13.3	13.9	14.5	13.6	16.8	16.1	14.4	21.8
4. 木薯	11.5	10.2	9.3	11.3	10.4	11.6	5.7	6.7
5. 糖	8.2	7.5	7.0	7.1	7.2	9.2	7.3	11.2
6. 可可	6.4	6.9	5.4	4.7	3.9	3.9	2.8	5.6
7. 稻谷	4.3	6.7	8.1	8.6	8.3	11.1	7.0	6.3

资料来源：Douglas H. Graham, Howard Gautheir, and José Roberto Mendonça de Barros, "Thirty Years of Agricultural Growth in Brazil," Economic Development and Cultural Change, October 1987, p. 12; IBGE, Anuario Estatístico Do Brasil 1992, 1998.

注：a. 东南部包括圣保罗州、米纳斯吉拉斯州、里约热内卢州和圣埃斯皮里图州；南部包括巴拉那州、圣卡塔琳娜州和南里奥格兰德州；中西部包括戈亚斯州和马托格罗索州；北部包括巴伊亚州、塞尔希培州、阿拉戈斯州、伯南布哥州、帕拉伊巴州、北里奥格兰德州、皮奥伊州、塞阿拉州和马拉尼昂州。

然而，这一扩张的核心必须在其他地方寻找。进口替代工业化带来的大规模工业化，农村向城市移民日益增长，城市中产阶级和劳工阶层对食物品质的需求也不断提高。在这个工业增长时期，为了支持城市工业综合体系的资本形成和增长，内部贸易条件对农业部门不利。尽管国内食品价格和农村收入渐渐被侵蚀，粗放型的农业增长依旧在继续，似乎对所显现的内在缺陷毫不在乎。[7] 尽管有时会出现短缺，但这些情况都会靠政府直接进口必须商品来解决。[8] 如果不考虑上面提到的咖啡繁荣期，这一时期的农业出口生产相对较小。

从20世纪60年代开始，农业在巴西经济中的角色开始改变。随着进口替代工业化时期的动态增速开始下滑，很明显无法再单靠工业化作为经济增长和发展的引擎。正是在这一时期，有人注意到巴西经济在缓慢但稳定地"开放"。尽管大量注意力被放在了产成品的出口上，但除咖啡以外的农产品出口（包括加工和未加工的农产品）在1965年至1977年间的年均增长率为22%。[9]

很显然，大豆产量的巨幅增长引领了这个新潮流。在1965年至1977年间，大豆产量的年增速为37.6%。[10] 这一惊人增长部分是由于一开始大豆产量基数较小，但在

20世纪70年代，大豆产量以绝对值来看也增长巨大。到20世纪70年代中期，巴西成为了世界上第三大大豆生产国和第二大大豆出口国。同一时期，随着柑橘生产商转向大量出口浓缩橙汁，巴西的柑橘产量年增速达12.1%。[11]

巴西的一些主要出口产品如咖啡和可可，在20世纪60年代末至70年代初增速缓慢，不过这并未透露太多有关这些部门所受的影响，因为国际价格非常有利，尤其是在这一阶段，足以弥补偏低的产量增长。

生产方式的变化

自20世纪60年代末开始，农业生产方式发生了巨大改变。即便是在20世纪50年代末到60年代初，传统的粗放型种植方式已不能满足维持工业部门的增长所必需的增速。[12]因此出现了一个"保守现代化"的过程，该过程将有意识的设计与自然进步结合在一起。农业政策和出口收入的新潜力促使城市—工业资本流入农业部门。[13]虽然很缓慢，但巴西农业机构从国际"绿色革命"所产生的农业技术中获益不少。[14]随着时间推移，巴西许多地区无处不在的传统大庄园/小型农场体系转变成了现代农业产业综合体系。粗放型的可耕地面积扩张在继续。

然而，现有农地产量的增加（包括使用拖拉机、化肥和其他高科技原料）成了一些部门新的关注重点。随着20世纪60年代末至70年代出现的农业专业化，土地价格上涨速度为土地租赁价格上涨速度的两倍多。[15]农村劳动力的本质从根本上发生了改变，大庄园驱逐了永久居民劳动者，代之以季节性民工。这些步骤都是为了理顺农业经济单元，消除旧系统中的低效和冗余。

尽管转变广泛存在，但大部分都发生在出口农业和部分面向国内市场的区域，主要集中在巴西东南部和圣保罗，后者似乎获得了更大比例的农业研究和开发资源。[16]实际上，当时许多对巴西农业的研究都把重点放在圣保罗及该州有活力的农业活动上。[17]在20世纪70年代和80年代，农业现代化也扩散到了其他地区：南部的巴拉那州和南里奥格兰德州、米纳斯吉拉斯州部分地区以及巴西中部的部分稀树草原地区。[18]

1973年后，由于可以作为用以改善因石油危机的通胀压力所导致的贸易平衡恶化的工具，出口导向型农产品产量增长受到了特别关注。[19]尤其是甘蔗产量，从1977年开始大幅增长，巴西政府启动了国家乙醇计划（PROALCOOL），以提高作为石油替代品的燃料酒精的产量。[20]

从耕种面积和产量上看，农业部门的扩张在20世纪70年代依旧情况良好。虽然由于初级产品的国际价格下降，导致出口农产品价格在1974年至1975年间短暂下降，但1976年至1977年又出现了一次小的大宗商品繁荣期，使价格回升。[21]

恶劣的天气和耕地面积减少，加上国际利率上涨和第二次石油危机，导致1978年和1979年的农产品产出极其糟糕。这些事件的同时发生及其强度进一步凸显了巴西农业部门的严重缺陷，这一缺陷早在20世纪60年代已经开始显现：面向国内消费的粮食作物产量不足。这在很大程度上是因为缺乏充足的信贷、保障价格以及宏观政策对面向国内市场的农业部门的歧视。

自从巴西经济在20世纪60年代初到中期开始"国际化"以来，粮食作物的增速一直较缓慢。1966年至1967年间，巴西国内粮食作物的平均年增速为3.3%，而出口粮食作物平均年增速为20%。[22]刺激出口作物产量激增的因素，包括有利的国际价格、支持性的政府政策以及农用工业技术进步的广泛运用，似乎对巴西国内粮食作物种植产生了负面影响。劳动力、融资和技术等资源和投入都被已经高度资本化的农用工业企业家们从该部门抽走，使得国内粮食生产主要落在了中小型农场主手上，后者使用低效和相对过时的技术，还要遭受歧视性政策的影响，比如价格天花板和高销售税。

1978年至1979年的危机状况让巴西政府痛苦地意识到，需要调整农业政策，以促进粮食作物的生产。农业优先计划（Agricultural Priority Program）就是针对这一目标而设计的，同时能源作物（甘蔗）和出口作物上也被重点关注。[23]农业部门很快复苏，增速很快转正，如表13.1所示。[24]

巴西农业部门满足人口消费的供应能力可以从食品价格相对于总体物价水平和非农产品价格的走势来估计，这从表13.2中可以看出。注意在生活成本数据中，在20世纪60年代中期以前，食品价格一直领先于物价水平；在60年代随后的时间里，食品价格落后于物价水平；但从70年代初到80年代中期，食品价格涨幅又再次大幅领先于物价涨幅。批发价格变化也显示出，在70年代末和80年代中，农产品价格增速要快于平均批发价格。在1983年，当产量大幅下降时，农产品价格暴涨，使得一些分析家将1983年的事件称为"农业危机"。[25] 1983年的农产品批发价格指数上涨了336%，而工业产品批发价格指数只上涨了200%。在同一时期，里约热内卢的消费者价格指数上涨了199%，而食品价格则上涨了237%。[26] 国内食品生产的问题再次凸显，不禁让人怀疑政府广泛宣称的农业优先计划的成功。

表13.2 1948—1999年农业和其他部门的价格变化（年均变化率） （%）

(a) 生活成本（里约热内卢）

时期	平均值	食品	服装	住房	服务
1948—1950年	6.7	6.8	4.3	10.7	10.5
1950—1954年	16.5	18.1	12.0	19.1	11.3
1954—1958年	18.3	19.4	15.4	16.8	27.7
1958—1962年	38.3	43.0	40.7	23.1	35.0
1962—1966年	67.4	61.9	65.6	69.1	89.8
1966—1970年	24.4	21.0	22.9	33.6	26.0
1971—1976年	24.7	26.4	15.2	16.2	25.1
1976—1981年	64.7	69.3	44.1	52.6	70.3
1981—1985年	145.4	150.4	148.4	131.0	148.8
1986—1989年	837.5	788.7	830.6	688.2	838.8
1990—1992年	1069.6	1019.9	902.2	1287.0	1157.6
1994—1999年	17.4	8.2	4.8	47.2	12.6

(b) 批发价格

时期	国内使用的产品				总供给		
	总计	原材料	食品	建筑材料	总计	农业	产品
1948—1950年	3.4	16.9	1.0	12.3	18.1	17.7	4.1
1950—1954年	18.6	19.1	19.8	18.0	19.0	19.3	18.3
1954—1958年	17.6	12.1	16.3	20.0	14.2	11.2	18.0
1958—1962年	41.2	41.0	44.2	33.1	40.0	41.4	38.7
1962—1966年	63.0	63.1	62.8	66.5	63.5	62.4	65.0

续表

时期	国内使用的产品				总供给		
	总计	原材料	食品	建筑材料	总计	农业	产品
1966—1970年	21.9	20.5	22.0	26.3	22.7	23.0	23.3
1970—1976年	25.3	24.4	28.0	25.6	25.9	29.8	23.9
1976—1981年	71.4	64.3	75.5	70.6	70.1	72.1	68.4
1981—1985年	178.8	154.6	189.2	179.8	174.4	199.0	171.0
1986—1989年	812.1	525.3	581.6	705.9	582.5	542.9	593.6
1990—1992年	1019.4	1387.8	1577.5	1288.1	1371.9	1552.8	1324.9
1994—1999年	12.6	13.4	6.2	10.6	18.2		

来源：Ruy Miller Paiva, Solomão Schattan, and Claus R. T. de Freitas, Setor Agrícola do Brasil (São Paulo: Secretaria da Agricultura, 1973), pp. 37-38; and Conjuntura Econômica.

在80年代后半叶和90年代，食品生产得到了大幅改善，大部分得益于取消了歧视性政策，稻谷和玉米尤其如此。南里奥格兰德州形成了一片现代化灌溉稻谷产区，占到了1991年稻谷产量的40%。现代化玉米产区的扩张也很快，尤其是在巴拉那州、米纳斯吉拉斯州、戈亚斯州、南里奥格兰德州、圣保罗和圣卡塔琳娜州。在这两个例子中，现代化发生在农业相关产业的发展中，这不仅影响了农业经营，也影响了加工和贸易。

玉米的例子尤其有意思。人类不再直接食用它，而是作为部门农业子行业，如家禽和猪的饲养，以及食品加工业的重要原料。

到20世纪90年代初，将巴西农业二分为以出口为导向部门和面向国内市场的部门不再准确。更合理的划分是分为现代农业和传统农业。而且，一种产品可能现在被归为某一组，几年后又会归为另一组。这一快速进步出现在稻谷和玉米领域，而一个重要的现代化灌溉大豆产区似乎也正在兴起。当然，传统大豆产区会长期存在，主要是在新的前沿地区和东北地区。

首先现代化并集成到农业产业化体系中的是出口作物。然而，尽管存在分配不公，以绝对值来看，国内食品市场仍然相当大。然而，一旦其中一些政策限制放松，国内市场中一些农业部门就会现代化（比如稻谷和玉米）。

咖啡的发展方向似乎正好相反。在遭遇了数年非常困难的市场情况后，咖啡逐渐变成了传统作物。当然，巴西仍然有重要的"现代化"咖啡产区，尤其是在米纳斯吉拉斯州和圣埃斯皮里图州，但除非市场改善，这些地区将用其他作物或牧场取代咖啡。

地区模式

自20世纪50年代以来，农产品产量上出现了重要的地区变化。[27] 简要地检视表13.1（c）就能发现以下事实。

第一，南方的咖啡产量在20世纪50年代大幅增长（主要是在巴拉那州），而国内粮食作物产量却出现下滑。但咖啡产量在60年代再次下滑，大豆产量则开始上升。到70年代和80年代，大豆产量增幅巨大，占到1989年该地区作物面积的40%多。小麦和稻谷产量也都出现了大幅增长。到90年代初，稻谷产量占到南方作物面积的7.1%，其中绝大部分是在南里奥格兰德州。这一稻谷灌溉区占到巴西稻谷产量的40%，取代了中西部的旱稻成为主要供应来源。

第二，东南部的咖啡和甘蔗份额在50年代只有小幅提升，粮食作物份额维持相对不变，而棉花所占的份额则出现了下降。玉米的份额在60年代大幅增长。棉花和玉米的份额在70年代和80年代则出现下滑。由于酒精替代石油计划，甘蔗的种植面积大幅增长。大豆和柑橘的增长也值得注意。

第三，巴西中西部，巴西主要农业前沿地区，一直都出产了大量国内粮食作物，也是主要的畜牧区。在70年代和80年代，大豆产量大幅增长，而粮食作物种植面积大幅下滑。

第四，东北部面向国内市场的粮食作物种植面积相对增长而出口作物种植面积出现下滑。格雷姆（Graham）、高蒂尔（Gauthier）和德巴罗斯（de Barros）发现，出口激励促使土地资源和比较优势出现如此大幅转变的影响在东北部要小得多。换言之，潜在的出口机会（不管是否有补贴）在东北部的前景远不如在南部或东南部。[28]

农业增长的来源

正如上面提到的,直到20世纪70年代,巴西大部分农业增长都来自于粗放型增长,即增加种植面积,而非大幅提高生产力。巴西的农场数在50年代增长了愈60%,在1960年至1975年间增长了约50%,在1975年至1985年间则增长了17%。在1950年,巴西只有200万出头的农业机构,到1985年这一数字为580万(尽管这一数字在2006年降至520万)。[29]土地种植面积在1950年至1985年间增长了175%。在1950年,属于农业机构的土地中有6.5%处于耕种状态;到1970年,这一比例上升到了11.6%,到1985年上升到了13.9%。[30]

在1996年至2008年间,巴西的收割作物持续快速增长。棉花、咖啡、甘蔗、大豆、小麦、木薯和玉米增幅最大。总收割面积增长到了18594公顷(大豆面积占58.9%,甘蔗占18.2%)。牲畜数量也在这一时期持续增长。牲畜数增长了34%,家禽数增长了214%。[31]

直到最近,生产力的提高对巴西农业的增长贡献相对较小。表13.3的数据清楚地表明了这一点。从40年代到80年代,稻谷、大豆和木薯等基本产品的单位产量(以每公顷产量来衡量)就没有变化(甚至还有些倒退);在出口产品中,棉花和可可的生产效率也陷入停滞,直到70年代末才有些改善,此时咖啡、甘蔗和大豆的生产效率都出现了显著提升。从80年代中期到90年代中期,棉花、稻谷和小麦的生产效率都出现了巨大增长。

查尔斯·穆勒(Charles C. Mueller)将巴西的作物产区划分为现代和传统产区。前者受益于农业现代化,而后者由未受现代化影响的产品组成。表13.4清楚地表明,在1970年至1989年,现代农业产区的产量增幅数倍于种植面积增幅,而传统产区则相反。[32]

表13.3 1947—2007年农业生产力

(单位：千克/公顷)

(a) 巴西

作物	1947—1949	1961—1963	1964—1966	1968—1970	1972—1974	1974—1976	1978—1980	1983—1985	1988—1991	1995—1996	2003—2005	2007
棉花	442	554	482	490	526	446	546	679	1321	1314	3051	3392
花生	1004	1347	1286	1286	1196	1302	1473	1582	1671	1802	—	2195
稻谷	1552	1634	1536	1464	1533	1461	1415	1700	2171	2702	3241	3793
可可	450	312	341	378	436	528	681	623	544	473	327	345
咖啡	411	415	771	811	1192	1009	1046	1356	1011	1566	1055	955
甘蔗	38333	42773	44841	45551	43806	47785	55252	62034	62158	61049	71377	76434
豆类	685	659	656	634	593	566	472	454	485	638	743	825
木薯	13347	13404	14120	14662	13168	12278	11770	11601	12526	13217	—	14109
玉米	1256	1311	1283	1365	1462	1650	1479	1792	1880	2406	3375	3757
小麦	789	658	833	945	1110	892	862	1314	1603	1604	1431	2241
大豆	—	1056	1088	1072	1463	1660	1398	1747	1841	2284	2798	2840

(b) 圣保罗州

作物	1947—1954	1961—1963	1964—1966	1968—1970	1970—1972	1978—1981	1983—1985	1988—1991	1995—1996
棉花	576	985	1147	1550	1077	1565	1986	1878	1994
花生	948	1160	1257	1126	1308	1519	1970	1797	1706
稻谷	1357	1126	865	874	1054	1048	1419	1811	1913
咖啡	943	903	1036	1118	1324	1231	1736	831	1944
甘蔗	47117	48747	52294	47597	55131	68819	69215	74213	80112
豆类	670	377	474	432	505	581	527	892	1500
木薯	9481	16875	17351	17533	17136	19838	20098	21593	22502
玉米	1,262	1,620	1,565	1,602	1,846	2,079	2,417	2,831	2,444

来源：Ruy Miller Paiva, Solomão Schattan, and Claus R. T. de Freitas, Setor Agrícola do Brasil (São Paulo: Secretaria do Agricultura, 1973), pp. 64–65; IBGE, Anuario Estatístico.

表13.4　1970—1989年和1985—1995/1996年主要"现代"和"传统"作物面积和产量变化（%）

作物	1970—1989年		1985—1995/1996年	
	面积变化	产量变化	面积变化	产量变化
现代				
棉花	-38.6	61.4	-69.8	-62.7
稻谷	5.6	47.4	-42.3	-10.0
糖	143.4	228.8	14.7	15.6
橙子	335.3	482.7	49.8	32.2
玉米	24.7	77.0	-11.9	43.5
大豆	767.8	1231.1	0.5	29.4
小麦	69.6	175.5	-4.5	-42.6
总计	76.5			
传统				
豆类	41.6	3.7	-18.7	-16.3
木薯	-8.7	-22.5	-24.5	-26.6
香蕉	76.0	10.5	9.0	-17.0
花生	-85.2	-82.7	—	—
咖啡	20.6	21.5	-31.3	-23.3
总计	1.0			

来源：IBGE, Anuário Estatístico, various issues.

巴西全国与圣保罗的产出效率对比，见表13.3（a）和（b）就极具指导性，圣保罗棉花产区的生产效率不仅高于全国水平，而且出现了巨大增长。圣保罗的稻谷生产效率则落后于全国平均水平；南里奥格兰德州的稻谷生产效率则要高得多。在甘蔗上，圣保罗的绝对产出效率要高于全国平均水平，但其增速却落后于全国平均水平。圣保罗的基本农产品产出效率则时好时坏，有时表现优异，有时落后于全国平均水平，而木薯和玉米的发展则要好得多。[33]

巴西农业在80年代以前的平庸生产力可以部分归因于现代化投入的缓慢增长。很显然，如表13.5所示，每公顷化肥使用量在60年代中期远低于国际标准。化肥使用量在接下来的20年里持续增长，但即便是到80年代中期，也没有达到发达国家1970年的水平。然而，在21世纪的前10年中，巴西的化肥使用量增加到了每公顷350千克。

自90年代末到21世纪前10年，巴西的农业生产力持续提高。人均生产水果在1996年至2006年间增长了6%；人均生产食品和农业原料增长了39%和25%；人均生产总作物增长了27%。[34] 得益于90年代和21世纪前十年的生产力提高，巴西的粮食产量在1960年至2010年间增长了774%，牲畜数量增长了251%，粮食耕种面积增长了116%，牧场增加了39%。

就地区而言，化肥的使用在东北部、东南部、南部和圣保罗州等地区差异巨大。后者更多地使用现代原料是因为州政府在促进农业研究，以及鼓励更多地使用化肥、化学制剂和改良种子上有更悠久的传统。[35]

表13.5（f）显示了80年代农业投入上地区差异的持续性。在1985年，东北部的农场只有13%使用化肥，而东南部和南部企业中分别有60%和63%使用化肥。东北部的农场在1985年只有2%获得过技术支持，而东南部和南部农场中获得过技术支持的比例分别为15%和28%。

表13.5　1960—1985年农业生产资料使用情况

（a）化肥使用　　　　　　　　　　　　　　　　　　　　　　　　　　　　（kg/ha）

1960年	1964年	1968年	1970年	1975年	1985年
11.5	8.3	17.9	27.8	44.5	51.0

（b）各地区化肥使用，1970年　　　　　　　　　　　　　　　　　　　　　（kg/ha）

巴西	东北部	东南部	南部	圣保罗
27.8	5.6	34.4	46.6	72.8

（c）1985年巴西和各个州使用机械设备、化肥、农药并采取土壤保持措施的农田比例　（%）

	机械设备[a]	化肥	农药	土壤保持[b]
巴西	22.8	26.0	54.9	12.7
东北部	10.4	7.0	40.4	2.0
圣保罗	56.4	70.0	78.9	39.4
巴拉那州	46.6	49.1	72.9	32.1
戈亚斯	48.5	51.8	83.0	16.1

来源：IBGE, Censo Agropecuario, 1985.
注释：a. 任意种类的机械设备，不管是自有还是租赁
　　　b. 任何种类的土壤保持措施

续表

(d) 化肥使用：国际对比（百克植物养分/公顷可耕种土地）

	巴西	美国	日本	法国	西德	墨西哥	阿根廷
1970年	169	800	3849	2424	4208	246	24
1984年	304	1041	4365	3115	4211	602	37

(e) 每台拖拉机耕种土地公顷数

巴西

1960	430
1965	344
1970	218
1975	137
1985	80

巴西各地区，1985

东北部	377
东南部	57
南部	52
中西部	86
圣保罗	1

其他国家

苏联（1967）	139
美国（1987）	27
法国（1966）	19
西德（1967）	36
意大利（1967）	30
挪威（1967）	11

来源：Ruy Miller Paivá, Solomão Schattan, and Claus R. T. de Freitas, Setor Agrícola do Brasil (São Paulo: Secretaria do Agriculture, 1973), p. 77; Indice do Brasil, 1977–78 (Rio de Janeiro: Banco Denasa de Investimento S.A., 1977), p. 341; World Bank Development Report (Washington, DC: World Bank, 1987); IBGE, Anuario Estatístico 1986; Anuario Estatístico do Brasil 1992; IBGE, Censo Agropecuario 1985.

(f) 1985年农业机构使用化肥和技术协助的比例 （％）

	化肥使用	技术协助
巴西	31	11
北部	4	2

续表

	化肥使用	技术协助
东北部	13	2
东南部	60	15
南部	63	28
中西部	37	14

来源：IBGE, Anuarío Estatístico do Brasil 1992.

尽管巴西农业的机械化在60年代和70年代取得了巨大增长，但直到80年代中期仍旧落后于大部分发达国家的标准——以每拖拉机耕种土地公顷数衡量，见表13.5（d）。圣保罗在农业机械化上取得了最大的进步。总体而言，巴西农业用拖拉机数量从1970年的165870台增长到了2006年的82673台；农地总面积与拖拉机数量比（千公顷/每台拖拉机）也从1970年的1.77降到了2006年的0.402。[36]

然而，机械化程度提高导致农业吸收劳动力的能力减小。这反过来导致农村向城市移民过程继续乃至加速进行。

土地分配

如表13.6所示，巴西农村土地集中程度非常高，这种状况在1950年至1985年间几乎没有任何变化。由于代指控制的是农场，而非所有权，表13.6低估了土地所有的不平均程度。鉴于农村土地集中极不平均，我们应该考虑到，在一个国土面积像巴西这样广阔的国家，土地质量肯定参差不齐。因此，许多大型农场拥有的贫瘠土地比例往往更高，这种土地一般只能用来大规模放牧。

对1950年、1960年和1970年土地分配集中程度基尼系数的计算结果表明，这些数字几乎从未发生过变动，始终在0.84左右徘徊。相比之下，美国在1959年的土地集中基尼系数是0.72，加拿大在1961年是0.57，印度在1960年是0.51，英国在1960年是0.71。[37] 巴西不同地区的基尼系数表明，北部、东北部、中西部的土地集中程度更高，而南部土地集中程度最低。这反映出巴西不同地区的社会经济条件与农业活动类型迥然不同，既有像巴西南部欧洲移民后裔经营的小型家庭农场、圣保罗和巴拉那州日裔巴西人和其他外籍人士组成的合作社，也包括马托格罗索州的大型农场及巴西东北部的传统甘蔗种植园。[38]

表13.6　1950—1996年按机构数和总面积分配的农田规模　　　　（%）

土地规模（公顷）	机构数						面积					
	1950	1960	1970	1975	1985	1996	1950	1960	1970	1975	1985	1996
<10	34.0	44.7	51.2	52.1	52.9	49	1.3	3.4	3.1	2.8	2.7	2
10–100	50.9	44.6	39.3	38.0	39.1	40	15.3	19.0	20.4	18.6	18.5	18
100–1000	12.9	9.4	8.4	8.9	8.9	10	32.5	34.4	37.0	35.8	35.1	35
1000–10000	1.5	0.9	0.7	0.8	0.8	1	31.5	28.6	27.2	27.7	28.8	31
>10000	0.7	0.4	0.4	0.2	0.3		19.4	15.6	12.3	15.1		14.9	14
总计	100.0	100.0	100.0	100.0	100.0	100.0	100.0	100.0	100.0	100.0	100.0	100.0

来源：Calculated from IBGE, Anuario Estatístico, 1976, 1981, 1986, 2004.

农村贫困

巴西农产品产量的大部分增长来自于粗放经营。尽管食品的相对价格本应该更高，但由于运输与仓储成本的增加，这种情况并未出现。巴西一家农业研究权威机构将此归咎于农村劳动力充足，且他们收入相对较低。[39]这种农村劳动力过剩的一个后果是，导致巴西农村地区贫困的传统状况多年来从未发生过变化。

1970年，巴西农村家庭人均收入只有城市家庭人均收入的26%；这一比例在1980年上升至32%，但在1988年又下滑至31%。[40]据估计，1988年巴西农村地区53.1%的人口生活在贫困线以下，而城市地区只有17.8%。[41]研究表明，除了圣保罗，巴西农村地区工人平均工资均低于法定最低工资。鲁伊·米勒·帕伊瓦（Ruy Miller Paiva）的研究发现，如此低的收入水平"让农业不可能实现令人满意的福利条件。"[42]一系列社会调查也表明，1988年巴西农村只有32%的家庭有自来水，这一比例在城市家庭则达到81%；51%的农村家庭通了电，相比之下城市地区则达到97%；在农村只有7.4%的家庭与下水道相连，或有化粪池，这一比例在城市家庭则高达50%；只有34%的农村家庭有冰箱，这一比例在城市家庭则达到了79%。[43]

除了农村地区工人工资，贫穷还延伸至其他方面。大部分农场占有的土地面积低于10公顷（从1950年占整个机构面积的34%增至1985年的52.9%）。多项研究表明，农田产生的收入非常低。[44]

巴西城乡教育还存在着非常大的鸿沟。在1988年，只有15.5%的农村人口接受过四年以上的教育，城市人口则达到49.1%。[45]

从20世纪90年代初到2008年，农村地区长期工实际工资增长了73%，临时工实际工资增长了71%。这是最低工资实际价值上升的结果。[46]

农业政策

整个20世纪50年代，巴西农业政策服从于工业化主要目标。据尼科尔斯（Nicholls）介绍：

> 这10年公共政策的首要目标是，通过精心设计的多元汇率制度，利用可出口盈余（咖啡、棉花和可可）为工业发展提供资金支持。这种多元汇率制度抑制传统的出口而有利于机械产品和生产资料进口。[47]

由于一些农产品（如化肥）进口偶尔享受的有利汇率传导至主要出口作物，上述状况得到了部分缓解。另外，巴西也尝试发展过农业推广服务体系，但直到1960年，不计圣保罗州，这种服务仅仅覆盖了巴西11.5%的地方城市。

倘若不是政府的道路建设计划，20世纪50年代巴西农业产量就不可能实现大幅增长。1952年至1960年间，巴西联邦公路网总长从12300公里增至32400公里，州公路网总长从51000公里增至75900公里。尽管这对"一个幅员辽阔的国家而言仍然严重不足，但伴随着20世纪50年代联邦和州公路网络的扩张，公路运输的商品数量增长了四倍。"[48]

巴西在20世纪50年代启动了最低价格保障计划，但效果并不明显，因为随着价格以每年逾25%的比例上涨，等到农民出售农产品时，为农产品设置的最低价格已经低得离谱。农村信贷项目几乎仅限于资助农产品流通,而不是固定资产投资或生产贷款。而大多数贷款似乎都流向了中间环节,这些资金或用于农产品进入市场时的投入,或用于抑制农产品价格进一步上涨。[49]

1964年以后,巴西政府对农业部门的政策支持力度比以前要大一些。重点放在刺激生产的市场机制上。同时,对许多产品(如大豆、牛奶、牛肉及其他产品)的价格控制逐步取消,尽管后来偶尔也会重新实行价格管制政策,尤其是在80年代,当时巴西政府正在竭力应对通货膨胀。许多年来,政府一直依靠最低价格保障计划来刺激农业生产。不过,该计划的高成本以及对通货膨胀带来的影响,导致对无追索权融资作为直接购买农产品的替代手段的依赖加剧。该方法"使得农民不愿将农产品拿到市场上出售,而是贮存起来,待价格最高时再出售"。[50]

在20世纪60年代和70年代,巴西促进农业生产的一个主要政策工具是使用信贷支持。从1960年到70年代中期,新增农业贷款的实际价值增长了六倍多。农业贷款占总贷款的比重从1960年的11%升至70年代中期的25%;在20世纪70年代,农业贷款总量占农业GDP的比重始终在65%至94%之间浮动。[51]大多数农业贷款都由巴西银行提供,但政府也采取多种措施吸引私营银行增加对农业部门的贷款。对农业部门的绝大多数贷款都有优惠,也就是说,所定利率通常要显著低于通货膨胀率。例如,在20世纪70年代中期,巴西农业部门贷款执行的是7%的利率,而通货膨胀率则要高于35%。其结果是,农业信贷补贴占农业GDP的比例从70年代早期的约2%升至1980年的近20%。[52]

通过有补贴的信贷对农业收入转移给这个部门带来了各种影响。尽管补贴促进了某些领域的机械化程度大幅提高,对种植技术的改良也有帮助,但通过负利率的方式来分配补贴属于本末倒置:大农场主通常是这种贷款的最大受益者。例如,在20世纪60年代中期,分配给农作物的小额贷款(不足最低工资的五倍)占总贷款数额的比重为34%,到70年代中期降至11%;用于畜牧业方面的贷款比重,从33%降至12%。据估计,农业贷款集中度的基尼系数从1969年的0.600升至1979年的0.725。在20世纪70年代末,农业贷款总额的60%集中在10%贷款最高的阶层。但格雷姆(Graham)等人也指出,"这些数据低估了贷款集中度问题,因为它们没有将向同一个借款人多次发放贷款考虑进去。"至于有多少小农户处于这一补贴的覆盖范围，对此一项研究显示，对小农户而言，非利率交易或借款成本是名义利率的好几倍，而对大农场主而言，这一数字实际上是零，因此，进一步加剧了不公平。[53]

一些研究显示，并不是所有的农村补贴贷款都得到了合理使用。通常情况下，这些资金被间接地用于购买更多土地，甚至是消费品（一旦农村信贷增加，内陆汽车销量往往会有相当幅度的上升）。[54]

现在普遍认为，不同类型的农村补贴项目并不一定有效。例如，在分析化肥补贴项目时，斯弗拉德（Syvrud）得出了这样的结论：为了多获得这种补贴，巴西农户增加了对化肥的使用。用于执行这种项目的方法也存在严重的缺点。由于补贴项目不受监督，也未与限制将这些资金挪为其他用途的任何有意义的标准相关联，结果它只能让大约5%的巴西农民受益——这些人或许是技术先进的生产者。绝大多数农民未从补贴计划中得到任何好处。同最低价格保证及农村贷款项目一样，农产品补贴项目作为增强农业生产率及产量的手段的有效性，仅限于现代化的农业部门，这些部门会对市场激励措施做出回应。对大多数巴西农户而言，仅靠市场激励措施依旧是不够的；除了补贴，还需要通过农村推广服务、教育、研究，甚至是土地所有制改革作为补充。[55]

尽管农村信贷补贴制度、大规模公路建设项目以及在市场方面的一些投入，帮助促进了巴西农业生产，实现了农业生产多元化，但似乎还需要更为基础的制度改革，提高农业生产力，提升农产品分配的公平性。巴西一些更为落后的地区尚未实施有效的土地改革，[56]而在改变农村信贷及推广服务系统质量上所做的工作迄今也不够。

在1973年，巴西政府认为可以通过对研究进行大规模投资来取得生产力的突破。巴西农业研究公司（Embrapa）就是出于这一目的而建立的。[57]该公司在人力资本上投入巨大，主要是通过国外培训来培养农业科学专业人才；当时研究的新重点是提高生产力。[58]当时有人尝试过技术创新，提高了东南部和中西部前沿地区（"塞拉多"，即稀树草原）酸性土壤的产量。格雷姆、高蒂尔和德巴罗斯发现，（当时）在多个大豆和黑豆品种上取得了一些局部突破，"塞拉多"地区的混合种植实践效果也得到了提升。农业研究的长期性意味着，这一投资的主要影响或许只有到80年代中或末期时才会显现。[59]

巴西的出口多元化政策（开始于60年代末并持续到80年代）对农业也有很大的影响。未加工商品在60年代中期的出口农产品中约占84%；这一数字到90年代初时降到了20%。同样，产值1亿美元以上的农产品种类也从60年代中期的4种增加到了1991年的19种。导致这一趋势的政策措施包括直接出口奖金、免除州和联邦增值税、所得税抵免、进口原料关税退税以及信贷补贴。当时也有大量出口控制措施和配额，迫使农产品生产商将未加工农产品以低于世界市场水平的价格出售给国内加工业。

由于后面的措施，"未加工出口农产品支付了13%的销售税……然而，日益增长的附加值也提高了半加工和全加工出口农产品的出口补贴水平，纺织产品的这一比例达到了50%。"[60] 这些政策的净影响是，针对出口商品的复杂税收和信贷补贴政策抵消了为国内市场生产的相对吸引力，对农产品加工形成了有效的保护，却使农产品生产者受损。格雷姆等人因此发现，"这一部门间的差异化措施有力地解释了一项通过征收间接税来抵消对农产品生产进行补偿的政策。它也是解释农业补贴信贷快速增长的重要论据。"[61]

在评估60年代末到90年代的巴西农业政策时，将这一时期称作"保守现代化"的查尔斯·穆勒发现，技术变革是这一时期的主要特色。这"涉及绿色革命技术的发展和适应，主要由大农场采用，拖拉机和其他机械设备、化肥以及其他原料也起到了重要作用。"[62] 这一时期的另一大特色是许多农业综合企业的形成，而且"有强力的刺激促使加工企业的形成、扩张和现代化，以及促进农业生产资料行业的发展和改善。"[63] 还形成了一个复杂的针对半成品出口的免税、退税和补贴系统，对未加工大宗商品施以重税。与此同时，"国内农业生产资料部门得到了有力保护，加上优先的融资以及其他形式的激励和补贴。"[64]

穆勒发现出口农产品对保守现代化模式以及世界市场上的机会作出了很好的反应。与出口繁荣相关联以及获得官方支持的农业部门现代化程度大幅提高……它们还成为了生产资料和设备行业的重要客户，并将很大一部分产品出售给了加工业。[65]

他总结道：

向城市居民提供廉价食物，以便缓解因为要求工资增加而引起的通胀压力的做法源于进口替代工业化模型，这一做法对这一时期的农业产生了影响。巴西当局通过一系列监管、最高限价、出口限制和配额做到了这一点。然而，这抑制了农业部门生产广泛需求的食品的积极性……这些部门未能现代化，且倾向于表现糟糕。[66]

90年代以来的巴西农业

90年代时，巴西政府退出了对经济活动的直接干预，其中也包括农业部门。[67] 在信贷补贴和最低限价等方面，这一改变尤为明显。农业信贷逐渐合理化，稳定计划于1994年启动，大幅降低了通货膨胀，也昭示着农业信贷补贴的大幅减少。[68] 此外，"雷亚尔计划"的实施使许多农业企业陷入了危险境地，因为其债务的价格修正远远大于产品价格的上涨。这也极大地影响了1995年至1996年的种植，而当时巴西进行了农业普查。最终的结果是，许多农民对种植何种作物变得选择性更强，并集中于他们能更好地控制、能得到更多技术支持的作物。这对更为传统作物的种植伤害尤其大。

将巴西1970年的耕地结构与2000年时相比，见表13.7（a）所示，可以发现，面积不到100公顷的农场并未发生太大改变。1970年，这些农场的数量占总数的90.8%，而耕地面积占23.5%。到2000年，其数量占总数的85.2%，而耕地面积占20%。另一方面，1970年时，面积超过1000公顷的农场数量占总数的0.7%，耕地面积占39.5%。到2000年，其数量占总数的1.6%，而耕地面积占43.8%。土地集中化趋势显著增加。

如表13.7（b）所示，从1970年至1995年的25年时间内，越来越多的耕地由专业人员来负责管理。这也表明，农业中的农业产业化经营正在逐渐发展。

表13.7 农业机构和耕种面积分布

(a) 1970年和2000年农业机构和耕种面积分配情况　　　　　　　　　　　　　　　　　（%）

土地规模（公顷）	机构份额		可耕种土地份额	
	1970	2000	1970	2000
<10	51.4	31.6	3.1	1.8
10–100	39.4	53.6	20.4	18.2
100–1000	8.5	13.2	37.0	36.2
1000–10000	0.7	1.6	39.5	43.8
Total	100.0	100.0	100.0	100.0

来源：IBGE.

(b) 1970年和1995年被各类机构和人员开发的土地面积之比　　　　　　　　　　　　（%）

分类	1970		1995	
	机构	耕种土地	机构	耕种土地
所有者	59.6	60.6	69.8	63.9
佃农	20.2	5.5	11.0	2.6
占有者	16.1	6.4	14.4	2.6
管理人员	4.1	27.5	4.8	30.9
总计	100.0	100.0	100.0	100.0

来源：IBGE.

1985年，用于种植临时作物（例如棉花、稻谷、甘蔗和大豆等）的土地为4260万公顷，1989年增长至4640万公顷，而1995年又下降至3430万公顷。这主要是由于棉花、稻谷、小麦、大豆和玉米的种植面积明显减少。穆勒解释，这主要是由于农业补贴的减少，而就小麦而言则是由于进口产品的竞争。[69]此外，永久性作物的种植面积也从1989年的598万公顷下降至1995年的411万公顷。这主要是由于棉花和咖啡种植面积的减少。

对1985至1995年的农业普查数据进行分析，可以发现，农业从业者人数出现明显下降，从2170万人减少至1790万人。这主要是因为农业生产现代化，尤其是机械化发展。从1985年至1995年，尽管信贷补贴出现明显减少，但拖拉机的使用量增长了23.5%。

从1985年至1995年，现代农业生产资料的使用也在增长。1985年，只有31.6%的农场使用化肥,而到1995年至1996年,这一数字增长至38.2%。1985年,只有5.8%的农场使用石灰石和其他土壤改良剂,而到1995年至1996年,这一比例增长至12%。

80年代末和90年代的政策改革

最重要的农业政策改革发生在1987年至1992年间,这些改革可以归为三类:[70]

1. 关于农产品对外贸易自由化的改革。这些改革措施包括,取消进出口限制,以及海关工作流程的现代化。农产品进口的平均关税税率从80年代中期的32.2%下降至90年代时的14.2%。此外,进口化肥的关税也大幅下降。不过为了保护国内工业,农业机械的进口关税仍然很高。

2. 为了稳定国内价格的改革。这些改革措施包括,加强政府干预与市场力量的一致性,以及为多种农产品设立最低限价,与国际市场价格保持一致。到90年代时,政府制定了最低限价政策,考虑了多种农产品的未来需求预期,并加以激励。此外,政府制定了监管库存政策,以作为价格政策的补充。

3. 通过机构调整来减少国家对农业的垄断,尤其是在糖、酒精、咖啡和小麦等领域。

90年代的农业

由于政府干预和信贷补贴的减少,巴西出现了新的模式,即在连锁超市和农业综合企业的影响下,农业开始与分销系统整合。这些综合企业,包括大宗商品交易商、加工商以及农业生产资料领域的企业,这些机构成为主要资金来源,取代了不断削弱的公共信贷资源。迪亚斯(Dias)和阿玛拉(Amaral)推断:

> 来自转移支付和信贷补贴的收入下降促使农产品生产商降低平均成本……最重要的工具是生产力的快速提升,伴随着耕地面积的适量下降和劳动力雇佣的明显减少。[71]

他们编制了农业生产力指数,如表13.8所示。需要指出,从1987年至1998年,生产力出现了稳定增长。迪亚斯和阿玛拉指出,一系列因素推动了农业生产力的提升。首先,80年代至90年代初对交通运输基础设施投资的忽视迫使土地使用的更加集中。其次,作为由政府成立的农业科研公司,巴西农业研究公司推出了新的种子(其中许多能适应前沿地区的土壤条件),而新的生产技术也被迅速转移给农民。第三,他们发现,人力资本向前沿地区的转移也使农业受益,尤其是南部农民向中西部和北部地区迁移。最后,他们发现,贸易自由化推动了现代农业生产资料的价格下降,促进了这些投入的使用。

值得指出的是,最大的生产力提升来自面向国内市场的农业领域,见表13.8(b)所示,而面向出口的农业领域(例如咖啡和可可)实际上出现了生产力的下降。这表明,此前讨论的、为大幅提升农业产量而采取的措施主要针对服务于国内市场的农业领域,以及大豆等非传统的出口农业。

表13.8 1987—1998年农业生产力指数

(a) 1987—1998年农业生产力指数

年份	作物	牲畜	合计
1987年	100.0	100.0	100.0
1988年	96.1	101.9	98.0
1989年	100.5	103.8	101.6
1990年	94.9	105.8	98.5
1991年	97.1	107.9	100.7
1992年	103.6	110.0	105.7
1993年	110.8	112.1	111.3
1994年	111.3	114.3	112.3
1995年	112.5	116.6	113.8
1996年	114.2	118.9	115.8
1997年	116.4	123.6	122.8
1998年	122.4	123.6	122.8

来源:Guilherme Leite da Silva Dias and Cicely Moitinho Amaral. "Mundanças estruturais na agricultural brasileira, 1980—1998." In Brasil: Uma Década em Transição, ed. Renato Baumann (Rio de Janeiro: Editora Campus, 2000), p. 139, based on data from FIBGE.

续表

(b) 1986—1998年主要作物的生产力指数

年份	棉花	大豆	咖啡	可可	玉米	豆类
1986—1988年	100.0	100.0	100.0	100.0	100.0	100.0
1987—1989年	106.3	100.0	75.0	104.7	99.7	113.7
1988—1990年	110.3	98.0	63.7	103.7	97.7	121.3
1989—1991年	116.3	95.0	68.0	101.0	96.7	122.7
1990—1992年	121.3	96.0	68.7	91.7	100.3	131.0
1991—1993年	126.3	103.7	71.3	89.7	111.3	144.7
1992—1994年	127.3	115.0	74.7	89.3	120.3	154.3
1993—1995年	136.0	118.0	73.7	86.3	125.7	158.3
1994—1996年	139.7	119.0	78.3	82.7	123.7	152.7
1995—1997年	148.7	121.3	76.0	78.3	127.0	153.3
1996—1998年	152.2	124.3	87.0	77.0	130.7	158.3

来源：Guilherme Leite da Silva Dias and Cicely Moitinho Amaral. "Mudanças estruturais na agricultural brasileira, 1980—1998." In Brasil: Uma Década em Transição, ed. Renato Baumann (Rio de Janeiro: Editora Campus, 2000), p. 139, based on data from FIBGE.

农业就业

20世纪80至90年代巴西农业生产力的提升导致了就业率的大幅下降以及农场数量的减少。从1985年至1996年，农业就业率下降了23%，而农业总产量则提升了30%。为了解决农业就业率下降的问题，政府于90年代中期加强了土地改革措施，向超过20万户家庭分配了土地，并创立了特定的信贷支持工具，支持了超过70万家农场。[72]

21 世纪初的巴西农业

到了20世纪末，在巴西实施了20年的农业政策已经产生了许多积极的影响。巴西农业研究公司在人力资本方面的投资颇为庞大，主要方式是派遣农业科学专家到国外参加培训，以及资助许多致力于提高生产力的研究项目。此外，为了提高东南与中西部前沿地区塞拉多的酸性土壤的产量，该公司也在相关的科技创新方面投入了相当多的资源。

据巴西应用经济研究所公布的数据显示，巴西全要素生产率（Total factor productivity，简称TFP）在1975年至2002年间的平均增长率为3.3%（这个指标在上世纪90年代期间的增长率为4.88%，而2000年到2003年期间的增长率则为6.04%）。[73] 然而，在此期间的土地生产力（众所周知，这与研发方面的投入密切相关）正是全要素生产率增长的关键因素。尽管土地生产力的平均增长率仅为3.82%，但是劳动力和资本生产率的平均增长率却分别达到了3.37%和2.69%。

从20世纪90年代初开始，巴西的经济，包括农业在内，就面临着日益激烈的国际竞争。由于关税降低、进口限制和出口配额的取消以及外贸官僚机构的精简，以往许多造成扭曲的干预措施逐步消失。此外，由政府直接投资的商业性农业项目几乎绝迹，而且公共农业信贷的利率也变成了正值。

然而，20世纪90年代和21世纪前十年的政策发展得并不顺利。雷亚尔在1994年至1999年间升值对农业出口产生了负面影响，而食品进口则增加了。不过，1999年的货币贬值，倒是在很大程度上改善了巴西农业的前景。新的汇率政策，再加上大宗商品价格的上升趋势，使得巴西的农业以及农业综合企业的出口出现了大幅增长，具体来说，从1999年的118亿美元增长到了2005年的347亿美元。巴西的粮食产量在1990年和1991年期间，一直稳定在5800万吨，但是到2002年和2003年的时候，就跃升到了1.232亿吨。2003年，巴西成为了全球第二大的大豆生产国，第三大玉米生产国，同时也是世界上最大的咖啡、糖、酒和果汁生产国。不仅如此，巴西还是牛肉和禽肉的最大生产国之一，并在2006年成为了世界领先的棉花和甘蔗生物燃料生产国之一。尽管谷物和油籽的产量在1991年至1998年期间的增长率已经达到了32.3%，但其在1999年至2004年期间的增长率更高，达到了55.4%。更重要的是，这种产量的增长，是以种植用地面积的小幅增长为前提的。在1991年和2005年间期间，谷物和油籽的种植面积只增加了25.5%，从3790万公顷增至4740万公顷。也就是说，产量增加的主要原因是谷物自身的产量得到了提升。技术变革则是产能提升的一个主要因素，技术变革不仅提升了谷物和油籽的产量，同时也提升了甘蔗、牛肉、家禽、猪肉、鸡蛋和牛奶等产品的产量。

农业产量的大幅增长,大大促进了非传统出口的增长。在1990年至2002年期间,巴西在世界出口中所占的比重一直徘徊在0.86%与0.97%之间,而巴西农产品出口占世界农产品出口的比重却从1990年的2.34%上升到了2002年的3.34%。

在非传统出口项目中,增长最显著的分别为大豆(大豆和大豆油的出口量在2003年达到了出口总量的7.3%)、橙汁(1.2%)和冷藏肉类与鸡产品(4.6%)这三个类目。这些产品当中,有许多产品在装船之前,都是在巴西完成加工处理的。[74]

农业在巴西 GDP 中的比重

如果使用传统的方法来衡量农业在巴西国内生产总值中所占的比重,我们会发现该部门的比重在稳定下降,从1950年的24.28%下降到了2004年的9.04%。此外,我们还可以发现,尽管农业部门的劳动力数量所占的比重,要比农业在国内生产总值中的比重大两倍,但是这一比重也还是出现了下降,从1939年的65.9%下降到了1969年的45.1%,并最终于2003年下滑至20.0%。这也是巴西农村劳动力仍然相对低效和贫困的直接证据。

然而,如果考虑到农业生产力的增长与农业投入部门(化肥行业、农具等)在国内的扩张,以及农业加工部门和国内与国际市场营销部门之间的密切关联的话,也就是说,如果考虑到农业生产力的增长与农业相关产业的发展密切相关的话,我们对巴西农业在其经济中呈下滑趋势的初步印象必须进行纠正。因此,农业对巴西经济的影响目前无法仅通过其对巴西国内生产总值的直接贡献来计算。

农业及农业相关产业这个更加广泛的概念似乎能够更好地展现农业对巴西经济的影响。虽然关于农业及农业相关产业这个定义的本身仍有一些争议,但吉略托(Guilhoto)和福托索(Furtuoso)提出了一种利用投入产出分析方法及国民经济核算体系,来衡量农业及农业相关产业对国内生产总值的贡献的新方法。[75] 表13.9充分展现了他们的观察结果。此外,他们还指出,尽管农业部门2000年在巴西的国内生产总值中只占7.6%,但是农业相关产业在同一年份中所占的份额却达到了27%。[76]

2003年，农业在巴西国内生产总值中的比重仅为9.6%，而农业及农业相关产业所占比重的估值则将近31%。还应当指出的是，虽然2002年的时候，农业在巴西国内生产总值中所占的比重仅为8.99%，但该部门的就业人数占巴西就业总人数比重达到了近19%。然而，在巴西国内生产总值中所占的比重超过20%的农业生产资料、农产品加工以及商业服务，这几个领域的就业人数也只占到巴西就业总人数7.9%。这反映了现代农业的非劳动密集性质。

表13.9　2002年农业和农业相关产业占GDP和就业份额　　　　　（%）

名称	占GDP份额	占就业份额
农业产量	8.99	18.8
农产品加工	9.07	
农村商业服务	9.24	7.93
农业原料生产资料	1.90	

来源：CAN/CEPEA-USP.

巴西农业面临的问题

1. 气候问题。2004年巴西最南部遭遇了严重干旱，导致粮食减产；而巴西南部和中西部部分地区在2005年又遭遇了更严重的干旱，导致粮食产量进一步减少。这些事件导致农业收入大幅减少。与2001年至2004年5.3%的年平均增长了形成鲜明对比的是，由于燃料酒精、咖啡、柑橘和肉类的良好表现，2005年的结果并没有更糟糕。

这些事件产生了一些长远影响。由于2001年至2004年形势非常好，许多农民过度负债来投资和购买生产资料。[77]据估计，2006年初有近三分之一的农业债务逾期。[78]结果，来自政府的债务（欠巴西银行和BNDES的钱）延长了还款期限，还推出了新的低利率信贷。然而，由于2006年逾期的农业债务中大部分生产资料供应商和私人金融机构有关，政府也很难加以援助。[79]

2. 缺乏基础设施。巴西农业部门长期以来的问题之一就是服务农业的基础设施（公路、港口）不足。2005年，基础设施已经严重不足，但由于干旱所导致的产量减少预期的"物流中断"并未发生。中西部和北部等前沿农业地区的基础设施不足情况尤为明显，不过这一情况也影响到了较老的农业地区。基础设施不足导致了高昂的物流成本，在收割季节也可能导致混乱。[80]

导致这一情况的主要原因是没有明确究竟由哪一方负责基础设施投资。过去这些投资主要由公共部门进行，但在21世纪初，后者不仅丧失了投资能力，而且还未能创造让私有部门进行投资的环境。卢拉政府一直在尝试公私合伙（PPPs）的概念，以便克服政府没有能力投资的情况，但是使这一方案可行所必需的机构变革一直未能实行。

土地改革

直到90年代中，巴西政府只是做出了零星的尝试，以改善土地分配情况。根据穆勒的研究，军政府末期和萨内尔总统（1985年至1990年在位）时期重新将土地改革设为政策目标。[81] 萨内尔政府推出了一项土地改革的全国计划，并设立一个部门来执行改革。目标不仅是重新分配闲置土地，还要重新分配靠近市场、未充分利用的土地。然而，由于大地主的阻力和巴西不断发酵的宏观经济危机（限制了许多土地改革项目的实施）极大地减缓了土地重新分配过程。从20世纪初到1994年，只有176033个家庭重新分配了2100万公顷土地。

土地改革在费尔南多·恩里克·卡多佐政府期间加速进行。在1995年至2003年间，42.3万户家庭分配到了2200万公顷土地。到2002年底，土地改革项目涉及的土地面积占巴西可耕种面积的7.2%。2003年上台的卢拉政府也在当年11月推出了一个新的土地改革计划，目标是到2006年年底安置53万户家庭。

要求加速土地改革的是无地农民运动，该运动起始于1985年，当时正值军政府末期。随着该运动发展到90年代，它要求对土地进行大力度的再分配。该运动宣传的占领可耕种和不可耕种土地迫使政府将大片土地打散，从而分配给该运动的成员。

2003年1月，当卢拉总统上任时，无地农民运动（MST）在巴西占领了632个地方，涉及116382个家庭。根据土地规划局（Estatuto da Terra）的数据，直到2003年，大部分占领都发生在闲置土地上。[82] 然而，在卢拉总统上任后，无地农民运动变得越发具有对抗性,其领导人在2004年号召发起所谓的"红四月浪潮"(Red April Wave),进行大规模侵占,其中只有一小部分侵占目标为不可耕种土地。[83] 无地农民运动还进一步向政府施加压力,要求废除一项2000年的法律,禁止土地改革机构(INCRA)用侵占后的土地来进行土地改革。

尽管巴西依旧有大量闲置农田,但许多要么位于贫瘠地区(如东北部的半干旱地区),要么位于偏远的亚马孙地区。无地农民运动对这些地区没有什么兴趣。实际上,最近上演的大多数土地侵占都位于拥有相对良好基础设施的富饶地区。

人们不禁联想,这一趋势是否会危及财产所有权,使得农业产业的投资减少。许多学者已经表达了这一担忧,无地农民运动可能会危及巴西农业产业未来的发展,因为土地侵占让财产所有权的神圣不可侵犯性受到质疑。奥尔斯顿(Alston)等人宣称:日益频繁地使用暴力来侵占土地对巴西的土地和财富分配产生了广泛影响。至少在前沿地区,这一行为可能通过影响财产所有权的安全性、土地价值和投资激励来影响财富分配。[84]

不管怎样,巴西政府对"红四月浪潮"的态度是必须维护法律,同时承诺在未来提供更好的支持。不过,卢拉政府内部对这一问题一直有着巨大的分歧。比如,在卢拉政府上台后的前两年,对农业的表现和适合的政府政策仍没有统一认识。负责土地改革的部长公开对无地农民运动的诉求和行动表示同情就很清楚地表明了这一点。[85]

卢拉总统在许多场合都称赞巴西的农业对巴西的出口增长贡献巨大。另一方面,卢拉政府并不愿意废除2000年的法令,因为担心废除会导致土地侵占事件激增。尽管卢拉政府似乎愿意遏制这些侵占所表现出来的激进主义,但政府却未能清楚地表明自己的倾向,这可能会向承担促进巴西农业增长的责任的投资者发出错误信号。

注　释

[1] World Bank, Brazil: A Review of Agricultural Policies (Washington, DC: World Bank, 1982), p. 1. 对于希望进一步了解巴西农业细节信息的读者,推荐阅读下列资料: G. Edward Schuh, The Agricultural Development of Brazil (New York: Praeger, 1970); Farm Growth in Brazil

(Columbus: Ohio State University, Department of Agricultural Economics, June 1975); Claudio Roberto Contador, ed., Technologia e Desenvolvimento Agrícola, Serie Monográfica, no. 17 (Rio de Janeiro: IPEA/INPES, 1975).

[2] World Bank, Brazil, p. 4.

[3] 这一论断明显忽视了国内粮食作物和出口粮食作物生产之间的区别。尤其是，黑豆产量在20世纪中期时骤减，而大豆产量显著增长。

[4] 如欲了解更多围绕"清晰度模型"及其是否足以解释这一时期农业和工业部门关系上的争论的情况，参阅：D. E. Goodman, B. Sorj, and J. Wilkinson, "Agroindustria, Políticas Públicas e Estruturas Sociais Rurais: Análises Recentes Sobre a Agricultura Brasileira," Revista de Economia Política (October/December 1985): 31–36. 另可参阅：David Goodman, "Economia e Sociedade Rurais a Partir de 1945," in A Transição Incompleta: Brasil Desde 1945, E. Bacha and H. S. Klein, eds. (Rio de Janeiro: Paz e Terra, 1986), pp. 115–125.

[5] World Bank, Brazil, p. 11, Table 4.

[6] Jose Luiz Lima and Iraci del Nero da Costa, Estatísticas Básicas do Setor Agricola, Vol. 2 (São Paulo: Institute de Pesquisas Econômicas, Faculdade de Economia e Administração, Universidade de São Paulo, 1985), p. 74, Table 10.

[7] 参阅：Goodman, "Economia e Sociedade"; and Goodman et al., "Agroindustria, Políticas Públicas."

[8] Fernando Naves Blumenschein, "Uma Analise da Proteção Efetiva na Agricultura do Estado de São Paulo," Estudos Econômicos 14, no. 2 (1984): 299.

[9] World Bank, Brazil, p. 12.

[10] World Bank, Brazil, p. 7, Table 2.

[11] World Bank, Brazil, p. 12.

[12] 参阅：Goodman, "Economia e Sociedade," p. 127.

[13] 参阅：Goodman et al., "Agroindustria, Políticas Públicas," p. 33.

[14] 参阅：Goodman, "Economia e Sociedade," p. 127.

[15] Gervasio Castro de Rezende, "Retomada do Crescimento Econômico e Diretrizes de Política Agrícola," in Perspectivas de Longo Prazo da Economia Brasileira, a special report by the Instituto de Planejamento Econômico e Social (Rio de Janeiro: IPEA/INPES, January 1985), p. 173.

[16] Fernando Homem de Melo, O Problema Alimentar no Brasil (Rio de Janeiro: Paz e Terra, 1983). 尤其关注第三章，以便对农业发展资源的不平衡分配有更全面的了解。另可参阅：José Roberto Barros and Douglas H. Graham, "A Agricultura Brasileira e o Problema da Produção de Alimentos," Pesquisa e Planejamento Econômico 8, no. 3 (December 1978): 701.

[17] 欲了解这一现象的例子，参阅：Gabriel L.S.P. da Silva, "Contribuição de Pesquisa e Extensão

Rural para a Productividade Agrícola: O Caso de São Paulo," Estudos Econômicos 14, no. 1 (1984): 315–353.

[18] 这些地区的相对增长可以用粮食作物来说明。在1991年：
- 大豆——巴拉那占到大豆总产量的23%，圣保罗位列第六，约占6%。
- 玉米——巴拉那占到玉米总产量的20%，圣保罗位列第二，占比超16%。
- 大米——南里奥格兰德州占到大米总产量的40%，圣保罗产量可忽略不计。
- 棉花——巴拉那约占到棉花总产量的50%，圣保罗位列第二，占比22%。
- 甘蔗——圣保罗约占到甘蔗总产量的50%。伯南布哥位列第二，占比少于10%。
- 柑橘——圣保罗约占到柑橘总产量的90%。
- 咖啡——米纳斯吉拉斯州约占到咖啡总产量的三分之一。圣保罗占比略多于10%。
- 黄豆——巴伊亚州约占到黄豆总产量的14%。圣保罗位列第三，占比超10%。

在产量上，排名第一的州是：
- 咖啡——里约热内卢产量虽小，但在1989年的产出率却最高。圣保罗排名第八。
- 柑橘——圣卡塔琳娜州的产量也小，但产出率位居第一；圣保罗排名第二。
- 棉花——戈亚斯州位居第一。圣保罗排名第三。
- 大米——南里奥格兰德位居第一。圣保罗排名第九
- 甘蔗——巴拉那位居第一。圣保罗排名第九。
- 黄豆——圣保罗产出率最高。
- 玉米——戈亚斯州位居第一。圣保罗排名第三。
- 大豆——圣保罗位居第一，马托格罗索州、南马托格罗索州、巴拉那州和戈亚斯州紧随其后。
- 小麦——戈亚斯州位居第一（该州小麦产量极小，绝大部分采用灌溉）。圣保罗排名第五。

[19] Barros and Graham, "A Agricultura Brasileira," p. 695.

[20] 参阅：Homem de Melo, O Problema Alimentar, p. 18.

[21] 参阅：Barros and Graham, "A Agricultura Brasileira," p. 704.

[22] World Bank, Brazil, p. 7.

[23] Fernando Homem de Melo, Prioridades, Agrícolas: Sucesso ou Fracasso? (São Paulo: Pioneira, 1985), pp. ix–x.

[24] 不过，需要记住，显示的产量增长是恢复，而不是持续稳定增长，对表13.1（b）的整个时间段进行考察也清楚地显示出，农产品产量再也没有回到1977年的水平，尽管政府对农业部门进行有力的干预。

[25] 参阅：Homem de Melo, Prioridades Agrícolas, p. i. 1983年对于农业来说是个糟糕的年份，一场严重的干旱袭击了巴西东北部，巴西南部则洪水肆虐。

[26] 由Getúlio Vargas Foundation计算。参阅：Homem de Melo, Príoridades Agrícolas, p. i.

[27] 这一部分采用了以下专家的发现：Douglas H. Graham, Howard Gauthier, and José Roberto Mendonça de Barros, "Thirty Years of Agricultural Growth in Brazil: Crop Performance, Regional Profile and Recent Policy Review," Economic Development and Cultural Change (October 1987): 1–34.

[28] Douglas H. Graham, Howard Gauthier, and José Roberto Mendonça de Barros, "Thirty Years of Agricultural Growth in Brazil: Crop Performance, Regional Profile and Recent Policy Review," Economic Development and Cultural Change (October 1987), p. 14。

[29] Richard Meyer, "Agricultural Policies and Growth, 1947–1974," in Farm Growth in Brazil (Columbus: Ohio State University, Department of Agricultural Economics, 1975), pp. 3–9; and IBGE, Anuario Estatístico, 1986.

[30] 计算自IBGE, Anuario Estatístico, 1986.

[31] 参阅：Carlos J.C. Bacha, "The Evolution of Brazilian Agriculture from 1987 to 2009," in Werner Baer and David Fleischer, eds., The Economies of Argentina and Brazil: A Comparative Perspective (Cheltenham, UK: Edward Elgar, 2011), p. 111.

[32] Charles C. Mueller, "Agriculture, Urban Bias Development and the Environment," mimeo, University of Brasília, 1992, p. 8.

[33] Charles C. Mueller, "Agriculture, Urban Bias Development and the Environment," mimeo, University of Brasília, 1992, p. 8.

[34] Bacha, "The Evolution of Brazilian Agriculture," p. 118.

[35] Meyer, "Agricultural Policies," pp. 3–14; Schuh, The Agricultural Development, ch. 5; Ruy Miller Paiva, Salomão Schattan, and Claus R. T. de Freitas, Setor Agrícola do Brasil (São Pãulo: Secretaria do Agricultura, 1973), Ch. 4.

[36] Bacha, "The Evolution of Brazilian Agriculture," p.107.

[37] Rodolfo Hoffman and José F. Graziano da Silva, "A Estrutura Agraria Brasileira," in Contador, Technologia e Desenvolvimento, pp. 248–251. 哥伦比亚在1960年的基尼系数为0.84，委内瑞拉在1961年的基尼系数为0.93，墨西哥在1960年的基尼系数为0.95。

[38] 从宏观区域来看，1970年基尼系数最高的地区是东北部，达0.87。中西部为0.86，南部为0.75。从州层面看，基尼系数最高的是马托格罗索州（0.93），最低的是圣埃斯皮里图（0.61）。其他州分别为塞阿拉0.79、伯南布哥0.84、巴伊亚0.80、圣保罗0.78、米纳斯吉拉斯0.75、巴拉那0.71、南里奥格兰德0.76。Hoffman and da Silva, "A Estrutura Agraria," p. 251.

[39] G. Edward Schuh, "A Modernizaçãao da Agricultura Brasileira: Uma Interpretatação," in Contador, Technologia e Desenvolvimento, p. 12.

[40] Roberto Cavalcanti de Albuquerque and Renato Villela, "A Situação Social no Brasil: Um Balanço de duas Décadas," in A Questão Socialno Brasil, J. P. dos Reis Velloso, ed. (São Paulo: Nobel, 1991), p. 91.

[41] Roberto Cavalcanti de Albuquerque and Renato Villela, "A Situação Social no Brasil: Um Balanço de duas Décadas," in A Questão Socialno Brasil, J. P. dos Reis Velloso, ed. (São Paulo: Nobel, 1991), p. 97。

[42] Ruy Miller Paiva, "Os Baixos Niveis de Renda e de Salarios na Agricultura Brasileira," in Contador, Technologia e Desenvolvimento, pp. 105–109.

[43] Helga Hoffman, "Pobreza e Propriedade no Brasil: O Que Esta Mundando?" in A Transição Incompleta: Brasil Desde 1945, Edmar Bacha and Herbert S. Klein, eds. (São Paulo: Paz e Terra, 1986), p. 89; Cavalcanti de Albuquerque and Villela, "A Situação Social," pp. 91–100.

[44] Paiva et al., Setor Agrícola, pp. 201–202.

[45] Cavalcanti de Albuquerque and Villela, "A Situação Social," p. 95.

[46] Bacha, "The Evolution of Brazilian Agriculture," p. 114.

[47] William H. Nicholls, "The Brazilian Agricultural Economy: Recent Performance and Policy," in Brazil in the Sixties, Riordan Roett, ed. (Nashville: Vanderbilt University Press, 1972), p. 151.

[48] William H. Nicholls, "The Brazilian Agricultural Economy: Recent Performance and Policy," in Brazil in the Sixties, Riordan Roett, ed. (Nashville: Vanderbilt University Press, 1972), p. 156。

[49] Donald E. Syvrud, Foundation of Brazilian Economic Growth (Palo Alto, Calif.: Hoover Institution Press, 1974), p. 219.

[50] Donald E. Syvrud, Foundation of Brazilian Economic Growth (Palo Alto, Calif.: Hoover Institution Press, 1974), p. 231。

[51] Graham et al., "Thirty Years," p. 21.

[52] Graham et al., "Thirty Years"; Syvrud, Foundation of Brazilian, pp. 231–235; Meyer, "Agricultural Policies," pp. 10/5–10/11.

[53] Graham et al., "Thirty Years," p. 24. 作者们还补充道（p. 24）：贷款高度集中表明，信贷的跨组合分配（intraportfolio distribution）与一开始获得正规贷款的机会一样不公平和集中。1970年的农业普查报告称，只有11%的农业生产者获得过正规的机构贷款。假设乐观估计，到20世纪70年代末，在经历了10年的农业正规信贷快速扩张后，20%的农业生产者能获得正规贷款……50%到60%的信贷被分配给了15%到20%能获得正规贷款的农业生产者手中，而大部分正规农业贷款则被农业部门3%到4%的生产者获得。

[54] Meyer, "Agricultural Policies," pp. 10/38–10/40. Paulo Rabello de Castro发现，在1970年，只有20%的农村机构获得了用于当前运营的信贷，只有10%获得了用于投资的信贷，只有6%获得了用于营销的信贷。绝大多数信贷都流向了更大的机构。参阅：Paulo

Rabello de Castro, "O Impasse da Política Agrícola," in Rumos do Desenvolvimento (September/October 1978), pp. 4–8; Graham et al., "Thirty Years," p. 25.

[55] Syvrud, Foundation of Brazilian, p. 236.

[56] Rodolfo Hoffmann and Jose F. Graziano da Silva, "A Estrutura Agraria Brasileira," in Contador, Technologia e Desenvolvimento, p. 248.

[57] José Pastore and Eliseu R. A. Alves, "A Reforma do Sistema Brasileiro de Pesquisa Agrícola," in Contador, Technologia e Desenvolvimento, pp. 111–129; Graham et al., "Thirty Years," p. 6.

[58] 如欲简要回顾巴西农业研究公司对巴西农业现代化的贡献，参阅：Geraldo B. Martha Jr., Elisio Contini, and Eliseu Alves, "Embrapa: Its Origins and Changes," in Werner Baer, ed., The Regional Impact of National Policies: The Case of Brazil (Cheltenham, UK: Edgar Elgar, 2012), pp. 204–226.

[59] Graham et al., "Thirty Years," p. 6.

[60] Graham et al., "Thirty Years," p. 19.

[61] Graham et al., "Thirty Years," p. 20.

[62] Charles C. Mueller, "Agriculture, Urban Bias Development and the Environment: The Case of Brazil," mimeo (University of Brasília, 1992), p. 6.

[63] Charles C. Mueller, "Agriculture, Urban Bias Development and the Environment: The Case of Brazil," mimeo (University of Brasília, 1992).

[64] Charles C. Mueller, "Agriculture, Urban Bias Development and the Environment: The Case of Brazil," mimeo (University of Brasília, 1992).

[65] Charles C. Mueller, "Agriculture, Urban Bias Development and the Environment: The Case of Brazil," mimeo (University of Brasília, 1992), pp. 6–7.

[66] Charles C. Mueller, "Agriculture, Urban Bias Development and the Environment: The Case of Brazil," mimeo (University of Brasília, 1992), p. 7; see also Charles C. Mueller, "Dinâmica, Condicionantes e Impactos Socioambientais da Evolução da Fronteira Agrícola no Brasil," Revista de Administração Pública, July/September 1992, pp. 70–73.

[67] 这一部分着重采用了查尔斯·米勒（Charles Mueller）一份未发表的报告，该报告研究了20世纪90年代的巴西农业部门。（Universidade de Brasília, 1999.）

[68] 如欲了解20世纪90年代之前巴西农业政策的精彩回顾，以及20世纪90年代改革对农业的影响，参阅Guilherme Leite da Silva Dias and Cicely Moitinho Amaral, "Mundanças Estruturais na Agricultural Brasileira, 1980–1998," in Brasil: Uma Década em Transição, Renato Baumann, ed. (Rio de Janeiro: Editora Campus, 2000).

[69] 查尔斯·米勒未发表的手稿（Universidade de Brasília, 1999）.

[70] 参阅：Dias and Amaral, "Mundancas Estruturais," pp. 229–235.

[71] Dias and Amaral, "Mundancas Estruturais," pp. 238–239.

[72] Dias and Amaral, "Mundancas Estruturais," pp. 242–243.

[73] 全要素生产率与所有产品的指数和所有投入的指数有关。参阅：José Garcia Garques, Carlos Monteiro Villa Verde, and José Arnaldo F. G. de Oliveira, "Crédito Rural e Estruturas de Financiamento," IPEA: Texto para Discussão No 1036, Brasília, Agosto de 2004.

[74] 因此，比如在2003年，40%的大豆项目为大豆食品和大豆油；所有柑橘都以浓缩果汁形式出口；所有肉和鸡产品都以加工产品形式出口。

[75] M. C. O. Furtuosa and Joaquim Guilhoto, "PIB do Agronegocio Movimenta 27% da Economia Brasileira," Revista Gleba 45, no. 170 (2000): 66–67.

[76] 蔬菜农业综合企业占GDP的20%，而畜牧农业综合企业占当年巴西GDP的8%。

[77] Mauro Lopes and Inês Lopes, "Os Desafios da Próxima Safra Agricola," Conjuntura Econômica 60, no. 1 (January 2006): 36–37.

[78] 参阅：Agroanalysis, FGV 25, no. 12 (December 2005): 43.

[79] 一场类似的危机在1985年至1986年间爆发，不过由联邦政府资助的债务证券化计划所解决，该计划将农民们的短期和中期债务转换成长期债务。但当时绝大多数债务都为政府金融机构所有。参阅：Gazeta Mercantil, March 28, 2006, p. b-12.

[80] 比如，大豆在巴西的运输成本平均为50美元/吨，而美国为20美元/吨。Conjuntura Econômica 59, no. 5 (May 2005). 见Ernesto Borges, "Um Setor a Beira do Colapso," Conjuntura Econômica 59, no. 7 (July 2005): 24–25.

[81] Charles C. Mueller, "Brazil: Agriculture and Agrarian Development and the Lula Government," paper delivered at the 2004 Meeting of the Latin American Studies Association in Las Vegas, Nevada, October 7–9, 2004, p. 15.

[82] 这是巴西宪法中的一条条款，称政府只能在进行土地改革时才能获得闲置土地。

[83] 按照米勒在《巴西》中的说法，这并非偶然，因为大部分闲置农田都参与到了20世纪90年代的安置计划中。

[84] Lee J. Alston, Gary D. Libecap, and Bernardo Mueller, Titles, Conflict and Land Use: The Development of Property Rights and Land Reform on the Brazilian Amazon Frontier (Ann Arbor: University of Michigan Press, 1999), p. 53.

[85] 两位部长在MST成员与巴拉那州农民的冲突上持相反意见，土地改革部部长米格尔·罗塞托（Miguel Rossetto）谴责农民们组成民兵来阻止入侵："那些不负责任的人将会在法庭上进行辩解。"对于同一事件，农业部长罗伯特·罗德里格斯（Roberto Rodrigues）则认为农民们有权保卫自己的土地，即便使用武力："私产所有者有权保护自己的私产。"随后，在其言论在左翼政府中引起反响后，罗德里格斯又于2003年7月5日在圣保罗表示："保护私产必须通过法律。"

第 14 章

经济发展的环境影响 ❶

The Brazilian Economy
Growth and Development

---

❶ 本章由作者查尔斯·米勒（Charles C.Mueller）共同编著。

미술대학교육과정

在20世纪70年代晚期之前，巴西经济发展的环境影响一直为决策者和学者所忽略。事实上，有人曾无意中听到巴西1969年至1974年的计划部长多斯雷伊斯·韦洛索（J. P. does Reis Velloso）这样评价日本投资计划可能的负面环境影响："为什么不？我们有很多资源可供污染。他们没有。"[1]这种态度在20世纪80年代初期已发生相当大的改变，部分原因是因为环境保护运动在先进的工业国家愈演愈烈。这些运动不仅对这些国家的政策产生了影响，而且还鼓励了世界其他地方的环保运动，并影响了国际组织的政策，例如世界银行的贷款开始越来越多地以它所资助项目的环境影响为条件。环保组织也开始出现，并迅速蔓延至巴西境内。巴西近年来采取了许多措施来控制工业化带来的过度污染以及在开垦未经开发地区时的过度行为，这反映了巴西国内及国际上的生态意识越来越强，1992年在里约热内卢举行的联合国会议以及二十年之后举行的联合国会议（又称里约+20峰会），都是典型事例。

本章的目的主要是研究巴西经济发展多方面的环境影响。我们首先回顾一下历史，着重讲述开始于殖民统治时期早期肆无忌惮攫取自然资源的传统。然后我们讨论一下第二次世界大战后期的工业化，不仅仅强调工业污染和常规城市污染，也强调由城市贫困引起的环境退化。我们还研究了巴西农业增长的环境后果，重点讲一下边界扩张（横向增长）和农业现代化的影响。

亚马孙地区的森林砍伐经常被视为农业横向扩张的一个方面；但是，由于其特殊性，我们发现单独考虑亚马孙战略及其环境影响更为合适。

从历史角度看待经济扩张及其环境影响

巴西这个殖民地国家国土辽阔且人口稀少,以至于全部精力都集中在开发资源上,根本没考虑到这种开发的环境成本。第一种主要的殖民输出资源是巴西木,这对环境的影响非常小,因为它没有涉及大面积的森林地区。但是,这样有系统地在沿海岸线砍伐树木的行为逐渐变成了一种习惯,使森林覆盖率大大降低。16和17世纪蔗糖出口周期期间的生产活动位于巴西东北部海岸沿线,将该地区变成了单纯出口地区。生产技术原始、落后,几乎没有使用任何肥料。蔗糖庄园的食物由蔗糖生产地区和巴西东北部的内地提供,那里的经营方式还是刀耕火种。巴西蔗糖出口在17世纪出现下降,其原因之一就在于其原始的生产方式以及由此导致的土壤肥力下降。

促使经济活动中心转移到巴西中部的黄金出口周期(主要在当今的米纳斯吉拉斯州),也产生了负面的环境影响。该地区的森林被砍伐掉了,因为它们是唯一的燃料来源,周围地区的农业经营方式都是刀耕火种,是金矿的食物来源。写作淘金热的历史学家罗伊·纳什曾(Roy Nash)评论道:"18世纪淘金热中的矿工,很快就把生长于该地区的相当数量的原木都化为了灰烬。"之所以会这样,是因为他们要烧毁森林腾出土地来种植粮食,要用木材作为燃料。破坏是如此彻底,"早在1735年……伟大州长戈麦斯·弗雷雷·安德拉德(Gomes Freyre de Andrada)就看到了金矿对子孙后代的威胁,尽了最大努力制止这一切。但他的努力都是徒劳的。"[2]

早期的咖啡出口周期也导致农村土地的迅速贫瘠化,因为生产咖啡的地区变成了单纯致力于农业出口,导致土壤肥力迅速下降。这种出口周期位于里约热内卢和圣保罗之间的帕拉伊巴谷,位于里约周围100英里范围之内。斯坦利·斯坦(Stanley Stein)曾在其对该地区咖啡村庄——瓦索拉斯(Vassouras)的经典研究中,极为形象地说明了咖啡生产和土壤质量的下降。19世纪70年代咖啡产量出现下降,这是所使用的极其原始的农业经营方式的直接结果。瓦索拉斯的繁荣持续了两代人的时间,在这段期间,咖啡种植主"不停地让奴隶砍伐和烧毁原始森林,胡乱种植幼小的咖啡树或不当选择的种子,然后一年又一年地耕种收获,就好像这些土地将永远拥有'原始土壤,不管在什么地方种下去什么都会获得大丰收,且不需要任何肥料'一样。但是,几年之后咖啡产量开始下降，他们只能放弃这些肥力不再的土地，去更加偏远的肥沃地区开垦。[3]这样做的后果是土壤侵蚀和气候变化。气候开始变得越来越不规律，而过去降雨则是规律且呈周期性的。虽然全年的总降水量没有变，但降雨却变得更为集中，这意味着在某些日子里会降下暴雨，这加剧了土壤侵蚀，同时因为干燥天数增多，对咖啡产量产生了不利影响。[4]然后咖啡种值边界开始向圣保罗转移，并在19世纪以及20世纪早期，不断向该州西部推进。在这一过程中，大面积的热带森林被破坏。

在20世纪20年代，罗伊·纳什（Roy Nash）在其书中指出，

> 除了永久降低土壤肥力的农业破坏之外，巴西的主要植被破坏方式是放火烧林。与1500年的森林面积相比，有三成都消失了……南里奥格兰德州的森林面积减少了一半。圣保罗有半数的原始森林消失了。原始森林变成了农场或是牧场，这让社会受益；但原有的大面积原始森林如今却是无用的次生树，这是一个巨大的损失。之前与大海相接的沿海森林，一直从圣罗克角（Lape SâoRoque）蔓延至圣弗朗西斯科（São Francisco），如今已不复存在。同样失去的还有从塞阿拉州山顶至干燥的西北部的绿色地慢。在1500年时，巴西的森林覆盖率为58%；而到1910年时，森林覆盖率只有40%。这些森林不是被利用了，而是被烧毁了！被使用的木材不足被烧毁木材的万分之一……
>
> 巴西森林游牧部落的生活方式是"火烧森林——不断开垦新土地"。……在这个国家，人们总是把森林视为共同财产，认为可以肆意砍伐、烧毁和丢弃。[5]

因此，巴西人继承了殖民地时期以及19世纪时对待农业和自然资源开发的行为方式，完全不考虑环境。众所周知，在20世纪60年代之前，农业产量增长，利润丰厚，这意味着，当地人在土地生产力的提高上投入多少，全国各地依然使用刀耕火种的生产方式。丰富的土地资源鼓励了这种行为，这也是该国对生态影响不敏感的主要原因之一。

工业化、城市增长和环境

开始于20世纪30年代并在50年代加速发展的进口替代工业化,并不是有选择性的。它全面鼓励了工业形成,在进口替代工业化早期,许多新建工厂使用的是从跨国企业买入的二手设备。工业集中在巴西的中南部,尤其是大圣保罗、里约热内卢和贝洛奥里藏特等地区。在1949年,巴西东南部的工业收入占到了全国的75.4%。在1970年,这一比例上升至79.1%;在1985年时,该比例小幅下降至65.7%,见表14.1。然而,在1985年,巴西东南部的人口仅占全国的43%。

地区性的工业集中是内部和外部经济共同作用的结果。由于在工业化加速之时,东南部是人均收入最高的地区,因此很明显外国企业希望投资这里,因为这里靠近它们的主要市场。此外,由于该地区较为发达,拥有较多的熟练工人和专业人才,拥有国家最好的基础设施(因为之前这里咖啡产业繁荣),因此投资成本会比较低,这吸引着许多公司前来投资。

即使在东南部地区范围内,工业也进一步集中在少数地区(大圣保罗、拜沙达桑蒂斯塔(Baixada Santista)、坎皮纳斯(Campinas)、里约热内卢和贝洛奥里藏特)。表14.1展示了巴西工业在空间上的集中分布情况。这种集中分布给政府带来了巨大压力,就是说,要为越来越多的工业企业提供足够多的基础设施,包括交通设施、电力供应等等。然而,每个行业都在向土地、河流和空气排放不同的废物,且它们相距较近,这使得污染迅速扩大。此外,人们和货物对公路运输的依赖性越来越大,这进一步加剧了空气污染。

表14.1　1980年巴西工业的空间分布情况　　　　　　　　　　(%)

集中程度	工业	行业增值		
		1个中心	3个中心	4个中心
极其高度集中	制药业	50	84	89
	香水、烟草等	52	80	87
	印刷出版	46	80	85

续表

集中程度	工业	行业增值		
		1个中心	3个中心	4个中心
高度集中	电力机械	50	70	80
	塑料制品	50	70	77
	橡胶产品	56	66	75
相对集中	机械	44	58	66
	烟草	22	58	72
集中	鞋服	28	50	60
	化学品	21	44	60
	纸制品	32	43	52
	纺织品	32	42	48
	家具	28	40	50
分散	非金属矿	20	34	41
	皮革制品	17	37	43
	食品	15	23	27
	饮料	13	27	35
非常分散	矿物提取	8	21	30
	木材	8	27	22
合计		33	45	51

资料来源：IBGE, Brasil: Uma Visão nos Anos 80.

直到最近，政策制定者依然未能解决因地区工业集中而引起的污染问题。基本原因在于，在20世纪80年代以前，几乎没有人要把环境退化作为一个重要政策问题来对待。另外，政府当时想要全心刺激新工业投资，因此对环境问题的任何明确关注似乎都会有损这种努力。

与进口替代工业化同时进行的还有快速发展的城市现代化。在1940年时，城市人口占巴西总人口的31%；到1950年时，该比例上升至36%；到1965年时，继续上升至50%，到2010年时，上升至84%。在2010年时，生活在人口在100万以上大城市的人口占总城市人口的50%，占总人口的40%。这种变化是人口由农村到城市的迅速迁移导致的。在1961年时，城市人口的年增长率达到了顶峰，为5.4%，然后每年缓慢下降，在2010年时降至1.4%。自1971年起，农村人口每年都会下降。城市人口迅速增加，但城市社会基础设施却并没有足够增加，这也解释了城市贫民区的迅速增加，在那里，人们的生活用水和污水排放系统都不完善，健康和教育服务也不到位。[6]

根据最近研究，有证据表明城镇工业化的极化现象出现了一些下降。[7]最近的一些较为直观的新情况，例如大圣保罗地区的拥挤、技术和组织结构的变化、州政策为吸引工业而提供特殊激励措施和补贴以及南方共同市场的影响等等，共同导致了工业集中度的下降。但是，变化并不让人印象深刻。事实上，我们观察到的是，工业沿着以某个核心（显然是圣保罗）为基础的一些工业走廊进行扩张。它们包括向圣保罗州内部延伸的一些工业发展走廊；一条从圣保罗到贝洛奥里藏特的走廊；还有一条途径库里蒂巴（Curitiba）和圣卡塔琳娜州的其他工业城市的，从圣保罗到最南部的阿雷格里港（Porto Alegre）的走廊。所有这些工业走廊都起自工业大都市圣保罗；此外，这种表面上的工业集中度下降远远没有降低该体系中央核心所施加的控制。

工业污染

在工业增长的四十年里，巴西的工业结构经历了相当大的变化，见表14.2。某些工业出现了显著下降，例如纺织业的企业数量占全部企业数量的百分比从1949年的20.1%下降到了2003年的3.5%，食品业从19.7%下降至13.5%；某些工业也出现了迅速扩张，例如运输设备从2.3%增加至7.7%，电气设备从1.7%增长至8.64%，而化工制药、香水、塑料制品从9.4%增加至19.89%。

表14.2　1949—1985年巴西工业结构的变化：总增加值　　　　（%）

行业	1949年	1963年	1975年	1980年	1985年
非金属矿	7.4	5.2	6.2	5.8	4.30
金属制品	9.4	12.0	12.6	11.5	12.21
机械	2.2	3.2	10.3	10.1	9.20
电气设备	1.7	6.1	5.8	6.3	7.56
运输设备	2.3	10.5	6.3	7.6	6.43

续表

行业	1949年	1963年	1975年	1980年	1985年
木制品	6.1	4.0	2.9	2.7	1.58
家具			2.0	1.8	1.45
纸制品	2.1	2.9	2.5	3.0	2.94
橡胶产品	2.0	1.9	1.7	1.3	1.84
皮革制品	1.3	0.7	0.5	0.6	0.60
化工			12.0	14.7	17.33
制药	9.4	15.5	2.5	1.6	1.69
香水、肥皂、蜡烛			1.2	0.9	0.89
塑料制品			2.2	2.4	2.24
纺织	20.1	11.6	6.1	6.4	5.95
鞋服	4.3	3.6	3.8	4.8	5.17
食品	19.7	14.1	11.3	10.0	12.01
饮料	4.3	3.2	1.8	1.2	1.24
烟草	1.6	1.6	1.0	0.7	0.76
印刷出版	4.2	2.5	3.6	2.6	1.94
其他	1.9	1.4	3.7	4.0	2.67
合计	100.0	100.0	100.0	100.0	100.0

资料来源：IBGE, industrial censuses and Anuario Estatístico, various years.

增长最迅速的工业部门，污染可能性也最大，尤其是石油化工、金属制品及运输材料部门的公司，见表14.3。还应指出的是，在20世纪80年代以前，工业的增长受限于较高的保护性壁垒，各个政府的重心都是尽可能多地吸引工业，其做法是最大限度地减少被视为将会损害这些工业利润的规章；环保法规不够严厉。这就导致了所引进的技术并非是最先进的，也不具备环境友好。再加上工业在空间上极度集中，这种新出现的工业结构助长了污染的增加。

由于在近期以前并未对污染数据进行过系统性的收集，所以我们只能依靠一些案例研究，来说明工业化的环境影响。让我们来看一些例子。

表14.3　1980年巴西工业的潜在污染情况（污染可能性最低=0，污染可能性最高=3）

产品名称	空气污染	水污染	合计
非金属矿	3	3	6
金属制品	3	3	6
化工产品	3	3	6
运输设备	2	3	5
饮料	2	3	5
纺织品	2	2	4
纸制品	1	3	4
电力机械	1	2	3
香水、肥皂等	0	3	3
皮革制品	1	2	3
食品	1	2	3
木制品	2	1	3
塑料制品	1	1	2
印刷出版	1	1	2
橡胶产品	1	1	2
药品	1	1	2
鞋服	0	1	1
烟草	1	0	1
家具	0	0	0
机械	0	0	0

资料来源：改编自Haroldo Torres, "Emergência das industrias sujas e itensivas em recursos naturals no cenário industrial brasileiro." Documento de Traballio no. 9, Institute for the Study of Society, Population and Nature, Brasília, 1992, p. 3.

里约热内卢的水污染

人口最为集中的瓜纳巴拉湾经历了全面环境退化。罗杰·芬德利（Roger W. Findley）在其对巴西污染的调查中评论道，是瓜纳巴拉湾的巨大容量和潮汐作用冲抵了工业废料和来自污水沟的每天50万吨的有机废料，使其避免了生态死亡。在南帕拉伊巴河（最终流入瓜那巴拉湾）沿岸有500多间工厂，是巴西主要工业设施最为集中的地区之一。[8]

第14章 经济发展的环境影响

圣保罗的空气污染

长时间以来，圣保罗地区的集中工业分布都是其环境问题的主要原因。该城市距海岸60英里，海拔约3000英尺，且在冬季的几个月里，经常受到大气逆温的影响。根据芬德利的调查，从1976年到1982年，在圣保罗因空气中悬浮颗粒浓度而引发的警报有291次；当24小时每立方米浓度达到375微克（超过可允许平均值240微克50%以上）时，就会发出警报。此外，因二氧化硫浓度过高而引发的警报有363次（24小时可许可平均值为每立方米365微克，在达到800微克时会触发警报）。在警报被触发期间，必须对工业运行加以限制。

据圣保罗州环保局（CETESB）估计，90%的颗粒来自大圣保罗7000座工业设施中的300座。二氧化硫主要来自于含硫量高的燃料油。[9]

水污染也是圣保罗大都会地区的主要问题之一。直到最近，该市的许多地方都没有公共处理厂，且许多工业企业并不对其废料进行处理。流经该市的铁特河（Tietê River）是37个自治市和1000多万人口的工业和家庭废水的主要收集器。芬德利将该河及其支流称为"巨大、开放的排水沟"。[10]

铁特河在大圣保罗地区的长度为90公里，它吸收了数量巨大的废水源，有工业废水，也有家庭废水，其中家庭废水来自污水排水系统，未经处理或简单处理之后直接排入河流。早在20世纪90年代，工业和家庭废水的大规模倾倒就应为铁特河变污水河负责。自那时起，就实施了一项旨在恢复该河原貌的长期计划；但在将近十年之后，仅产生部分结果。工业排放得到了控制，具体做法是严厉罚款、公众谴责污染公司以及圣保罗州环保局严密监测。根据圣保罗州环保局的一项调查，在1991年，在1056家将废水排至铁特河的工业企业中，仅有79家事先对废水进行了充分处理。在1999年，在1250家将液体废液排至铁特河的工业企业中，有1239家事先进行了充分处理。此外，在剩下的11家工业企业中，有7家已基本上完成了处理装置的安装。

一个仍然未得到解决的问题是对生活污水的处理不够充分。在收集家庭废水方面，圣保罗大都会地区有着相当好的表现；但是，多数家庭废水都是未经处理或稍加处理之后直接排入小溪或河流，大部分最后流入铁特河。由于圣保罗州环保局没有权力对市政府征收罚款，因此在人体废物处理方面进展甚微。但是，这种情况已经开始改变；州政府正在与泛美开发银行谈判一项金额为2亿美元的贷款，该贷款将用于改进大圣保罗地区的污水收集和处理系统。这是铁特河水返绿计划的一部分，目前主要目标是解决人类废物处理不够充分的问题。[11]

库巴唐悲剧

在巴西由工业所导致的生态退化中，最糟糕的例子发生在库巴唐（Cubatão），这是圣保罗州一个人口为10万的工业城市，距离桑托斯港20公里，位于圣保罗市东部60公里处。在该市内部及其周围，有着最古老、最大型的石化综合企业、钢厂以及其他工业设施。在1983年，库巴唐生产了巴西大部分的钢铁、氮气、化肥、磷酸、聚乙烯、瓶装液化气、含氯苏打和汽油。有些人把该市称为"死亡谷"和"地球上污染最严重的地方"。据芬德利描述，该市没有鸟，没有昆虫，且树木漆黑，只剩骨干。在1981年，市议会的一个议员说，由于空气污染，他在二十年里连一颗星星都没看到过。当时该市有一千米长的排水沟，没有任何垃圾箱。呼吸系统疾病的发病率高达其他附近城市的四倍，婴儿在其生命第一年期间的死亡率是35%，是整个圣保罗州平均值的十倍。有上千人口的居民区与许多工厂直接毗邻。[12]

在1980年，圣保罗州环保局的空气污染监测显示，库巴唐的平均颗粒浓度为每立方米1200微克，且工厂每天排放148吨颗粒、473吨一氧化碳、182吨二氧化硫、41吨氧化氮和31吨碳氢化合物。还出现了40000例紧急抢救电话，其中的10000例是因为肺结核、肺炎、支气管炎、肺气肿、哮喘以及各种类型的鼻、喉疾病。在库巴唐，每1000名婴儿中，有40个生下来就已死亡，在出生后的一个星期内又会死掉40名。[13] 在1992年3月，圣保罗州环保局的一份机密文件被泄露给圣保罗的一家主要报纸，并发表了出来。该文件显示，库巴唐的石化厂每天向空气、水和土地中排放100万千克污染物，而附近2千米内就有居民住宅。

吉马雷斯（Guimarães）认为，库巴唐的情况可以解释普遍存在于巴西很多地方的一种情况：在使用土地时完全没有规划，且高污染工业企业非常集中，这导致环境迅速退化。[14]

不过最近，由于州政府的果断行动，库巴唐的情况已得到显著改善。政府强制该地区的工业企业安装污染防治装置，同时还实施了一个旨在减轻当地环境退化的宏大计划。但是，这些措施是在1984年爆炸和火灾事件之后才开始的，那次事件是由7000升汽油的燃烧而引起，导致100多人死亡。[15]该事件是一个导火索，促使当局最终下定决心采取行动。

库巴唐地区的环境状况持续改善。该地区的河流重新焕发了活力，拜沙达桑蒂斯塔（Baixada Santista）的红树林重新焕发了生机，马尔山脉（Serra do Mar）的植被基本恢复。此外，目前库巴唐市的环境状况也相当不错。据圣保罗州环保局所述，经过多年的努力并花费了5.25亿美元之后，库巴唐地区约有93%的污染源得到了控制。最为著名的案例之一是保利斯塔钢铁公司（Companhia Siderurgica Paulista，简称COSIPA），这家公司的钢铁厂在十五年前还是该地区较大的污染源之一，但在最近取得了ISSO14001认证。[16]而且，这并不是通过威胁或罚款，而是因为公司对清洁环境的要求而实现的。毫无疑问，其核心因素是保利斯塔钢铁公司要扩大出口的渴求。

制浆造纸领域

直到最近，这一细分市场在巴西的表现都非常差。最差的例子是Riocell公司，它是挪威Borregaard Aktieselskapet公司的子公司。它涉及在南部城市阿雷格里港建设和运行一间19万吨的纸浆厂，雇佣工人达2500人。建设当时，没对这间工厂的运行造成的环境影响做任何考虑。它带来的污染很快激起了阿雷格里港人的反对。公众舆论压力如此之大，使得州政府迫于压力于1973年勒令该工厂关闭。后来经过整修，该工厂重新开业，但这之间经过了非常艰难且昂贵的游说以说服公众舆论，让他们相信污染问题已得到有效处理。在其他地方也有类似案例。但是，自20世纪80年代中期以来，该工业部门的多数大型企业都花钱引进最新的环保技术。在1990年，该部门有191家企业，在巴西的17个州有236个生产单位。造纸公司还拥有140万公顷人工林，供他们自己使用。主要环境问题包括向大气排放硫化物、向河流排放液体残余以及制浆对树木的大量需求。[17]

在1993年，巴西制浆方面的贸易差额（出口减去进口）为6.534亿美元，在造纸方面的贸易差额为5.209亿美元。[18]在20世纪90年代，制浆造纸行业所使用的木材几乎全部来自人工林。在1993年，巴西的制浆造纸公司几乎拥有150万公顷的人工林。[19]

虽然巴西制浆造纸行业在保护环境方面有了相当大的改进,但各个公司的表现各不相同,甚至同一家公司的不同分公司之间表现也不尽相同。一般说来,开展出口贸易的公司(或子公司)倾向于采用最新的环保技术和环境友好的森林管理做法。另一方面,市场主要在国内的公司倾向于采用稍差一些的技术和管理做法。

卡马萨里和卡拉加斯

高度集中的工业增长的另一例子是巴伊亚州卡玛萨里(Camaçari)的石化综合企业。它建立于20世纪70年代晚期,靠近萨尔瓦多市,关于其环境影响的担忧比库巴唐更甚。由于水污染和土壤恶化,产生了严重问题。

在20世纪80年代早期,在亚马孙地区东部的卡拉加斯(Carajás)建造了一个矿产冶金工厂。其主要功能是开采铁矿用于出口,以及为国内外市场生产生铁、提取铝土矿和生产铝。尽管在建设时做了相当多的环境预防措施,但依然有人担心它可能直接或间接地导致森林被砍伐,还担心铝的操作可能会引起污染。还存在一个有争议的计划,即使用木炭诱导生产生铁,有人担心这会加速对雨林的破坏。[20]

城市污染

巴西城市人口的爆炸式增长以及城市基础设施的滞后,也是导致污染的主要因素之一。我们可以拿城市交通作为例子。在20世纪90年代,圣保罗大约90%的空气污染是机动车导致的。在冬季,这种情况会更加糟糕,因为逆温现象会阻碍大气中污染物的扩散。考虑到在巴西该行业的技术比较落后,尤其是污染治理装置比较落后,所以在大城市中心,机动车引起污染并不是一件奇怪的事。

使用化石燃料驱动的车辆是圣保罗的主要污染源,在这里这类问题更为严重。内燃机车排放颗粒物、一氧化碳、一氧化氮、碳氢化合物、醛类和有机酸。在圣保罗大都会地区,约有450万辆汽车,每天向大气排放3.8吨一氧化碳以及其他有害残留物。 在1974年冬季,大气中污染物的浓度非常之高,第一次发布了紧急状态。类似情况持续发生,直到20世纪80年代中期,在汽油中添加了25%的乙醇并禁止了铅及类似添加剂，改善了城市的空气质量。[22]

因为机动车是圣保罗市的主要空气污染源，因此在冬季，当空气污染状况加剧时，州政府为私人机动车制定了"限行"制度。车牌号为单号的汽车只能在特定的日子使用；车牌号为双号的汽车只能隔日在街上行驶。当这项政策推出后，"圣保罗本地人"抱怨声很大，但随着时间的推移，该措施赢得了广泛支持，主要不是因为其对污染的影响，而是因为它导致了街道拥堵的下降。事实上，拥堵现象是巴西不受控制的城镇化的主要环境影响之一。

城市贫困和环境

从"消费者"（相对于生产者）的角度来看，巴西人口高度集中在大城市地区（在20世纪90年代初期，几乎30%的人口生活在九个大都会地区，超过42%的人口居住在城市人口在10万以上的城市里），这引起了两种类型的环境退化：一种是在人数上相对较少的中高收入水平群体的消费模式所引起的退化，另一种是在人数上占较大比例的群体（尤其是低收入阶层）所享受的城市服务的缺乏所引起的退化。机动车所引起的污染以及大量车库所导致的土地退化，主要与第一类群体有关。大量的疾病和意外事故是大量穷人聚集在设施不够完善地区的环境结果，他们住在大城市里，却承受着糟糕的公共服务。

在对第三世界环境问题的分析中，贫困所导致的环境退化还未得到重视。这可能是因为在工业国家，类似问题已经在很多代人之前用公共卫生政策解决了，且贫困的环境影响是有限的，不像亚马孙的森林砍伐可能会产生全球性的影响。

巴西贫困所导致的环境退化是该国经济发展不平衡的结果，就是说，经济发展导致收入分配极端不平衡。收入不平衡意味着，有一小部分人口，即顶层的10%，能够获得大部分的货物和服务，并产生大量的排泄物、废弃物和残留。同时，很大一部分人居住在健康和卫生服务不够完善的地区，并因此向环境中倾倒有害的排泄物和废弃物。

很大一部分城市穷人拥挤在简陋的住房中，这些房子还通常位于非法地点，例如陡峭的山上、河滩，又或者被工业污染的地区。巴西大城市的大多数贫民窟都是这种情况。穷人住在那里并不是因为无知，而是因为他们只能负担得起在那里建房或租房。这些地方可以负担得起，是因为它们不健康和／或危险。尽管通常来说占据这些地方是非法的，但这些穷人也不可能被逐出，因为对土地所有者来说，这些地方的机会成本非常之低。

经济发展的不均衡迫使城市中的穷人聚集在设施不够完善的城市空间，这导致易受影响地区的环境退化。例如，在里约热内卢和圣保罗，这类地区经常发生滑坡和洪灾。阿尔杜瓦和萨特斯维特曾提到："在1988年，里约热内卢的一场暴雨引起了泥石流，导致数百人伤亡，成千上万的人无家可归。"[23]

因为这些贫民窟通常位于非法地区和／或市政府规划之外的地区，所以它们的基础措施不够安全，例如道路和排水系统、不够完善或根本不存在的水供应、污水处理设施和垃圾收集等等。这些地区的居民用水往往是未经处理的，人类排泄物和家庭废水也不会充分处理。这种状况加上地方拥挤会滋生大量致病菌，使得流行病发病率很高，如腹泻、痢疾、伤寒、肠道寄生虫病和食物中毒。因此，"很多健康问题都与水有关——水的质量和数量，是否容易得到水，以及对废水的处理"。[24] 此外，水资源供应不足、水质较差，再加上废水和污水收集设施不足，通常导致个人卫生问题，例如眼睛和耳朵感染、皮肤病、疥疮、虱子和跳蚤。[25]

拥挤不堪的条件使这种状况更加糟糕，因为这会加速诸如肺结核、脑膜炎、流行性感冒、流行性腮腺炎和麻疹这类疾病的传播。而这些地区的居民营养不良，总体健康状况不佳，疾病抵抗能力较弱，使得疾病传播速度更快。此外，人口密度大加上基础设施不足，使得家庭和社会事故发生率很高，导致人员死亡和身体残疾。[26]

在贫民区，垃圾通常积聚在附近荒地或街道上，这使得"怪味、疾病媒介和害虫……和排水沟堵塞并因此溢出"。[27]

在一些情况下，穷人在选择住所时，会尽可能地靠近他们工作的地方。但对人而言，只能选择负担得起的住所。这会导致他们的住所与工作场所相距非常远，每天上班都要花上几个小时，乘坐车况很差的公共汽车，这又加剧了机动车污染。

城市贫困导致的环境退化

据估计，在1988年，有43.6%的人口生活在贫穷线以下。这种状况长期保持不变，直到1995年，才下降至35%左右，到2005年时，又进一步下降至30%左右。自2005年起，这个数字开始每年下降，在2009年时，有21.4%的人口生活在国家贫困线以下。约一半的贫困人口住在城市地区。[28] 为统计和政策的目的，巴西建立了九个大都会地区（MR）。在1989年，这些地区的总人口是4060万（占全国人口的三分之一）。在所有大都会中心高收入群体相对集中，这意味着城市中也存在数量上非常大的贫困群体。表14.4和图14.1可以证明这一点。圣保罗和里约热内卢的穷人在数量上最多，但最大比例的穷人住在无计划扩展的城市北部及东北部。罗沙（Rocha）发现，大都会地区穷人的失业比例为11%，而其他劳动力的失业比例为3%；大都会地区穷人从事非正式职业的比例为38%，而其他劳动力从事非正式职业的比例为26%；大都会地区穷人孩子学龄期（7至14岁）的辍学率为14%，而非穷人孩子学龄期辍学率则为6%。[29]

我们看到，大部分的环境问题源自经济发展不平衡和贫困：城市拥挤，尤其是贫困地区卫生设施不完善、人类废弃物积聚以及边际土地退化（很大程度上是因为基础设施不足够和/或不完善）。尽管经济有所增长，但是却有越来越多的穷人依然住在基础设施不完善且缺乏公共服务的地区。因此，他们既是环境退化的原因，也是环境退化的受害者。

基本服务可得性的一些指标可用于评估城市地区穷人的生存状况，例如家庭用水的可得性、良好卫生设施的可用性以及垃圾收集和处理。城市拥挤加上这些服务不够完善，导致环境退化和公共健康问题。尽管基础设施可用性方面得到了相当大的改善，但依然有相当大数量的巴西人住在不安全的地方。第一，尽管装有自来水的巴西家庭比例从1960年的24.3%上升至2005年的82.3%，但在2005年依然有940万家庭没有自来水。第二，到2005年时，巴西有85.8%的巴西家庭能够享受到定期垃圾收集服务（对于城市家庭，该比例约为95%）。

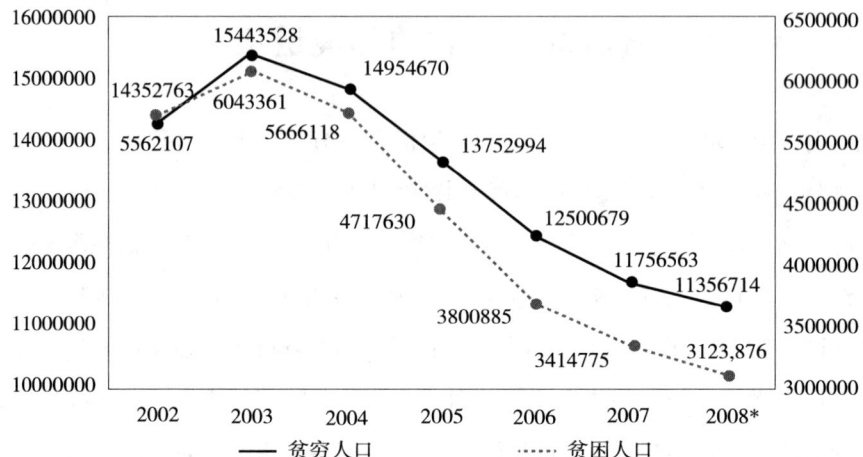

图14.1 2002年—2008年巴西六个大都会地区的贫穷和贫困人口数量

资料来源：IBEG. Pesquisa Mensal de Emprego.
注：*估计。

表14.4 1989年巴西几个大都会地区的总人口和估计穷人数量

大都会地区	总人口（单位：千人）	穷困人口（单位：千人）	该地区穷困人口占该地区总人口（%）	该地区穷困人口占九个大都会地区全部穷困人口（%）
贝伦	1265.0	501.3	39.6	4.4
福塔莱萨	2144.0	872.6	40.7	7.5
累西腓	2758.8	1302.1	47.2	11.4
萨尔瓦多	2325.7	907.0	39.0	7.9
贝洛奥里藏特	3288.6	894.5	27.2	7.8
里约热内卢	9444.7	3069.5	32.5	26.8
圣保罗	14686.9	3069.6	20.9	26.8
库里蒂巴	1865.6	251.9	13.5	2.2
阿雷格里港	2867.7	602.2	21.0	5.2
九大都会地合计	40647.0	11470.7	28.2	100.0

资料来源：Estimates of metropolitan region population based on data from Martine (1992); estimate of the number of metropolitan regions' poor from Sonia Rocha, "Pobreza Metropolitana: Balanço de uma Década," in Perspectivas da Economia Brasileira—1992 (Brasília: IPEA, 1991).

我们已提到，一项重要服务就是提供用以处理人类排泄物和家庭废水的卫生设施。然而，就获得的数据而言，很难评估这项服务。卫生设施方面的投资为贫穷、拥挤的城市地区带来了改善，这一点毋庸置疑。但是，如果人类排泄物和家庭废水仅仅是从这些地区运输出去但未经处理就倾倒入河里，那么这只是换了一种形式的环境退化。此外，还应考虑一下质量方面，例如卫生系统的效率。

到2005年，有69.7%的巴西家庭住户接入了排污系统，约有20%的家庭拥有了化粪池，剩下10%的家庭享受不到公共卫生设施或公共卫生设施不完善。但是，实际情况可能更糟糕，因为前两个群体的大部分家庭所享受到的服务都不够完善。[30]

考虑到供水不足的环境影响，在大城市中心垃圾收集和卫生服务对环境更具破坏性，让我们来研究一下巴西大都会地区的情况。表14.5展示了大都会地区装有自来水且能够享受公共卫生设施和垃圾处理服务的家庭的比例。在1970年，九个大都会地区装有自来水家庭的比例都较低，但在1970年至1971年期间，所有地区的比例都得到了显著提高。然而，到2005年时，该比例依然不够大，尤其是东北部的一些地区（例如马拉尼昂州为61%，帕拉州为47%，塞阿拉州为74%）。

还存在一个与公共卫生设施和垃圾收集服务可得性类似的新情况。在1971年，占很大比例的大都会地区家庭享受不到人类排泄物和废水的处理设施。各个大都会地区的比例有所不同，福塔雷萨的比例为62.5%，里约热内卢的比例为20.3%。如果考虑到所讨论的质量方面的问题，我们就会很清楚地认识到，巴西大城市（即使是那些更为发达地区）的公共卫生设施，依然是一个重大的环境和公共健康问题。在1976年至1989年期间，垃圾清除方面得到了改善。里约热内卢、圣保罗和两个南部的大都会地区取得了很大进步，但即使是这些地区的状况，也远不能让人满意。

表14.5的比例掩盖了巴西大都会地区问题的严重性。例如，按照表中所示，在1991年几乎在每个地方自来水可得性的比例都非常之高。但是，在九个大都会地区，依然约有700万人不能享受这项基本服务。当我们考虑到享受不到最低限度公共卫生设施的人口，情况就会更糟。在2005年，在九个大都会地区，有1600万人居住在没有公共卫生和排水设施的房子里。

表14.5　巴西大都会地区享有城市基础设施家庭的比例　　　　　　　　（%）

大都会地区	提供自来水（1970年）	接入排水设施/化粪池（1970年）	公共卫生设施不完善（1970年）	提供垃圾收集服务（1976年）	提供自来水（1989年）	接入排水设施/化粪池（1984年）	公共卫生设施不完善（1984年）	提供垃圾收集服务（1989年）
贝伦	60.8	29.3	70.7	45.6	70.3	52.7	47.3	83.5
福塔雷萨	28.9	25.6	74.4	48.2	53.2	52.1	47.9	66.9
累西腓	45.7	31.4	68.6	44.3	67.0	26.0	74.0	70.3
萨尔瓦多	53.7	30.4	69.6	47.3	78.8	42.9	57.1	73.6
贝洛奥里藏特	58.1	44.7	55.3	44.5	86.7	62.9	37.1	70.5
里约	75.7	63.5	36.5	70.3	82.8	82.3	17.7	72.5
圣保罗	75.4	不可得	不可得	87.8	95.0	78.4	21.6	96.3
库里蒂巴	61.1	51.1	48.9	60.3	87.2	71.2	28.8	86.5
阿雷格里港	72.9	54.6	45.4	67.5	89.6	80.8	19.2	86.6

资料来源：IBGE, Indicadores Sociais para Areas Urbanas (Rio de Janeiro, 1977); and IBGE, PNAD, 1976, Rio de Janeiro, 1980; IBGE, PNAD, 1984, Rio de Janeiro, 1985; IBGE, PNAD, 1989, Rio de Janeiro, 1991.

注：无=由于不能处理普查数据因而无法获得有效数据。

农业增长和环境

在第二次世界大战之后，巴西的农业扩张可以分为两个阶段。第一个阶段是1945年至1970年，其特征是将更多的土地用于耕种；第二个阶段是1970年至今，其特点是保守且有选择性的现代化，农业产量增加。

横向扩张的环境影响

在第一个阶段，农业产出的增长是靠增加新的土地，不仅包括如今业已占领的中南部的土地，还包括不断扩大的农业边界。在这个阶段，新增土地约6230万公顷。[31]这是通过大力建设道路以及在新的地区投资兴建仓储设施得以实现的，有了道路，就可以不断到达新的地方。[32]在这个阶段，几乎没有进行任何技术创新，也没用尝试通过改进自然资源管理来降低环境退化；农业生产力（每公顷的产出）停滞不前。[33]在1948年至1950年以及1967年至1969年期间，年作物增长率为4.3%，但其中的91%是由于土地面积的增加。[34] 此外，在那些年，人们因农业扩张而走在大量砍伐森林的道路上，没有遇到任何阻碍。该结果与该国经审查的历史经验相一致。例如，在1988年，面积广大的大西洋沿岸热带森林仅有11.7%得到保存，而它曾经覆盖了今天亚马孙和热带大草原之外的大部分地区，见表14.6。

表14.6 大西洋沿岸最初的森林面积以及现存的森林面积

地区	最初的森林面积（单位：平方公里）	现存的森林面积（单位：平方公里）	森林现存率（%）
东北部	63600	4000	63
巴伊亚州和圣埃斯皮里图州	185500	12033	6.5
中南部	805000	101663	12.6
南部	247000	35012	14.2
合计	1301100	152708	11.7

资料来源：CIMA, 1991, Table IV.2. Estimates by Keith Brown, presented at the International Union for the Conservation of Nature Congress, Perth, Australia, December 1990.

农业现代化的环境影响

在新增土地对产量的影响不再那么明显时，保守现代化阶段开始。到20世纪60年代时，土地边界已扩张到中西部的大草原，那里的土地呈酸性，肥力低，需要新技术突破才能使其变得有生产力。同时，巴西也不能指望靠亚马孙地区大幅增加农业生产。因此，农业增长主要是通过被认为具有战略意义的农业细分市场现代化政策来实现的，就是说，这将会增加外汇收入并为工业提供投入。对这个阶段的农业战略而言，技术变化是关键要素之一。政府提供刺激措施，鼓励农业综合企业的形成。商业性农业生产得到了强有力的奖励和补贴，还通过免税和退税以及对农业加工货物的出口进行补贴等措施进行刺激，农业加工货物包括豆粉、速溶咖啡、牛肉制品、冷冻家禽和纺织品等等，但未加工的产品将会被征以重税并经常遭受行政限制。[35]

在1970年以后，生产力的增加成为了巴西农业增长的主要因素。然而，农业边界继续扩大，在1970年至1985年期间，有很大面积的土地（8210万公顷）被纳入农场。很大一部分原因是土地投机：第一，有政策激励亚马孙和大草原的农业；第二，其他政府措施；第三，通货膨胀上升。在1970年至1985年期间，作物面积也增长了

1840万公顷，但大部分位于已经开发过的中南部农业地区和中西部大草原，且大部分土地是因为技术革新使这些地区的生产成为可能。[36]

巴西的农业现代化意味着，采用革命性绿色技术来匆忙适应该国的状况。受到激励和补贴政策的诱导，许多新方法都被中南部（包括大草原）的商业农场主采用了，他们的目光非常短浅。自20世纪60年代晚期起，负责农业战略的政策制定者几乎没有考虑过农业新技术的环境影响。这些农业新技术包括种植高产谷物品种、大力使用化肥和机械以及在农业畜牧业生产上不加选择地使用杀虫剂和药物。[37] 表14.7在数量上展示了巴西现代农业投入扩张的概览。

高产谷物品种的广泛种植导致了环境损失，因为它加速了物种淘汰。这一点尤其反映在中西部大草原，在这里，为了种植大豆和构建牧场，大面积复杂精细的生态系统在很大程度上被改变了。这一切都是很快完成的，根本没有在富饶但却较少研究的生态系统保护方面采取任何预防措施。[38]

表14.7　巴西的农业现代化措施

(a) 拖拉机的数量

年份	数量（台）
1920年	1706
1940年	3380
1950年	8372
1960年	61345
1970年	165870
1975年	323113
1980年	545205
1985年	665280
1995年	799742
2006年	820673

(b) 受雇于农业的人口

年份	人口数量
1970年	17582089
1980年	21163735

续表

年份	人口数量
1996年	17930890
2006年	16567544

资料来源：IBGE.

（c）作物面积/拖拉机耕种面积

年份	每台拖拉机耕种面积（公顷）
1920年	3893.35
1940年	5572.61
1950年	2280.82
1960年	468.04
1970年	204.88
1980年	105.80
1995年	62.65
2006年	72.92

资料来源：IBGE.

曾经在巴西流行一时的现代农业，严重依赖机械农具、化学肥料和杀虫剂，对环境存在若干潜在负面影响。不加选择使用化学肥料的主要问题在于，它们会改变土壤的性质。土壤在其自然状态含有许多有机体，可以促进植物从无机材料中提取营养。使用过多化学肥料，会对这些有机体造成损害，土壤的自然机制失效，就需要长期使用肥料。此外，如果过度施肥的土壤是可渗透的，雨水会将肥料中的成分冲入地下水，这样会对地下水的饮用者造成不利影响，包括人类。[39]

在农业上大量使用重型机械也可能会对环境产生若干负面影响。第一，要充分利用机械的作用，通常需要相当大的面积，这样一些自然栖息地就会失去植被覆盖，进而加速风和水的侵蚀。此外，由于农业机械很重，又经常在土壤上行驶，可能会导致土壤板结。在巴西，现代化的仓促步伐导致了全部这些环境影响。在清理土地时，很少采用预防措施来保护河边的植被；这一点再加上如今依然盛行的直线耕作的做法，以及由于机器收割而导致的植被覆盖被定期清除，造成巴西许多地区相当大数量的土壤侵蚀。[40]此外，土壤流失引起大量的河流和水库淤塞。[41]

大量使用农用化学品，不仅导致对与上述做法有关的物种的破坏，还对这些化学品所作用土地之外的人和生态系统产生不利影响。如果不小心施用农用化学品，可能会导致施用人和动物产生健康问题；它还会污染水源，污染用这些水生产的食品及其他农产品。在巴西，现代化的快速步伐、农场工人的较低教育水平（通常是农场主自己）以及政府缺乏有限监管，共同导致了对农用化学品的滥用。尽管迄今为止尚未发生任何重大灾害，但所提及问题是该国农业的普遍特征。[42]

一些公共机构和一些生产商正在处理其中一些环境问题，但有些环境问题几乎没有被认识到。保护土壤的做法正在增加，且一些州政府正在进行微盆地管理项目。然而，对农用化学品（尤其是具有高毒性的）使用的监测依然处于萌芽状态，且巴西的许多政策制定者甚至没有将现代农业已广泛使用的绿色革命技术的长期影响当做一个问题。

亚马孙战略和环境

严格来说，巴西的亚马孙河战略以及由之而起的森林被砍伐，并非是第二次世界大战后发展政策中促进增长的特征之一。亚马孙战略有着很强的地缘政治因素，由之引起的环境影响与其对国民生产扩张的贡献完全不成比例。

开发亚马孙的环境影响

世界对巴西环境问题的关注大多集中在亚马孙地区。这是因为该国拥有世界上最后的、也是最大的不断扩张的热带森林。因移居和商业开发土地而引起的大面积消灭雨林，可能会造成当地、地区、甚至是全球环境问题。

通过调节水循环，雨林能够在全年维持相当均匀的降水分布和较为稳定的河水流量。大量砍伐森林会导致这项功能失灵，引起当地和地区气候变化，并使得洪灾的可能性增加。此外，亚马孙裸露的土壤很容易被热带暴雨冲击压实，降低吸水能力，并导致径流、土壤侵蚀和河道淤塞。[43]

移除森林还会中断植被覆盖和表层土壤之间的营养循环。在表层土壤的有机物质层之下，亚马孙的土壤肥力很差。因此，农业开发往往会很快耗尽土壤中的养分，使产量急剧下降。当这种情况发生时，退化的土地就被抛弃了。接下来的垦荒是很困难且很耗钱的。

在亚马孙砍伐森林引起世界范围内关注的主要原因，与其全球影响有关。人们担心，大面积移除雨林将会很大程度上导致温室效应和相当大的生物多样性损失。单单巴西的亚马孙地区就储存了600亿吨碳，换句话说，这相当于如今大气中以二氧化碳形式存在的总碳量的8%。砍伐和烧掉大量森林意味着向大气中释放大量的二氧化碳，增加温室效应。[44]

大面积移除热带森林还可能引起生物多样性的减少。[45]亚马孙的各种生态系统包含很大的生物多样性，不仅包括活着的有机体物种的多重性，还包括一个给定物种的基因种类。砍伐森林会破坏自然栖息地，进而影响大量动植物物种的数量和生存地域。地球上超过一半的物种都可以在雨林中找到，其中有很多甚至还未被分类和研究。[46]人们担心，随着亚马孙的森林被砍伐，物种对人类的价值也将会被消除。

最近加剧的土地占领和森林砍伐主要发生在亚马孙地区的东—东南—南—西南地区。[47]破坏雨林的有以下几种人或因素：第一，牧场主，原因是官方激励和补贴政策的刺激；第二，被之前所在地的变化或恶劣条件所迫的移居者以及来亚马孙寻找土地的人；第三，对珍贵硬木感兴趣的伐木工；第四，采矿企业；第五，土地投机商；第六，寻找黄金和其他矿产的探矿者；第七，水电项目的实施。

开发巴西亚马孙的潜在因素是复杂的。最重要的因素如下[48]：

军事政权和一些国家精英的地缘政治目的。亚马孙被视为一个潜在的财富之地，必须不惜一切代价占领它，以防外国权力和利益干预。因此，从20世纪60年代晚期开始，在没有进行自然资源勘测和可行性研究的情况下，就建设了很多条道路，将部分亚马孙地区与发达的中南部连接起来；公共土地上实施了公营和私营殖民项目，旨在吸引移居者；还对愿意在该地区进行风险投资的企业家和投机者提供激励和补贴，其中多数投资项目为大型养牛场项目。[49]

所居住地区没有土地的压力。中南部的农业现代化使得几十万小农场主和农业工人变得过剩。尽管有很多人移居到大城市，仍有相当数量的人梦想拥有土地，而被吸引到亚马孙边界。除了他们之外，还有就是贫穷的东北部无地的农村工人，那里的农村精英成功地抵制了土地再分配。大量的移民，尤其是前往亚马孙西部的帕拉州（Pará）和朗多尼亚州（Rondônia）的移民，导致土地需求远远超过了殖民项目的可用土地。其结果是数以千计的自发移民者开始侵犯公有和私有土地，移除森林来种植作物以及宣称土地所有权。

大型出口导向型项目。最近，在亚马孙东部的卡拉加斯镇（Carajás Range）上，竣工了一座大型水力发电厂，并建立了一间矿产冶金综合企业。[50]建成了一条850千米长的铁路，将卡拉加斯连接至马拉尼昂州的伊塔雅伊（Itaqui），还实施了若干个采矿风险投资，重点是铁矿石、铝土岩和锰的提取和加工。[51]

亚马孙淘金热。自然资源勘测不仅在亚马孙发现了上述矿产，还发现了黄金和其他贵金属。这些发现吸引了大量的个人探矿者（估计有86万人）。他们所使用的方法生产力较低且破坏环境。[52]

伐木的影响

在20世纪90年代，人们预计，大幅降低大型农业和牧场项目的官方激励以及政府资助的殖民计划，将会带来亚马孙森林砍伐的大幅降低。如表14.8所示，前五年的数据肯定了这些预期。

表14.8　1978—2008年亚马孙地区被砍伐森林的年均面积　（单位：km²）

年份	面积
1978—1989年	22228
1990年	21.05
1995年	29.06
2000年	18.226
2005年	18.846
2008年	12.911

资料来源：Institute Nacional de Pesquisas Espaciais (INPEP, Desflorestamento na Amazônia. Brasília, Ministério de Ciência e Tecnologia, 1997).

然而，在21世纪头10年晚期，森林砍伐陡增，这主要是因为采伐作业，尤其是外国（主要是亚洲，多数来自马来西亚和其他亚洲国家，这些地方的木材比较稀缺）公司的采伐作业。他们来到该地区，承诺会采用可持续的管理做法并按照巴西法律进行作业。但是，大部分人发现该国的法律法规太过严格，于是他们采用非法和半非法计划来规避这些法律法规。由于法律要求提供森林管理计划，该计划通常需要在伐木之前采取选择性提取和特殊伐木做法，伐木企业开始诱导所谓的"森林白蚁"（小型非法伐木公司、以前的淘金者、定居者、无地的农场工人以及印第安人）来非法地砍伐树木，然后他们暗中购买，通常是以非常低的价格。然后，他们通过贿赂并使用诡计来使其"合法化"，运输并出口木材或其副产品。[53]

据专家所述，外国木材公司的出口量占亚马孙木材出口的90%以上，其中60%的原木是由"森林白蚁"砍伐的。据估计，在该地区最近被砍伐的森林中，"森林白蚁"所砍伐的森林占了80%。[54]尽管存在严格的法律禁止这种做法，但巴西可再生自然资源和环境研究所（负责执行这项法律的环境署）缺乏人力和财政资源，再加上大型公司的经济杠杆作用，使得法律没有发挥效力，这也揭示了最近去森林化的飙升。

亚马孙森林被砍伐的程度

据估计，在20世纪之初，亚马孙被砍伐的森林面积约为10万平方公里，大多位于最初有人移居的亚马孙东部及东北部地区。[55]如表14.9所示，到1978年，被砍伐的森林面积扩大到15.21万平方公里，或者说最初雨林面积的3.6%；十年后，被砍伐的森林面积急剧上升至37.27万平方公里，或者说最初森林面积的9.3%。在1987年，森林砍伐达到最高峰，然后由于经济放缓和政府政策的改变，开始下降。[56]但是，正如已经讨论过的那样，在20世纪90年代的后五年里，森林砍伐又开始飙升，其原因主要是因为伐木作业。

表14.9 巴西的亚马孙地区

(a) 亚马孙行政区及其子地区被砍伐的森林面积

区域范围	最初的森林面积（单位：1000km²）	合计（占最初森林面积的百分比）			
		1978年1月	1978年3月	1989年8月	1990年8月
亚马孙行政区	4275	152.1(3.6%)	372.7(8.7%)	396.6(9.3%)	410.4(9.6%)
亚马孙河中心	1881	2.0(0.1%)	20.8(1.1%)	23.9(1.2%)	24.9(1.3%)
亚马孙周边地区	2394	150.1(6.3%)	351.9(14.7%)	372.7(15.6%)	385.5(16.1%)
帕拉州	1218	−56.3(4.6%)	129.5(10.6%)	137.3(11.3%)	142.2(11.7%)
朗多尼亚州	224	4.2(1.9%)	29.6(13.2%)	31.4(14.0%)	33.1(14.8%)

资料来源：Jose Goldenberg, "Current Policies Aimed at Attaining a Model of Sustainable Development in Brazil," Journal of Environment and Development 5, no. 1, 1992, pp. 105–115.基于卫星图片解释，由巴西国家空间研究所（National Institute of Spatial Research）执行并由菲利普·费恩赛德（Philip M. Fearnside）、塔丁（A. T. Tardin）和梅拉·菲尔霍（L. G. Meira Filho）分析。

注：亚马孙中心包括阿马帕州、亚马孙州和罗赖马州。亚马孙河周边包括阿克里州、马拉尼昂州、马托格罗索州、帕拉州、朗多尼亚州和托坎廷斯州。

(b) 1985年亚马孙地区：地理面积、农场面积、清除出来的农场面积

区域范围	地理面积（1000km²）	农场面积（1000km²）	清除面积（1000km²）	农场占地理面积（%）	清除面积占地里面积（%）	清除面积占农场面积（%）
整个亚马孙ᵇ	4462.8	842.8	216.7	18.9	4.9	25.7
亚马孙中心ᶜ	2799.4	190.1	19.8	6.8	0.7	10.4
亚马孙周边ᵈ	1663.4	652.7	196.9	39.3	11.8	30.2

资料来源：IBGE, Censo Agropecuario de 1985.

注：a. 清除出来的面积包括种有作物的面积、牧场面积、休耕面积以及"有生产力但未使用的面积"。

b. "整个亚马孙地区"仅仅是亚马孙行政区的近似值。例如，亚马孙行政区中的马拉尼昂州的一部分以及罗赖马州，不包括在内。

c. 亚马孙中心包括整个亚马孙州以及下列地区：阿克里州，包括上茹鲁阿（Alto Jurua）；帕拉州，包括中亚马孙（Medio Amazonas）、塔帕若斯河、下亚马孙（Baixo Amazonas）和富罗斯（Furos）。

d. 亚马孙河周边包括朗多尼亚州和阿马帕州以及下列地区：帕拉州，包括马拉若、下托坎廷斯（Baixo Tocantins）、马拉巴、帕拉瓜亚、托梅阿苏（Tome-Acu）、瓜扎利纳（Guajarina）、萨尔加杜（Salgado）、布里根廷（Bragantina）、贝伦和维塞乌；托坎廷斯州，包括下瓜亚（Baixo Araguaia）、中托坎廷斯瓜亚和极北；马托格罗索州，包括北马托格罗索（Norte Matogrossense）、上瓜波雷饶鲁（Alto Guapore-Jauru）和上瓜亚（Alto Araguia）；以及阿克里州，包括上普鲁斯（Alto Purus）。

表14.9显示，森林的砍伐主要集中在亚马孙周边地区。在1990年，有38.55万平方公里，或者说是被清除出来总面积的93.9%，位于那里。在该地区的中心，只有24.9万平方公里的森林被砍伐。把亚马孙作为一个整体来说，在1990年有9.6%的森林被移除；在亚马孙周边，这个比例是16.1%；在亚马孙中心，这个比例是1.3%。

根据最近1985年的农业普查，亚马孙的农场面积有84.28万平方公里，或者说是

亚马孙总面积的18.9%，其中约有四分之一是通过砍伐森林获得的。按照表14.9的砍伐森林的趋势所示，1985年被砍伐的森林的总面积约为30.40万平方公里，这意味着在那一年，因农业而被砍伐的森林面积约为全部被砍伐的森林面积的71%。[57]

与亚马孙周边相比，在亚马孙中心因农业而被砍伐的森林是有限的。在1985年，在亚马孙中心因农业而被砍伐的森林面积仅占中心总地理面积的0.7%，而在亚马孙周边地区该比例已达到11.8%。

这些数据说明三个重要结论。第一，亚马孙地区依然存在很大面积尚未变成农场，在保护雨林的政策方面，应包括采取措施以避免进一步建设通往该地区未开发部分的道路，还要出台政策完全禁止这些地区的一切激励和补贴计划。第二，即使在亚马孙周边，也依然有大量地区尚未被纳入农业企业。出于这些原因，需要做出努力，使用1988年宪法的规定，要求在进一步开发之前进行环境区划，还要严格执行有关雨林的环保法律。[58]第三，需要特别关注已开发且退化的地区。在限制与大多最近对亚马孙地区的土地占领方面，方式之一是通过大力发展可以持续利用这些地区的技术。这也意味着，要采取坚决果断的行动，来建立牢固的财产权。如果没有可行且安全的替代方案，移居者会继续移入亚马孙新的地区，继续破坏森林并再次移入新的地区，如此循环往复下去。[59]

巴西的环境政策

在20世纪70年代，巴西采取的立场是：为了发展，以污染和环境污染为代价也是值得的。直到最近，在该国的政策制定者中间，该观点依然相当普遍。还有一个观点依然为一些圈子的人所认可，即环境问题更多的是外国强权用以限制该国经济发展的一个武器。[60] 发展主义者的观点和"阴谋"理论家对巴西产生了深刻的影响，直到最近才开始逐渐消失。

最近，环保民族主义者提出异议，他们担心经济增长变缓可能会对环境保护造成压力。对他们来说，在贫困且经济增长停滞的情况下，要实施政策来保护、恢复和改善环境是不可能的。环保民族主义者左翼的派系抱怨国际环保社会忽略了在第三世界国家贫困的环境影响。对他们来说，环境保护主义者的立场关心全球效应，实际上是把第一世界的利益放在心上，因为"由贫困引起的环境退化对发达国家来说并不是什么大问题，因为它并没有导致全球性的现象"。[61]

自20世界70年代初期以来，在巴西，与环境有关的非政府组织（NGO）经历了快速增长。到1990年时，大约有700家非政府组织，其中有九成位于东南部和南部的城市中心。 其中的很多非政府组织都比较业余且没起什么作用，但有几家相当专业且对国内舆论产生了深刻影响。[62]

法律和体制的演进

到20世纪70年代中期时，才开始形成了一项环境政策。在1973年，成立了特别环境秘书处（SEMA），作为内务部的一个机构。特别环境秘书处的主要任务是建立环境保护标准，并约束生产部门的一些过分行为。[63]其后不久，圣保罗州成立了环境组织——圣保罗州环保局，而后里约热内卢州于1975年成立了环境监管局（FEEMA)。这两个机构将变为与环境有关的两个最为活跃的机构。[64]但由于在20世纪70年代，增长依然是绝对的优先事项，因此支持环保的立法是非常微弱的。

直到1981年颁布了第6938号法令（该法令确立了国家环境政策）后，环境政策才得到了加强。它的目的在于，以一种与经济发展和国家安全相一致的方式，来促进环境质量的保护、恢复和改善。该法律组织并巩固了已经存在的标准，补充并加强了它们，因此建立了一个协调一致的法律结构。但是，它依赖于命令和控制工具，没有考虑使用经济激励措施。[65]

第6937号法令加强了该政策的体制基础，并为州和地方环保组织的发展提供了刺激措施。在20世纪80年代的第二个五年，环境政策得到了加强，1988年宪法中专注于环境的一整章获得了通过。体制结构也发生了一些变化：在1985年成立了城市发展和环境部；在1988年成立了巴西可再生自然资源和环境研究所（IBAMA），同时州环境机构也得到了升级（例如圣保罗州环保局和环境监管局）。[66]

在1990年，科洛尔政府成立了一个环境秘书处（SEMAN），然后在1994年由费尔南多·恩里克·卡多佐将其变成了环境部。尽管做了较小的变动，但该部门依然管理着联邦政府的环境领域，它纳入了巴西可再生自然资源和环境研究所，而后巴西可再生自然资源和环境研究所变成了实施环境政策的主要联邦机构。

在20世纪90年代结束时,巴西的环境法律发生了一项重大变化。有人为环境政策影响降低的事实辩解,理由是该国有关环境的法律体系效率低下。现行立法比较分散,使其难以采取行动来遏制环境侵略。但是,在1998年3月,国会批准了第9.605/98号法令,即所谓的《环境犯罪法》。该法整合了有关环境各方面的立法,引入了新的规定,针对环境违法行为建立了严厉的惩处机制——针对环境犯罪,轻则重罚,重则被判入狱。《环境犯罪法》引起了法律专家和生产部门的愤懑;[67]这不仅仅因为它的一些条款被总统否决了,还因为《环境保护法》的实施被相当大程度地延迟,原因是政府行政部门未能颁发必要的法令和条例来使其较为严厉的条款变得可操作。该法之所以被延迟,可能是想给经济代理们一些时间,让他们根据该法做出一些必要的调整。

然而,一些环保主义者认为该法太过温和。[68]他们的证据是,在该法被通过之后,国内对环保的追求热度有所下降。但是,问题在于,要想有效地执行该法,需要对负责执行该法的组织进行一个完全的改革。目前的结构最多也就只能部分地发挥作用。这似乎可以说是巴西法律的另一例子,即在许多方面都不能完全地起到作用。

限制城市工业污染的措施

在20世纪70年代中期,SEMA和几个州机构开始小心翼翼地制定法规以纠正和避免工业污染,但由于经济增长一直是重中之重,所以这些法规的作用被削弱了。实施了分级罚款制度。违规企业将不能享受税务优惠、信贷补贴、优惠以及联邦政府的类似好处。如果违规严重,违规企业还有可能被责令停业。但是,有许多被认为具有战略意义的工业被豁免,不受严苛环境规定的限制。[69]

在20世纪80年代,罚款强度增加,享受豁免的企业也减少了,地方分权政策增加了州和地方环境组织(与问题所在地在地域上更为接近)的权力,使它们能够更有力地遏制城市和工业污染。建立了类似美国环境保护局空气和水质量标准的标准。[70]新环境政策的重要部分之一,是对潜在污染活动实行了许可证制度,这项制度最终被纳入1988年宪法。所有达到一定规模的项目,如果存在潜在环境影响(例如高速公路、机场、港口、铁路、水电站、炼油厂以及其他大型工业厂房的建设),都必须在实施之前获得许可证。对于每一个待授予的许可证，必须进行环境影响分析（AIA）以支持环境影响报告（RIMA）。[71]

尽管发生了这些变化，但监管系统依然遭受限制。污染控制变得更为有效，但出于经济增长的考虑，监管系统不能再进一步推进。对于新项目和新工厂，污染控制的程度往往会更为严格，但对监管方案开始之前业已存在的工厂给予了特别照顾，以避免给它们造成经济困难。此外，法规还存在很大的真空地带，例如缺乏对非柴油机动车的排放限制和设备要求。此外，许可证制度实施起来也有困难。该制度本来是要在一个项目实施之前的很早时候，就审查其环境影响报告，批准其环境影响分析。然而，直到最近，有几个项目都是在开始建设以后才进行环境影响报告。另外，繁杂的公文程序很多，环境机构通常缺乏足够的受训人员，不能对环境影响报告进行彻底评估。

就各州来说，既有在环保方面取得进展的，也有存在问题的。圣保罗州环保局在控制工业来源空气污染方面，取得了相当大的成功，但它在控制机动车污染方面，依然有待施以强有力的措施。至于水污染方面，圣保罗州环保局能够在工业排放上施加一些控制，但有机污染依然是一个棘手的难题。环境监管局面临的主要挑战是里约热内卢瓜纳巴拉湾的污染问题。在20世纪90年代，在日本援助机构和泛美开发银行的特别资金供应下，实施了一项重大项目以清洁瓜纳巴拉湾，但到90年代结束时，该项目还远未完成。

一般说来，州环境机构在克服业已存在企业的阻力方面存在困难，因为有许多这种企业是由政府自身控制的。当这些企业被施压需要遵守环境法规时，它们就求助于政治影响并威胁要关闭企业。据芬德利所述："如果州和联邦政府的监管官员有动力去做，它们的行动就会快速且有效。"然而，正如我们所见证的库巴唐的情况，"这种动力通常需要一个众所周知的、会对公众健康和安全产生严重直接威胁的紧急情况"。但是，除了这一点之外，"与维持或增加经济生产相比，环境保护通常就变得不重要了"。[74]

最后，在20世纪90年代，联邦和各州都爆发了财政危机，这对环境政策产生了负面影响。用于投资、扩张甚至是维持环境机构当前活动的财政资源被削减，技术人员的实际工资在下降，激励下降，本就人手不足的技术人员流失。

自然保护政策

令人啼笑皆非的是，在20世纪60年代末期，当亚马孙移居开始时，巴西就有环境法律的存在——《1965年森林法》，如果该法得到严格实施，将会避免自那时起发生的最恶劣的过分行为。该法要求所有农场至少让其农场面积的50%保持最初植被覆盖，该法还建立了严格规则来保护高斜坡地区、含水层及其他水体地区以及其他易受环境影响的地区。它还包括严格的规则来管理森林资源的提取，既包括经常转变森林原材料的工业企业（例如锯木厂和造纸制浆厂），也包括利用森林资源能量（木炭和柴）的工业企业。认识到不可能在当时业已移居地区实施50%的规则，该法律规定，那些农场必须保持其农场有20%的森林覆盖；该数字也适用于大草原边界的农场。[75]

随后的有关森林保护的法律仅仅对森林法起到了加强的作用。1981年PNMA法、1988年宪法、第9.605/98法令以及《环境犯罪法》，都是这种情况。1989年，环境署（即巴西可再生自然资源和环境研究所）成立，在这之前仅适用于城市工业活动的PNMA许可规定被扩大到森林项目。在1990年，成立了特别委员会来开展环境法和1988年宪法所规定的领土区划研究。亚马孙被宣布作为区划的优先区域，且1991年的第153号法令禁止将财政刺激和补贴授予给在亚马孙雨林未受影响部分进行的项目。同时还禁止在亚马孙地区砍伐森林。对于这些地区的任何经济活动的许可，仅在领土区划研究结束之后才予以考虑。有意思的是，到20世纪90年代结束时，这些研究还远未完成。

尽管存在这些措施，但直到现在，尤其是在亚马孙地区，砍伐森林和对自然资源的破坏一直在进行。这是因为联邦政府完全没有政治意愿来实施《森林法》的规定。在军事政权期间，严格执行《森林法》会对当时正在追求的亚马孙地缘政治战略不利。

到20世纪80年代中期，这种情况开始改变。军事政权即将结束，且国际上对破坏雨林的反对声越来越大。1989年巴西可再生自然资源和环境研究所的成立是联邦政府对环保承诺的一部分，且20世纪90年代的所有政府均采取了强有力的保护主义者立场。尽管有了这些新情况，大量减少在亚马孙地区砍伐森林的目的似乎难以实现。主要问题是限制成本太高。亚马孙的面积非常大,且影响雨林的活动分散在亚马孙周边的大部分地区;因此,要想产生显著效果,必须进行大范围的控制。巴西可再生自然资源和环境研究所所能调配的人员和设备严重不足,同时财政危机导致所分配的资源变少,不足以起到作用。尽管在20世纪90年代,联邦政府加紧努力,但要想获得进一步的结果需要更多的资源,而这是该国的财政状况所不能提供的。

另一个问题是亚马孙地区的一些州长和国会议员的强烈反对减少该地区的经济发展活动和激励措施。一些人认为保护环境意味着使亚马孙维持在欠发达状态,而其他人则是由于受到了来自当地利益团体的压力。州长经常拒绝与政府合作,并向国会施加压力,反对在重塑财政刺激制度方面做出任何严厉的尝试。

可通过建立环境保护区,在保护雨林生态系统方面产生积极影响,而巴西有一套关于保护地区的制度。这种保护区有两种形式:一种是禁止任何形式自然资源开发(旅游和科研除外)的资源保护区,包括国家公园、森林和生物保护区;另一种是允许在严格监管条件下进行可持续自然资源开发的生态站和环境保护区。[76]

如表14.10所示,在1990年巴西有6%的领土处于某种类型的特殊环境保护之下。其中资源保护区约占4.5%,环境保护区约占1.5%。大部分的资源保护区在北部地区,而巴西亚马孙的大部分地区也位于这里。在该地区,超过其地理面积9%以上的地区处于保护之下。它包括国家公园、森林、生物保护区、生态站和自然采摘保护区,总面积几乎达到3500万公顷。尽管这些数字可能看起来给人印象深刻,但依然存在一些问题:亚马孙地区的许多保护区的范围尚未合法界定;对许多这些保护区的划分尚未完成,且存在许多法律上的争议。此外,还存在侵占行为。负责监管资源保护区的人员在减少,不能使保护区免于侵占。最后,对这些地区的管理计划不完善或不存在,且管理这些地区的受训人员严重缺乏。[77]

表14.10 1990年环境与资源保护单位

资源保护区的面积	面积(单位:千公顷)	占地理面积(%)	环境保护区	
			面积(单位:千公顷)	占地理面积(%)
巴西	37583.2	4.5	12516.4	1.5
北部	32305.5	9.1	299.7	0.1
东北部	2106.1	1.4	182.2	0.1

续表

资源保护区的面积	面积（单位：千公顷）	占地理面积（%）	环境保护区 面积（单位：千公顷）	占地理面积（%）
东南部	1615.0	1.8	2533.0	1.8
南部	881.7	1.6	380.0	0.7
中西部	674.9	0.4	9121.5	4.9

资料来源：IBGE, Anuario Estatístico, 1991, p. 130.

在20世纪90年代期间，森林保护区的一个让人欢欣的发展是自然采摘保护区的成立。到90年代中期时，亚马孙已经有了10个采摘居留地（总面积为88.96万公顷）和9个自然采摘保护区（总面积为220.08万公顷）。在20世纪80年代末期，一个也没有。采摘居留地是指处于土地改革组织巴西土地开垦和土改局（INCRA）监管之下的地区，其目标是接纳从事采摘工作的家庭，而不是将土地机械地划分为对称的矩形地块，这在巴西土地开垦和土改局的殖民项目中很为常见。虽然移居者不能移除森林，但他们可以采摘果实。而自然采摘保护区则是为采摘工人使用的保护区，这得益于在非政府组织和媒体支持下的割胶工运动的压力。自然采摘保护区处于巴西可再生自然资源和环境研究所的管辖之下。[78]

有两种力量导致了自然采摘保护区的建立：一种是认识到了采摘工（割胶工以及收集森林产品的其他人，许多年来他们依靠森林生存，但从未破坏森林）的需要；另一种是日益增长的来自国内和国际的保护热带森林的压力。不过现在对自然采摘保护区的效果做评论，还为时太早。[79]

一些更为极端的环保主义者认为，由于森林中人类的存在是有破坏性的，因此应限制自然采摘保护区；一些经济学家认为，如果没有补贴和官方给予的优惠，大多数采摘活动在经济上是不可行的。关于这方面，需要做更多的研究，但采摘主义似乎是保护森林的一个较为简单的替代方案。显然，采摘主义应被视为替代方案之一，但期望靠它来拯救整个亚马孙森林也是不切实际的。

小　结

从殖民时代到20世纪70年代晚期,在巴西,经济增长的环境影响并未得到太大关注。在工业化之前,该国的浩瀚地理面积及其丰富的资源使环保主义者的担忧显得无关紧要,供出口和国内使用的农业生产大肆滥用该国资源。在该国的工业化阶段,政策制定者的重点放在增长上,没有任何其他考虑。在本研究中,我们已证实,对工业环境影响、不受控的城市化和收入集中(由经济发展不平衡所导致)等问题的忽视,在工业化—城市化阶段更为严重,导致了生态问题,正在不断迫使社会改变其增长方式。我们还看到,环境因素迫使巴西不断改变其农业增长方式,从主要依赖边界扩张到更为集约地使用已处于耕作状态的土地来增加生产。但是,在现代化建设过程中,几乎没有对其环境影响给予任何关注。最后,对亚马孙地区的破坏(由错误的地缘政治担心和曲解的激励方案而引起)引起了国内外的注意,要求对抗和控制已准备好开发该地区资源的各方力量博弈不断。巴西已经认识到,不惜任何代价换来的增长过于昂贵,不能再无限期地继续下去。如本章所示,在许多方面已发生了积极改变。但毫无疑问,该国的环境政策必须得到大大改善。

本章附录:关于《森林法》的争论

由查尔斯·米勒(Charles Mueller)编写

为简化分析起见,让我们来假设两个对发展政策感兴趣的实体:一个是"生产性"实体,另一个是"环保"实体。生产性实体的主要关注(生产性政策网络)在于增长、发展和经济稳定;而环保实体(我们称其为环境政策网络)则主要对环境保护感兴趣。只有当环境问题干扰到发展目标,或者当环境问题可以促进实现经济目标时,生产性网络才会对环境问题感兴趣。而环境政策网络实体的主要兴趣在于,影响或引导经济战略走向可持续发展的道路;且该目的应优先于增长目标或其他生产相关目标。

在关于《森林法》的争论中,一个重要参与者是农业政策网络。

就我们的讨论而言，有必要简要地介绍一下深入参与《森林法》（FC）争论的巴西生产政策网络的一分子：农业政策网络。这是生产性部分的一个相对较新的组成部分。尽管巴西长期参与农业商品出口，但最近才出现了一个全面的农业政策网络，并积极参与政策制定程序。[80]以前也存在农业商品政策网络，比较著名的是咖啡政策网络，但其他农业商品和产品几乎对政策制定程序起不了什么作用。最近这种情况发生了变化，现在有一个强大且善于表达的政策网络，不仅包括农场主利益，还包括目前作为巴西经济重要成分的农业综合企业。我们将在下文阐释，农业政策网络已深深参与到关于《森林法》的争论之中。

这是参与到争论中的两大主要政策网络之一。另一主要政策网络是一个相对较新的政策网络——环境政策网络。

环境政策网络

巴西的环境政策网络出现于20世纪80年代早期，但我们应集中关注自卢拉政府第一任起发生的各大事件。[81]在卢拉第一届任期之初，内阁有一位有力影响环境政策网络的人士：非常受人尊敬的参议员玛丽娜·席尔瓦（Marina Silva）——一名环境斗士——成为了卢拉任内的第一届环境部部长。席尔瓦工作努力、十分聪明且能言善辩，她很快宣布，她将会努力整合和增强环境政策网络的权力，而她也有意要领导该网络。

事实上，她的目标远不止这些；她的目标是将环境部（MMA）在制定国家政策方面的等级提升到与组成生产政策网络的经济部和其他实体相同的等级。她认为，所有公共政策都会产生环境影响，有的政策的影响还很大。在发展政策方面，在任何情况下，都应将其直接经济利益与其带来的所有环境成本相衡量；且这应发生在最高政府层级，而不仅仅是单个项目层级。

但是，尽管席尔瓦很有决心，但她努力的结果是有限的。她成功地改革了环境政策网络的体制基础结构，加强了其工作能力。因此，尽管该政策网络在她开始执政之初几乎难以立足，但在她的带领下得到了很大改善，并能够采取行动，在各种情况下制止了被环境政策网络认为是不可持续的项目的实施。

但是，这开始影响了生产性实体的一些部门（不仅仅是农业政策网络），[82]就连总统卢拉本人也对她的政策建议感到不舒服;例如,当卢拉被告知一些用以实现其恢复增长目标的重要项目被环境政策网络驳回时,他也曾公开抱怨。

刚开始,总统卢拉总统试图通过与席尔瓦以及环境政策网络的其他有影响力的成员进行理论,来避免公开对抗。但他没能成功软化她的决心,这导致来自生产性政策网络的压力大幅增加。席尔瓦的影响也下降很大,以至于她再也不能追求她作为一个部长的主要目标,于是她在2008年5月辞职了。

随后,环保政策网络失去了其有效影响政策决定程序的大部分能力。尽管席尔瓦在环境部的几个继任者也都在环保圈子中有一定影响力,但没有人接近她的激进立场。到2013年时,联邦环境机构基本上维持一个技术性立场;最近几届的总统(卢拉以及他之后的迪尔玛·罗塞夫)都曾明确表示,联邦政府的环境机构应尽可能地不要管闲事。因此,尽管环保主义者广泛反对,但一些旨在促进经济增长的项目——例如位于亚马孙的水力发电厂——依然正在进行,在玛丽娜·席尔瓦时期,任何阻碍和干扰都不鲜见。

《森林法》

《森林法》(第12651/12号法令)于2012年5月得到国会批准,并由总统迪尔玛·罗塞夫(Dilma Rousseff)签署,但有若干条款被否决,被第571/12号临时条例中的措施所代替。[83]它基本上是管理和规范巴西五大主要地区的土地(尤其是农村地区)使用的一个工具,这几个主要地区包括:大西洋沿岸森林(曾经覆盖该国东部大部分的一个地区,但自殖民时代早期起,它就被广泛地移除了);潘塔纳尔湿地(该国东南部广大湿地);以及干旱的东北部的卡廷加群落(疏灌丛)。在这些地区或生物群落中,有些在几个世纪以来都一直是人类干预的对象,但其他地区或群落——例如亚马孙生态群落——直到最近才成为众人注意的中心。巴西之前曾于1965年批准了一个土地法规——第4771号法令,但该法后来被认为是过时的,于是采取措施来取代它,最终以《森林法》的批准而告终。

简而言之,关于《森林法》的争论与该法应覆盖的时间范围有关系。对环境政策网络的极端主义成员来说,该法应有追溯效力;就是说,至今尚未被人类干预的五大生物群落的大部分地区应禁止人类活动,且之前干预过这些地区的占有者应尽可能彻底地重建其原来（自然）特征，承担重新建设的全部成本。相反的一方是农业政策网络的一些成员，尽管他们也赞成重建这些生物群落的主意，但他们坚持2012年国会通过的《森林法》的措施（他们坚决不同意大多数否决理由）应仅适用于该法被批准之后的活动，而这些生物群落之前退化的地区应在使用政府补贴进行重建。

为了整体描绘争论所涉及的内容，巴西的环境立法针对一个给定的生物群落考虑了两个受保护地区种类：一个是永久保护区（APP），另一个是必须保护区（ARO）。从根本上说，永久保护地区包括河边和其他潮湿地区、山顶以及陡坡地区的土地。根据《森林法》，在尚未被移除、尚未受影响的土地上，不能使用这些地区。必须保护其原始自然条件。如果它们现在或曾经是人类干预的对象，必须立刻重建其原始条件。必须施以罚金和其他惩罚。

至于必须保护区，即使是《森林法》被批准之前的法律文件，其对所有农业企业规定的特定比例均必须维持原样。《森林法》几乎没有对这些比例做出变动。在2012年，巴西的每个生物群落的比例都不同：对于亚马孙来说，法律规定必须保护区必须占一个企业面积的80%；对塞拉多大草原来说，该比例下降到一个企业面积的35%；而对该国的大多数其他地区来说，该比例为20%。[84] 由于很大部分的农业企业均未遵守这些限制，《森林法》规定非法受影响地区应由土地所有人重建。

《森林法》对违反者征收罚款，但如果受影响地区得到重建，可以取消罚款。最后，一个企业的必须保护区可以被算作其合法保护区的一部分。

《森林法》规定，所有企业必须在由环境部管理的《环境登记簿》上登记。考虑到该国企业数量较多（500万家以上），预计这种登记会花费相当长的时间。且登记需要隔一段时间进行更新。如果能够正确建立登记，登记制度将会成为实施《森林法》措施的一个重要工具。

至于《森林法》争论的要点，请参见关于要求修复河边土地自然条件的争论的主要论点。《森林法》规定，对所有已改变这些土地的企业来说，修复这些土地是强制性的，但须修复的地区的宽度有所区别：河流越宽，农场越大，则一个企业所需保持其自然状态的河边土地的宽度越宽，或者说如果这些土地之前遭到了人类干预，则一个企业所需重建的土地的宽度越宽。

在这方面，环境政策网络的激进派不情愿地接受了《森林法》的这一措施。他们希望有更严格的措施，但至少修复土地应被立即实施，不得对土地拥有者做出任何性质的妥协，不得给予任何特赦。但《森林法》采用了较为温和的版本。至于农业政策网络中较有影响力的成员，他们认为，即使在否决之前，该法律就太过严格；他们坚持，对退化土地进行修复的时间范围必须足够长，且在修复河边土地方面，应给与补贴和其他政府优惠。

在两个政策网络之间互相敌对的过程中，也通过了一些其他措施，双方激进派的立场变得更加不能妥协。这种对立存在于整个过程中，从呈交提案阶段、国会内部讨论阶段、与公众讨论阶段到签署《森林法》成为法律的最后阶段。从《森林法》的批准过程可以反映出争论的深度：环境政策网络较为激进的部分强烈支持总统否决国会通过的整个法令，还认为应讨论并投票表决一个新的提案（他们将积极参与新提案的编写）。而农业政策网络则声称，既然该法（在否决之前）已被大多数国会成员批准，那么它就代表人民的意愿，应被签署，不得行使否决权。

这就2013年之初的形势。《森林法》被签署了，但总统否决了部分条款，由《临时条例》进行补充。（《临时条例》是巴西高层能够暂时绕过国会的一种方式）。但是，国会必须对否决项和《临时条例》进行审议，且农村地区联盟威胁要召集力量推翻它们。[85] 这一联盟之前已展示了其在国会的力量，且它有可能会故技重施。但是，政府对国会的影响也是很重要的；当《森林法》被签署成为法律时，要想维持该法，国会要依赖政府使用政治资本的意愿。如果政府要这样做，则它必须要依赖环境政策网络（在国会和其他地方）的动议权，但政府不想屈服于环境政策网络的需求。在撰写本报告（2013年）时，争论还远未结束。

注　释

[1] Roberto P. Guimarães, "O Novo Padrão de Desenvolvimento para o Brasil: Interrelaçãodo Desenvolvimento Industriale Agricolacomo Meio–Ambiente," in A Ecologiaeo Novo Padrãode Desenvolvimentono Brasil, J.P.Velloso,ed. (São Paulo: Nobel), p. 19.

第14章 经济发展的环境影响

[2] Roy Nash, The Conquest of Brazil (New York: Harcourt, Braceand Company, 1926), p. 290.

[3] Stanley J. Stein, Vassouras: A Brazilian Coffee County, 1850–1900 (Cambridge, Mass.: Harvard University Press, 1957), pp. 214–215.

[4] Stanley J. Stein, Vassouras: A Brazilian Coffee County, 1850–1900 (Cambridge, Mass.: Harvard University Press, 1957), pp. 217–218.

[5] Nash, The Conquest, pp. 286–287.

[6] 关于对巴西城市贫困的描述，请参阅Hamilton Tolosa, "Dimensãoe Causasda Pobreza Urbana," Estudos Econômicos 7, no.1 (1977); Hamilton Tolosa, "Pobrezano Brasil: Uma Avaliaçãodos Anos 80," in J.P. Velloso, ed., A Ecologia, pp. 105–136.

[7] George Martineand Clélio Campolina Diniz, "Concentração Econômicae Demográficano Brasil: Recente Inversãodo Padrão Histórico," Revistade Economia Politica 11, no. 3 (July–September 1991): 121–134.

[8] 并非所有污水系统都完好地发挥作用，在有些情况下，化粪池设施与稍好些的蹲坑厕所没什么差别。此外，在土地状况差的地方，有很多家庭住在化粪池附近，可能会受到这种公共卫生设施的污染。

[9] Charles C. Mueller, "Dinamica, Condicionantese Impactos Socio–Ambientais da Evoluçãoda Fronteira Agricolano Brasil," Revistade Administração Pública 26, no. 3 (July–September 1992): 64–87.

[10] Gordon W. Smith, "Brazilian Agricultural Policy: 1950–1967," in The Economy of Brazil, Howard Ellis, ed. (Berkeley: University of California Press, 1968), pp. 213–265.

[11] 请参阅第13章。

[12] George F. Patrick, "Fontesde Crescimentona Agriculture Brasileira: O Setor Culturas," in Tecnologia e Desenvolvimento Agricola, Claudio Contador, ed. (Riode Janeiro: IPEA/INPES, 1975), pp. 89–110；还可参阅Mueller, "Dinamica, Condicionantes," p.69; and Fernando Homemde Melo, Prioridade Agricola: Sucessoou Fracasso (São Paulo: PIPE e Livraria Pioneira, 1985), ch. 2.

[13] Charles C. Mueller, "Agriculture, Urban Bias Development, and the Environment: The Caseof Brazil," paper presented at the conference Resourcesand Environmental Managementinan Interdependent World, organized by the Resources for the Future and held in San Jose, Costa Rica, January 22–24, 1992.

[14] 对于在大草原地区扩张现代农业，技术变更非常重要。在20世纪70年代，一系列的技术突破使之变为可能，例如使用石灰石来降低土壤酸度以及研发适合大草原地区的高产品种。

[15] 巴西是世界第三大农用化学品市场，前两名分别是美国和法国。CIMA, Subsidios Tecnicos,

p. 37.

[16] Braulio F. de Souza Dias, "Cerrados: Uma Caracterização," in Alternativasde Desenvolvimentodos Cerrados: Manejoe Conservaçãodos Recursos Naturais Renovaveis (Brasília: IBAMA, 1992), pp. 11–26.

[17] Robert U. Ayres, Resources, Environment, and Economics——Applications of the Materials/Energy Balance Principle (New York: John Wiley & Sons, 1978), p. 47.

[18] 据估计，圣保罗地区表层土的损失（每年损失约194吨）与种植一年生作物有关。在巴拉那州，每年损失表层土1.44亿吨。就整个巴西来说，由于水土流失，每公顷的在耕作土地每年损失25吨表层土。Guimarães, "O Novo Padrão," p. 37.

[19] Mueller, "Agriculture, Urban Bias."

[20] Mueller, "Dinamica, Condicionantes."

[21] Herbert O.R. Schubart, "A Amazoniaeos Temas Ecologicos Globais; Mitose Realidade," Documentosde Trabalho No.6, Instituteforthe Study of Society, Population and Nature, Brasília, 1991.

[22] Eustaquio J. Reis, "A Amazoniaeo Efeito-Estufa," in Perspectivasda Economia Brasileira——1992 (Riode Janeiro: IPEA, 1991), pp. 569–583. 导致温室效应的主要因素是燃烧化石燃料，但因最近亚马孙地区森林砍伐活动而产生的二氧化碳使得巴西成为世界上第五大二氧化碳排放国。请参阅World Resources Institute,World Resources 1992–3 (New York and Oxford: Oxford University Press, 1992), p.118. 在1989年，美国排放的二氧化碳占全球的18.4%，前苏联为13.5%，中国为5.4%，日本为5.6%，巴西为3.8%。在美国、前苏联和日本，二氧化碳的排放主要是因为燃烧化石燃料。但在巴西，82.1%的二氧化碳排放是由于土地用途的改变，尤其是亚马孙地区的森林砍伐行径。

[23] Dennis J. Mahar, Government Policiesand Deforestationin Brazil's Amazon Region (Washington, DC: The World Bank, 1989), p.5, 指出"在马瑙斯附近，每公顷的热带雨林……直径5厘米以上的树种有235种，直径15厘米以上的树种有179种。鸟、鱼、昆虫的数量和种类也是无可匹敌的。在亚马孙流域的水域，有……2000种已知鱼类。"

[24] 据估计，以世界上当前破坏雨林的速度来看，每年会灭绝4000到14000个物种，或者说，每天会灭绝10到38个物种，Schubart, "A Amazonia," p. 16.

[25] 这个周界包括马拉尼昂州南部、帕拉州东南东部、托坎廷斯州和马托格罗索州北部部分、朗多尼亚州和阿克里州的地区。

[26] 更为详细的讨论，请参阅Charles C. Mueller, "Colonization Policies, Land Occupationand Deforestation in the Amazon Countries," Documentos de Trabalho No.15, Instituteforthe Study of Society, Population and Nature, Brasília, May1992.

[27] 关于亚马孙地区政策及其影响的一些重要研究，请参阅Stephen G.Bunker, Under developing

the Amazon—Extraction, Unequal Exchange and the Failure of the Modern State (Urbana: University of Illinois Press, 1985); Hall, Developing Amazonia; E.Moran, ed., The Dilemma of Amazonian Development (Boulder, Colo.:Westview Press,1983); David Goodmanand Anthony L. Hall, eds., The Future of Amazonia: Destructionor Sustainable Development (New York: St. Martin's Press 1990).

[28] 水电站大坝淹没了240万公顷林地。该地区的平整地形变成了一片汪洋。

[29] CIMA, Subsidios Tecnicos; see also Hall, Developing Amazonia.

[30] Anna Luiza O.de Almeida, "Colonização na Amazonia: Reforma Agraria Numa "Fronteira Intemacional," in Perspectivas da Economia Brasileira—1992 (Riode Janeiro: IPEA, 1991), p. 609.

[31] 请参阅 "Os Cupinsda Floresta," OEstadode São Paulo, July12, 1999, p.A3; "Papeis Contra Motoserras no Nortão," Gazeta Mercantil, November 22, 1999, p. 5; "Só20 Percentda Madeirasai Legalmenteda Amazônia," Gazeta Mercantil, October19, 1999, p.A-9; "Mandeireiro Terá Pedidode Prisão Decretado," O Estadode São Paulo, April 5, 1999, p.A8.

[32] "Os Cupins da Floresta," O Estadode São Paulo, July 12, 1999, p.A3.

[33] Schubart, "A Amazonia," p. 10.

[34] World Resources Institute, World Resources 1992–3 (New York and Oxford: Oxford University Press, 1992), p. 118.

[35] 表13.9（a）和（b）中的数据并非严格比较；他们的来源不同，尤其是他们的"中心"和"边缘"的组成不同。但是，通过对比，我们至少可以得出亚马孙去森林化地区农业和养牛业所扮演角色的数量级。

[36] CIMA, Subsidios Tecnicos, ch. 2.

[37] Lee Alston, Gary D.Libecap, and Robert Schneider, "The Settlement Process, Land Values, Property Rights, and Land Useon the Brazilian Amazon Frontier: Les-sonsfrom USE conomic History," paper presented for the Economic History Workshop, University of Illinois, May 10, 1993.

[38] 根据曾多年领导最大环保组织的一个非常受尊敬的环保主义者保罗·诺盖拉·内托：巴西有人对第一世界的环保立场持强烈的否定观点。他们之中有右翼分子也有左翼分子，但他们有一点是相同的，都认为巴西在某种程度上是一个受到围攻的国家。他们把拯救巴西免于其他国家（或更具体来说，即第一世界）的有害意图或行为，视为自己的责任，或者更好听一点说，视为自己的使命。他们从心底认为，国际上存在着针对巴西的"阴谋"，包括对亚马孙地区的直接干预，旨在减缓该国的发展。实际上，在1991年，曾有巴西陆军高级别官员发表过关于亚马孙的阴谋论声明，且巴西媒体对这些观点做了广泛报道。但是，为"阴谋论"辩护的人不仅仅只有军队人士，而是到处都有。

一般来说，他们认为巴西受到其他国家围攻，把环保主义者视为间谍。（Paulo Nogueira Neto, "Rio-92: um Portode Convergeniade Meio Ambiente e Desenvolvimento," in J. P.Velloso, The Conquest, pp. 53-56.）

[39] Aloisio Barbozade Araujo, "O Brasilea Agendada ECO-92," in Perspectivas da Economia Brasileira—1992 (Riode Janeiro: IPEA, 1991), p.562。缺水加上缺乏公共卫生设施导致一些疾病和污染，这些问题是不会跨越国界的。虽然一些其他国家的非政府环保组织表达了对巴西贫困的担忧，但他们通常只关注亚马孙农村地区的贫困。发展不平衡地区的贫困通常被忽略了。

[40] CIMA, Subsidios Tecnicos, p. 69.

[41] CIMA, Subsidios Tecnicos, p. 69.

[42] Findley, "Pollution Control in Brazil," pp. 7-8.

[43] Ronaldo Seroada Motta, "Mecanismosde Mercadona Politíca Ambiental Brasileira," in Perspectivasda Economia Brasileira—1992 (Brasília: IPEA, 1991), pp. 585-586.

[44] 关于巴西环境决策机构演变的更多详细信息，请参阅Findley, "Cubatão Brazil," p. 22; CIMA, Subsidios Tecnicos, pp. 38-42.

[45] Aninstance说到法律界的观点，有一个例子来自备受尊敬的法学家小迈克·里尔教授的报纸专栏（Miguel RealeJr., "ALei Hediondados Crimes Ambientais," Folhade São Paulo April 6, 1998）。在专栏里，他表示了失望以及"对立法技巧方面的重大错误（在法律中添加了荒唐的内容，暴露了他们对常识的完全缺乏）的强烈愤怒"，他还陈述说，"保护环境的责任并不能授权国会制定和批准独裁刑法，把不相关的行为变成犯罪……对行为作了难于理解的描述，认为犯罪纯粹属于行政性质，会产生极大的不稳定性。"

[46] 请参阅Edis Milaré, "Tutela Penaldo Ambiente Segundoa Lein. 9605/98—Parte I," Revistado Meio-Ambiente Industrial 3, no. 14, (September/October 1998).

[47] CIMA, Subsidios Tecnicos, pp. 49-50.

[48] 各州被要求建立适用于单个污染源的排放限制和设备标准。但考虑到企业的经济和技术能力，在具体执行时这些限制和标准通常有商讨的余地。请参阅Findley, "Cubatão, Brazil," p. 24.

[49] CIMA, Subsidios Tecnicos, p. 50.

[50] Findley, "Cubatão, Brazil," p. 25.

[51] CIMA, Subsidios Tecnicos, p. 51.

[52] Findley, "Pollution Control in Brazil," p. 34.

[53] CIMA, Subsidios Tecnicos, p. 54.

[54] CIMA, Subsidios Tecnicos, pp. 57-58.

[55] CIMA, Subsidios Tecnicos, p. 61.

[56] 更多详细信息，请参阅Rafael Pinzón Rueda, "Historical Development of Extractivism," in Extractive Reserves, JulioRuiz Murietaand Rafael Pinzón Rueda, eds. (Gland, Switzerland, and Cambridge: IUCN, 1995), pp. 3–12.

[57] 请参阅Carlos Aragón Castillo, "Viability of the Extractive Reserves," in Muneta and Rueda, eds., Extractive Reserves, pp. 19–36.

[58] 关于对农业政策网络和其他政策网络结构的讨论，请参阅Charles Mueller, "Agricultural, Agrarianand Environmental Policy Formation Under Lula: The Role of Policy Networks," in Brazil Under Lula—Economy, Politicsand Society Under the Worker-President, Joseph Loveand Werner Baer, eds. (NewYork: Palgrave Macmillan, 2009), ch. 7.

[59] 关于卢拉政府第一届任期结束前环境政策网络演变的更深刻讨论，可参阅的文件同上，pp. 143–159.

[60] Mueller, "Agricultural, Agrarian."顺便提一句，在联邦政府中有一个较为有影响力的成员，非常希望能够尽快执行基础设施计划，她是卢拉总统的得力干将迪尔玛·罗塞夫部长，正是她使卢拉成功当政。她在多个场合表明，她不会宽恕玛丽娜的妨碍策略。

[61] 关于《森林法》（第12651/12号法律，被否决的条款以及第571/12号临时条例）的详细叙述，可参阅 "Código Florestal—Lei n. 12651/12; Medida Provisórian. 571/12," Agroanalysis (Riode Janeiro: Fundação Getúlio Vargas, 2012), vol. 32, n. 6 (July 2012), Annex.

[62] Agroanalysis (Riode Janeiro, Fundação Getúlio Vargas,2012) vol.32, n.6 (July 2012).

[63] 扶持农垦国会前线立法核心决策组（Bancada Ruralista）是国会中一个强有力的联盟，由对农村/农业问题有兴趣的所有政党组成。因此它有能力推翻某些或全部否决项；它还可能会尝试修改临时条例。

第 15 章

医疗保健

提升普通民众的生活水平是一国国民经济发展的主要目标之一。政府除了要创建公平合理的体制（比如避免出现严重的收入分配不均），提高国民人均收入之外，还要为普通民众提供适当的教育和医疗服务。然而，究竟是较高的人均收入水平能够带来更好的教育和医疗水平，还是较高的教育和医疗水平能够提高国民的人均收入？有关这种因果关系的争论在巴西国内甚嚣尘上。

　　最新的研究表明[1]，健康和营养水平能够对学业或生产能力产生积极的影响，而从人力资源理论的角度看，这些积极的影响能够最终都可以转化成为经济长期增长的动力。[2] 因此，医疗和教育就成为人力资本积累的最根本的渠道，也被视为一项能够持续产生未来报酬的投资。教育投资的回报更易于衡量，因为接受教育的年限是教育水平的直接体现，而对于医疗投资来说，回报则较难衡量，因为没有相似的指标可以衡量个体的健康水平。[3] 这部分解释了为什么关于通过改善医疗保健来增加人力资本投资的基础经济研究所受的关注要远低于增加教育的回报的原因所在，尽管它对发展和个人福祉来说同样非常重要。

　　另外，个体健康水平的提升会延长平均寿命，而这也就降低了教育投资和由政府主导的社会项目投资的折旧率，进而提升投资回报率。早逝意味着政府在此人身上的回报率也较短。从国家的角度来看，科学家或政治家的英年早逝也会造成很大的损失。举例来说："如果爱因斯坦死于第一次世界大战后的流感大暴发或凯恩斯只写完《货币论》就去世的话，世界将会怎样？"[4]

　　尽管有统计数据显示，随着经济的增长和人均收入的提高，个体的健康水平也会相应地提升，但一个重要的问题就是，各个收入群体的健康提升水平各不相同。收入分配情况会影响社会需求格局，同样也会影响在医疗服务上的资源耗费的方式。这个问题在收入分配扭曲的发展中国家中尤为明显，政治权利和社会地位会形成各种正式或非正式的制度因素，进而影响社会服务的供给。

专家们很早就意识到，健康是个非常难以界定的概念。尽管在大多数人的认识中，健康就是身体无恙无疾，但人们也发现，"在健康标准较高的发达国家，肠寄生虫或一级（轻微）营养不良都会被认为是疾病，但在健康标准较低的国家，人们对这些疾病甚至习以为常"[5]另外，健康统计数据也并不完善，因为"健康统计数据是以身体无病为基准，而且许多贫弱国家的病人无力去医院问诊就医，因此这部分人也就无法被纳入统计系统。"[6]

正是在这样的背景下，我们研究了巴西的经济增长和发展是如何体现在国民健康以及医疗服务系统中的。我们首先研究了巴西国民健康水平进步的一般情况。之后，我们将会对巴西对医疗和医疗服务体系的改善所投入的资源进行调查。

健康状况

整个20世纪，巴西人口的健康水平得以大幅度的提升。表15.1反映了巴西的出生时预期寿命从20世纪30年代的43岁增长至2006年的72岁。然而，同样值得注意的是，巴西的人均预期寿命水平依然低于发达国家和其他拉美国家的平均标准，而且巴西国内各地区之间的人均预期寿命水平差异很大，东北部地区的寿命水平远低于西南部。表15.2同样反映了婴儿死亡率从20世纪30年代的每千名158例降低至2006年的每千名29例。但是，即使取得了这样的成绩，巴西的婴儿死亡率水平还是远落后于发达国家和拉美国家的平均水平。而且，巴西西南部地区的婴儿死亡率也同样低于拉美国家的平均水平。20世纪90年代，泛美开发银行曾对拉丁美洲健康状况做过评估，其结论认为"在过去的三十年中，拉丁美洲和加勒比海地区在婴儿死亡率、人均寿命以及医疗服务覆盖范围等方面取得了明显的进步，然而，考虑到该地区的教育和收入水平，国民理应享受更优越的健康水平，但这些国家却普遍存在着医疗服务覆盖范围窄、医疗服务水平低下甚至恶化，而医疗成本攀升等严重问题"，这一结论也同样适用于巴西的情况。[7]

表15.1 1930—2006年出生时预期寿命

地区	1930—1940年	1940—1950年	1950—1960年	1960—1970年	1970—1980年	1998年	2006年
巴西全国	42.74	45.90	52.37	52.67	60.08	67.91	71.97
东北地区	37.17	38.69	43.51	44.38	51.57		66.70
东南地区	44.00	48.81	56.96	56.89	63.59		70.10
拉丁美洲				55.2		69.0	72.00
工业国家				68.6		73.8	77.00

资料来源：IBGE, Estatistícas Historicas do Brasil: Brazil em Numeros, 1998; UNDP, Human Development Report, 1997.

表15.2 婴儿死亡率 （‰）

地区	1930—1940年	1940—1950年	1950—1960年	1960—1970年	1970—1980年	1994年	2006年
巴西全国	158.3	144.7	118.1	116.9	87.9	40.0	28.6
东北地区	178.7	174.3	154.9	151.2	121.4	63.1	38.2
东南地区	152.8	132.6	99.9	100.2	74.5	26.8	18.9

资料来源：IBGE, Estatistícas Historicas do Brasil: Brazil em Numeros, 1998; UNDP, Human Development Report, 1997; and World Bank, World Development Report.
注：1996年数据：美国13；德国5；瑞典4；英国6；墨西哥32；拉丁美洲38。

巴西之所以能够取得这些进步和改善，部分原因是该国的医疗卫生基础设施有了切实的改善。可获得清洁饮用水的人口比例大幅攀升，从1970年的33%上升至2005年的83%。但是能够享受卫生设施的人口比例仅从1970年的26.6%上升至1995年的40%，这一比例远低于工业发达国家或拉丁美洲的平均水平，见表15.3。巴西人均医生和护士拥有量则远高于工业发达国家或阿根廷，见表15.4。20世纪90年代，巴西医疗服务总开支在GDP中所占的比重远低于美国、阿根廷或墨西哥，见表15.5。[8]

表15.3 卫生基础设施（人口占比） （%）

国家或地区	可获得纯净饮用水		可获得卫生设施		
	1980年	1995年	1980年	1995年	2004年
巴西		82（2005年）		41	90

续表

国家或地区	可获得纯净饮用水		可获得卫生设施		
	1980年	1995年	1980年	1995年	2004年
美国		90	98	85	
英国		100		96	
德国				100	
墨西哥		83		66	
拉丁美洲	60	75		61	

资料来源：World Bank, World Development Report; UNDP, Human Development Report, 1997.

表15.4　1988—1991年健康状况

国家	医生人均负担人口	护士人均负担人口	5岁以下儿童儿童营养不良普及率（%）
巴西	847	3448	6
智利	943	3846	1
阿根廷	329	1786	5
墨西哥	621		8
加拿大	446		
瑞典	395		
丹麦	360		
美国	470 （1984年）	70	
德国	380 （1984年）	230	

资料来源：World Bank, World Development Report.

表15.5　1998年和2003年公共医疗开支占GDP比　　（%）

国家	1998年	2003年
巴西	1.9	3.4
阿根廷	4.3	4.3
美国	6.6	
英国	5.8	
瑞典	7.2	
墨西哥	2.8	

资料来源：World Bank, World Development Report, 1999, 2004.

在过去几十年内，巴西人口的死亡结构也发生了很大的变化，这反映出，随着人口结构的变化，流行病学的结构也发生了改变。随着出生时预计寿命的提高，慢性渐进性疾病的比例也出现增长。然而，相比于经济发达地区（如欧洲）或整个美洲大陆来看，见表15.6。20世纪90年代，巴西人口死亡原因中在很大程度上都与大量人口处于生活贫困状况有关，比如慢性阻塞性肺病、消化系统疾病以及围产期病症等。

从住院治疗方面看，25.8%的住院患者都是由于出现妊娠或分娩并发症。其他常见住院治疗的疾病还有呼吸道疾病（16%）、循环系统疾病（9.96%）以及感染和寄生类疾病（8.79%）等，这也反映出巴西的流行病学模式：由于社会鸿沟依然普遍，因此出现了退行性疾病与传染和寄生类疾病并存的局面。

表15.6 死亡主要原因 （%）

死亡原因	巴西（1994年）	美洲（1998年）	欧洲（1998年）	美国（2003年）
心脏病	7.7	17.9	25.5	27.9
心脑血管疾病	9.3	10.3	13.7	6.4
急性下呼吸道感染	9.1	4.2	3.6	5.1
HIV/艾滋病	4.5	1.8	0.2	
慢性阻塞性肺疾病	7.1	2.8	2.7	5.1
痢疾	4.2	2.0	0.7	
围产期疾病	4.2	2.6	1.2	
肺结核	a	1.0	0.6	
气管/支气管/肺癌		3.2	4.2	
道路交通事故	3.3	3.1	1.9	4.4
其他	49.4	51.1	45.7	
总计	100.0	100.0	100.0	

资料来源：IBGE, Brasil em Numeros (Rio de Janeiro: IBGE, 1997); WHO, The World Health Report 1999.
注：a. 巴西的肺结核数据统计在"其他"栏。

总而言之，巴西的健康问题既包括婴儿与儿童常见疾病（如痢疾），也包括老年人口的退行性疾病。"巴西正在经历由发展中国家的流行病模式向发达国家流行病模式过渡，这两个健康问题都要得到解决"。[9]巴西国内地区间发展的差异也增加了转型的成本。经济发达的东南部和南部地区的健康统计数据与发达国家类似,而落后的北部和东北部地区的健康模式却与非洲穷国,如埃塞俄比亚类似。[10]

20世纪80年代中期之前的健康和医疗服务

在巴西,医疗开支占GDP的比重从20世纪50年代的1%～2%上升到20世纪80年代中期的约6%(美国为11%,西德为9.2%,阿根廷为9.7%,而瑞典则是10%)。按绝对价值计算,巴西在1982年的人均医疗开支为80美元,而同期美国的人均医疗开支是巴西的15倍。[11]值得注意的是,1950年,巴西政府用于医疗卫生的开支仅占GDP的1%,而这些开支中的大部分都被用于预防医学和公共健康项目。随后的四十年间,医疗开支的增长大部分是来自于个人药品开销的增长,到了1985年,个人药品开销占整个医疗开支的85%。[12]巴西大部分医疗服务都由社会保障系统提供,而这个体系主要覆盖人群是工人和正规部门的雇员,[13]政府对于疫病预防服务的忽视则更加剧了这种不公。[14]因此,医疗开支增长的受益者主要是巴西城市中的中高收入群体,而他们则大部分集中在经济发达的东南部地区。

联邦政府试图通过国家社会保障医疗援助局(INAMPS)对医疗和医院系统实行资助,通过引入医疗服务的第三方支付,以收取工薪税为其融资,还通过补贴信贷对私人医院的建设进行资助。[15]20世纪80年代早期,巴西的社会保障体系理应覆盖到90%的人口,而社保体系中四分之一的资金都用于资助医疗和医院体系的建设。另外,巴西在1974年成立了一个社会发展特殊基金(FAS),为超过3万家医院的床位建设提供了资金,其中四分之三是私立医院。[16]巴西卫生部主要提供门诊和预防医疗服务,它的资助在20世纪70年代出现大幅下降。值得注意的是,在经济危机期间,对预防医疗项目的资助通常都会因财政调节而出现大幅下滑。[17]比如在1980年至1983年间,联邦医疗开支下跌了20个百分点。[18]

在这一时期,巴西政府相关部门之间出现了分歧,卫生部力主解决重大公共健康问题,比如肺结核及其他传染和寄生类疾病、流感、肺炎、支气管炎以及腹泻等,而社会保障部以及国家社会保障医疗援助局则代表着医药和医院的利益。

从地区上看，在20世纪80年代早期，政府曾将医疗资源从发达地区更多地分配至落后地区。政府的医疗支出收入中有9%是来自东北部地区，而对该地区的医疗投入则达到了17.2%。尽管政府对医疗资源进行了重新分配，但联邦医疗开支在发达东南部地区的投入仍是东北部地区的两倍。[19] 1980年，巴西东北部地区全年前往医院的就诊人数为3200万人，平均每人每年不到一次，而在东南部地区，每人每年问诊次数为1.7次。[20]

1973年，巴西4000个城市中有一半的城市没有住院医生，巴西医疗体系在当时的窘迫局面由此可见一斑。这些城市大多集中在巴西北部和东北部地区，但即使在经济发达的圣保罗州，几乎三分之一的城市没有医生。[21]

到20世纪80年代，医药和医院体系是医疗服务中最大的组成部分。1981年，超过85%的医疗开支都投入到私人医疗服务机构上，因此，"医疗服务的提供主要是通过私立医疗机构所实现，而政府则通过国家社会保障医疗援助局对这些医疗机构进行费用补偿"，[22] 但这个系统成本高昂且服务低劣。这种做法与大多数发展中国家的典型方式不同，在其他发展中国家，医疗服务开支中的大部分资金都被用以支持公共医疗机构（表15.7反映了巴西公共医疗和私立医疗机构的分布）。[23] 大多数巴西医生，特别是大城市的医生往往同时做好几份兼职，因为：

> 每个医生除了在公立医院工作之外，通常还在一些私立医疗机构任职。他们一般会利用自己在公立医院就职的机会把患者介绍到私立医疗机构，而从医生的角度来看，他通过收费服务为患者提供更好的服务，而且患者也会得到更好的照顾……因此，在1981年，巴西公立医疗机构拥有全国43%的医生和牙科医师，但住院率却仅有10%。私立医疗机构的医生、牙科医师和医院却承担了全国30%的门诊量和86%的住院率。[24]

表15.7　公立和私立医疗机构的分布　　　　　　　　　　（%）

年份	带床位的医疗机构		不带床位的医疗机构	
	公立	私立	公立	私立
1978年	19	81	70	30
1980年	20	80	71	29

续表

年份	带床位的医疗机构		不带床位的医疗机构	
	公立	私立	公立	私立
1988年	26	74	74	26
1990年	28	72	77	23

资料来源：IBGE, Estatisticas Historicas do Brasil; Brasil em Numeros, 1998; UNDP, Human Development Report, 1997; and World Bank (1994).

许多研究也表明，20世纪80年代，巴西公立医疗机构的利用率不高。这一方面是由于公立医疗机构设施老化、效率低下，另一方面也是因为国家社会保障医疗援助局付给公立医疗机构医生的报酬远低于那些盈利性的医院。同样，虽然患者先会前往公立医院就诊，但医生却倾向于推荐他们去私立医院治疗。总体上看，巴西实行的医疗服务体系会促使医生在最初接诊之后推荐大量的后续治疗方案。按照国际一般标准，每100名病人会接受23种辅助检查，而在1981年，那些与巴西国家社会保障医疗援助局签约的私立医疗机构则向病人推荐高达130种的辅助检查。巴西公立和私立医疗机构在每100次门诊中会提供95种辅助检查，而据专家称，其中80%的检查都是毫无必要的。[25]大量的、毫无必要的剖腹产数量也印证了这一点。1986年，随着收入水平的提升，巴西平均有32%的婴儿是通过剖腹产出生。而这种手术反而会直接增加母亲在分娩过程中的风险。[26]

自20世纪70年代，巴西医药系统的特点就是高科技医疗设备的快速扩展。如果把1970年的水平作为基数100的话，1981年的问诊人数增长到565，住院人数增长到469，接受X光检查人数增长至1036，其他辅助检查则上升至1530。麦克·格里利（McGreevey）和同事的研究发现，许多检查都是毫无必要的，但"巴西如今出现了一个庞大的医疗设备产业群，并向医疗机构推销胶片和相关产品，因此他们有理由抵制变革。"[27]泛美开发银行曾发布报告对拉丁美洲的医疗体系提出批评，报告称"对于拉丁美洲及加勒比海地区的医疗体系来说，最主要的问题在于其组织结构以及分配医疗资源的特殊方式。这些方式会推升医疗成本、打击医疗服务供应商的积极性、过于追求效益好的业务以及导致不同地区和收入群体之间医疗服务覆盖率出现差异"，[28]这些批评完全符合巴西在20世纪80年代之前的医疗体系状况。

在这一点上，我们可以观察到，尽管经济的高速增长和医疗系统的改善为中高收入阶层提供了十分丰富的医疗服务，但其对城市低收入群体和农村人口的照顾却显然不足。

在这期间，旨在反对这种极端不公和浪费严重的医疗体系的社会运动开始兴起。他们要求实行医疗改革以"保证所有公民都享有平等的权利，将医疗服务的重心从治疗向预防转移，包括接种疫苗和环境卫生。"[29] 随着1984年集中卫生行动计划（Ações Integradas de Saude，简称AIS）以及1987年统一化及分散化的医疗服务系统（SUDS）的启动，医疗改革的序幕也正式拉开，1988年对宪法的修订令医改达到了顶峰，这一点我们稍后会讨论。

1988年宪法及其对巴西医疗服务体系的影响

1988年宪法宣布，所有公民不分收入和职业，都享有"普遍而平等的医疗服务的权利"，将国家社会保障医疗援助局和卫生部合并成为统一卫生系统（SUS），并宣布地方政府会在联邦政府和各个州政府的技术和资金援助下，提供全面的医疗健康服务。SUS的成立巩固了自AIS和SUDS开始的医改努力。有人认为，在实施或鼓励分散化经营方面，协调性和效率正在提升，而对巴西这样一个庞大的联邦制国家来说，这是个非常重要的因素。[30] 在SUS体制下，地方政府会组成"单一系统"，负责具体公共卫生服务事业管理，而更加宽泛的管理则由中央政府来执行。[31] 因此，我们发现巴西医疗改革中有两个重要影响：首先医改覆盖范围惠及全民；其次，医疗服务的提供实现了分散化。

不过，虽然这部宪法在明确各级政府的具体责任方面语焉不详，但却详细规定了联邦资金在这三级政府之间的分配方式。联邦政府所获得的资金从20世纪70年代末期的超过50%下降到1993年底的36.5%，州政府所获得的联邦资金额度小幅上涨，而地方政府所获资金从14%上升至22%。对于地方政府来说，多出的资金是额外奖励还是负担要取决于他们所承担的责任是否更大。尽管1988年宪法为去中心化系统打下了基础：

在更多的资金从联邦政府向地方政府划拨的过程中，职责不清导致整个体系被滥用或出现混乱局面。人们并不清楚究竟是哪个机构或哪一级政府对该系统或资金拥有最终的控制权。每一级政府都继续参与到融资和医疗服务供给中。[32]

到了20世纪90年代早期，巴西全国共拥有5500个城镇地方政府，而大部分地方都有权管理超出其能力范围的医疗体系。人口超百万的大城市可以通过规模经济、拥有更多的人才和负责任的机构进行管理，而人口在5000人至30000人左右的小城镇既没有管理能力也无资金去有效地管理和提供医疗服务，这也就是为什么在很多情况下州政府仍是医疗资源管理者和医疗服务提供者。

私人机构作为补充医疗服务提供商，也同样可以加入SUS医疗体系。医疗资源公共管理者与私人医疗服务提供商之间是通过签署合同并按服务付费的方式合作。

在巴西医疗资源地方自治化实施的前四年，公立医疗机构的建设出现了爆发式的增长，特别是小城镇尤其如此。然而，由于缺乏资金，大部分医院都并未实际完工。人们此前认为的，由于地方政府被赋予了更多的责任，所以分散化管理也会令他们承担更多的公共支出责任的想法正在受到质疑。刘易斯（Lews）和美第奇（Medici）得出的结论是："考虑到市长们的激励机制，他们只是更愿意将资金花费在看得见的、投入巨大的建设工程上，比如医院和诊所的建造，而把运营的责任推给下一届当选官员。"[33] 分散化管理还会导致规模较小的城镇修建自己的医院，考虑到其间巨大的建设和维护成本，这会导致这些地方出现医疗机构供大于求的局面。

20世纪70年代和90年代早期，国家社会保障医疗援助局与私人医疗机构签署的合同成倍增长，导致其成本不断攀升，对医疗服务开支的监管却形同虚设。虽然在审计方面的尝试取得了进步，但在账目和开支预算管理方面却是问题丛生，腐败和丑闻也常有发生。因此，政府成立了专家委员会，专门负责为新的医疗服务体系设立关键指标。新体系将以下几个方面作为优先重点：（1）给予患者自由选择医疗服务的权利；（2）为参与医疗服务体系的医院设定标准；（3）重新调整医疗服务供应商付款机制；（4）制定医院准入的标准；（5）将付给医院和医生的资金分开管理；（6）实行财务控制和监管；（7）将投入资金额与医院业绩表现挂钩。新系统会根据平均成本和世界卫生组织准则来确定收费标准，并按照诊断量向医疗服务供应商支付固定费用。[34] 作为住院费用的补充，联邦政府于1990年开始实施医院门诊收费系统UCA，这个系统中包含了急诊和门诊，但付费系统却是分开的。这种做法旨在消除对住院的补贴激励并对医院的门诊和住院服务进行补贴。

1991年底，SUS系统每月接纳120万名患者，平均住院天数为6.4天。相比于发达国家和其他发展中国家，这一数字相对较低。从1987年至1991年，医院利用率上升了53%，而人口每年增长率则低于2%。刘易斯和美第奇指出，"部分增长是来源于整个医疗服务体系向全民开放，而另一方面则是因为假账丑闻以及城市居民对医疗服务品质需求的不断提升。"[35] 医疗服务普及化和人均寿命的增加所带来的医院利用率的上升会令人们怀疑，政府在面对经济衰退和财政危机的情况下，是否有能力满足不断增长的医疗服务需求。

私人医疗服务机构和公立医院对巴西医疗服务体系的贡献

巴西医疗服务体系中大部分都是私人运营的医疗机构，这是因为20世纪80年代医疗服务的增长主要是通过州政府向私人投资商投资兴建医院提供补贴贷款造成的。私人机构主要提供住院护理服务，而公立机构则主要是投资门诊服务设施，见表15.7。1987年，国家社会保障医疗援助局对64%的住院病人进行补贴，其中公立医院的份额只占不到20%；该局还对70%的门诊病人进行补贴，其中公立医院占了其中的一半。20世纪90年代，巴西全国医院床位中有80%位于私立医疗机构，而公立医院则提供了70%的门诊服务。联邦政府是公立医院开支的主要资金来源（约65%）而州政府和地方政府则分别是20%和15%。从这一数据可以明显看出，政府在医疗服务体系中发挥了重要作用，特别是在费用高昂的住院治疗方面。20世纪90年代，巴西公共医疗开支占GDP的约3.3%，而私立医疗机构占1.5%。[36]

医疗健康服务的分布

由于公共医疗机构所提供的服务问题丛生（比如过长的看病队伍、缺乏基础护理以及舒适的就医环境等），私立医疗机构持续增长，这些机构为需要购买医疗服务方案的中高收入人群以及雇主公司提供了医疗健康服务的员工提供服务。表15.8反映出按照收入五等分位数统计的享受医疗服务的人群分布。我们注意到，随着收入的提高，有健康方案人数的百分比也随之升高（从最低五分位数的1.4%到最高五分位数的63.4%）。

表15.8　健康计划的分布　　　　　　　　　　　　　　　（%）

是否有健康计划？	收入五等分				
	1	2	3	4	5
是	1.40	5.00	16.80	34.50	63.40
否	98.60	95.00	83.20	65.50	36.60

资料来源：Campino et al. (1999).

私人医疗机构能够提供基本的医疗服务和住院服务。然而，一旦涉及高技术含量的医疗服务，就算是高收入人群也必须前往公立医院就医，因为私立医疗机构通常不会配置高科技设备。因此，矛盾的是：

> 低收入群体和无正式工作的人群几乎没有使用公立医疗服务的机会。在大多数情况下，他们并不知道自己需要什么样的医疗服务；并且就算他们知道，也无法获得。[37]

据预计，20世纪90年代中期，私立医疗机构共接待了3700万人，约占总人口的23%。

泛美开发银行在1996所做的关于拉丁美洲医疗健康服务产业的研究表明：

> 一个巨大的私立医疗机构产业承担了全国一半的问诊数量并容纳了近四分之一的住院人数。这个体系主要为私人所拥有，向使用者直接收费，而这些使用者却无法控制服务，却要承担了全部风险。政府监管降低到了最低……对于

那些有能力负担的人来说，医疗服务越来越综合化，也更多地被独立的财务安排所控制。[38]

另外，这项研究还发现，政府通过公共医疗服务供应商，越来越多地介入到医疗服务中，而且"政府通常会通过一般税来对此类医疗服务实行补贴，几乎总是没有补贴上限……这些服务之间也几乎没有任何整合"。

> 资源配置往往围绕着投入进行组织，却很少关注需求；对各种投入的集中化管理……令供应商、医院或诊所无法按时获得他们所需的不同投入。在公共部门就业通常能够提供稳定的岗位和固定的薪水，因此这些雇员们在实现职责上没有多少动力。事实上，对于那些也可以在私人诊所提供服务的医生来说，他们有很强的动机在提供可确保更高收入的私人服务时，利用自己在公共部门的职位随意调用公共设施。[39]

同样，"由于禁止运用定价体系，公立医疗机构中的患者人满为患，造成服务质量下滑，等待的队伍也越来越长。"[40]

巴西的国民健康状况

1996年至1997年在巴西东北部和东南部地区实施的一项特别社会调查发现，该国的医疗体系中充斥着大量的不公平现象。[41] 调查发现，国民的健康水平会随着收入的增加而提高。接受调查的受访者被分为两组，一组是声称自己健康状况良好或优秀，而另一组则是指出自己的健康状况差强人意。调查发现，80.9%的国民属于第一组，而只有19.1%的国民被归入第二组。通过收入五等分位数统计的结果发现，健康状况良好或优秀的人数从最低五等分位数中的76%上涨至最高五等分数位中的87%。调查同样揭示出，随着收入的增长，人们罹患心脏病、高血压和糖尿病的比例也随之增加，而患有消化类疾病和神经系统疾病的人数比例在下降。

医疗健康服务的需求

对于医疗健康服务的需求可以分为三类,一类是慢性病的治疗,一类是对突发疾病的治疗,最后一类是疾病预防。在上述的调查中,研究人员发现,随着收入的提高,使用医疗服务或定期进行体检的人数比例也在相应升高。另外,保健服务的需求也会随着收入的增加而出现明显上升,在收入最低五等分位数人群中,仅有47%的人寻求过保健服务,而在收入最高五等分位数人群中,这一比例是69%。

这项调查还揭示了,低收入群体会倾向于前往公立医院或医疗中心,而富裕群体则会选择私立医疗机构(医院、诊所以及医生办公室等,见表15.9)。同样值得注意的是,有许多高收入人群在需要高科技治疗手段时也会选择公立医院,因为私立医疗机构并不会配置高科技仪器。

表15.9　获得医院健康护理人群的分布　　　　　　　　　　(%)

护理单位	收入五等分					合计
	1	2	3	4	5	
公立医院及医疗中心	80.7	80.4	67.6	42.5	18.7	54.7
私立医院及诊所	9.7	13.5	25.8	52.9	76.6	39.8
其他	9.6	6.1	6.6	4.6	4.7	5.5

资料来源:Campino et al. (1999).

医疗服务开支

调查显示,医疗保健方面的开支也会随着收入水平的变化而变化。这种涨幅在五等分位数的4级和5级之间最为明显,达到157%。五等分位数5级的医疗保健开支是五等分位数1级人群的近6.5倍。在第一级五等分位数中,只有1.4%的人拥有某种形式的医疗保险,而在五等分位数的4级和5级人群中,这一比例分别达到34%和63.4%。

考虑到高收入群体有着较高的财力和较完善的保险保障,因此,高收入人群中患有慢性疾病的比例高于低收入人群的事实就不会令人惊奇。造成这种局面的原因有两种，首先是由于低收入人群较少关注自身身体健康状况，其次是人口统计学特征，因为这部分人群较少患慢性疾病。

调查发现，高收入群体在医疗健康服务的利用方面也存在着与医疗服务开支同样的不平等的现象。

医疗服务的资金来源

目前，巴西的医疗服务体系共有四种基本的资金来源。其中包括两种间接税、金融交易税以及财政稳定基金。

巴西宪法第198条规定，SUS的资金应该由联邦政府、州政府以及地方政府的社会保障预算提供。但宪法却没有规定哪一级政府应该通过怎样具体的来源为医疗服务体系提供资金。直到1995年，信息才最终统一，联邦政府提供63%的资金，州政府和地方政府的贡献比例分别为21%和16%。联邦政府的资金来源为社会保障预算。自20世纪90年代起，共有五个资金来源：

1. 公司净利社会贡献金（CSLL）。在巴西卫生部1994年的总开支中，企业利润贡献的比例为12.8%，而到了1995年至1997年间，这一比例下降到9.27%。

2. 社会保障基金税（CONFINS）的社会捐赠，创办于1982年，主要是依靠企业流转，计算基数是营业收入或利润，这部分资金在总资金中的份额起伏波动，1995年曾达到49.08%，而1998年也曾跌至25.05%。

3. 临时金融流通税（CPMF），实施于1997年，其贡献份额在1997年和1998年分别为27.8%和33.9%。

4. 成立于1994年的社会应急基金（Social Emergency Fund）所提供的资金从成立之初的36.8%下降至1998年的12%。

5. 其他资金来源所占的比例每年各有不同，但其中主要的来源正常的财政拨款和自身信贷业务，其在20世纪90年代中期的平均份额约为18%。

对于巴西税收系统的研究显示，在所有为巴西医疗健康服务体系融资的主要税种中，只有CSLL没有表现出清晰的非累退性。金融税CPMF因其累退程度引起了一些争议。部分专家认为，该税种是累进的因为低收入人群不使用银行系统，而另一部分学者宣称，在金融交易的背后是实体经济在发挥作用，它将银行系统作为交易的中介，因此，这个税种最终体现了所有的经济交易。

2012年的健康状况

21世纪前十年的末期，巴西在基础医疗服务方面取得了显著的进步：婴儿死亡率从2001年的每千名2.94下降到2010年的1.73，人均寿命则从2000年的70岁提高至2010年的73岁。1988年之前，只有3000万巴西人能够享受医疗服务，而到了2008年，这一数字提高到了1.4亿。[42]

然而，各地区之间的不平衡仍然相当明显。2010年的普查数据显示，巴西东北部地区的婴儿死亡率虽然出现了显著下降，但仍高于全国平均水平。

2010年，巴西医疗健康服务水平仍然大幅落后于发达国家。巴西每千人拥有2.4张床位，而欧元区则是每千人拥有5.8张床位。2008年，每千名巴西人仅拥有1.8名医生，而这一数字在美国则是2.4名。

尽管巴西在医疗健康服务体系中的开支（占GDP的9%）居于拉丁美洲各国之首，但其影响力却远逊于拉美各国。导致这一现象的原因或许是医疗资源在基础医疗服务和医院系统之间分配的冲突。另外，广泛存在的超额计费以及欺诈的泛滥也导致SUS体系在许多方面的支出超额。

巴西应用经济研究所（IPEA）的一项调查强调了医疗服务方面的不公平现象。[43]尽管SUS是普及且免费的，但只有少部分人才能负担得起私立医疗机构，而政府和军队的公务员也有享受特殊医疗服务的特权。最后，IPEA的报告也呼吁人们关注巴西经济发达地区（东南部、南部以及中西部地区）扩大的医疗服务普及率的问题。[44]

第15章 医疗保健

小　　结

我们在本章中介绍了巴西人口的健康处境，巴西的卫生系统，及其对该国经济发展进程的影响。尽管在上一个十年里，巴西的健康状况已有显著改善，但巴西仍然拥有特定的流行病学模式，因卫生基础设施匮乏导致的传染病和寄生虫类疾病（霍乱、疟疾等）依然十分普遍。这种模式与巴西收入分配的高度集中密切相关。中上层收入群体能够购买健康计划和使用种类与先进工业国家类似的医疗保健，而城市贫困人口和农村人口能够享用公共卫生服务的机会就十分有限，而这些服务大多相当不稳定。

在20世纪的最后20年里，主要是1988年宪法颁布后，巴西实施了一项医疗制度改革，以期促进医疗保健服务的公平和效率。这项改革仅仅取得了十分有限的成功。由于联邦政府的执行不够到位，新制度的实际作用偏离了政府最初所设定的目标。举例来说，立法一变再变带来了资源的消耗，因为这些资源的分布变得越来越去中心化。[44] 讽刺的是，这种去中心化的目的原本是为了提高提供卫生服务的效率。

我们已在本章中表明，提高发展中国家的健康状况，不仅取决于该国在卫生领域投入的资源比例，还取决于具体消费了多少资源以及都有哪些人群能够使用这些资源。巴西的收入分配高度集中，导致卫生支出发生扭曲，整体侧重于治疗医学，而忽视了预防医学，让高收入群体有条件利用国内的卫生基础设施，却往往忽视了低收入群体的需要。

注　　释

[1] Jere R. Behrman, "The Impact of Health and Nutrition on Education," World Bank Research Observer 11, no. 1 (1996); Beryl Levinger, "Nutrition, Health and Learning: Current Issues and Trends," School of Nutrition and Health Network Monograph Series, No. 1 (Newton, Mass.: Education Development Center, 1992); Reynaldo Martorell, "Enhancing Human Potential in Guatemalan Adults through Imported Nutrition in Early Childhood," Nutrition Today (1993).

[2] Selma J. Mushkin, "Health as an Investment," Journal of Political Economy 70, no. 5 (1962);

Theodore W. Schultz, "Reflections on Investment in Man," Journal of Political Economy 70, no. 5 (1962).

[3] 的确，健康存量方面有数个指标，但没有任何一个指数能够优于其他，而且它们在本质上都是互补指数。出于显而易见的原因，我们不能够用个人健康支出来作为个人健康水平的证明。

[4] Mushkin, "Health," p. 131.

[5] Malcolm Gillis, Dwight H. Perkins, Michael Roemer, and Donald R. Snodgrass, Economics of Development, 4th ed. (New York: W. W. Norton & Company 1996), p. 273.

[6] Ibid.

[7] Inter-American Development Bank, "Making Social Services Work," Economic and Social Progress in Latin America: 1996 Report, Special Section (1996), p. 301.

[8] Brasil Em Numeros (Rio de Janeiro: IBGE, 1997), p. 89.

[9] World Bank, The Organization, Delivery and Financing of Health Care in Brazil: Agenda for the 90s, Report No. 12655-BR (Washington, DC, 1994), p. 7.

[10] World Health Organization, World Health Report (1999).

[11] William P. McGreevey, Sergio Piola, and Solon Maghalhao Vianna, "Health and Health Care Since the 1940s," in Social Change in Brazil, 1945–1985, Edmar L. Bacha and Herbert S. Klein, eds. (Albuquerque: University of New Mexico Press, 1989), p. 313.

[12] 个人医疗体系的资金来源是联邦工资税，这个体系被分为卫生部公共医疗项目和医疗秘书处。

[13] 由于城市贫困人口和农村人口无法支付直接社会保障税，他们也只能获得最低的服务保障。

[14] Kurt Weyland, "Social Movements and the State: The Politics of Health Reform in Brazil," World Development 23, no. 10 (1995): 1701. 一位作者指出，20世纪早期"公共健康措施，比如卫生运动和基础医疗服务等已经成为城市劳动力人口的创造、维持和繁衍的需求"。Angela Atwood, "Health Policy in Brazil: The State's Response to Crisis," in The Political Economy of Brazil: Public Policies in an Era of Transition (Austin: University of Texas Press, 1990), p. 143. 而且，普遍来说，"在1964年军事政变之前，公共医疗开支中的绝大部分都进入了公共疾病预防体系。但是，这种趋势自那时起就逐渐成为卫生部的边缘化以及公共疾病预防体系的废弃，而个人医疗系统则逐渐成为医疗保健体系中的重头。" Atwood, "Health Policy," p. 144.

[15] 国家社会保障医疗援助局是巴西国家社会保障制度的一部分，资金来源主要是工资和企业税，也有一部分来自国家一般财政收入。国家社会保障医疗援助局只对正式企业员工提供服务。Maureen Lewis and Andre Medici. "Health Care Reform in Brazil: Phasing

Change," in Do Options Exist? The Reform of Pension and Health Care Systems in Latin America, Maria Amparo Cruz-Saco and Carmelo Mesa-Lago, eds. (Pittsburgh: University of Pittsburgh Press, 1998), p. 269; McGreevey, "Health and Health Care," p. 315.

[16] 这些贷款其实是极具争议性的，因为许多贷款以负利率的方式借给了私人医疗机构。

[17] McGreevey et al., "Health and Health Care," p. 314.

[18] Lewis and Medici, "Health Care Reform," p. 270.

[19] McGreevey et al., "Health and Health Care," pp. 317–318.

[20] McGreevey et al., "Health and Health Care," p. 319.

[21] Carlos Gentile de Mello, O Sistema de Saúde em Crise (São Paulo; HUCITEC 1981), p. 34.

[22] McGreevey et al., "Health and Health Care," p. 322.

[23] World Bank, The Organization.

[24] McGreevey et al., "Health and Health Care," p. 323.

[25] McGreevey et al., "Health and Health Care," p. 325.

[26] World Bank, The Organization.

[27] McGreevey et al., "Health and Health Care," p. 529.

[28] Inter-American Development Bank, Economic and Social Progress, pp. 299–300.

[29] Weyland, "Social Movements," p. 1701.

[30] World Bank, The Organization.

[31] Antonio C. C. Campino and collaborators, "Equity in Health in LAC—Brazil," mimeo (São Paulo: FIPE/USP, 1999).

[32] Lewis and Medici, "Health Care Reform," p. 273.

[33] Lewis and Medici, "Health Care Reform," p. 274.

[34] Lewis and Medici, "Health Care Reform," p. 275.

[35] Lewis and Medici, "Health Care Reform," pp. 277–280.

[36] 1996年，美洲开发银行撰写的一份关于拉丁美洲医疗健康的报告指出：大多数国家拥有数量众多的私营医疗机构，承担了近一半的门诊量和近四分之一的住院数。这个体系是私人所有，通过向患者收费而维持，患者则对服务毫无话语权并承担全部的风险。几乎没有政府监管。

[37] Campino et al., "Equity in Health," p. 10.

[38] Inter-American Development Bank, Economic and Social Progress, p. 305.

[39] Inter-American Development Bank, Economic and Social Progress, p. 305.

[40] Inter-American Development Bank, Economic and Social Progress, pp. 305–306.

[41] 这个被称为"生活水平衡量调查"的项目是由巴西地理及统计局与世界银行在1996年3月至1997年3月间共同完成的。这个调查不仅涵盖了福塔雷萨、累西腓、萨尔瓦多、贝洛哈

里桑塔、里约热内卢以及圣保罗等大城市,也有东北部与东南部地区的城镇与乡村。

[42] 本节大部分内容来自 Carl Bob Willis, "Healthcare in Brazil: Signs of Progress, but More Needs to Be Done," Brazilian Bubble (blog), July 8, 2012, http:// brazilianbubble.com/healthcare-in-brazil-signs-of-progress-but-more-needs-to-be-done/.

[43] "Saude," Política Sociais: Accompanhamento e Análise, no. 19, ch. 3.

[44] 比如,一大批毫无必要的公立医院都是出于竞选的目的而建造。

第 16 章

新自由主义和市场集中化：矛盾的出现？[1]

The Brazilian Economy
Growth and Development

---

[1] 本章为作者埃德蒙·阿曼（Edmund Amann）合著。

在20世纪末,新自由主义学派的三大政策处方是:大幅降低进口关税和非关税壁垒;允许外国企业进入之前被排斥的市场;以及通过大规模私有化降低政府对经济的干预。[1]这些举措旨在解决进口替代工业（ISI）中存在的大量低效问题:高度市场保护,将国内市场与全球竞争隔离;受保护的垄断或寡头垄断市场结构,大量寻租空间;公司没有动力进行提升生产力的技术投资;以及运营效率随时间降低的国有企业大规模普及（因为国企通常被用作宏观经济政策的工具,而且存在导致冗员的政治压力）。经济的开放将带来市场经济的新鲜空气,迫使现有公司提升效率,并消除垄断带来的寻租空间。

在本章中,我们研究了巴西自20世纪90年代引入新自由主义政策之后,市场的发展水平和竞争力的提升程度。其中,我们尤其想要评估,贸易自由化和国内市场开放在多大程度上导致了更有竞争力公司绩效和市场结构。理论上来讲,我们的分析受到产业组织研究文献中的讨论的启发。这些文献持久地专注于一种需求:即创造一种政策环境,使得公司绩效和社会福利作为整体能够被最大化。传统上,这一问题通过结构—行为—绩效（SCP）分析框架解决。基于此,公司的行为和绩效最终将由它们所在的市场结构所决定。[2]因此,如果一家公司所处的市场上厂商数量极其有限的话,那么我们可以预计,该公司的行为模式将和张伯伦（Chamberlin）及罗宾逊（Robinson）所定义的垄断行为相一致。[3]这将导致定价和产出不能实现社会最优,会导致无谓损失。

在没有自然垄断和/或反补贴干预的情况下,结构—行为—绩效分析指出,市场结构的集中度越高，行业产出的社会优化结果就越差。从政策角度来看，该分析中隐含的结论是需要采取措施来解决过于集中的市场结构问题。这可以导致干预的出现，比如反托拉斯立法，或者在自然垄断存在的情况下直接进行调控。就巴西的情况而言，可以认为，推进自由化的部分目的是为打破垄断的市场结构（与进口替代工业化是同义概念）。因此，本章研究的一个问题，就是这一举措是否取得了成功，以及它对公司绩效和国际竞争力可能起到的正面影响有多大。

在过去二十年左右的时间里，结构—行为—绩效框架受到了其他替代学派支持者，尤其是可竞争市场假说（CMH）拥护者的猛烈攻击。可竞争市场假说与结构—行为—绩效框架形成了鲜明的对比，它质疑市场结构和公司绩效之间存在任何可靠的联系，而认为不同的公司行为模式可能与特定的市场结构相一致。背后的原因是，可竞争市场假说认为，结构—行为—绩效框架突出的结构条件事实上是外生的。在这种情况下，公司的行为特性不太可能被现有市场结构本身影响，而更可能受到该市场结构发生改变的可能性影响。鲍莫尔（Baumol）是可竞争市场假说的主要倡导者，在他看来，在追求社会效率和企业竞争力提升的过程中，最重要的因素并不是现有的市场集中度水平，而是新进入者的威胁对市场的现有参与者所施加的压力。[4] 根据可竞争市场假说，从政策的角度出发，我们可以认为要提升公司和市场效率，最佳的实现方法是改善市场的进入和退出条件，而非试图限制市场集中。针对这一点，有一个进一步的问题需要本文解决，即在不考虑对市场集中度影响的前提下，取消进口替代工业化是否增强了市场的可竞争性，以及这是否促使公司竞争力得到了提升。

本章的结构如下：第一，我们回顾了与取消进口替代工业化相关的政策措施，尤其是国内市场管制放松、私有化和贸易自由化。第二，分析这些政策对国内市场集中度和进口渗透率的影响。然后，评估了巴西企业的竞争表现，并与市场结构和可竞争性的变化相联系。我们的目标是，评估结构—行为—绩效法和可竞争市场假说在巴西这一特定环境的相对有效性。我们也研究了市场集中对巴西收入分配的影响。最后，通过结论的形式，提出了一些政策上的建议。

进口替代工业化的逐渐废除

一直到20世纪的最后十年,巴西仍通过进口关税和非关税壁垒实行高度的经济保护。在20世纪60年代中期,据估算平均的保护水平达到了85%。[5] 尽管偶尔也会出现倾向贸易自由化的举动,但库斯(Coes)发现:

> 在关于进口方面的巴西贸易政策,在1964年之后,从最好的角度评论是保守,从最坏角度讲极其严重的限制性。在这段时期内,巴西贸易体制的核心特征,是维持着对进口量的行政控制。贸易政策偶尔会允许很高的进口量,(但是)贸易当局从未放弃他们的控制……因此,在1974年第一次石油危机之后,对他们而言,扭转经济走向更为开放的趋势是相对容易的。[6]

自20世纪90年代开始,并贯穿整个十年,巴西的政策立场越来越和所谓的华盛顿共识(Washington Concensus,例如强调财政稳定性,减少政府管控,对国有企业实施私有化等)相一致。1989年,平均关税税率是41%。在科洛尔总统于次年就任后,关税开始持续下降,到2002年税率为13.8%,见表16.1。[7] 1990年,在科洛尔政权当政的第一年,大多数非关税壁垒也被废除,迅速使得国内企业面临激烈的外国竞争。在随后的15年中,经济持续放开,如表16.2所示。自1990年到2004年,进口额与国内生产总值的比例几乎翻倍,而出口额和国内生产总值的比例增幅更大。

表16.1 1989—2002年关税税率(占所有产品) (%)

关税	1989年	1990年	1991年	1992年	1993年	1994年	2002年
平均	41.1	32.2	25.3	21.2	17.7	14.2	13.8
众数		40.0	20.0	20.0	20.0	20.0	
标准差	19.1	19.6	17.4	14.2	10.7	7.9	

资料来源:W. Fritsch and G. Franco, Foreign Direct Investment in Brazil: Its impact on Industrial Restructuring (Paris, 1991), p. 20. World Trade Organization, World Trade Report 2004.

表16.2 1985—2004年经济开放率 (%)

年份	出口额/国内生产总值	进口额/国内生产总值	进出口额/国内生产总值
1985年	12.95	7.50	20.45
1990年	8.20	6.96	15.16
1995年	7.72	9.49	17.21
2000年	10.66	12.18	22.84
2004年	18.00	13.33	31.33

资料来源：Conjuntura Econômica.
注：进口额和出口额是产品和服务。

在表16.3中，可以用一种更加分解的方式来看待巴西经济的开放。该表中给出了一些产业的进口渗透率。[8] 可以看到在诸如汽车零配件、纺织品和服装、电子、机械、塑料制品、石油化工和钢铁冶金等行业的大幅增长。

表16.3 集中度和进口渗透率

行业	最大公司[a]销售额（%）		进口额和销售额比值（%）	
	1993年	2004年	1993年	2003年
交通	73	73		
公用事业	46	69		
信息技术	77	54		
电信	100[b]	72		
批发贸易	56	80		
零售贸易	54	66		
食品、饮料和烟草	55	76	3.5	4.6
汽车零配件	86	85	5.8	15.2
纺织品、服装	45	62	4.3	9.3
建筑	47	67		
电子	38	46	7.2	26.4
药品和化妆品	62	63	6.9	9.9
建筑材料	41[c]	56	0.3	
机械	51	56	26.3	32.1
采矿	59	79	2.5	6.0

续表

行业	最大公司ᵃ销售额（%）		进口额和销售额比值（%）	
	1993年	2004年	1993年	2003年
造纸、纤维素	50	57	4.2	6.5
塑料、橡胶	61	68	0.7	13.3
石油化工	80	91	5.8	25.1
钢铁、冶金	58	72	3.3	10.2

资料来源：根据1994年8月和2005年7月《审视》杂志的数据计算。
注：a. 每个行业前四大公司占前20大公司的比重。
　　b. 电信业在1998年完成现代化。
　　c. 1994年数据。

经济的开放不仅限于贸易。在一条宪法修正案消除了国内公司和国外公司的法律地位存在的差异后，尤其在1995年以后，经济的开放也延伸到投资自由化。允许外国资本进入之前无法涉足的行业，比如石油开采和公用事业。[9]

除了开放经济之外，科洛尔政府还启动了私有化进程。私有化最初被限制在钢铁和石油化工。但是，卡多佐在1995年掌权之后，私有化进程快速扩展到诸如公用事业和交通基础设施等行业。[10]

经济的结构变化

经济开放对其结构特性的影响程度究竟有多大？为了回答这一问题，我们首先要研究不同行业市场集中度的变化。在表16.3中，我们衡量了多个产业的集中度比例。我们计算的依据是《审视》杂志（Exame）的年度调研数据。自20世纪80年代起，该杂志每年都针对每个行业的前20大公司开展调研。表16.3给出了在每个行业中，前四大公司在前20大公司中的份额。可以看到，19个行业中有14个行业的集中度比率上升；在9个行业中，该比率上涨超过两位数。只有在信息技术和电信这两个行业中，该比率出现了下降。信息技术是一个全新产业，进入成本相对较低且需求正在高速增长；而电信业则反映出私有化的进程，私有企业的出现取代了之前的政府垄断。

经济的开放和市场集中度的提高之间，可能存在的联系是什么？理论上来讲，根据挑战—应对机制的精神，可以预期，面临更大的国际竞争将促使公司更努力地提升效率。通过兼并形成更大的单位是实现效率提升的一条途径。这将能够实现更大的规模效应。表16.3提供的证据令人印象深刻。在所有能够获得合适数据的产业中，在内部市场集中度的上升和国内进口销售系数的提高之间，明显存在着正向关联。除此之外，在特定产业经历的开放程度和它表现出来的集中度提高程度之间，并没有明显的线性联系。但是总体来讲，贸易自由化带来的挑战促进了公司和生产设施的聚合这一假设，与数据展现出来的结果相一致。

正如前文所建议的那样，追求提升的集中度背后隐含的意义，是实现更高的产业效率。但是很明显，无论多么精巧，衡量产业集中度的变量自身无法成为产业效率提升的合理指标。为了在这个问题上获得更多的洞见，我们需要研究两个关键变量：生产力变化和技术投资。

数据似乎又能提供一些比较可靠的结论。总体来看，在特定产业的开放（由进口变化系数的提高衡量）和生产力的正向变化之间，存在明显的联系，见表16.4。但是，这一关系并非对所有行业都成立。例如，在纺织品、电子和通信设备行业中，尽管这些部门对外部竞争的开放大幅提高，但是实际上生产力的变化是负的。这表明，并非所有行业都能成功应对由贸易自由化带来的竞争挑战。

表16.4　1996—2002年各部门生产力和进口的变化

行业	生产力变化（%）	进口变化（%）
煤矿开采	52	
石油开采	−65	
金属矿物开采	230	
非金属矿物开采	24	140
食品和饮料	37	31
烟草产品	70	
纺织品	−42	116
服装	0	
皮制品	15	
木制品	55	

续表

行业	生产力变化（%）	进口变化（%）
造纸和纤维素	93	55
燃料	507	333
化工	37	
橡胶和塑料	8	1800
建筑材料	59	
金属（包括钢铁）	108	209
金属加工	23	
机械	24	26
办公设备	−4	
电子和通信设备	−7	267
汽车	50	162
其他交通设备	160	
家具	21	

资料来源：作者根据巴西地理暨统计局数据计算得出。

除了提升生产力之外，另一个应对新的进口竞争浪潮的手段，是通过产业创新，不论是投资新产品，抑或投资加工技术。表16.5中的数据，给出了1998年至2003年期间，多个行业创新的分布。数据根据巴西地理暨统计局实施的一项调查而来。也许有些出人意料，在这段时期，食品和饮料业以及纺织品和服装业在实施创新方面占有最大的份额。比较这张表和表16.3的数据，可以发现这两个行业经历了最大幅度的集中度上升。对此的一种解释，是更大的公司能够承担对技术的巨额投资。[11] 相应地，这将使它们有更好的条件，面对进口竞争的挑战。在纺织品业的例子中，随着巴西市场逐渐更多地面对中国出口的竞争，这一情况变得更加严峻。

表16.5 实施创新的企业：各部门所占份额

名称	1998—2000年（%）	2001—2003年（%）	1996—2002年进口变化（%）
食品和饮料	14.2	12.6	31
纺织品和服装	16.3	17.7	116
造纸和纤维素	1.9	1.9	55

续表

名称	1998—2000年（%）	2001—2003年（%）	1996—2002年进口变化（%）
钢铁和金属制品	9.8	10.5	209
机械	5.4	6.4	26
采矿	2.4	2.2	140
汽车	3.7	2.3	162
橡胶和塑料	5.9	6.0	1800
皮革制品和鞋类	4.6	4.6	无
化工	4.2	4.2	无

资料来源：巴西地理暨统计局，对创新的特别调研。

在市场集中度和技术投资之间，似乎存在着初步联系，那么在开放性（由进口渗透率衡量）和此类投资之间存在联系吗？在这一问题上，表16.5并没有给出有说服力的证据。具体来说，在那些进口渗透率大幅上升的行业和那些投资相对较高的行业之间，看起来并不存在直接的关联。这意味着开放性和技术投资之间的关系，很可能非常复杂，值得进一步的研究。

并购与反托拉斯政策

伴随着经济的开放和私有化进程，巴西也经历了一波并购的浪潮，使得许多产业都出现了市场集中度明显可见的上升趋势。表16.6表明，在20世纪90年代下半叶，国内收购和跨国收购均出现了大幅增长。并购案例最多的是食品、饮料和烟草行业，其行业集中度有大幅上升。金融机构、石油和钢铁以及公用事业行业也有大量的并购发生，同时也出现了市场集中度的显著提高。在经历一段时期的去集中化之后，电信业发生的大量并购，反映出在结束了政府的绝对垄断之后，产生了不同的私营企业（在一定程度上）继承了市场权力。信息技术行业的大量兼并也伴随着市场去集中化，反映出大量的中小企业进入这一全新的行业，抵消并压过了兼并的效果。

尽管巴西政府在努力加强其反托拉斯机构，但是在大多数行业还是发生了并购案例的持续增加，并造成经济集中度提高的趋势。尽管反托拉斯立法可以追溯到1962

年,但在接下来的三十年间,法律却鲜有实施,甚至可以说完全没有执行。[12] 竞争政策的重要性在1994年得到了提升。这一年,第8884号法令颁布,它引入了兼并管控,并将经济法管理委员会(Administrative Council of Economic Law,简称CADE)变成了一个更加独立的机构。[13] 尽管从此之后更多的兼并案被详细调查,但是CADE判决的影响对阻止集中化趋势没有什么作为。例如,最终导致控制了国内啤酒和软饮料市场70%份额的美洲饮料公司(Ambev)诞生的兼并,受到的责难很温和,因为新公司只被要求剥离掉一个仅有5%市场份额的啤酒子公司。

表16.6 兼并和收购

(a)巴西:兼并和收购数量

	1994年	1995年	1996年	1997年	1998年	1999年	2000年	2001年	2002年	2003年	2004年
国内	81	82	161	168	130	101	123	146	143	116	100
跨国	94	130	167	204	221	208	230	194	84	114	199
总计	175	212	328	372	351	309	353	340	227	230	299

(b)1995—2005年各部门的兼并和收购情况

部门	并购数量	部门	并购数量
食品、饮料和烟草	155	纺织品	51
金融机构	135	水泥	39
信息技术	127	卫生	35
电信	111	包装	33
石油工业	100	开采工业	28
冶金和钢铁	77	车辆装配	27
化学和石油化工	70	港口服务	27
保险	62	航空	23
能源公司	56	矿业	21
汽车零配件	53	购物中心	20
广告和出版	46	酒店	18
化学与制药	44	化肥	17
超市	44	公共服务	14
电气和电子设备	41	铁路	13
企业服务	37	医院	12

续表

部门	并购数量	部门	并购数量
交通运输	33	设计	11
木制品和纸制品	31	鞋服	8
工程产品	31	其他	229
建筑及产品	27		
零售	24	总计	3366

资料来源：KPMG, Mergers & Acquisitions Research, 2005.

（c）巴西：兼并和收购的来源

收购方所在国	1996年	1997年	1998年	2000年	2001年	2002年	总计
巴西	4	7	14	79	90	68	262
外国	15	39	140	443	492	447	1566
巴西和外国[a]	0	0	0	1	2	3	6
总计	19	46	144	523	584	518	1834

资料来源：CADE, Annual Reports.
注：a. 合资公司

尽管自1994年以来，经CADE的兼并案数量大幅增长（当时这样的审查是强制性的），但干预的程度很小，并且持续减弱。看起来似乎市场份额并未被认为是实施干涉的必要条件或充分条件。取而代之的是对行为的重视。

一方面是理应更加严谨和更好界定的竞争政策的出现，另一方面是集中度大幅提高的产业经济，呈现出一个悖论。在一个当局似乎致力于创造竞争更加充分的国内市场的时候，实际上存在代表私有企业合并的史无前例地、并且基本不受控制的行为，明显削弱了国内市场的竞争。这一悖论该如何解释？并且它能够真正找到一些理论依据吗？

我们当然可以提出这样的观点：即如果抛弃了过时的结构、行为和绩效的范式，而接受可竞争市场的视角，那么市场竞争主管部门允许国内集中度比率提升就是有道理的。考虑到巴西迅速接受贸易和投资自由化，我们可以宣称，尽管集中度在提高，但实际上国内市场的可竞争性也在提高。贸易自由化，意味着巴西市场，至少在可贸易部门，现在的对外国竞争更加开放，同时投资自由化也提高了国内企业可能被并购的威胁程度。从这个意义上来说，如果市场集中度大幅提高，那么市场也变得更具竞争性。但是,从政策的角度来看,真正重要的是在过去几年里,看起来更具竞争性的市场条件,是否在实际上与竞争表现的提升有关,无论这种提升是用生产力、单位成本或是创新来衡量。这里给出的证据,表明这种由竞争性提升而获得的收益是真实存在的。但是,在可竞争性程度(至少是通过进口渗透率衡量的可竞争性)和实现的竞争收益程度之间,并没有明显的联系。曾有人论证,这种联系的本质,很可能非常复杂,并且肯定需要进一步的调查研究。

把可竞争性的概念搁在一边,行业集中度提升的格局能够被其他理论支持吗?利用新贸易理论(New Trade Theory)内含的概念,可以认为将国内企业合并成更大、具有规模效率的单位,可能是寻求国际竞争力的一条有效途径。[14]事实上,这一说法被用来解释创造了Ambev(现在是比利时—巴西合资公司英博集团(InBev)的一部分)的南极洲—百瑞玛(Antarctica-Brahma)兼并案的合理性。通过培育所谓的"国家冠军",其目的不仅是保持自己在国内市场的地位,更重要的是实现推动出口所必需的规模效应。相比于其他行业,这一理论在饮料业可能更难成立,因为饮料业的运输成本限制了出口的有效规模。但是,无法否认巴西在全球啤酒产业占据了核心竞争地位。同样地,其他国内冠军(飞机制造业的巴西航空工业公司和采矿业的淡水河谷公司——两家公司都统治着国内市场)也是非常高效的出口者。总体来看,证据确实指向了出口活动集中在少数企业手中这一事实,相比于日本和德国等出口导向型经济体,巴西小企业扮演的角色严重受限。[15]

对于允许更高的集中度的最终、也可能是更为传统的解释,与公用事业部门相关。在这一行业,正如已经指出的那样,私有化之后出现了一个兼并和收购的过程。尽管能源行业也受到并购的影响,但这种情况在电信行业最为突出。在这些行业的例子中,如果行业集中度的提高已被置于有效的监管之下,那么并不需要采取芝加哥风格的方法来以纠正正在发生的事情。关于这一点的证据很零散。通常认为,在将私有化过后提升的市场集中度与消费者福利收益(从价格、可获得性和服务质量来评判)相结合的方面,电信监管极为有效;但是对于能源行业,尤其是发电和输电,却很难观察到类似的好处。[16]这意味着在特定的行业,为解决提升的市场集中度可能包含的风险,需要更好的监管。

市场集中对收入分配的影响

正如我们之前所指出，经济的开放和私有化进程不但帮助增加了兼并和收购的数量，而且带动了在新技术方面的巨额投资。在许多产业部门，这种技术升级既提升了员工的生产力，也增加了企业的盈利能力，正如表16.7所示，它将1996年和2002年进行了比较。但是，这张表也说明，在这段时期内，除了三个行业以外，其他行业的工资与附加值的比值均下降，反映出大多数公司倾向更大的资本密集度的趋势。因此，考虑到巴西收入分配已经具有相当高的集中度，似乎最近的产业现代化可能导致分配情况恶化。此外，还应考虑到资本密集型投资导致大量员工被解雇，这些员工随后要么在薪酬福利更低的行业找到工作，要么加入大的非正规产业部门。

表16.7 工资占附加值的百分比和人均附加值

行业	工资/附加值（%）		员工人均附加值（单位：千雷亚尔）		盈利能力（%）	
	1996年	2002年	1996年	2002年	1993年	2003年
煤炭开采	32.8	26.3	27	41	−6.3	0.2
石油开采	0.9	12.1	1157	409		
金属矿物	34.2	8.9	68	225		
非金属矿物	27.1	23.8	21	26		
食品和饮料	24.1	17.8	30	41	7.8	10.6
烟草	15.3	11.6	81	138		
纺织品	35.9	28.9	19	11		
服装	44.7	43.5	9	9	3.9	1.4
皮革制品	36.9	30.0	13	15		
木制品	36.1	26.8	11	17		
造纸和纤维素	28.5	15.9	41	79	−3.9	16.0
燃料	29.0	5.7	57	346		
化学和石油化工	25.2	19.9	68	93	0.9	7.0
橡胶和塑料	34.3	31.1	26	28	1.1	9.7
建筑材料	32.4	20.8	22	35	6.0	11.8

续表

行业	工资／附加值（%）		员工人均附加值 （单位：千雷亚尔）		盈利能力（%）	
	1996年	2002年	1996年	2002年	1993年	2003年
冶金（包含钢铁）	30.4	16.0	49	102	2.2	17.0
金属制品	37.2	31.5	22	27		
机械	36.2	28.4	34	42	2.2	12.2
办公设备	18.4	19.5	68	65		
电子和通信设备	30.0	31.3	42	39	11.2	1.9
汽车	36.7	28.3	44	62		
其他交通设备	34.6	18.0	35	91		
家具	37.2	26.8	14	17		
制造业合计	30.5	26.8	31			
采矿	21.2		58		10.0	25.6
公用事业					-2.2	9.1
交通运输					-6.3	8.3

资料来源：根据巴西地理暨统计局数据计算。

似乎巴西的收入分配问题并不能通过寻求劳动密集技术来解决。在21世纪，任何一个想要融入开放的全球经济体系中的发展中国家，都必须采用最新的技术，以在全球产业格局中有效保持自己的竞争地位。不可避免地，这就意味着产业的劳动力吸收能力将受到严格的限制。同时，农业的趋势与此相似，这一产业的现代化导致劳动节约型的农业得到发展。[17]

考虑到发达工业国家大部分经济活动人口都被服务业雇佣（美国该比例超过75%），创造就业的需要可能要在该产业中寻找。为了在服务业提供高收入的工作类型，需要在教育方面投入大量资金，也就是说，需要在人力资本的形成方面重金投入。大多数拉丁美洲国家的许多领域都缺乏人力资本，在巴西这一问题尤其严重。

小 结

我们在本章中说明，尽管巴西开放经济和将国有企业私有化的目的是将国家置于国内和国际市场压力中，但是它却矛盾地提升了产业的所有权集中度。因此，既然之前受到保护的市场为相对低效的企业带来了丰厚的寻租回报，那么开放市场导致兼并的产生，以及通常能够节省劳动力的现代技术的应用，使得利润相对于工资得到提升。

问题是，市场集中度的上升是否被证明与经济效益的提升相一致，而经济效益本身就是经济自由化的关键目标。我们在这里提出，事实上在市场集中度提升和寻求为了推动生产力、技术投资、甚至更大规模出口的战略之间，存在着联系。

这种行为很难和结构—行为—绩效结构相一致，但是却容易于可竞争市场理论协调。从政策的角度来看，只要进入和退出市场的自由有保障，那么坚持这一理论框架就不会使人们过于担心巴西经济逐渐提升的集中度。我们已经指出，追求贸易和投资自由化已经逐渐巩固了这些自由。相应地，这就为市场参与者变得更有竞争力施加了前所未有的压力。但是，并没有多少自鸣得意的空间。和过去相比，在自由化时期巴西的竞争表现已经有了显著的提升。但是，大体而言，东亚和东南亚的经济体表现更佳也是事实。为了应对这一竞争挑战，在强调开放市场的同时，还要增加以进一步提升企业效率为目的的举措。这就可能包括寻求结构改革，其目的是为了提升关键投入的质量和可获得性。在具有特殊重要性的众多领域中，教育和基础设施的供给最为重要。

注 释

[1] 除了开放经济以外，新自由主义政策还包括其他手段，如为了消除通货膨胀而设计的严格紧缩政策。参阅：Edmund Amann and Werner Baer, "Neoliberalism and its Consequences in Brazil," Journal of Latin American Studies 34, pt. 4 (November 2002).

第16章 新自由主义和市场集中化：矛盾的出现？

[2] F. Scherer and D. Ross, Industrial Market Structure and Market Performance, 3rd ed. (New York: Houghton Mifflin, 1990).

[3] Edward Chamberlin, The Theory of Monopolistic Competition (Cambridge, Mass.: Harvard University Press, 1933); Joan Robinson, The Economics of Imperfect Competition, 2d ed. (London: Macmillan, 1933).

[4] W. Baumol, "Contestable Markets: An Uprising in the Theory of Industrial Structure," American Economic Review 73, no. 3 (1982): 491–496; W. Baumol and R. Willig, "Fixed Costs, Sunk Costs, Entry Barriers and Sustainability of Monopoly," Quarterly Journal of Economics (August 1981).

[5] Joel Bergsman, Brazil: Industrialization and Trade Policies (London: OxfordUniversity Press, 1970), p. 42.

[6] Donald V. Coes, Macroeconomic Crises, Politics, and Growth in Brazil,1964–90 (Washington, DC: World Bank, 1995), p. 138.

[7] 自由化趋势偶尔会受到干涉。例如，由于1994年末和1995年初雷亚尔的升值，导致巴西进口量飞速增长，促使政府对汽车等进口产品暂时恢复了直接的定量管制。

[8] 行业的进口渗透率，是特定产品的进口额和该产品总销量（进口额和国内生产额）的比值。

[9] 参阅：Werner Baer, "Social Aspects of Latin American Inflation," Quarterly Review of Economics and Finance 31, no. 3 (Autumn 1991).

[10] 要了解私有化进程的细节，参阅本书第11章。

[11] 大型国内集团和外资集团不但具有更多的内部资源，而且能够更容易地接触到巴西开发银行的资源。

[12] 经济保卫委员会（CADE）于1962年9月成立，但它的影响力很弱。事实上，有人宣称政府通过周期性地尝试价格管制，在鼓励卡特尔集团的形成。参阅：Claudio Monteiro Considera and Paulo Corrêa, "The Political Economy of Antitrust in Brazil: From Price Control to Competition Policy," mimeo (January 2002), pp. 9–15.

[13] 该法律使经保委变为并购、业绩承诺和滥用价格上涨的最终决策者。经保委与财政部的经济监管秘书处（SEAE）和司法部的经济法秘书处（SDE）一起，组成了国家的反垄断政府机关。Considera and Corrêa, "The Political Economy," p. 24; Lúcia Helena Salgado, A Política da AçãoAntitruste (São Paulo: Editora Singular, 1977), pp.175–185.

[14] Paul R. Krugman, "Increasing Returns, Monopolistic Competition and International Trade," Journal of International Economics 9, no. 4 (1979).

[15] Armando Castelar Pinheiro和Mauricio Mesquita Moreira, "Perfil dos Exportadores dos Manufaturados: Quais as Implicações da Política?" RevistaBrasileira de Comercio Exterior, no.

65 (2000).

[16] Andrea Goldstein和José Claudio Pires, "Brazilian Regulatory Agencies: Early Appraisal and Looming Challenges," in Regulating Development: Evidence from Africa and Latin America, Edmund Amann, ed. (Cheltenham, UK, and Northampton, Mass.: Edward Elgar, 2006).

[17] 参阅: Leonard A. Abbey、Werner Baer和Mario Filizzola, "Growth, Efficiency and Equity: The Impact of Agribusiness and Land Reform in Brazil," Latin American Business Review, 2006.

第 17 章

人力资本

直到进口替代工业化年代之前，巴西的人力资本积累很小。一位评述员研究了19世纪的情况后评论说，在帝国的统治下（直到1889年），"巴西社会非常尊重文化和教育，但极少有鼓励和激励年轻人接受教育。学校是家庭的延伸和专业化。这一说法很容易在巴西的历史中得到印证，因为巴西的教育一直以来都是私人的和务实的：教育是在家庭和工作中受到训练的问题。学校是后来的事了。"[1] 克劳迪奥·德·莫拉卡斯特罗（Claudio de Moura Castro）是巴西一位主要的教育专家，他观察发现在20世纪以前，巴西的教育"跟国家的发展是一致的。"在进入20世纪初时，巴西的识字率估计约为34%；根据1930年的人口普查，这一数值仍然在30%左右。到了1940年，巴西的文盲率降到了55%，然后又在1950年降到了33%。功能性文盲的比例可能更高。

到了20世纪第二个十年，一组巴西知识分子领导者开始关注巴西的低教育水平，并发表了《新教育先驱宣言》（Manifesto dos Pioneiros da Educação Novo）。该团体的领导人是阿尼西奥·特谢拉（Anisio Teixeira），他后来创立了有影响力的政府教育机构——教育研究所（INEP）和高等人才培训协调基金会（CAPES），并影响了教育部长古斯塔沃·坎帕尼玛（Gustavo Campanema）。20世纪30年代，巴西高等人才培训协调基金会实行了一些重大改革。与此同时，日益成熟的制造业的高管们开始向政府施压，要求建立工业培训体系。结果就是成立了政府管理的职业培训中心（SENAI）。[2] 20世纪60年代，巴西建立了近100所中等技术学校。这些学校资金充足，设施完备，但对巴西只产生了极小的影响。

近二十年的进展

在20世纪后半叶,随着巴西人口的识字率提升至90%[3],巴西的整体教育水平似乎有了提高。但是,仔细分析一下巴西人力资本的增长与分布,就会发现其教育仍有许多不足之处。近年的一项关于20世纪末巴西教育的研究发现:

> 1994年,出生于收入分配底层的6岁巴西孩子,很可能生活在东北部农村,有一个从未上过学的母亲,自己也只能在读完小学低年级的课程,就算在学校待了很多年,也是因为留级。当地的小学只有一两间房,没有电,没有水,也没什么书和资料。老师通常都是跟市长走政治关系进来的。60%的老师自己都没有中学毕业,30%的老师连小学都没上完。[4]

虽然巴西大城市和较富裕地区的教育机会和质量相对比较可靠,但到了1990年,巴西在所有的教育指标上,都远远落后于中等收入的拉美国家以及经济合作与发展组织国家。不到40%的巴西儿童读完了小学八年级;只有38%的儿童进入了中学。劳动力的平均受教育年限为3.8年;不到20%的小学教师拥有高等教育学位,而在许多农村地区,教师的工资还不到最低工资的一半。[5]

1990年至2010年期间,巴西的教育状况发生了剧烈的变化。到2010年,来自收入分配底层的6岁儿童,完成的教育超出了其父母的两倍以上,并且"无论这个孩子的学校在哪,政府用于每个学生的支出,都确保了学校配备有充足的桌椅、水电、书本、铅笔,以及练习册。这些孩子的老师至少拥有中学学位,并且巴西全国60%的教师都具有高等教育证书……或许最重大的变化就是,各级学校系统都知道孩子学到了多少。"[6]这些非凡的进步是二十年来政策持续和持续改革的结果。伯恩斯及其合著者在世界银行进行的研究,呼吁特别关注教育财政改革、改进衡量手段,和有条件的现金发放计划。

金融改革

20世纪90年代以前,每名学生的支出存在很大的差异。1996年,巴西基础教育发展基金会(FUNDEF)的成立改变了这一状况,该基金会的支出从1998年的281亿雷亚尔(按2010年的货币价值计算),增长到2010年的838亿雷亚尔。该基金会保障了初等教育阶级每个学生的全国最低支出水平,这就意味用于贫困地区小学生的资源显著增加。通过这个机构,各地政府创建了校车系统、招生宣传、学校供餐计划,以及其他吸引孩子进入学校的措施。入学人数因此大幅增加。通过巴西基础教育发展基金会,教育资源被再分配到了巴西的贫困地区。该组织还规定,每个学生分配的开支总额中,60%用于教师薪酬,40%用于其他运营支出。

衡量学习成绩

在20世纪90年代以前,巴西没有衡量学生学习成绩的方法。这一情况在卡多佐和卢拉担任总统时,发生了改变,教育部制订了多种方法来衡量教育质量。[7] 这大大助益了各种教育计划的评估和新计划的制订。在1995年,以样本为基础的学生评估系统(SAEB)出现了。该系统管理了巴西小学四年级和八年级以及初中三年级的学生代表样本的数学和葡萄牙语测试。在2000年,巴西加入了经合组织的国际学生评估项目(Program for International Student Assessment),该项目让国际间的比较成为可能。2005年,SAEB考试扩展到了所有小学四年级和八年级学生的数学和葡萄牙语测试中,每两年进行一次评估,并改名为巴西Prova考试。

现金发放计划

前面的章节提到过,卢拉总统在任时巴西制订了一项现金发放计划,且该计划被合并到了家庭补助金计划中。入学是现金发放的必要条件。该计划中的家庭数量从2002年的490万，增加到了2010年的1200万以上。虽然在2012年，巴西还没有制定出严谨的方法来衡量该计划对教育的影响，但伯恩斯及其合著者称，"一些基于不太可靠的方法的评估，发现了该计划对一系列教育成果的正面影响，包括入学人数、出勤率、升级率、保留率，乃至受益家庭学生的学习时间。"[8]

初等教育增长

1985年之后的10年里，巴西初等教育的入学人数出现了高速增长，很大程度上是因为各市和各州的入学率提高了。各市和各州的初等教育都是由联邦政府资助。而由于入学率的增长，留级现象也日益明显；某些年级的入学率往往超过了100%。[9]

菲什洛（Fishlow）发现，"20世纪90年代，完成四年教育的学生基本都在学校待了六年以上；完成八年学业的学生更少，在学校的时间超过了十一年。"[10] 虽然20世纪90年代和21世纪之初，这一情况发生了很大改善，但留级率仍然很高：1995年，45%的小学生延期毕业；2005年左右，这一比例虽然下降了，但仍然高达25%；且三分之一以上的八年级生在15岁以上。尽管巴西教育开始"自动升级的措施，但是一般的学生仍然需要十年来完成八年的学业。"[11]

以前，巴西基础教育发展基金会的资金很大一部分用于支付教师工资，而现在主要是用于联邦标准教师培训。进入2000年代以后，有了进步的迹象，一年级至四年级的教师中，未受培训者减少了一半。

对初等教育系统表现的衡量手段也出现了很大改进。到了2000年代后期，SAEB葡萄牙语和数学考试出现了一些改进，虽然这些改进并不是很大。不过，菲什洛指出，大部分良好表现来自私立学校。他总结称"大量的学生，其中大部分都来自贫困家庭，仍然很落后。其功能性读写能力有限，并且因此没有能力竞争到收入更高的好工作。许多……没有完成法律规定的教育最低年限。在2004年，巴西东北部不到40%的学生预计能完成八年教育，而东南部的比例是70%。巴西的整体平均比例上升到了54%。[12]

1989年，只有350万学生进入了中学学习；其中58%是在夜校。这之后二十年里，中学入学人数大幅增加，在2007年达到了830万人，其中12%在私立学校，56%在夜校。（虽然大多数私立学校都提供日间课程，但很大一部分公立学校是在晚上上课，因为学生白天要工作。）1984年的中学毕业生中，46%来自私立学校；1993年，这一比例下降到了27%。私立学校毕业生更可能通过大学入学考试。由于公立大学免学费，公立中学的毕业生由于更少通过大学入学考试而处于劣势。这就使得巴西减少收入不平等难以实现。

菲什洛还呼吁人们注意，为了接受高等教育而读中学的人，与意在拿到高中学历的人数，几乎没有什么区别。职业培训只覆盖了不到10%的学生。他引用克劳迪奥·德·莫拉·卡斯特罗（Claudio de Moura Castro）的评论说："我们早晚需要勇气来解决这个单一系统的僵局，这个系统理论上是向所有人提供同样的教育，但实际上什么都没能提供，连好的教育都没有。"[13]

大学教育

巴西高等教育体系的入学人数历来都很少，并且在20世纪90年代以前几乎没有增长。到了90年代中期，毛入学率（包括公立和私立）是12%，而当时阿根廷是29%，法国是49%，美国是79%。到了20世纪末，在接受高等教育的学生中，80%来自处于收入分配顶层的家庭。据施瓦茨曼（Schwartzman）所述，高等教育只覆盖到了18至24岁人群的9.8%。[14] 1995年进入大学的170万学生中，60%就读于私立大学；到了2005年，大学生人口增长到了440万，其中73%来自私立大学。在公立大学中，33%的学生没有计划工作，而私立大学的这个比例是21%。

施瓦茨曼发现，巴西高等教育规模有限的主要原因是，中学毕业的学生很少。例如，在2002年，15至17岁的人中，只有40%在接受中学教育，另有38.5%还在读小学。[15]

私立院校普遍是纯以利润为导向的企业。大多数在晚上上课。他们强调的是教学，几乎没有研究活动，且教师通常都是兼职的。巴西的大部分研究活动都在公立大学进行。

21世纪的头十年里,巴西政府尝试了各种平权行动。各大学开始尝试不同的定额分配制。里约热内卢和巴伊亚的州立大学对非白种人和公立中学毕业的学生施行了定额。施瓦茨曼认为,"高等教育的种族定额是一个富有争议的政策,但对来自贫困家庭学生的平权行动则没有这么有争议。这种一致对待的政策要想取得成功,就需要采取特别的努力,来提供合适的学习项目,弥补这些学生不足的中学教育。也需要额外的资源来实现它们。到目前为止,还没有出现这样的努力,而一项民粹主义的扩张政策就能降低公立院校的质量,并刺激精英私立教育的增长。"[16]

人力资本与技术进步

虽然这个关于巴西人力资本的增长与发展的简短回顾显示,识字的普及、受教育年限等方面出现了很大的进步,但是,要使巴西教育系统成为让社会经济流动更大的工具,并为全球技术发展做出重大贡献,还有许多问题仍待解决。

表17.1和17.2显示,巴西仍然需要在人力资本积累方面进行不懈的努力,才能把自己从新兴的社会经济力量转变为成熟的社会经济力量。表17.1比较了巴西和美国的情况,表明巴西需要在教育资源方面进行大量投资,以升级各级培训及提高教育质量。表17.2显示出,在投入研发的资源方面,巴西大幅落后于其他国家,对新技术的重要贡献极少,这可以从专利授予率看出来。低专利授予率可能是由于大学研究和生产部门(公共和私营)之间微弱的联系,也可能是因为巴西社会仍然盛行的官僚主义结构。这方面的迹象可以从表17.2的最后两栏看出来,即巴西的注册财产排名,及商界对经商便利度的感知。一个假设是,经商的复杂性阻碍了企业和学术界投入许多资源和精力进行前沿技术的研究。

以大学研发为目的的资源分配也可能偏向公平,而牺牲了质量。这表现在研究经费的分配以及大学教授的薪酬上。即使对于来自联邦机构的研究经费存在全国性的竞争,但巴西不愿认定某些大学是"卓越中心",而这种称号是能给学校带来稳定的资源进行长期研究的。此外,巴西还有"平等"的传统,因此全国各级教授都拿的是同样的工资。这就无法产生技术进步所需的激励条件。[17]

表17.1 2010年教育统计数据比较（括号中的数字是世界排名）

教育数据	巴西	美国
成年人平均受教育年限	4.9 (69)	12 (1)
失学儿童：初等教育	799691 (12)	1324215 (4)
义务教育时长	8年 (120)	12年 (12)
教育入学人数：高等教育	3579252 (6)	16611711 (1)
教育支出占GDP的比重	4.2% (78)	5.7% (39)
教育支出占政府支出的比重	12% (73)	17.1% (38)
学生与教师的比例：初等教育	21.57 (80)	14.81
高等教育入学人数	16.5% (77)	72.6% (1)
大学：排名前50	4 (24)	168 (1)
大学：排名前200	1 (26)	54 (1)

资料来源：NationMaster.com.

表17.2 2010年的研发指标

国家	研发占GDP的比重	每百万人获得的专利	注册财产（世界排名）	经商便利度（世界排名）
巴西	1.08	2	109	130
日本	3.45	994	64	24
韩国	3.36	779	75	8
美国	2.79	289	25	4
德国	2.82	235	81	20
法国	2.23	205	146	34
阿根廷	0.52	8	135	124
中国	1.47	1	44	91
哥伦比亚	0.16	1	52	45
俄罗斯联邦	1.25	131	46	112

资料来源：世界银行；NationMaster.com.

在21世纪的头十年里，私立学院和大学出现了大幅增加。其中很大一部分学校开设了应用社会科学的课程。相形之下，许多联邦大学更注重科学、医学和农学。施瓦茨曼探讨了这种现象三种可能的解释。一是，应用社会科学的项目都是最便宜的课程项目，不需要投资昂贵的设备和高素质的人才。第二种解释是，"大多数申请入读高等院校的学生并不具备进入更为严格的研究领域的必备素养。第三个原因是，这些领域的劳动力市场需求更旺盛。前两个解释更可能成立，问题就在于第三个原因是否是真的。"[18] 施瓦茨曼得出结论认为，"就业市场并没有创造出高素质和高薪的就业机会，并且，随着越来越多的人获得高等教育的学位，社会职业就成了他们的主要选择。"[19]

还有人观察发现巴西存在另一个有趣的现象，与美国和欧洲的经历非常像。大量训练有素的科学家（物理学家、数学家和工程师）最终进入金融界工作。虽然这是市场环境的结果，但这对于巴西经济和社会的长远增长及发展是否有益，仍需时间来表明。

注　释

[1] 麦考伊指出："学校是家庭的延伸和专业化。这一说法显然能够在巴西的历史中得到印证，因为巴西的教育一直以来都是私人的和务实的：教育是在家和在工作中受到训练的问题。学校是后来的事了。" Don B. McCoy, "Education in Brazil," Peabody Journal of Education 37, no. 1 (July 1959): 39.

[2] 职业培训中心（SENAI）包括职业培训机构网络，这一网络隶属于工商联（Federations of Industry），且由1%的工资收入资助。同样，SENAC由贸易协会（Commerce Associations）成立，SENAR由农村协会成立，SENAT是交通行业的培训中心，SEBRAE则是为了小型企业成立的。根据卡斯特罗的说法，这些机构有很高的标准，水平远高于大多数其他巴西教育机构。

[3] 这一部分大大受益于Barbara Burns, David Evans及JavierLuque, Brazilian Education 1995–2010: Transformation (Washington, DC: World Bank, 2012); 以及Albert Fishlow的分析，Starting Over: Brazil Since 1985 (Washington, DC: Brookings Institution Press, 2011), ch. 4.

[4] Barbara Burns, David Evans及JavierLuque, Brazilian Education 1995–2010: Transformation (Washington, DC: World Bank, 2012).

[5] Barbara Burns, David Evans及JavierLuque, Brazilian Education 1995–2010: Transformation

(Washington, DC: World Bank, 2012), p. 2.

[6] Barbara Burns, David Evans及JavierLuque, Brazilian Education 1995–2010: Transformation (Washington, DC: World Bank, 2012), pp. 2–3.

[7] Barbara Burns, David Evans及JavierLuque, Brazilian Education 1995–2010: Transformation (Washington, DC: World Bank, 2012), pp. 7–8.

[8] Barbara Burns, David Evans及JavierLuque, Brazilian Education 1995–2010: Transformation (Washington, DC: World Bank, 2012), p. 10.

[9] Fishlow, Starting Over, p. 89.

[10] Fishlow, Starting Over, p. 89.

[11] Fishlow, Starting Over, p. 94.

[12] Fishlow, Starting Over, p. 95.

[13] Fishlow, Starting Over, p. 99.

[14] Simon Schwartzmann, "Equity, Quality and Relevance in Higher Education in Brazil," Anais da Academia Brasileira de Ciências (2004), p. 174.

[15] Simon Schwartzmann, "Equity, Quality and Relevance in Higher Education in Brazil," Anais da Academia Brasileira de Ciências (2004), p. 175.

[16] Simon Schwartzmann, "Equity, Quality and Relevance in Higher Education in Brazil," Anais da Academia Brasileira de Ciências (2004), p. 177.

[17] 施瓦茨曼指出写在宪法中的这个期待是，所有大学都应把研究与教学和拓展工作联系起来，但是这其实是例外的情况，而非常规，连公立大学也是如此……在部门中，有一个由67所联邦教育机构组成的网络，其中大部分是大学，员工的薪资根据一个统一的薪级表发放，但各学校的质量差异很大……圣保罗州的州立大学提供了巴西大部分的博士学位，而且在许多领域都属研究密集型大学；而其他州立院校，只有很少或没有高等学位项目，研究也非常少……一些最大的私立院校也是大学，但它们缺少重要的研究生项目，并且进行的研究也非常少。(Schwartzman, "Equity, Quality and Relevance," pp. 177–178)

[18] Schwartzman, "Equity, Quality and Relevance," pp. 181–182.

[19] Schwartzman, "Equity, Quality and Relevance," p. 182.

第三部分

结 语

The Brazilian Economy
Growth and Development

第 18 章

过去、现在与未来❶

The Brazilian Economy
Growth and Development

---

❶ 本章的第一部分最初为作者与曼努埃尔·丰塞卡（Manuel A. R. Fonseca）和若阿金·吉略托（Joaquim Guilhoto）合著。

在最后这章里，我们首先来评估一下本书所涉大部分时段里发生过的结构性变化。其后则是对巴西在近期面临的挑战的大致思考。

巴西在20世纪50年代大力推行的进口替代化，为整体经济和工业部门带来了重大的结构变化。以往的研究也曾探讨过这一发展，并揭示出巴西所采用的进口替代工业化政策的类型，推动了许多不同工业部门的崛起，尤其侧重于那些收入和人口弹性较高、前后向关联也较高的部门。[1] 经过20世纪60年代的七年停滞后，巴西于60年代后期和70年代早期重温了极高速的增长速度。即便经历了1973年至1974年的第一次石油危机后，直到1981年之前，巴西仍然保持着相对较高的整体及工业增长率。[2] 这一增长有部分是建立在进口替代化深化（尤其是在资本货物这样的行业里）的基础上，部分则建立在工业出口扩大和大规模基础设施的基础上。[3]

后进口工业替代化时期，巴西的工业结构发生了何种类型的变化？这些变化是在延续还是在偏离原有的方向？从横截面研究的角度来看，巴西工业经济的新结构相较于国际标准而言是否具有可比性？我们观察到的结构性变化，对于巴西经济未来的增长而言，意味着什么，特别是考虑到1985年3月上台的平民政权对于促进公平的希求？

现在有了记录至21世纪的行业普查及投入产出表这些数据资料，就可以开始研究这些问题了。

我们先来概括一下部分研究经济增长与结构性变化两者关系的传统分析。然后，我们再来分析具体的巴西数据。最后，我们来推测一下巴西发生的行业结构变化在多大程度上符合或偏离了预期中的基准，而这对于未来的增长前景而言又意味着什么。

整体结构上的变化

如表18.1和表18.2所示，著名的库兹涅茨横截面分析清楚地显示出人均收入和农业部门所占份额之间的负相关关系，还有工业和服务业所占份额与人均收入之间的正相关关系。巴西历来的发展趋势，方向都是一致的，如表18.3所示。巴西在20世纪50年代早期的人均收入，很可能相当于库兹涅茨曲线上的级别IV到级别V之间，这就令巴西农业部门的份额符合横截面分析结果，而就人均GDP水平而言，工业部门的份额看上去有些偏低。如果我们假定截至20世纪80年代早期时，巴西的人均GDP水平降到了VI组和VII组之间，那么农业的衰退幅度要略大于横截面分析结果，而工业的份额则会多少低于预期。[4]

表18.1　库兹涅茨横截面数据：生产部门在GDP[a]中所占份额　　（%）

行业	I	II	III	IV	V	VI	VII	VIII
人均GDP（按1985年价格计算，单位：美元）[b]	51.8	82.6	138	221	360	540	864	1382
农业	53.6	44.6	37.9	32.3	32.5	17.4	11.8	9.2
工业	18.5	22.4	24.6	29.4	35.2	39.5	52.9	50.2
服务业	27.9	33	37.5	38.3	42.3	43.1	35.3	40.6

资料来源：Kuznets (1971), p. 104.
注：a. 基于1958年对57个国家的横截面分析结果得出。
　　b. 表中第一行人均GDP为数值，其他为%。

表18.2　1953—2009年各部门占GDP比　　（%）

行业	1953年	1960年	1965年	1970年	1975年	1980年	1992年	1998年	2000年	2009年
农业	26	23	19	11.7	9.7	8.8	9.9	8.0	5.6	5.6
工业	24	25	33	35.4	36.8	38.2	31.6	36.0	27.7	26.8
（制造业）				(26)	(28.0)	(29.0)	(29.0)	(20.4)	(23.0)	
服务业	50	52	48	52.9	53.5	53.0	54.2	56.0	66.7	67.6

资料来源：Conjuntura Econômica; IBGE, Sistema de Contas Nacionais.
注：工业的统计数据包括制造业在内。

表18.3　各部门占GDP比的库兹涅茨模型　　　　　　　　（%）

	I	II	III	IV	V	VI	VII	VIII
人均GDP（单位：美元）	723	107	147	218	382	588	999	1501
农业	79.7	63.9	66.2	59.6	37.8	21.8	18.9	11.6
工业	9.9	15.2	16.0	20.1	30.2	40.9	47.2	48.1
服务业	10.4	20.9	17.8	20.3	32.0	37.3	33.9	40.3

资料来源：Kuznets (1971), p. 200.

表18.4　1950—2003年各部门劳动力分布情况　　　　　（%）

行业	1950年	1960年	1965年	1981年	1992年	1995年	1998年	2003年
农业	62	48	49	30	28.3	26.1	23.0	20.0
工业	13	14	17	24	20.4	19.6	19.2	14.0
服务业	25	38	34	46	51.4	54.3	57.8	66.0

资料来源：Conjuntura Econômica; IBGE, Anuário Estatístico do Brazil 1992; 1996; 2000.

表18.4对劳动力分布的变化进行了比较，从中可以看出，从20世纪50年代到21世纪的头十年间，农业就业人口与库兹涅茨的国际基准相比相应偏多，而工业所吸收的劳动人口则偏少（在20世纪90年代早期以前呈增长趋势，接着又逐渐回落至60年代水平）。

第二次世界大战后的工业化历程

巴西在第二次世界大战至21世纪早期期间的工业化经验，可被划分为三大时期：1950—1962年，1968—1981年，90年代早期至2010年。第一个时期的特点是大力推广的进口替代工业化，期间涌现出了各种各样的新行业，不过侧重的还是消费品行业，基础行业则是以较低但仍可观的速度增长着。经过六年左右的增长停滞，以及60年代的经济调整，巴西经济在1968年至1973年间经历了一次繁荣，工业一跃成为该国的主导部门，1973年至1981年间则继续保持着相对强劲的增速，虽然较之前有所放缓。在此期间，进口替代化在重工业行业内广泛推行，出口也变成了巴西各行业的需求来源，且重要性日益增长。

走过80年代的"迷失十年"后，巴西在经历了债务危机和一次又一次的恶性通胀之后，迎来了新自由主义时期，经济开始对外国竞争者开放，借助雷亚尔稳定计划克服了通货膨胀，然后出台了大规模的私有化计划。这一时期见证了农业就业人口和农业在GDP中所占份额的持续下降，其中尤以后者为甚。工业在GDP和就业人口中所占份额，在80年代后均稳步下降，服务业所占份额则不断增长。不过很有可能的是，随着巴西的工业企业现代化程度提高，他们越来越多地将服务型的工作外包出去，这可以部分解释工业份额的下降和服务业份额的增长。

虽然对这几大时期的趋势对比，不能单纯地建立在投入产出分析的基础上，不过鉴于现有的有效数据最早仅可上溯至1959年，从巴西自那时以来进行的统计调查所收集到的大致信息中提炼出一个思路也是值得的。具体可见表18.1至表18.6。

注意看表18.2，截至1960年，工业贡献了25%的GDP，超过了贡献了23%的农业；然而，如表18.4所示，1960年的工业就业人口仅占到了全国经济活动人口的14%，农业则占到了48%。对比一下1949年至1963年间的产业结构变化会发现，最为显著的增长出现在运输和电气设备行业，金属制品和机械行业的增长则较为平缓，这反映出资本货物在当时所获得的优先级较低，见表18.5。此外，化学—医药—香水—塑料行业也实现了显著的扩张，尽管很难确定当中的哪个类别是最重要的。

交通运输和电气设备行业的就业人口成比例增长幅度相对较小，而在金属制品和机械行业，附加值和就业人口的增长比例大体等同（见表18.6）。该就业人口所占份额下降最为明显的是纺织业和农业，尽管它们在这十年里的附加值下滑得更加厉害。

表18.5　1949—2009年产业结构变化（占总产值）　　　　　　（%）

行业	1949年	1963年	1975年	1980年	1992年	2004年	2009年
非金属矿业	7.4	5.2	6.2	5.8	4.7	4.5	4.09
金属制品业	9.4	12.0	12.6	11.5	11.9	13.4	12.91
机械业	2.2	3.2	10.3	10.1	12.5	6.7	5.74
电气设备业	1.7	6.1	5.8	6.3	6.8	4.0	7.36
运输设备业	2.3	10.5	6.3	7.6	7.1	10.5	8.83

续表

行业	1949年	1963年	1975年	1980年	1992年	2004年	2009年
木制品业	6.1	4.0	2.9	2.7	1.2	1.8	1.70
纸制品业	2.1	2.9	2.5	3.0	3.7	4.2	2.85
橡胶制品业	2.0	1.9	1.7	1.3	1.4	1.4	4.16
皮革制品业	1.3	0.7	0.5	0.6	0.5	0.5	—
化工业	—	—	12.0	14.7	13.0	12.0	14.24
制药业	9.4	15.5	2.5	1.6	2.3	1.6	4.10
香水、肥皂、蜡烛业	—	—	1.2	0.9	1.1	—	1.85
塑料制品业	—	—	2.2	2.4	2.2	2.4	—
纺织业	20.1	11.6	6.1	6.4	4.6	4.5	3.30
服装鞋业	4.3	3.6	3.8	4.8	3.2	3.2	5.63
食品业	19.7	14.1	11.3	10.0	13.6	14.0	14.34
饮料业	4.3	3.2	1.8	1.2	2.1	2.9	4.10
烟草业	1.6	1.6	1.0	0.7	1.4	0.8	—
印刷出版业	4.2	2.5	3.6	2.6	2.6	2.9	4.28
杂类	1.9	1.4	3.7	4.0	3.2	7.6	0.52
总计	100.0	100.0	100.0	100.0	100.0	100.0	100.0

资料来源：IBGE, Industrial Censuses and Perspectivas da Economia Brasileira 1994 (Rio deJaneiro: IPEA, 1993), p. 70; IBGE, general tables, 2012.

表18.6　1950—2009年产业就业人口结构变化　　　　　　　　　　　　　　（%）

行业	1950年	1960年	1975年	1980年	1985年	1995年	2004年	2009年
非金属矿业	9.7	9.7	8.4	8.8	6.7	5.2	4.5	4.99
金属制品业	7.9	10.2	11.6	10.8	10.3	8.9	9.0	8.46
电气设备业	1.1	3.0	4.6	8.7	5.6	3.2	3.8	4.74
运输设备业	1.3	4.3	5.8	5.7	6.2	3.8	5.5	4.61
木制品业	4.9	5.0	5.3	4.3	4.2	9.9	4.2	3.75
家具业	2.8	3.6	3.6	3.6	3.5		3.6	
纸制品业	1.9	2.4	2.2	2.2	2.4	5.1[a]	2.5	1.67
橡胶制品业	0.8	1.0	1.2	1.1	1.3	1.0	1.4	3.45
皮革制品业	1.5	1.5	0.9	0.8	1.1	—	1.2	—

续表

行业	1950年	1960年	1975年	1980年	1985年	1995年	2004年	2009年
化工业	4.1	3.3	3.3	4.0		3.6	5.4	3.26
制药业	1.1	0.9	0.9	0.7	0.6	—	0.8	0.96
香水、肥皂、蜡烛业	0.8	0.7	0.6	0.5	0.5	—	1.5	0.94
塑料制品业	0.2	0.5	2.1	2.4	2.8	1.9	3.9	—
纺织业	27.4	20.6	8.8	7.7	7.1	3.6	3.5	7.54
服装鞋业	5.6	5.8	7.9	9.4	13.6	23.5	14.4	20.70
食品业	18.5	15.3	13.1	11.6	12.2	17.8	18.3	19.55
饮料业	2.9	2.1	1.4	1.2	1.2	—	2.6	
烟草业	1.3	0.9	0.6	0.4	0.4	—	0.3	0.17
印刷出版业	3.0	3.0	3.3	2.9	2.5	—	3.1	3.22
杂类	1.7	2.1	4.2	3.0	3.1	6.1	6.1	7.41
总计	100.0	100.0	100.0	100.0	100.0	100.0	100.0	100.00

资料来源：IBGE, Industrial Censuses; Furtuoso and Guilhoto (1999).

注：a. 包括印刷和出版。

20世纪60年代末，产业结构有望变得足够多样化，但其内部尚未形成良好的关联性，因为垂直整合此时才刚刚开始。

在第二个增长期间，也就是60年代晚期到80年代和90年代，巴西产业结构最为显著的变化，就是机械业和化工业的成比例增长、纺织业和食品饮料业的衰退以及电气设备业的比例保持稳定，交通运输业则出现了轻微衰退。这反映出巴西经济的垂直化得到了深化。从90年代到2010年左右，机械业出现了衰退，运输设备业、化工业和食品业则出现了轻微增长。50年代至90年代期间，就业人口的比例增长在机械业和电气设备业体现得尤为显著，下降最厉害的是纺织业。很有意思的一个现象是，就业人口在纺织、服装、鞋类、食品这类传统行业中表现出的下降趋势，到了21世纪的头十年里却发生了逆转。

将不断变化的巴西产业结构与库兹涅茨横截面分析结果加以比较，可以揭示出一些有趣的差异（对比表18.5和表18.7）。在巴西，纺织品、食品、服装鞋类和饮料所占份额，均遵循着近似于库兹涅茨数据曲线的发展轨迹，尽管巴西这些行业的绝对份额要低于基于相关人均GDP水平（按1958年价格计算约为1 359美元左右）横截面分析结果做出的份额预期。另一方面，重工业（如金属制品也和交通运输设备业）和化工品业所占份额则远远超出预期。根据我们当前对巴西经济的认识，这种对重工业品和耐用消费品超出预期的侧重（相较于国际水平）说明，巴西的消费模式，以及因而催生的生产模式，不仅受到了当时达到的人均收入水平的影响，还受到了收入分配不均的影响。鉴于巴西的收入分配不均程度要高出国际平均水准，对耐用消费品的需求和产量就更大一些。[5]

表18.7 库兹涅茨横截面数据：制造业附加值中的份额构成 （%）

人均GDP的各项基准值						
1953年美元价格	81	135	270	450	900	1200
1958年美元价格	91.7	153	306	510	1019	1359
食品饮料和烟草	33.8	37.4	34.8	27.2	17.6	15.5
纺织	18.3	14.2	10.5	9.4	7.1	5.6
服装鞋类	4.8	6.3	7.8	7.5	6.3	5.5
木制品和家具制品	6.9	5.4	4.9	5.1	5.7	5.4
造纸	0.9	1.3	1.9	2.9	3.9	4.3
印刷出版	2.5	2.6	2.9	3.5	4.7	5.3
皮革制品（不包括鞋类）	1.1	1.3	1.2	1.1	0.8	0.7
橡胶制品	1.2	1.4	1.2	1.3	1.4	1.4
化工和石油产品	8.7	9.3	9.7	9.6	8.9	9.3
非金属制品	5.4	5.5	4.9	4.8	4.7	4.5
基本金属	4.0	3.5	4.3	5.2	5.7	6.0
金属制品	10.4	9.9	13.7	19.8	29.8	32.8
杂类	2.0	1.9	2.2	2.6	3.4	3.7
总计	100.0	100.0	100.0	100.0	100.0	100.0

资料来源：Kuznets (1971), p. 114.

1959年至2009年结构变迁

我们来回顾一下自20世纪50年代的进口替代工业化末期,以及始于60年代晚期的工业化高潮以来的结构性变化。我们可以通过现有的投入产出表所提供的资料来研究这些现象。这让我们得以观察各部门相互间施加影响后所产生的变化。

生产结构

表18.8列出了在巴西GDP中所占份额达两位数的经济部门的总产出。大家会注意到,资本货物、耐用消费品以及中间产品(纸制品和橡胶制品除外)所占份额在1959年至1975年间出现了增长,非耐用品(服装鞋类除外)和农业则出现了下降。这些结构上的变化与巴西经济的工业化趋势以及随之而来的收入分配进一步集中有关。1980年和1992年,服务业实现了增长,但却是以其他所有行业的数据下降为代价,这在很大程度上可能要归咎于当时的高通胀率。然而,即使是在通胀结束后的几年,还有21世纪头十年的大部分时间里,服务业所占份额依然在继续增长。许多有活力的工业部门(如金属制品、机械、交通运输和化工)所占份额,曾在进口替代工业化时期实现了增长,此时又再度下滑,这或许能够反映出价格在进一步开放的经济中出现了下跌,21世纪头十年里的收入分配集中度也出现了下降。

表18.8　产值的结构分布情况　　　　　　　　　　（％）

行业	1959年	1970年	1975年	1980年	1992年	1995年	2000年	2009年
农业	16.23	11.11	9.43	9.90	9.89	9.79	5.60	5.63
采矿	1.10	0.75	0.63	1.00	1.40	0.84	1.59	1.83
非金属矿	1.86	1.90	1.92	1.70	0.95	1.11	0.69	0.68
金属制品	4.98	5.71	6.28	3.45	2.39	2.57	1.90	2.15
机械	1.73	2.61	3.79	2.94	2.52	2.11	0.86	0.96
电气设备	1.87	2.14	2.40	2.14	1.36	1.71	1.41	1.22

续表

行业	1959年	1970年	1975年	1980年	1992年	1995年	2000年	2009年
交通运输装备	3.38	3.80	4.24	2.42	1.43	1.97	1.26	1.47
木材	1.06	1.04	1.05	0.78	0.25	0.86	0.44	0.28
木制品	0.74	0.81	0.74	0.52	0.18			
造纸	1.26	1.09	1.10	0.87	0.75	1.06[a]	0.77	0.47
橡胶	1.02	0.77	0.79	0.38	0.28	0.36	0.60	0.69
皮革	0.43	0.30	0.23	0.14	0.09	—	—	—
化工	7.22	5.09	7.36	4.44	2.62	4.20	1.84	2.37
制药	0.85	0.98	0.73	0.52	0.44	0.75	0.76	0.68
化妆品	0.62	0.63	0.48	0.30	0.22	—	0.45	0.31
塑料	0.27	0.76	0.88	0.71	0.44	0.57	—	—
纺织	5.03	4.10	3.41	1.98	0.93	0.80	0.82	0.55
服装鞋类	1.37	1.55	1.47	1.53	0.65	0.84	1.26	0.94
食品	9.84	10.71	7.97	3.33	2.74	3.20	2.30	2.39
饮料	0.97	0.75	0.62	0.39	0.43			
烟草	0.45	0.45	0.39	0.21	0.29	—	0.14	0.09
印刷	0.95	1.19	1.08	0.81	0.52	—	0.92	0.71
其他工业产品	0.58	1.06	1.02	0.70	0.58	—	0.82	0.68
公用事业	0.93	2.25	2.32	1.75	3.18	2.63	18.33	19.43
建筑业	6.08	10.73	10.14	6.53	6.52	9.13	5.52	5.25
贸易利润	16.17	18.56	14.98	49.44	58.92	55.45	15.47	17.30
服务业	13.01	9.16	14.55				36.25	33.92
总计	100.0	100.0	100.0	100.0	100.0	100.0	100.0	100.0

资料来源：For 1959, van Rijekenhem (1969); for 1970, IBGE (1979); for 1975, IBGE (1984c); Perspectivas da Economia Brasileira 1994 (Rio de Janeiro: IPEA, 1993); Furtuoso and Guilhoto (1999).

注：a. 包括印刷业。

最终需求结构

表18.9涵盖了不同行业在个人消费总额（不包括进口）中的所占份额。这份数据

中最值得注意的一点,就是初级农产品所占份额的下降和加工食品的增长。生产耐用消费品的行业,份额出现了显著增长,非耐用品的份额则急剧下滑(服装鞋类和加工食品除外)。对于这一趋势,一种可能的解释是该时期的收入集中度有所上升。

服装和鞋类的稳定份额与纺织业的衰退息息相关,反映了巴西国内服装生产业的衰退。对于其他行业份额变化的解释有:(1)机械业的份额不断增长反映出,耐用品(冰箱、洗衣机、办公设备等等)的消费出现了增长;(2)交通运输业所占份额不断增长,是汽车及其零部件的消费增长后的结果;(3)化工业所占份额较高,反映出汽油、液化气以及其他石油衍生品的消费增长。

表18.9　本国产品的个人消费结构　　　　　　　　　　(%)

行业	1959年	1970年	1975年	1995年	2000年	2009年
农业	17.40	5.40	3.33	5.67	3.28	3.45
采矿	0.00	0.00	0.01	—	0.09	0.08
非金属矿物	0.51	0.18	0.07	0.20	0.09	0.09
金属制品	0.41	0.92	0.49	0.42	0.16	0.20
机械	0.32	1.07	1.20	0.03	0.14	0.13
电气设备	1.83	0.92	1.93	3.07	1.80	1.72
运输设备	0.79	2.89	5.13	3.06	2.45	3.37
木材	0.09	0.02	0.03	1.20	0.04	0.04
木制品	1.34	1.98	1.58			
造纸	0.11	0.22	0.19	0.77[a]	0.39	0.44
橡胶	0.96	0.16	0.18	0.02	0.29	0.24
皮革	0.11	0.08	0.01	—	—	—
化工	0.96	2.22	3.93	3.81	2.87	2.83
制药	1.56	2.29	1.54	2.70	1.58	1.53
化妆品	1.31	1.94	2.30	1.23	1.28	
塑料	0.42	0.03	0.03	0.16	—	—
纺织	6.88	1.28	1.99	0.86	0.76	0.65
服装鞋类	3.11	3.54	3.33	3.17	3.72	3.25
食品	15.14	25.34	21.12	15.07	10.40	11.20
饮料	2.01	1.63	0.37			

续表

行业	1959年	1970年	1975年	1995年	2000年	2009年
烟草	0.87	1.28	0.82	—	0.56	0.48
印刷	1.21	0.55	0.76	—	0.71	0.70
其他工业制品	1.03	1.03	0.88	0.94	1.49	1.53
公用事业	0.27	3.15	4.55	2.73	4.13	3.83
建筑业	2.42	0.00	0.00	—	0.00	0.04
贸易利润	20.28	35.48	30.88	43.88	15.68	18.13
服务业	18.66	6.40	13.35		48.13	44.77
总计	100.0	100.0	100.0	100.0	100.00	100.00

资料来源：For 1959, van Rijekenhem (1969); for 1970, IBGE (1979); for 1975, IBGE (1984c); Furtuoso and Guilhoto (1999).

注：a. 包括印刷业。

表18.10显示的是各行业内用于个人消费的产量占比变化。各行业内的占比均出现了下降，表示行业的相互依存关系呈现上扬趋势，涉及时期为1959年至1975年。

据广岛（Hiroshima）表示，这种类型的结构变化，通常与工业化进程的力度加大有关；也就是说，人均收入和工业部门就业人口所占份额越高，部门间的贸易往来就越密切。[6]

非金属矿物出现的急剧衰退，要归咎于投入产出表的构建方法有变。该行业主要包括建筑材料（特别是水泥）。在1970年和1975年的数据列中，这些产品被归为建筑投入；但1959年的数据列却非如此。

表18.10　个人消费在总产出中所占份额　　　　　　　　（%）

行业	1959年	1970年	1975年	1995年	2000年	2009年
农业	45.03	14.39	6.24	24.45	22.17	20.86
采矿	0.00	0.00	0.32	—	1.62	1.08
非金属矿物	11.57	2.84	0.61	4.81	3.02	2.91
金属制品	3.47	4.78	1.39	8.42	1.84	2.00
机械	7.68	12.17	5.61	0.40	3.61	2.54
电气设备	41.10	12.80	14.21	39.00	20.86	23.20
运输设备	9.84	22.50	21.37	50.30	27.03	26.84

续表

行业	1959年	1970年	1975年	1995年	2000年	2009年
木材	3.51	0.67	0.48	35.46	2.88	3.40
木制品	76.42	72.16	37.56			
造纸	3.61	5.88	3.13	11.61[a]	11.63	16.46
橡胶	39.76	6.16	3.95	1.27	7.82	6.60
皮革	10.75	8.33	0.56	—	—	—
化工	5.59	12.93	9.43	31.64	16.14	15.67
制药	77.24	68.98	37.44	—	61.73	64.80
化妆品	89.22	90.62	84.44	87.75	67.92	79.66
塑料	64.84	1.19	0.63	6.98	—	—
纺织	57.43	9.25	10.33	17.41	22.15	26.92
服装鞋类	95.79	67.76	39.97	69.06	71.69	82.63
食品	64.63	70.01	46.84	51.37	54.51	52.17
饮料	86.90	64.12	10.43			
烟草	81.66	83.78	37.44	—	82.07	70.37
印刷	53.71	13.67	12.33	—	22.46	30.41
其他工业制品	75.22	28.76	15.17	—	48.53	57.58
公用事业	11.97	41.30	34.62	32.19	9.11	7.47
建筑业	16.72	0.00	0.00	0.00	0.00	0.24
贸易利润	52.67	56.58	36.47	—	41.18	39.67
服务业	60.25	20.60	16.27	—	53.81	50.79

资料来源：For 1959, van Rijekenhem (1969); for 1970, IBGE (1979); for 1975, IBGE (1984c); Furtuoso and Guilhoto (1999).

注：a. 包括印刷业。

表18.11显示了各行业中出口在总产出中所占份额。这些比例数据清楚地显示出，巴西经济在1959年至1975年间大规模地开放，尤其是金属制品、机械、运输设备、纸制品和化工品行业。1981年的数据列不能直接拿来与其他年份的数据作比，因为该年的出口比重数据直接取自出口值和产出值的原始数据。然而，这些数字确实反映出了工业经济中部分重点行业的出口出现了进一步显著增长。这与巴西有50%以上的出口都是由制成品贡献这一事实是吻合的。

第18章 过去、现在与未来

表18.11 出口在总产出中所占份额 （%）

行业	1959年	1970年	1975年	1981年[a]	1995年	2000年	2009年
农业	2.56	3.88	4.80	—	1.64	7.15	11.42
采矿	8.00	25.94	39.33	—	—	15.57	32.98
非金属矿物	0.37	0.92	0.79	2.00	11.69	6.45	4.43
金属制品	0.01	3.63	1.69	6.00	12.93	19.31	15.85
机械	0.30	4.11	3.10	8.10	9.08	12.72	10.94
电气设备	0.02	1.59	4.55	—	7.52	10.67	7.71
运输设备	0.09	0.83	4.83	15.00	11.11	23.80	11.62
木材	0.25	16.24	3.87	6.70	9.58	23.09	13.80
木制品	0.00	0.34	0.72				
造纸	0.00	1.04	2.38		10.74	19.33	19.62
橡胶	0.12	1.01	1.27	—	—	6.31	5.93
皮革	16.09	15.49	11.14	23.00	—	—	—
化工	3.13	6.48	6.85	1.90	4.72	6.91	7.56
制药	0.23	0.96	0.78	—	2.96	2.76	3.66
化妆品	0.01	0.19	0.30			2.72	2.62
塑料	0.03	0.05	0.33	4.80	2.87	—	—
纺织	0.62	8.42	5.79	18.30	6.33	5.73	6.13
服装鞋类	0.07	1.14	8.30	16.40	13.97	10.74	5.81
食品	21.71	15.20	10.02	18.70	11.28	9.02	12.98
饮料	0.05	0.31	0.27	—			
烟草	1.01	13.10	18.55	—	—	14.79	28.02
印刷	0.27	0.36	0.71	—	—	0.79	0.35
其他工业制品	0.33	1.55	2.73	—	—	5.65	3.14
公用事业	0.01	0.00	0.00	—	0.19	0.14	0.30
建筑业	0.00	0.00	0.00	—	—	0.85	0.53
贸易利润	7.09	5.51	8.15	—	4.93	5.57	6.07
服务业	0.00	0.59	0.00	—	—	2.12	2.69

资料来源：For 1959, van Rijekenhem (1969); for 1970, IBGE (1979); for 1975, IBGE (1984c); for1981, IBGE (1984a); Furtuoso and Guilhoto (1999).

注：a. 1981年的比重数据不能用于与往年数据的严谨对比，因为该年数据是以巴西地理暨统计局（1984年a）提供的出口总额和产出值数据为基础的。

生产技术

事实已经表明，巴西在20世纪50年代的工业化进程中，使用了大量来自先进工业国的二手设备。从70年代到90年代，这一点出现了很大的改变，因为大多数行业都在自身的扩张计划中集成了最新的技术。[7] 表18.12中所示数据与这些活动的情况是吻合的，从中可以看出大部分行业的劳动力在附加值中所占份额都出现了下滑，人均动力装备水平则出现了增长。[8]

表18.12 工资和社保在总产出中所占份额 （%）

行业	1959年	1970年	1975年	1980年	1995年	2000年	2009年
农业	19.89	16.85	15.58		8.82	24.38	19.02
采矿	12.69	27.23	13.08	15.10	12.46	11.45	13.90
非金属矿物	20.86	20.65	14.38	14.50		19.47	19.15
金属制品	13.47	13.13	10.59	9.64	10.22	15.50	15.86
机械	15.37	24.24	20.85	24.27	19.38	22.66	23.09
电气设备	12.95	17.39	12.65	12.25	9.55	14.18	16.39
运输设备	11.04	15.90	10.62	10.75	10.17	16.35	14.97
木材	17.73	17.89	14.27	15.40	20.47	19.86	22.06
木制品	22.85	22.02	17.15	17.10			
造纸	11.01	15.98	10.64	9.33	15.59	14.13	16.72
橡胶	9.05	12.07	8.29	9.45	—	18.29	19.22
化工	4.64	8.79	3.48	3.14	5.95	6.52	7.06
制药	15.20	12.78	8.99	8.43	13.50	20.03	18.97
化妆品	8.11	8.33	6.04	6.66	—	12.07	12.45
塑料	14.18	13.60	11.54	11.40	13.13	—	
纺织	17.71	16.59	10.14	10.09	7.87	14.67	18.20
服装鞋类	17.83	16.83	15.38	14.95	27.06	17.55	25.25
食品	6.64	8.98	5.21	5.98	30.40	10.15	11.50
饮料	15.04	18.69	9.60	11.61			

续表

行业	1959年	1970年	1975年	1980年	1995年	2000年	2009年
烟草	9.66	10.32	8.04	8.10	—	10.24	11.01
印刷	23.38	26.92	19.36	21.40	—	22.57	21.25
其他工业制品	21.28	14.17	8.92	13.49	—	16.21	17.85
公用事业	4.36	31.58	30.36	—	44.57	48.84	50.39
建筑业	12.82	24.60	19.07	—	—	13.92	21.89
贸易利润	29.09	27.38	25.42	—	63.36	27.77	29.58
服务业	22.61	51.60	25.19	—	63.00	23.23	25.49

资料来源：For 1959, van Rijekenhem (1969); for 1970, IBGE (1979); for 1975, IBGE (1984c); for 1980, IBGE (1984b); Furtuoso and Guilhoto (1999).

这一趋势支持了许多学者的论点，他们认为巴西在90年代之前的实际工资上涨对通胀进程的影响不大，因此工资并未被视作稳定计划的核心因素。[9]

这些大趋势也有例外，像采矿、机械、公用事业、建筑和服务等行业，就经历了薪酬在总产出中所占份额有所上升的时期，见表18.12。橡胶制品、公用事业和建筑业一直在使用更多劳动密集型技术（根据工资和社保支出在附加值中所占份额），见表18.13。表18.14显示的是人均动力装备水平，从中可看出，按此标准来看，所有行业都出现了资本密集度的加速增长。

表18.13　工资和社保在增加值中所占份额　　　　　　　　　　（%）

行业	1959年	1970年	1975年	1980年	1985年	1995年	2000年	2009年
农业	24.07	22.57	21.63	14.27	40.78	33.43	—	—
采矿	35.99	34.18	19.16	23.60	—	27.04	24.70	35.56
非金属矿物	37.46	33.26	24.87	25.56	19.99		52.37	52.55
金属制品	35.37	31.61	29.59	28.07	19.35	33.02	45.72	44.78
机械	46.76	42.14	41.47	44.37	31.40	34.54	66.88	73.22
电气设备	38.72	33.40	28.07	24.44	20.65	25.35	55.07	59.52
运输设备	31.74	34.55	37.46	27.22	29.39	31.40	74.62	76.53
木材	37.98	36.83	27.99	28.37	23.79	47.45	42.54	53.79
家具	49.37	40.60	33.84	34.43	24.96			
造纸	30.00	34.55	27.43	20.25	19.54	46.79	38.83	56.92

续表

行业	1959年	1970年	1975年	1980年	1985年	1995年	2000年	2009年
橡胶	19.00	22.74	20.81	27.24	18.93	—	72.11	59.86
皮革	38.49	35.31	34.04	33.41	19.69	—		
化工	23.81	21.30	11.75	10.08	11.37	15.53	39.95	32.22
制药	36.82	17.87	13.67	13.79	18.01	30.00	42.78	39.25
化妆品	25.37	16.52	12.88	15.24	18.43	—	30.71	39.03
塑料	30.22	26.62	24.48	23.17	19.81	31.61		
纺织	42.51	34.97	29.38	24.72	15.83	27.14	39.04	47.89
服装鞋类	43.49	36.88	34.84	29.06	22.43	72.77	45.88	63.41
食品	26.46	30.46	19.49	20.18	14.90	30.06	53.48	61.87
饮料	33.83	32.97	17.73	24.69	21.24			
烟草	19.73	17.20	15.81	15.76	19.96	—	32.06	51.39
印刷	48.66	41.17	30.00	32.44	30.48	—	49.66	41.31
其他工业制品	42.59	39.48	25.83	21.83	19.68	—	38.50	41.47
公用事业	10.72	34.93	38.73	—	—	44.57	76.65	79.47
建筑业	41.55	61.51	61.83	37.63	25.53	19.63	27.83	42.54
贸易利润	44.94	33.67	32.24	—	—	63.36	43.35	46.77
服务业	27.62	61.98	29.52	—	—	63.00	36.33	39.65

资料来源：For 1959, van Rijekenhem (1969); for 1970, IBGE (1979); for 1975, IBGE (1984c); for1980, IBGE (1984b); IBGE, Anuario Estatístico do Brasil 1992; Furtuoso and Guilhoto (1999).

表18.14　动力装备水平　　　　　　　单位：人均马力

行业	1960年	1970年	1980年
农业	无	无	无
采矿	1.77	8.05	12.99
非金属矿物	3.15	4.86	6.15
金属制品	4.26	9.62	8.57
机械	2.89	3.80	4.52
电气设备	2.62	5.77	2.68
运输设备	4.14	5.73	4.00
木材	4.54	4.96	7.15
木制品	2.07	2.62	3.60

续表

行业	1960年	1970年	1980年
造纸	8.48	14.05	14.80
橡胶	7.45	6.82	9.82
皮革	3.27	4.94	5.49
化工	9.20	16.06	30.84
制药	3.08	3.80	3.51
化妆品	2.18	3.73	3.47
塑料	3.68	4.08	4.73
纺织	2.50	4.00	5.04
服装鞋类	0.61	1.29	1.56
食品	5.46	6.86	7.30
饮料	4.05	5.58	7.79
烟草	1.19	1.36	10.82
印刷	1.30	3.13	2.09
其他工业制品	1.52	6.88	2.22
公用事业	无	无	无
建筑业	无	无	无
贸易利润	无	无	无
服务业	无	无	无

资料来源：Calculated from IBGE (1984a); Baer and Geiger (1976).
注：无＝没有有效数据。

21世纪的头十年里，大部分行业的劳动力份额都有所上升，个别情况下达到的水平甚至超过了20世纪70年代的时候，这或许要归因于通货膨胀的结束。这或许也反映出当时的政策有提高发放给劳动力的真实工资和福利的倾向。

表18.15显示的是进口投入在总产值中所占的份额，并且揭示出大部分行业在20世纪90年代以前都呈现出下行趋势。这一趋势反映出巴西经济复杂性的深化，从而导致行业间的关联度得到了提高，详见下文探讨。也暗示着这些特定行业依赖于非常专业的外国投入，这些投入在短期内是无法从国内获取的。不过需要注意的是，这一趋势在21世纪的头十年里发生了逆转，这或许要归因于巴西经济的进一步开放。

表18.15　进口投入在总产出中所占份额　　　　　　　　　　　　　　　（%）

行业	1959年	1970年	1975年	1985年	1995年	2000年	2009年
农业	3.13	0.52	0.54	0.2	1.12	3.08	3.31
采矿	53.21	0	0.13	0.61	1.6	4.82	5.49
非金属矿物	3.67	0.92	1.32		1.93	5.78	5.68
金属制品	15.53	2.04	5.05	5.49	6.47	8.02	8.28
机械	33.99	3.4	3.72	4.12	4.42	7.93	7.49
电气设备	15.07	8.92	9.81	8.45	8.45	13.42	11.9
运输设备	19.81	2.88	4.63	4.03	4.03	11.58	9.2
木材	0.24	0.34	0.36	0.49	1.39	2.82	2.35
木制品	0.03	0.19	0.21				
造纸	5.63	2.19	2.97	1.38	5.9	6.09	5.52
橡胶	0.51	3.84	5.34	7.27	—	12.47	11.49
皮革	0.38	1.04	1.22	1.09^a	—		
化工	15.6	16.28	26.94	14.11	9.32	13.63	12.05
制药	8.22	8.48	10.22		10.12	5.28	5.01
化妆品	1.03	3.15	6.05	4.78		7.62	7.85
塑料	0.15	9.88	3.72	3.55	5.58		
纺织	0.31	0.99	0.81	0.61	8.77	6.66	6.32
服装鞋类	0.08	0.35	0.28		4.56	4.43	4.69
食品	1.87	2.35	2.49			3.82	2.44
饮料	2.51	3.37	6.02	2.08	2.24		
烟草	0	0.26	0.42			2.96	2.74
印刷	3.86	5.25	3.48	4.4	—	4.49	3.72
其他工业制品	10.07	6.51	5.07	14.88	—	5.03	4.73
公用事业	0	0.19	1.23	0.49	3.8	1.86	1.95
建筑业	0	2	2.31	2.07	1.22	3.25	3.05
贸易利润	0	1.58	2.32	4.34	4.74	2.57	2.19
服务业	0	0.12	0.25	1.36	1.16	1.78	1.78

资料来源：For 1959, van Rijekenhem (1969); for 1970, IBGE (1979); for 1975, IBGE (1984c); Furtuoso and Guilhoto (1999).

注：a. 包括鞋类在内。

后向关联和前向关联

表18.16和表18.17囊括了拉斯穆森（Rasmussen）统计的巴西经济在不同时期的前向和后向关联指数。[10] 这些数字表明，在1959年，有三个行业（造纸、化工和纺织）具有很高的前后向关联，并在巴西的总产出中占到13.51%。1970年和1975年，关联性高的行业数量增加到了五个（金属制品、机械、造纸、纺织和食品），在1970年和1975年的总产出中分别占到了24.22%和22.55%。尤为值得注意的是，那些以往在进口替代工业化初期的工业化进程中相对不怎么重要的行业——金属制品、机械和食品——还有那些后来居上的领军行业，都是些在性质上有助于加强部门间关联的行业。截至2006年，后向关联密切的行业数量已经增加到13个。

表18.16 后向关联指数

行业	1959年	1970年	1975年	1985年	1995年	2006年
农业	0.6557	0.8200	0.8159	0.9043	0.8419	0.8930
采矿	0.6291	0.7790	0.8261	0.9784	0.9468	0.9010
非金属矿物	0.9129	0.9302	0.9105		1.0376	0.9809
金属制品	0.9818	1.2176	1.1755	1.2685	1.1981	1.0397
机械	0.8592	1.0151	1.0188	1.1000	0.4228	1.0670
电气设备	1.0302	1.0013	0.9854	1.0274	1.1436	1.0510
运输设备	0.9679	1.1630	1.3158	1.1799	1.1305	1.2068
木材	0.9673	1.0548	0.9743	1.0992	1.0363	1.0095
木制品	1.0486	1.0654	1.0292			
造纸	1.1675	1.1272	1.1462	1.1600	1.1038	1.0530
橡胶	1.0123	1.0136	1.1002	1.1387	—	—
皮革	1.0819	1.2154	1.1662	1.051[a]	—	—
化工	1.1470	0.9844	0.9275	0.9585	1.0084	1.1678
制药	1.0268	0.7828	0.7522	1.0239	0.9473	0.8905
化妆品	1.2078	1.0866	1.0055			1.0921
塑料	1.0874	0.9718	1.0087	1.0463	0.9936	1.0965
纺织	1.0913	1.1008	1.2623	1.1958[b]	1.1330	1.0036

续表

行业	1959年	1970年	1975年	1985年	1995年	2006年
服装鞋类	1.1360	1.1797	1.1999			1.0499
食品	1.1021	1.2689	1.2558			1.2001
饮料	1.0135	0.9916	0.9507	1.1561	1.1434	1.1252
烟草	0.9731	0.9544	0.9993			
印刷	1.0513	0.8927	0.8715	1.0067	—	0.9321
其他工业制品	0.9207	1.1635	1.1400	1.0663	—	
公用事业	1.1590	0.6821	0.7125	0.8702	0.8216	0.7756
建筑业	1.1760	1.0634	1.0815	1.1064	0.8437	0.9028
贸易利润	0.8725	0.7359	0.7035	0.6953	0.8040	0.7962
服务业	0.7210	0.7389	0.6649	0.8604	0.7338	0.7704

资料来源：For 1959, van Rijekenhem (1969); for 1970, IBGE (1979); for 1975, IBGE (1984c); Guilhoto and Picerno (1993); Furtuoso and Guilhoto (1999).

注：a. 包括鞋类在内。
b. 不包括鞋袜类在内。

表18.17 前向关联指数

行业	1959年	1970年	1975年	1985年	1995年	2006年
农业	2.1446	2.1988	1.9060	1.1614	3.4418	1.1632
采矿	0.9575	0.8000	0.7376	1.0068	0.8402	1.4994
非金属矿物	0.7873	0.8904	0.8409			1.2425
金属制品	1.9181	2.0456	2.1030	1.8889	1.3417	1.2362
机械	0.5705	1.0508	1.0107	0.8914	1.1629	0.8299
电气设备	0.6218	0.8719	0.8545	0.7051	0.7051	0.8730
运输设备	0.6757	0.8635	0.9161	0.7904	0.7441	0.8715
木材	0.8997	0.8521	0.8969	0.6964	0.7072	1.1916
木制品	0.5478	0.6287	0.5729			
造纸	1.3305	1.1803	1.1911	0.9967	1.1932	1.2098
橡胶	0.7090	0.8010	0.8438	0.7665	0.9118	1.3699
皮革	0.7605	0.7010	0.7282	0.5867[a]	—	—
化工	2.9454	2.0118	2.4571	1.4031	1.6741	1.4354
制药	0.5647	0.6783	0.6089		0.5522	0.8152

续表

行业	1959年	1970年	1975年	1985年	1995年	2006年
化妆品	0.5460	0.6225	0.5702	0.4962	—	0.7412
塑料	0.5970	0.8119	0.8085	0.7055	0.8262	
纺织	1.1620	1.3232	1.4488	0.9797[b]	1.3786	1.1587
服装鞋类	0.5449	0.6253	0.5735		0.5313	0.6548
食品	0.6993	1.2332	1.0175	0.9001	0.7084	
饮料	0.5817	0.6583	0.6026			0.8717
烟草	0.6512	0.6230	0.6285			0.5616
印刷	0.6366	0.6849	0.6368	0.5960	—	1.2083
其他工业制品	0.5587	0.8338	0.7743	0.6683	—	0.7262
公用事业	0.9592	0.8816	0.8092	0.8975	1.4314	0.7116
建筑业	0.6854	0.6193	0.5560	0.6068	0.5684	0.6757
贸易利润	1.9803	1.8433	2.2561	2.8617	1.6858	1.0246
服务业	1.9648	0.6655	0.6505	0.6808	0.8164	0.9278

资料来源：For 1959, van Rijekenhem (1969); for 1970, IBGE (1979); for 1975, IBGE (1984c); Guilhoto and Picerno (1993); Furtuoso and Guilhoto (1999).

注：a. 包括鞋类。
b. 不包括鞋袜类。

工业化的过程中也带来了多个行业的后向关联容量变化。以往由于进口投入比重较高导致后向关联较少的行业，开始有越来越多的投入部分在国内购入。像金属制品、机械、交通运输设备这类行业的后向关联容量的增长，便揭示出了这一点。此外，有悖于郝希曼（Hirschman）的看法，农业发展出了很高的前向关联。[11]截至21世纪的头十年，可以看到金属制品、电气设备、交通运输设备、纺织品这类行业的后向关联略有下降，这或许是经济进一步开放的结果。

将巴西在1959年的数据，与斯里兰卡、中国台湾、马来西亚和韩国在60年代早期的数据加以对比，便可揭示出，巴西前后向关联的价值更高，[12]这表明巴西经济的内部关联度有所提升。这有助于支持之前的一项巴西经济研究，该研究使用了美国经济所用的关联性评级。[13]1985年的数据显示出，后向关联持续增长，前向关联部分下降，2006年的数据则显示，两种关联均有不同程度的增长和下降，这在部分程度上可归因于后进口替代工业化时期更为开放的经济。

总　　结

　　我们对巴西不断变化的经济结构及部门间关系性质的研究表明，巴西经济的垂直整合自从20世纪50年代的进口替代工业化早期以来显著加剧。不过，需要指出的是，这一趋势并没有提高该国经济的自给自足能力。恰恰相反，垂直整合的加强与巴西经济外向型程度加大发生在同一时期，从各工业部门出口份额的角度来看时尤为如此。大部分行业都经历了出口在总产出中所占份额的不断增长。这种增长或许反映出，政府在60和70年代出台的各种出口激励政策的正面效果，也反映了巴西在国际市场上竞争力，无论是在价格还是质量上。[14]

　　我们观察到，有越来越多的巴西出口为半成品和资本货物，出口商有的是巴西企业，有的是跨国企业的分支机构。后者经常将巴西生产的组件送到他们旗下的其他制造厂里。这一事实至少部分解释了垂直整合并非一种有碍于国际贸易的原因。我们可以从长远角度想象一下在生产过程的环节的商品交易，或者说，会有越来越多的成品和中间产品都来进行国际交易。只要像巴西这样规模的经济体能继续发展，资源和产业结构的多样性、垂直化以及贸易增长会自然地延续下去。

　　经济体日益国际化，也意味着不同行业进口系数的下降即将结束。由于巴西在国际贸易中的地位不断提高，永久性的贸易顺差将变得越来越不现实，巴西经济也得接受最终工业制品和中间产品频谱内的部分国际分工职责。也就是说，巴西必须得接受永久性地进口某些工业产品，因为相应地，资格更老的工业国市场也会永久性地接收巴西的工业产品。

　　巴西在21世纪头十年里的商品出口繁荣，是一些关键性的亚洲经济体——尤其是中国——增长率高企的结果，这种繁荣或许曾在短期内促进了贸易顺差的实现。不过，巴西的政策制定者一直视此为一项短期利益。而就长远而言，多样化的出口结构——代表着多样化的经济——是巴西的工业和服务业成为增强国际竞争力必不可少的力量。

　　巴西经济的现有生产结构反映了一种特定的消费结构，而这种消费结构又与现有的收入分配情况有关。如果未来的巴西政府实施一项收入再分配政策，巴西的消费结构乃至生产结构有望发生变化。事实上,在一次模拟实验中,洛卡泰利(Locatelli)发现,更为均等的收入分配体系(类似于英国那样)能让巴西的工业就业人口增长16%。这是因为,低收入群体的购买力增加会增加高劳动密集型技术的商品需求。[15] 如此一来经济增长的可能性将取决于经济体内的一次结构再调整,加强对大众消费品的重视,减少对耐用消费品的侧重。鉴于巴西现有的经济结构,增长将取决于当前的出口水平。

最后,如本章所示,工资在最终价格中所占份额自60年代以来持续下降。由此可见,对工资上涨的控制并不是稳定计划取得成功的关键性因素。

21世纪的巴西经济

就如我们所看到的,巴西进入21世纪时,已经经历过了重大的结构变化。该国都取得了哪些成就,又依然面临着哪些挑战呢?

成　就

随着巴西进入21世纪的第二个十年,该国似乎已经解决了一部分宏观经济方面的问题。通货膨胀已经消失,政府管理着金额可观的初级预算盈余,央行遵循着坚定的通胀目标制政策,贸易收支自本世纪初以来保持着顺差,政府的大部分外债都已偿清,雷亚尔也成了不断升值的强势货币。

出口繁荣要部分归功于巴西出口的矿石和现代化农业部门生产出来的各种农产品全球需求的高涨。巴西也是许多非传统加工品的重要出口国,其中尤以巴西航空工业公司生产的支线飞机为首。

最后,巴西由来已久的收入过度集中问题,从该国不断下降的基尼系数来看,似乎也正在好转。巴西的基尼系数从1997年的0.602稳步下降至2009年的0.543。[16] 许多分析人士都将这一成果归功于卢拉总统实施的各种社会计划,尤其是家庭补助金计划（BFP）。该计划于2003年出台，旨在将增长与社会进步结合在一起。[17] 政府按月向贫困家庭发放现金，条件是家中子女必须上学，并且全家使用健康设施。截至2012年，该计划大约覆盖了1400万户家庭。据一名分析人士表示，家庭补助金计划"是截至目前各发展中国家当中规模最大的有条件的现金资助计划"。[18]

质疑与挑战

尽管取得了这些成就，但若从其他角度来看，巴西的经济表现却称不得上佳。实际增长率令人失望。1995年至2006年间的年均实际增长率为2.25%，相较于巴西较早时期，以及许多亚洲国家在21世纪头十年的年增长率达10%至15%，这一增长十分低迷。投资在GDP中所占份额在16%和19%之间波动，相较于许多亚洲国家可达25%至35%的投资率，也很不起眼。最严重的投资滞后出现在基础设施领域，该国有许多地方都缺乏足够的道路，发电配电设施的低投资率也在威胁着未来的发展。

对于家庭补助金计划是不是巴西分配问题的转折点所在，也同样令人心存怀疑。尽管每月向贫困家庭发放44美元无疑有助于缓解赤贫问题，家庭补助金计划也无疑有助于提高贫困人口的人力资本，但该计划最终是否会对分配问题产生影响，仍有待观望。卢拉总统于2003年1月上台，在当年下半年制定了家庭补助金计划。然而，基尼系数早在1997年就已开始下降。这不由令人怀疑，这些成果是否真的要归功于家庭补助金计划。大部分分析人士都将分配问题有所改善的主要原因归结为90年代中期开始施行的价格稳定政策和1995年开始施行的提高实际最低工资政策的综合作用。[19]

如果考虑到家庭补助金计划在巴西GDP中所占比重，也会让人更加怀疑该计划是否收入分配问题有所改善的主要决定因素。有粗略的计算表明，家庭补助金计划的总开支仅占到了GDP的不到1%。[20] 与此同时，公共部门的债务清偿开支则占到了GDP的7.4%左右。[21] 考虑到政府债务的债权人属于高收入群体，或是主要代表高收入群体积蓄的机构，这样的计划是否能解决平等问题，实在令人生疑。事实上，已有证据表明，公共部门的财政计划并未改善收入分配问题，反而令其进一步加剧。[22]

迪尔玛·罗塞夫总统所面对的挑战，就是在将平等程度提升至先进工业国家相近水平的同时，实现更高的投资率和增长率。由于未来会有很多的发展机会出现在服务业领域，而人力资本是其中的主要投入，挑战将分为两个方面：提高教育领域所分配到的资源比例；改变整个教育体系的结构，让大众普遍享有受教育的机会。

注　释

[1] Werner Baer, Industrialization and Economic Development in Brazil (Home-wood, Ill.: Richard D. Irwin, 1965), ch. 6.

[2] Werner Baer, Industrialization and Economic Development in Brazil (Home-wood, Ill.: Richard D. Irwin, 1965), chs. 5 and 6.

[3] Werner Baer, Industrialization and Economic Development in Brazil (Home-wood, Ill.: Richard D. Irwin, 1965).

[4] 虽然对国际横截面分析的使用在文献中引发了大量的争论，但我们觉得库兹涅茨分析结果仍然为分析经济增长过程中的结构性变化提供了有用的基准。参阅：H. B. Chenery and M. Syrquin, Patterns of Development 1950–70 (London: Oxford University Press, 1974) and R. B. Sutcliffe, Industry and Underdevelopment (New York: AddisonWesley Publishing Co., 1971).

[5] 欲对巴西收入相对集中的情况有更确切的了解，可参考世界银行发布的以下数据。20世纪80年代早期，收入最高的10%人口分到了全巴西50.6%的家庭收入；墨西哥为40.6%；土耳其为40.7%；印度为33.6%；印度尼西亚为34.0%；美国为23.3%；西德为24.0%。参阅：World Bank, World Development Report 1985 (New York: Oxford University Press, 1985), pp. 228–229.

[6] 郝西曼表示，"相互依赖性和关联性的缺少当然是欠发达经济体最为典型的特征之一。"参阅：Albert O. Hirschman, The Strategy of Economic Development (New Haven, Conn.: Yale University Press, 1958), p. 109.

[7] Annibal V. Villela and Werner Baer, "O Setor Privado Nacional: Problemas e Políticas para Seu Fortalecimento," Coleção Relatorios de Pesquisa 46 (Rio de Janeiro: IPEA, 1980): 185–189.

[8] 在表16.7和表16.8中，附加值的数据是通过两种不同的方法求得的。1959年、1970年和1975年的数据列里，附加值是依据投入产出表推算而得，而1980年的数据列则出自巴西工业普查结果。因此对于前三列和最后一列，无法进行严谨的比较，不过大家仍可据此对当时的整体趋势获得一个大概的认知。

[9] 可参阅：Roberto Macedo, "Wage Indexation and Inflation: The Recent Brazilian Experience,"

in Inflation, Debt and Indexation, R. Dornbusch and M. H. Simonsen, eds. (Cambridge, Mass.: MIT Press, 1983), pp. 133–159.

[10] P. N. Rasmussen, Studies in Inter-Sectoral Relations (Amsterdam: North Holland, 1956).

[11] 郝希曼称，"农业在总体上，特别是自给农业，本来就具有关联效应稀缺的特点。" Albert O. Hirschman, Journeys Toward Progress: Studies of Economic Policy-Making in Latin America (New York: Twentieth Century Fund, 1963).

[12] P. S. Laumas, "Key Sectors in Some Underdeveloped Countries," Kyklos 28, no.1 (1975): 62–79.

[13] Baer, Industrialization, pp. 138–144; see also Huddle's early confirmation of the Baer study based on the 1959 input-output table, Donald Huddle, "Review Article: Essays on the Economy of Brazil," Economic Development and Cultural Change (April 1972): 568–569. Many of our conclusions were also given support in Ronaldo Lamounier Locatelli, Industrialização, Crescimento e Emprego: Uma Avaliação da Experiência Brasileira (Rio de Janeiro: IPEA/INPES, 1985).

[14] 参阅本书第五章。

[15] Locatelli, Industrialização, pp. 166–171; see also R. Bonelli and P. Vieira da Cunha, "Crescimento Econômico, Padrao de Consumo e Distribuição de Renda no Brasil: Uma Abordagem Multisetorial para o Periodo 1970/1975," Pesquisa e Planejamento Econômico 2, no. 3 (1981): 703–756.

[16] Ipeadata, February 15, 2006.

[17] 家庭补助金计划将四项现金发放计划合而为一，由一个新设的社会发展部门负责管理。

[18] Kathy Lindert, Brazil: Bolsa Família Program—Scaling-up Cash Transfers to the Poor (Washington, DC: World Bank, 2006), p. 67.

[19] Sergei Soares, "Distribuição de Renda no Brasil de 1974 a 2004 com Enfase no Periodo Entre 2001 e 2004," Texto para Discussão, 1166 (Brasília: IPEA, 2006); Sergei Soares, Marcelo Medeiros, and Rafael Osôrio, "Cash Transfers Programmes in Brazil: Impacts on Inequality and Poverty," Working Paper, no. 21, International Poverty Center, June 2006; Rogerio N. Costanzi and Helio V. M. Ribeiro, "Salário Minimo e Distribuição de Renda," Informações Fipe, São Paulo: October 2006.

[20] Lindert, Brazil, p. 67.

[21] Banco Central, Relatorio Anual, 2005, p. 87.

[22] Werner Baer and Antonio Galvão, "Tax Burden, Government Expenditures and Income Distribution in Brazil," Quarterly Review of Economics and Finance (June 2007).

第 19 章

附　录

目次

第三部

表A.1 国际收支平衡

单位：百万美元

年份	出口	进口	贸易收支	净利息	偿债总计	经常账户	分期摊付	资本账户	国际收支	总债务
1950年	1359	934	425	-209.00	-283.00	140	-85.00	-65.00	52	559
1951年	1771	1703	68	-379.00	-469.00	-403.00	-27.00	-11.00	-291.0	573
1952年	1416	1702	-286.00	-300.00	-336.00	-624.00	-33.00	35	-615.0	638
1953年	1540	1116	424	-228.00	-355.00	55	-46.00	59	36	1159
1954年	1558	1410	148	-241.00	-338.00	-195.00	-334.00	-38.00	-203.0	1317
1955年	1419	1099	320	-230.00	-308.00	2	-140.00	3	17	1445
1956年	1483	1046	437	-278.00	-369.00	57	-387.00	151	194	1580
1957年	1392	1285	107	-265.00	-358.00	-264.00	-242.00	255	-180.0	1517
1958年	1244	1179	65	-220.00	-309.00	-248.00	-324.00	184	-253.0	2044
1959年	1282	1210	72	-257.00	-373.00	-311.00	-377.00	182	-154.0	2234
1960年	1270	1293	-23.00	-304.00	-459.00	-478.00	-417.00	58	-410.0	2372
1961年	1405	1292	113	-205.00	-350.00	-222.00	-327.00	288	115	2835
1962年	3215	1304	-89.00	-203.00	-339.00	-389.00	-310.00	181	-346.0	3005
1963年	1406	1294	112	-182.00	-269.00	-114.00	-364.00	-54.00	-244.0	3089
1964年	1430	1086	344	-128.00	-259.00	140	-277.00	82	4	3160
1965年	1596	941	655	-188.00	-362.00	368	-304.00	-6.00	331	3927
1966年	1741	1303	438	-266.00	-463.00	54	-350.00	124	153	4545
1967年	1654	1441	213	-270.00	-527.00	-237.00	-444.00	27	-245.0	3283
1968年	1881	1855	26	-328.00	-556.00	-508.00	-484.00	541	32	3780
1969年	2313	1933	378	-367.00	-630.00	-281.00	-493.00	871	549	4403.3
1970年	2739	2507	232	-462.00	-815.00	-562.00	-672.00	1015	545	5295.6

续表

年份	出口	进口	贸易收支	净利息	偿债总计	经常账户	分期摊付	资本账户	国际收支	总债务
1971年	2904	3245	-341.00	-560.00	-980.00	-1037.00	-850.00	1846	530	6621.6
1972年	3993	4235	-244.00	-730.00	-1250.00	-1489.00	-1202.00	3492	2439	9521
1973年	6399	6392.2	7	-1009.70	-1722.10	-3688.00	-1672.50	3512.1	2178.6	12571.5
1974年	7953	12641.3	-4690.30	-3532.10	-2432.60	-7122.40	-1920.20	6253.9	-936.3	17165.7
1975年	8669.9	12210.3	-3540.40	-3429.20	-3162.00	-6700.20	-2172.10	6188.9	-950.0	21173.4
1976年	10128.3	32383	-2254.70	-1573.90	-3763.00	-6017.10	-2986.90	6593.8	3193.7	25985.4
1977年	12120.1	32023	-97.10	-1575.70	-4134.30	-4037.30	-4060.40	5278	630	32037.2
1978年	12658.9	13683.1	-1024.20	-1804.90	-6037.20	-6990.40	-5323.50	11891.4	4262.4	43510.7
1979年	15244.4	18083.1	-2838.70	-2378.00	-7920.20	-10741.60	-6384.70	7656.9	-3214.9	49904.2
1980年	20133	22954	-2821.00	-6311.00	-10152.00	-12807.00	-5010.30	9678.7	3471.6	53847.5
1981年	23293	22091	1202	-10272	-13094	-11734	-6241.60	12722.7	624.7	61410.8
1982年	20175	19395	780	-13494	-17039	-16311	-6951.60	7850.9	-8828.0	70197.5
1983年	21899	15429	6470	-11008	-13354	-6837	-6862.90	2102.8	-5404.5	81319.2
1984年	27005	13916	13090	-11471	-13156	45	-6468.20	252.9	700.2	93093
1985年	25639	13153	12486	-11258	-12877	-242	-8490.90	-2553.90	-3200.1	95856.7
1986年	22349	14044	8304	-11126	-13707	-5304	-11546.50	-7108.30	-12356.7	101758.7
1987年	26224	15051	11173	-10319	-12676	-1438	-12024.60	-8330.10	-10227.5	7512.7
1988年	33789	14605	19184	-12085	-15096	4175	-15226.00	2921	6977	113469
1989年	34383	18263	16119	-12547	-15334	1033	-33985.00	-4179.00	-3077.0	134743
1990年	31414	20661	10752	-11613	-15369	-3782	-8665.00	-5616.00	4825	123439
1991年	31620	21040	10580	-9651	-13543	-1407	-7768.00	4463	-4679.0	123910

续表

年份	出口	进口	贸易收支	净利息	偿债总计	经常账户	分期摊付	资本账户	国际收支	总债务
1992年	35793	20554	15239	-8001	-11336	6144	-8572.00	24877	30028	132259
1993年	38555	25256	13229	-10210	-15577	-592	-9978.00	10115	8404	145726
1994年	43545	33079	10486	-8903	-14692	-1689	-50411.00	14294	12939	148295
1995年	46506	49972	-3406	-10897	-18541	-17972	-11023.00	29359	13480	159256
1996年	47747	53346	-5599	-11609	-20350	-23502	-14271.00	32148	8774	179935
1997年	52994	59747	-6753	-14926	-21522	-30452	-26021	25800	-7907	191621
1998年	51140	57763	-6624	-18293	-28299	-33416	-31381	29702	-7970	223792
1999年	48001	49295	-1283	-18991	-25825	-215335	-52907	17319	-7822	225609
2000年	55086	55839	-753	-17965	-25048	-24224	-34989	19326	-2261	216921
2001年	58223	55581	2642	-19839	-27502	-23215	-33119	27052	3307	209934
2002年	60362	47240	13121	-18292	-23229	-7637	-35677	8004	302	210711
2003年	73084	48290	24794	-18661	-23483	4177	-23098	5543	8496	214930
2004年	96475	62835	33641	(-20701)[a]	-25198	11679	-22447	-7330	2244	201374
2005年	118308	73560	44748	(-26182)[a]	-34113	14193	-15334	-8808	4319	169450
2006年	137807	91343	46456	-11312	-37143	13621		15982	30569	172549
2007年	160649	120621	40031	-7305	-42510	1551		89086	87484	193219
2008年	197942	172985	24835	-7232	-57	-28192		29352	2969	198340
2009年	152994	127722	25289	-9069	-52	-24302		71301	46651	198192
2010年	201915	181761	201147	-9682	-71	-47518		100102	49101	255664

资料来源：Conjuntura Econômica, Banco Central do Brasil.

注：a. 预测值。

表A.2　固定资本形成总额占GDP比　　　　　　　　（%）

年份	按当前价格计算	按1980年价格计算
1950年	12.78	
1951年	15.45	
1952年	14.82	
1953年	15.06	
1954年	15.76	
1955年	13.49	
1956年	14.40	
1957年	15.04	
1958年	16.98	
1959年	17.99	
1960年	15.72	
1961年	13.11	
1962年	15.51	
1963年	17.04	
1964年	14.99	
1965年	14.71	
1966年	15.92	
1967年	16.20	
1968年	18.68	
1969年	19.11	
1970年	18.83	20.38
1971年	19.91	21.12
1972年	20.33	22.02
1973年	20.37	23.38
1974年	21.85	24.48

续表

年份	按当前价格计算	按1980年价格计算
1975年	23.33	25.54
1976年	22.42	24.79
1977年	21.35	23.35
1978年	22.27	23.30
1979年	23.38	22.67
1980年	23.56	23.56
1981年	24.31	21.62
1982年	22.99	19.98
1983年	19.93	17.22
1984年	18.90	16.31
1985年	18.01	16.45
1986年	20.01	18.76
1987年	23.17	17.87
1988年	24.32	17.00
1989年	26.86	16.68
1990年	20.66	15.50
1991年	18.11	14.62
1992年	18.42	13.73
1993年	19.28	13.91
1994年	20.75	15.02
1995年	20.54	15.46
1996年	19.26	15.24
1997年	19.86	16.13
1998年	19.69	16.06
1999年	18.90	14.78

续表

年份	按当前价格计算	按1980年价格计算
2000年	19.29	14.79
2001年	19.47	14.76
2002年	18.32	13.88
2003年	15.28	13.83
2004年	16.10	13.32
2005年	15.94	13.32
2006年	13.43	14.04
2007年	17.44	15.08
2008年	19.11	16.34
2009年	18.07	15.28
2010年	19.46	17.28
2011年	19.28	17.54
2012年	18.14	16.68

资料来源：Ipeadata and IBGE.

表A.3 各部门占GDP分布（按当前价格计算）

年份	GDP增长率	人均GDP（美元）	农业（％）	工业（％）	服务业（％）	总计
1950年	6.8		24.28	24.14	51.58	100.00
1951年	4.9		23.76	25.14	51.10	100.00
1952年	7.3		24.99	24.18	50.83	100.00
1953年	4.7		23.55	25.41	51.04	100.00
1954年	7.8		24.12	25.76	50.12	100.00
1955年	8.8		23.47	25.64	50.89	100.00
1956年	2.9		21.09	27.32	51.60	100.00
1957年	7.7		20.43	27.81	51.76	100.00
1958年	10.8	195	18.40	31.12	50.49	100.00
1959年	9.8	233	17.16	32.98	49.86	100.00

续表

年份	GDP增长率	人均GDP（美元）	农业（%）	工业（%）	服务业（%）	总计
1960年	9.4	256	17.76	32.24	50.01	100.00
1961年	8.6	254	16.96	32.53	50.50	100.00
1962年	6.6	270	17.46	32.48	50.06	100.00
1963年	0.6	316	15.95	33.10	50.96	100.00
1964年	3.4	277	16.28	32.52	51.21	100.00
1965年	2.4	283	15.86	31.96	52.18	100.00
1966年	6.7	345	14.15	32.76	53.09	100.00
1967年	4.2	367	13.71	32.03	54.25	100.00
1968年	8.8	390	11.79	34.77	53.45	100.00
1969年	9.5	415	11.39	35.24	53.36	100.00
1970年	10.4	457	11.55	35.84	52.61	100.00
1971年	11.3	515	12.17	36.22	51.61	100.00
1972年	12.1	601	12.25	36.99	50.75	100.00
1973年	14.0	839	11.92	39.59	48.49	100.00
1974年	9.0	1075	11.44	40.49	48.07	100.00
1975年	5.2	1234	10.75	40.37	48.88	100.00
1976年	9.8	1427	10.86	39.91	49.24	100.00
1977年	4.6	1603	12.61	38.64	48.75	100.00
1978年	4.8	1776	10.26	39.49	50.25	100.00
1979年	7.2	1925	9.91	40.04	50.05	100.00
1980年	9.2	2005	10.20	40.58	49.22	100.00
1981年	−4.5	2133	9.47	39.09	51.44	100.00
1982年	0.5	2190	7.73	40.33	51.94	100.00
1983年	−3.5	1497	9.02	37.82	53.16	100.00
1984年	5.3	1468	9.29	39.44	51.27	100.00
1985年	7.9	1599	9.00	38.73	52.27	100.00
1986年	7.6	1915	9.24	39.87	50.89	100.00

续表

年份	GDP增长率	人均GDP（美元）	农业（%）	工业（%）	服务业（%）	总计
1987年	3.6	2057	7.73	38.51	53.76	100.00
1988年	−0.1	2186	7.60	37.92	54.48	100.00
1989年	3.3	2923	7.20	34.38	58.42	100.00
1990年	−4.4	3202	8.10	38.69	53.21	100.00
1991年	1.03	2721	7.79	36.16	56.05	100.00
1992年	0.54	2556	7.72	38.70	53.58	100.00
1993年	4.92	2790	7.56	41.61	50.83	100.00
1994年	5.95	3472	9.85	40.00	50.15	100.00
1995年	4.22	4440	9.01	36.67	54.32	100.00
1996年	2.66	4807	8.32	34.70	56.98	100.00
1997年	3.27	4932	7.96	35.21	56.83	100.00
1998年	0.13	4739	8.23	34.62	57.15	100.00
1999年	0.79	3180	8.25	35.62	56.13	100.00
2000年	4.38	3516	7.97	37.53	54.50	100.00
2001年	1.31	2933	8.39	37.71	53.90	100.00
2002年	1.93	2604	8.75	38.30	52.95	100.00
2003年	0.54	2831	9.90	38.76	51.34	100.00
2004年	5.72	3665	6.91	30.11	62.97	100.00
2005年	3.16	4812	5.71	29.27	65.02	100.00
2006年	4.00	5867	5.48	28.75	65.76	100.00
2007年	6.10	7283	5.56	27.81	66.63	100.00
2008年	5.20	8706	5.91	27.90	66.18	100.00
2009年	−0.30	8348	5.63	26.83	67.54	100.00
2010年	7.50	10814				
2011年	2.73					
2012年	0.87					

资料来源：Conjuntura Econômica; IBGE 2003.

表A.4 分产业部门增长率

(%)

产业部门	1991年	1992年	1993年	1994年	1995年	1996年	1997年	1998年	1999年	2000年	2001年	2002年	2003年	2004年	2005年	2006年	2007年
农业	1.37	4.89	-0.07	5.45	4.08	3.11	-0.83	1.27	8.33	2.15	4.43	6.31	6.67	2.97	0.78	3.50	4.01
冶炼	2.42	-5.46	1.69	4.72	5.16	1.04	3.25	-0.69	-8.22	7.49	1.76	9.79	2.69	2.48	9.50	5.62	4.07
制造业、非金属矿	1.15	-7.19	5.27	4.58	3.24	5.48	6.18	-1.36	-2.47	3.80	-3.49	-1.88	-1.26	5.89	1.68	3.56	6.25
金属制品	1.41	-5.75	10.41	17.83	1.76	6.25	0.17	-6.66	6.02	2.38	2.98	1.84	-0.08	7.77	-0.84	0.58	4.66
机械	-7.67	3.60	13.66	13.44	-2.07	0.50	4.88	-4.22	-4.71	16.70	6.36	3.30	4.10	13.12	-2.04	2.95	18.54
电气设备	-0.87	-3.73	8.62	14.45	8.98	-1.52	3.52	-2.41	-8.65	16.26	-6.73	-9.16	0.35	15.55	5.24	8.11	7.49
运输设备	14.59	-4.14	23.53	13.20	3.86	0.69	15.20	-20.04	-12.93	22.80	2.49	1.95	2.94	23.08	6.19	1.22	14.87
木制品	-7.71	-5.36	11.91	0.63	1.51	3.74	1.02	-2.04	1.79	10.07	-4.60	-1.95	6.98	7.88	-4.38	-2.67	-4.74
造纸	5.81	-1.72	9.69	3.65	1.33	1.89	1.41	-0.49	2.52	2.85	-0.40	-0.22	5.76	9.36	3.74	2.86	0.17
橡胶	0.78	-1.03	8.91	2.66	-1.42	0.80	2.58	-6.55	0.24	11.74	-4.30	0.07	-1.11	7.44	0.46	2.12	5.02

续表

产业部门	1991年	1992年	1993年	1994年	1995年	1996年	1997年	1998年	1999年	2000年	2001年	2002年	2003年	2004年	2005年	2006年	2007年
皮革制品	-7.93	4.53	15.27	-8.16	-6.17	2.25	-7.31	-6.22	-0.27	9.12	0.79	-2.29					
化工	7.88	-2.50	4.14	5.71	0.07	5.23	1.68	-1.24	-1.80	4.83	-3.83	0.93	2.78	3.92	-1.05	0.43	4.28
制药	4.87	-7.23	8.82	-0.84	11.93	-2.00	6.48	1.54	1.79	-1.41	-4.62	-0.20	-2.35	3.31	13.58	2.68	0.80
塑料制品	-1.03	-10.49	7.60	1.82	8.93	9.65	1.31	0.60	-13.12	-7.30	-2.45	-1.01					
纺织	-4.81	-5.08	3.47	1.93	-5.84	-5.64	-6.65	-1.58	-4.79	2.07	-4.97	-5.13	-3.74	11.33	0.56	-0.86	7.93
服装鞋类	-14.89	-7.13	4.00	2.91	1.50	-1.65	-7.73	-1.94	-0.49	11.18	-5.50	0.46	-6.14	1.15	-2.98	-2.77	3.85
食品、饮料	6.39	-6.03	5.82	9.33	10.45	1.62	-2.41	3.36	0.36	5.30	5.91	2.64	-0.60	6.01	1.89	2.21	2.53
杂项	2.52	-1.86	3.60	7.21	0.12	-0.57	2.35	2.30	3.47	2.86	-0.47	2.44	-5.91	7.33	-0.15	6.11	6.21
建筑	-1.19	-6.30	4.49	6.99	-0.43	5.21	7.62	1.54	-3.67	2.62	-2.27	-2.33	-4.49	5.24	1.28	4.78	5.54
服务业	1.96	1.52	3.21	4.73	4.48	2.26	2.55	0.91	2.01	3.80	1.09	3.37	0.66	4.27	4.20	4.20	6.58

资料来源：IBGE。

表A.5 汇率和通胀率

年份	雷亚尔兑美元汇率	增长率实际最低工资（%）	通胀率（%）	名义利率（%）	实际利率（%）
1950年	18.8	9.4	9.2		
1951年	18.8	12.8	18.4		
1952年	18.8	−63.0	9.3		
1953年	18.8	14.4	13.8		
1954年[a]		−17.2	27.1		
1955年[a]		−9.5	11.8		
1956年[a]		−1.3	22.8		
1957年[a]		−9.6	12.7		
1958年[a]		14.5	12.4		
1959年[a]		−12.7	35.9		
1960年[a]		19.4	25.4		
1961年[a]		−14.7	34.7		
1962年[a]		7.2	50.1		
1963年[a]		7.0	78.4		
1964年[a]		7.6	89.9		
1965年	1.9	2.3	58.2		
1966年	2.2	7.5	37.9		
1967年	2.7	4.3	26.5		
1968年	3.4	0.9	26.7		
1969年	4.1	2.7	20.1		
1970年	4.6	1.8	16.4		
1971年	5.3	−0.9	20.3		
1972年	5.9	−2.7	19.1		
1973年	6.1	−3.4	22.7		
1974年	6.8	5.4	34.8	17.27	−12.9
1975年	8.1	−5.1	33.9	21.86	−5.87
1976年	10.7	1.7	47.8	41.15	−3.63
1977年	14.1	−0.9	46.2	41.94	2.15
1978年	18.1	−1.7	389.0	46.40	3.90

续表

年份	雷亚尔兑美元汇率	增长率实际最低工资（％）	通胀率（％）	名义利率（％）	实际利率（％）
1979年	26.9	−17.0	55.8	42.57	−19.52
1980年	52.7	2.5	110.0	46.35	−30.37
1981年	93.1	−1.9	95.20	89.27	−3.24
1982年	179.4	0.7	99.72	119.35	9.80
1983年	576.2	−10.2	210.99	191.34	−0.32
1984年	1845.4	−8.8	223.81	242.48	5.78
1985年	6205	−10.1	235.11	272.81	15.05
1986年	13.7	−0.4	65.03	68.60	3.83
1987年	39.3	−18.5	415.83	353.00	−278
1988年	260.15	0	1037.56	1057.00	12
1989年	1.03E−06	−24.92	1782.89	2407.00	
1990年	2.48E−05	−5.18	1476.71	1033.22	
1991年	0.0001	8.08	480.23	538.33	
1992年	0.0016	10.28	1157.84	1059.15	
1993年	0.0322	−9.56	2708.17	3488.45	
1994年	0.6307	11.41	1093.89	1153.60	
1995年	0.9174	4.31	14.78	53.08	
1996年	1.0051	2.54	9.34	22.73	
1997年	1.0780	4.02	7.48	37.19	
1998年	1.1606	0.92	1.70	31.24	29.54
1999年	1.8147	3.43	19.98	19.03	−0.95
2000年	1.8302	9.08	9.81	16.19	6.38
2001年	2.3504	255	10.40	19.05	8.65
2002年	2.9212	0.70	26.41	23.03	−3.38
2003年	2.9253	3.72	7.67	16.92	9.25
2004年	2.7182	6.96	9.40	17.50	8.10
2005年	2.2855	8.67	5.97	18.24	12.27
2006年	2.1761	3.25	4.90	13.08	
2007年	1.9479	2.57	4.40	11.03	

续表

年份	雷亚尔兑美元汇率	增长率实际最低工资（%）	通胀率（%）	名义利率（%）	实际利率（%）
2008年	1.8346	7.62		13.36	
2009年	1.7503	3.02	-1.43	8.56	
2010年	1.6934	0.74	11.30	10.54	
2011年		7.47			

资料来源：Conjuntura Econômica, Ipeadata, IBGE.
注：1981年至2003年和2004年、2005年的通胀率为12月同比数据。
a. 来自国际货币基金组织世界展望数据库的预测值。

表A.6 基尼系数和外国直接投资流入额

年份	基尼系数	人均GDP（购买力平价）	外国直接投资流入额（百万美元）
1971年			2912.00
1972年			3404.00
1973年			4579.00
1974年			6027.00
1975年		2061.56	7304.00
1976年	0.623	2340.88	9005.00
1977年	0.625	2546.22	11228.00
1978年	0.004	2766.74	13740.00
1979年	0.593	3135.95	15963.00
1980年		3671.14	17479.99
1981年	0.584	3788.07	19246.99
1982年	0.591	3996.45	21175.99
1983年	0.596	3957.85	22301.98
1984年	0.589	4227.96	22843.54
1985年	0.598	4593.72	25664.49
1986年	0.588	4929.10	27897.71
1987年	0.601	5114.18	31458.04
1988年	0.616	5201.52	32031.00
1989年	0.636	5424.22	34286.53
1990年	0.614	5282.68	37143.41

续表

年份	基尼系数	人均GDP（购买力平价）	外国直接投资流入额（百万美元）
1991年		5426.35	38580.25
1992年	0.583	5418.48	39975.01
1993年	0.604	5700.18	47028.70
1994年		6091.70	56548.90
1995年	0.601	6361.71	58082.83
1996年	0.602	6589.00	9644.00
1997年	0.602	6859.48	17879.00
1998年	0.600	6876.23	26346.00
1999年	0.594	6934.58	31235.00
2000年		7366.20	33331.00
2001年	0.596	7599.94	21041.70
2002年	0.589	7776.49	18778.30
2003年	0.581	7790.40	12902.41
2004年	0.572	8201.91	20265.34
2005年	0.569	8584.37	21521.57
2006年	0.563	8964.23	
2007年	0.556	9355.98	
2008年	0.548		
2009年	0.543		

资料来源：Ipeadata; Banco do Brasil, Boletim; IMF World Economic Outlook Database.